本书获中国社会科学院老年科研基金资助

中国古代疆域研究
自选集

林荣贵⊙著

ZHONGGUO GUDAI JIANGYU YANJIU ZIXUANJI

中国社会科学出版社

图书在版编目（CIP）数据

中国古代疆域研究自选集／林荣贵著．—北京：中国社会科学出版社，2015.8
ISBN 978 - 7 - 5161 - 5752 - 7

Ⅰ.①中…　Ⅱ.①林…　Ⅲ.①疆域—研究—中国—古代　Ⅳ.①K928.1

中国版本图书馆 CIP 数据核字（2015）第 059933 号

出 版 人	赵剑英
责任编辑	张　林
特约编辑	金　沛
责任校对	闫　翠
责任印制	戴　宽

出　　　版	中国社会科学出版社
社　　　址	北京鼓楼西大街甲 158 号
邮　　　编	100720
网　　　址	http://www.csspw.cn
发 行 部	010 - 84083685
门 市 部	010 - 84029450
经　　　销	新华书店及其他书店

印刷装订	三河市君旺印务有限公司
版　　　次	2015 年 8 月第 1 版
印　　　次	2015 年 8 月第 1 次印刷

开　　　本	710×1000　1/16
印　　　张	21
插　　　页	2
字　　　数	335 千字
定　　　价	76.00 元

目　录

前　言

　　自选集收入论文 19 篇，约 30 万字，大多数是我承担"中国古代疆域史"课题研究前后发表的作品，有的发表后，在学术界获得肯定或好评。如《五代十国的辖区设治与军事戍防》一文，在选题上没有先例，着眼于中国历史上分立时期是如何酝酿统一的。既研究论述了各朝邦各自为政的分立倾向，也探索了它们内向中原的根本实质。按照毛泽东与芦狄的谈话，中国历史上的分立时期，大致有三国、东晋十六国、南北朝、五代十国及宋、辽、金等时期，也应该采取这一认识方法。此文发表后得到了认同和好评，并获得第四届中国社会科学院优秀科研成果三等奖，其后又被收入《中国社会科学院文库》（见中国社会科学院科研局《纪念中国社会科学院三十周年优秀科研成果奖获奖论文集》第四届上册）。《从房山石经题记论辽朝选相任使之沿革》一文，载陈述主编《辽金史论集》第一辑（上海古籍出版社 1987 年版）。出版社在该书前勒口的提要里称本集中"陈述、傅振伦、林荣贵"等论文，"是在多年研究基础上的力作"（当然那时我刚刚研究生毕业，小辈哪能与老先生并列一处，这不过是对后学者的鼓励罢了）。《辽朝的政区双轨制及其对北部边疆的管辖》一文，是马大正主编的《中国边疆经略史》（武汉大学出版社 2013 年版）中的第五编第一章，该书出版后，先后获部级奖 2 项（奖状存马大正处）。《中华龙文化——传统文化的认同与多民族国家的统一》一文，原是《人民日报》（海外版）记者座谈会上的一次发言，后整理成文，发表于该报 2000 年 7 月 3 日。该文被国内一些地方集刊转载（见《海山风情》第三辑，饶平县海山镇文化站编，2006 年）。龙文化研究专家陈富城亲自复印了五六千份，一年左右被索阅完。自选集编入的论文，有一半左右获得各级的奖励或好评。

　　自选集中还有一些文章稍有特色。我是 20 世纪 60 年代毕业于北京大学考古专业，田野考古一系列具体操作都拿得起来。《金代蒸馏器考略》就是我在河北省承德避暑山庄从事田野考古时写的。过去认为，中国古代没有自己发明的蒸馏技术，中国的蒸馏技术是元代从阿拉伯传入的。这次蒸馏器的发现，表明中国至晚在宋金时期就有自己的蒸馏技术。（见原稿《前言》第 2 页）所谓从西方传入的说法，完全没有根据。还有《辽朝的佛庆制问题及北疆与中原的佛教关系》一文，用了较多的时间，较多的史料论证了"四月八日"和"二月八日"都是中国国内行用的佛庆日（释迦牟尼的生日），"四月八日"主要行用于内地和部分边疆地区，"二月八日"主要行用于边疆地区和部分内地。事实上，元代以后"三月八月"也曾作为佛庆制行用于北疆某些地区。此文有针对性地否定了有关专家认定中国只有一个佛庆日的说法。同时，见证了中国古代统一多民族国家发展的趋势和影响，也深入佛教领域中。

　　我研究中国历史（含考古）几十年，以围绕统一多民族国家的形成和发展这条主线进行和展开。20 世纪 70 年代，我在沈阳故宫和承德避暑山庄先后工作 6 年。沈阳故宫（也称沈阳皇宫）是清太祖努尔哈赤和清太宗皇太极营建的都城，是清入关前统一东北的政治中心。沈阳皇宫和北京皇宫（今称北京故宫）是清代我国多民族国家大一统向前发展的历史见证。我在沈阳故宫有机会直接阅读《清朝实录》（影印本），通过《实录》了解中国历史上大一统发展的具体过程。避暑山庄是清康、雍、乾时期安抚边疆少数民族之行在所。康、乾皇帝每年约近半年时间住在这里。通过避暑、游乐、宴会、骑射、围猎等活动，与边疆各族联络感情，加强对蒙古、新疆、西藏等少数民族的管理和促进他们向心内地的凝聚力，以巩固多民族国家大一统的局势。我在避暑山庄主要从事展览工作，多次参加专家、教授的座谈会，研讨避暑山庄与我国统一多民族国家、大一统局势向前发展的关系。尤其中国历史博物馆的王宏均教授，多次莅临避暑山庄对展览馆内容做了全面系统的指导、修改。王教授对展览内容陈列的要求非常严格，可谓千锤百炼，一丝不苟，我非常珍惜这个难得的学习机会。

　　前往避暑山庄的名流、学者之多，难以尽述，仅我见到并请教过的除了王宏均先生，还有沈从文夫妇、史树青夫妇、郑天挺、吴祖缃、刘观民、徐光冀以及南开大学、师范大学、清华大学等不下几十位。他们大都是饱学之士，做学问的领军人物或国内外著名专家、作家、教授等。他们说，从师、传道、授业、解惑，是相互联系着的。对古籍，要反复读，经常看，勤读、勤查、勤问。前面看不懂，看后面，后面看不懂，看前面。一篇文，一册书，先了解大意，大意弄清了，再了解细节。沈从文先生说，做学问，要有毅力，坐得下来，没有时间坐下来就做不成学问。先生们的这些话，对我来说，后来起到了在学术上指点迷津、振聋发聩的作用，沈阳故宫和承德避暑山庄这两段阅历是不无影响的。

　　"万事俱备，只欠东风。"对于我们研究人员来说，许多有关科研条件，院党政领导都给我们安排好了。我们研究工作上的困难，都及时予以解决，提供方便，称"万事俱备"并无不当。"只欠东风"，是指遗留下来的问题，需要自己去努力。要努力、勤奋，坐得住板凳。板凳坐住了，就有时间围绕课题进行思考，综合研究：这个领域值得做与否？前人做到什么程度？现在做到什么程度？怎样做下去才有进展，有创新。"板凳宁坐十年冷，文章不写半句空"，这是至理名言，但说容易，真正做到就不是轻而易举的事了。做学问，就是要立志磨炼岁月。这是我几十年来做学术研究的一些粗浅体会，不知说得对否？敬请各位批评指正。

五代十国的辖区设治与军事成防

辖区行政设治与军事成防是经邦治国的一个重要领域。本文着重探讨五代十国各朝邦辖区行政设治与军事成防及其利弊得失与兴衰存亡的关系，揭示这一时期由分立向统一演化的一些问题。

一 各朝邦中央主要职能机构及地方各级的行政设治

五代十国时期，各朝邦的中央机构，大多是在皇帝或国主的直接控制下行使治政职能。

各朝邦中央机构的设立，基本上承袭了唐制。唐朝以三省六部、台、寺、监为主要架构的中央机关，其后各朝邦普遍仿置，但大都明显简化，并有所发展和变通。中央政府最高行政长官宰相之职，各朝邦大多保持唐制，以同平章事，或门下侍郎、中书侍郎加同平章事，或各部尚书、左右仆射、侍郎加同平章事为制定相职。但其实际职掌已非唐时可比，甚至属于荣衔而已。由于御政需要，各朝邦皇帝或国主往往别置官职或以某些官职跻于宰相之列，并赋予军政实权。如：五代各朝，后梁之崇政院使（由唐之枢密使改），后唐、后晋、后汉、后周之枢密使（后唐时由崇政院使改，其后各朝沿置）；十国时期诸邦，后蜀、南汉、北汉之枢密使，前蜀之内枢密使，南唐之内枢使等。制定宰相主管文事，崇政院使或枢密使（或内枢密使、内枢使）主管军事或揽及行政，实际权任很重。《资治通鉴》卷282称"梁太祖以来，军国大政，天子多与崇政、枢密使议"。可见，崇政或枢密使取代了制定宰相的军政地位。有的朝邦宰相职权还实行分掌。如后唐翰林学士为"掌纶（皇帝诏书）之任"①，端明学士"得典枢机"②，此二职均曾分掌宰相部分职权，位于宰相之列。另外，有的邦国任相也不完全拘于唐制。如前蜀曾以侍中、中书令为宰相，吴越以丞相为宰相，楚之武安军节度副使、天策府都尉（也有不任都尉者）判内外诸司事，实为相职③，南汉曾以女侍中为宰相，吴以大丞相兼中书令为宰相。吴徐温和徐知诰相继为宰相时，独揽一国军政大权，为各朝邦所仅见。在各朝邦中央机构中，军事和财赋是两个要害部门。如多数朝邦以枢密使（或崇政院使、内枢密使、内枢使）主管军事。主管财赋则专置财司。五代各朝如后梁之建昌宫使（后改为国计使、租庸使），后唐之三司使（盐铁、度支、户部合为一职）和租庸使，后晋、后汉、后周之三司使，一般由宰相兼、判，或由重臣充任。财司掌及中央至本辖区内的财政、赋税、户口、土地等职。十国时期诸邦的财司及其职掌大致承袭唐制，或兼取中原王朝之法，同时根据本邦实际情况设置。如吴、南唐以户部尚书统掌户部、度支、金部、仓部，又置盐铁判官。南唐还有三司使之置。前蜀置有度支，又以吏部尚书统掌"中外财赋"④。后蜀置户部尚书及三司（户部、盐铁、度支）。吴越置盐铁使、副使⑤。闽置国计使、三司⑥。各邦国财司多以他官充或兼、判。未置财司的邦国，大致以户部尚书、侍郎负责财赋，或由相官统掌⑦。各朝邦的中央机构，大多以军事、财政为主要职能部门，其他职能部门也根据本朝邦的治政需要从简设置。

　　五代十国时期的地方设治承自唐朝。各朝邦保持名义上的道、州

　　① 《五代会要》卷13《翰林院》。
　　② 《资治通鉴》卷275，后唐明宗天成元年五月并胡注。
　　③ 《资治通鉴》卷287，后汉高祖天福十二年五月。
　　④ 《十国春秋》卷41《庾凝绩传》。
　　⑤ 《十国春秋》卷87《孙承祐传》。
　　⑥ 《十国春秋》卷98《薛文杰、陈匡范、黄绍颇、蔡守蒙诸传》。
　　⑦ 以上除了个别引籍注明外，主要参考《五代会要》卷13、卷24有关记述；《旧五代史》卷149《职官志》；万斯同：五代、吴、南唐、蜀、后蜀、吴越、南汉、北汉《将相大臣年表》，载《二十五史补编》六，中华书局1955年版；郑学檬《五代十国史研究》，上海人民出版社1991年版，第18—36、137—171页。

（府）、县三级制度，而实际上都推行州、县两级建制。各朝邦盛时或相对稳定时期，在其辖区内设置州、县两级政区。五代各朝：后梁（开平二年，908 年）在河南、关内、河东、河北、淮南、山南诸道境内置有府 5、州 54、军节度 19，县 370；后唐（清泰元年，934 年）在河南、关内、河东、河北、淮南、山南、陇右诸道境内置有府 6、州 115、军节度 38，县 632；后晋（天福八年，943 年）在河南、关内、河东、河北、淮南、陇右诸道境内置有府 7、州 100、军节度 32，县 584；后汉（乾祐二年，949 年）在河南、关内、河东、河北、淮南、山南诸道境内置有府 7、州 97、军节度 35，县 563；后周（显德六年，959 年）在河南、关内、河东、河北、淮南、山南、陇右诸道境内置有府 6、州 112、军 7、军节度 33，县 610。十国时期诸邦：吴（后唐清泰元年，934 年）在淮南、江南、河南诸道境内置有府 2、州 26、军节度 9，县 130；南唐（后周显德元年，954 年）在江南、淮南、河南诸道境内置有府 2、州 31、军 2、军节度 13，县 150；前蜀（后唐同光二年，924 年）在剑南、山南、江南、陇右诸道境内置有府 2、州 55、军节度 10，县 260；后蜀（后周显德元年，954 年）在剑南、山南、江南、陇右诸道境内置有府 2、州 49、军节度 10，县 251；吴越（后周显德元年，954 年）在江南道境内置有府 2、州 11、军 1、军节度 6，县 79；楚（后晋天福八年，943 年）在江南、岭南两道境内置有府 1、州 24、军节度 3，县 99；南汉（后周显德元年，954 年）在岭南、江南两道境内置有府 2、州 62、监 1、军节度 2，县 225；闽（后唐清泰元年，934 年）在江南道境内置有府 1、州 4，县 30；南平（荆南，后晋天福八年，943 年）在山南道境内置有府 1、州 2、军 1、军节度 1，县 15；北汉（后周显德六年，959 年）在河东道境内置有府 1、州 8，县 39。州、县两级是各朝邦辖区设置的基本行政区划。

各朝邦州一级行政机构的设治上基本承自唐制，以刺史为本州长官，主管一州军政民事。唐制，刺史以下置上佐、录事参军与判司。上佐即别驾、长史和司马，佐辅刺史掌贰州事。录事参军掌主簿事。判司设司功、司仓、司户、司兵、司法、司士六曹，分职本州各政务。五代十国时期各朝邦刺史以下属官多从简设置。如后梁以户曹"通判六曹"，其他曹省废①。后唐一般六曹均置，但有的州酌情减置。后周仅置户、法两曹②。吴、南唐六曹全置。后蜀仅置户曹。闽仅有户、士两曹之置。其他各邦六曹废罢③。大致六曹凡不置者，其职以他官兼判。府，级同州，一般以尹为长官，少尹为副。五代各朝及十国吴、南唐府尹、少尹较常置。其他各邦有置府尹者，但少尹多不见置④。大致不置府尹者，以他职主管府政。府尹以下属官与州大体相同，因府的地位关系，其属官比一般州有所充实，但也多酌情设置，非唐时之完备可比。派任州刺史或府尹的代理官员，称知州事（简称知州）或知府事（简称知府）。也有部分州以节度使、防御使或团练使为本州长官。有的节度使领两州以上。

县是州（或府）以下一级的行政区划。县的行政机构：唐制，县置令、丞、主簿、尉及诸曹司。以县令为长官，总掌本县军政民事。丞为副长官。主簿掌检查文书簿籍的违失，纠正诸曹司事。尉亲理庶务，分判诸曹司，催征课税，追捕盗贼等。五代十国时期各朝邦，县一级机构多从简设置。如五代各朝大多仅置县令、主簿。后梁两畿开封府、河南府之赤县置令、主簿、尉，其他县不置尉⑤。十国时期诸邦：南唐、后蜀、闽、南平（荆南）有县令、丞、主簿、尉之置，前蜀、吴越置有县令、主簿、尉，楚、北汉仅置县令、尉，吴、南汉仅置县令。凡不置者，其职由他官兼掌⑥。

县以下为管理乡里和城郭坊村的基层机构。唐制"百户为里，五里为乡。两京及州县之郭内分为坊，郊外为村。里及村、坊皆有正，以司督察"⑦。参见《五代会要》《旧五代史》《新五代史》《资治通鉴》《十国春秋》等有关记述，五代十国时期各朝邦，县以下的基层机构大致循自唐代。乡、里或坊、村负责人一般称为乡正、里正或坊正、村长，由

---

① 《五代会要》卷20《中外加减官》。

② 同上。

③ 《十国春秋》卷114《十国百官表》。

④ 《五代会要》卷20《中外加减官》；《十国春秋》卷114《十国百官表》。

⑤ 《五代会要》卷19《县令上》；卷20《县令下·簿·尉·中外加减官》。

⑥ 《十国春秋》卷114《十国百官表》。

⑦ 《唐六典》卷3《尚书户部》。

县指派人员充任，掌督本乡里或坊村人户，催征赋税，缉捕盗贼，维持治安等事。

各朝邦普遍循唐旧例实行对各级官员的选任、考核。史称"五季自梁以来，虽右武之时，而诸州取解、礼部试进士未尝废"①。后梁、后唐、后晋、后汉、后周各朝，均通过多次科举考试，录取了一批批进士或诸科等人选，并任命为各级官员②。十国诸邦，如吴"置选举"③。前蜀实行"制科"④。后蜀、南唐、南汉有礼部"贡举"⑤。吴越"置择能院，掌选择殿最"⑥，量才授官。同时，对在任各级官员的政绩、功过实行考核。这方面，史籍对五代各朝推行的制度记述比较具体，尤其后唐、后周两朝，对各级官员的考核过程、考核结果，对官员政绩得失的升贬、功过的赏罚，均有明确的规定⑦。各朝邦通过选任、考核制度以及相关手段，加强中央至地方州县各级的治政功能。

各朝邦还通过司法、监察强化治政职能。唐末以来战乱造成法制的破坏，但五代十国时期各朝邦从维护其统治出发恢复和推行一定的法律制度。如五代后梁开平四年（910 年）颁行《大梁新定格式律令》（103 卷）⑧。后唐天成元年（926 年）以唐《开成格》（11 卷）为本朝格、令。后唐清泰二年（935 年）颁行经整理重编的庄宗、明宗时期的"制敕"（30 卷）⑨。后晋天福四年（939 年）颁行重新审定的后唐敕，"分成三十一卷，与格、式参用"⑩。后周广顺元年（951 年）颁行《大周续编敕》（2 卷）⑪。后周显德五年（958 年），统一行用《大周刑统》

① 《资治通鉴》卷 288，后汉隐帝乾祐二年三月胡注。
② 《五代会要》卷 22—23；《旧五代史》卷 148《选举志》以及《旧五代史》、《新五代史》有关纪、传所载；（清）徐松：《登科记考》，中华书局 1984 年版，卷 25—26。
③ 《十国春秋》卷 10《骆知祥传》。
④ 《十国春秋》卷 37《前蜀后主纪》，乾德四年二月；卷 43《蒲禹卿传》。
⑤ 《新五代史》卷 64，《后蜀世家·孟昶》，广政十二年；卷 65《南汉世家·刘龑》，乾亨四年；《十国春秋》卷 16《南唐元宗纪》，保大十年二月。
⑥ 《资治通鉴》卷 277，后唐明宗长兴三年三月。
⑦ 《五代会要》卷 15《考功》、卷 19《刺史·县令上》、卷 20《县令下》。
⑧ 《五代会要》卷 9《定格令》。
⑨ 同上。
⑩ 同上。
⑪ 同上。

（21卷），"与律疏、令、式通行"①。十国时期吴有《吴令》颁行。南唐升元三年（后晋天福四年，939年）颁行《升元格》，"与《吴令》并行"②。升元六年（后晋天福七年，942年）行用删定《升元条》（或称《升元删定条》30卷）③。其他各朝邦大致行用本制令，或参用前朝法、唐法。各朝邦普遍置有相应机构（或专职、兼职官员）负责司法和监察。各朝邦的法律，大都以刑法为核心，并普遍以严法重刑为取向，作为加强治政、维持本朝邦统治的一种重要手段。司法、监察的执法职能，主要是面对下层百姓，但对各级官员同样具有法律约束作用，五代十国时期各朝邦也不例外。如后梁乾化元年（911年），后梁太祖制命不许各级官员徇私行敛，"不得因缘征发，自务贪求，苟有故违，必行重典"④。后唐、后晋、后汉、后周各朝均把官典犯赃与十恶五逆、杀人、行劫、放火、造毒药等重案犯相提并论。后唐庄宗还准定凡州刺史、县令等"在任贪猥，诛戮生灵，公事不治，为政怠惰，亦加惩罚"⑤。闵帝敕刺史、县令等官员，"如以威刑率敛，以枉法论"⑥。前蜀太祖敕令诸州县等各级官员尽责守法，"如有固违，必行朝典"。对徇私枉法的官员，"不计官职高卑，并正刑名处分"。对各类冤案，着令"御史台常加觉察，若有冤滥，便具奏闻，必当别遣推穷，重行惩断"⑦。通过司法、监察职能对贪赃枉法或违制、失职的官员追究刑事责任或给予行政处分，在一些朝邦中也有例证。有的朝邦还遵前制古法，置匦函、谤木等，作为对各级官员违法、失职等行为加以监督的一种手段。

各朝邦通过中央至地方州、县各级的设治及有关职能运作，对其领区内实行自上而下的行政管辖。

---

① 《五代会要》卷9《定格令》。
② 《十国春秋》卷15《南唐烈祖纪》，升元三年七月。
③ 《资治通鉴》卷283，后晋高祖天福七年八月；《十国春秋》《南唐烈祖纪》，升元六年九月。
④ 《旧五代史》卷6，梁太祖乾化元年正月。
⑤ 《五代会要》卷19《刺史》。
⑥ 同上。
⑦ 《十国春秋》卷36《前蜀高祖下》，武成元年正月附高祖即位敕文。

二　各朝邦的军事戍防

五代十国时期各朝邦根据其经邦治国的需要及面临的内外形势，致力于本辖区的军事戍防。通过军事戍防与行政管辖结合，直接发挥维护本朝邦统治的职能。

军队作为建政立国的武力支柱和戍防攻守的武装力量，五代十国时期各朝邦大都由皇帝或国主直接掌握。这些朝邦的皇帝或国主，集本朝邦军政大权于一身，必要时还亲自统兵征战，成为本朝邦的最高军事统帅，在这一前提下设置中央军事职能机构。十国时期吴在开国国主杨行密死后，宰相总揽最高军事大权，是为特例。

各朝邦大多以掌握实权的宰相主管中央军事。如后梁的崇政院使、其他朝邦的枢密使（或内枢密使、内枢使）等，参与军机，主管军事或统兵征战。

各朝邦中央禁军制度，略承唐朝的北衙禁卫军制，但有明显的变革。如后梁禁军实行六军诸卫制，历经改置，有龙虎、羽林、神武、龙骧、天兴、广胜、神捷、天武、天威、英武等军，各军以统军使为统兵官。其中龙虎、天兴军为嫡系部队[①]。上置判六军诸卫事为各军总管。太祖时，又改原藩府牙兵为侍卫马步军，以侍卫亲军都指挥使为统兵官，作为皇帝的亲卫军[②]。后唐保留六军诸卫制，同时发展了侍卫亲军制。侍卫亲军以侍卫亲军马步军都指挥使、马军都指挥使和步军都指挥使为统兵官。侍卫亲军为皇帝的亲卫部队，地位重于其他禁军。后唐还保留藩汉内外马步军都总管、副总管之置。后晋禁军实行侍卫亲军制，废六军诸卫制，原六军诸卫统一于侍卫亲军。以侍卫亲军马步军都指挥使统掌禁军，下置侍卫亲军马军都指挥使、步军都指挥使等统兵官。后汉侍卫亲军制承自后晋。后周禁军历经世宗改革后，主要包括殿前亲军

---

① 按《旧五代史》卷 4《梁太祖纪四》，开平三年六月载龙虎军"亲兵之内实冠爪牙"；卷 8《梁末帝纪上》载"太祖初置天兴军，最为亲卫"，可证。

② 《旧五代史》卷 59《袁象先传》。

（或称殿前诸班）、侍卫亲军马军和侍卫亲军步军三部分，分别以殿前亲军马步军都指挥使和殿前都虞侯、侍卫亲军马军都指挥使、侍卫亲军步军都指挥使为统兵官，各掌本司军事。殿前亲军为皇帝的亲卫军，其地位重于其他禁军。十国时期诸邦的中央禁军，大致承自唐代，仿效中原王朝，同时根据本邦国的情况设置推行。各朝邦地方一级的军队，主要是州节度使、防御使、团练使、刺史所领的部队。节度使有的是领若干州的重镇，其权任非一般州节度可比。有的重镇节度使还领及中央禁军，其权任更是远非一般节度使可比，甚至超过禁军统帅。各朝邦普遍经营各种名号的乡兵。中央禁军主要负责卫戍京城、首府、重镇、要害边区和肩负战时的重要攻守任务。地方军队主要负责戍防所领州府，战时奉调执行攻守任务。乡兵主要负责戍防本土，必要时奉命参加某一攻守任务。各朝邦军队以步军和骑军为常设兵种，而以步兵为主。多数朝邦如后梁、后唐、后周和吴、南唐、前蜀、后蜀、吴越、楚、南汉、南平（荆南）等，均建有一定规模的水军，其统兵官一般都冠以水军或冠以象征水军名号的都指挥使、指挥使、都虞侯等。水军负责沿江或沿海地区的戍防，战时配合马军、步军执行某一战役的攻守任务。由于军事上攻守的需要，各朝邦除了直接派遣军队，还普遍委派帅臣统领由禁军或节度使等军队组成的行营军执行攻守任务。行营军及统兵官，五代各朝基本相同，主要有行营都招讨使、招讨使，都指挥使、指挥使，行营都虞侯、都部署，行营都统、总管、制置使等。十国时期诸邦与五代各朝大致相同，但也有所异。如吴的行营应援使、水陆行营应援使或其他名号应援使①，南唐的行营应援使、应援都军使②，前蜀的行营安抚使③，吴越的行营应援使④等，均有其行营军的派遣特色。各朝邦行营军一般完成攻守或领镇一方的守防任务后即罢。可见，在战乱不息的五代十国时期，各朝邦仍然重视军事制度建设，并通过相应的军事制度维系一定规模和实力的军队，致力于本辖区军事戍防或其他军事需要，以

---

① 《资治通鉴》卷 267，后梁太祖开平三年六月；卷 268，后梁均王乾化三年八月；卷270，后梁均王贞明四年七月。

② 《资治通鉴》卷 293，后周世宗显德三年三月。

③ 《资治通鉴》卷 269，后梁均王贞明元年八月；卷 271，后梁贞明六年十一月。

④ 《十国春秋》卷 78《吴越武肃王世家下》天宝十一年七月。

达到维护其统治的目的。

各朝邦的辖区军事戍防，主要职能在于对内镇压"叛乱"（如民众造反或其他反抗活动，以及频频发生的军变、军乱），对外备御邻邦犯境。但从当时严重分立和争战频繁的局势出发，各朝邦军事戍防的着重面，除了京都或首府等重地外，大多以接近邻邦并面临军事威胁的辖区近边为重点戍防区。

后梁以其北部的河北、山西诸州为重点戍防区，以备御同其敌对已久的河东李（存勖）晋王的南下。梁初，太祖朱温以天雄军节度罗绍威率军"上下数十万人"镇守魏州，兼戍博、相、卫、澶、贝诸州①。罗绍威死后，于开平四年（910 年），以王景仁为北面行营都招讨使，"付步骑十万"戍守魏、博诸州②。乾化元年（911 年），以杨师厚为北面行营都招讨使（王景仁调任），"总马步甲十万"，"出屯邢、洺"诸州③。末帝初（乾化三年，913 年），复以杨师厚"镇握河朔兵"，总掌北部兵防④。在与晋近邻的山西南部地区，也相应增兵守防。如开平元年至三年（907—909 年），先后以李思安为潞州行营都指挥使，刘知俊为潞州行营招讨使，康怀英为潞州行营都虞侯，王檀为潞州东面行营招讨使等，率军负责这一地区的守防⑤。太祖时，北部守防颇为得御，晋兵南下受阻，后梁辖区大局无损。及末帝时，与晋相持的北部军事渐难维持，边军失驭。贞明元年（亦乾化五年，915 年），魏博军乱，晋王李存勖兴兵南下。后梁魏博既失，河北随之沦陷。梁军虽经力守，但大势已去。至龙德三年（亦后唐同光元年，923 年），都城开封陷落，后梁亡。

后唐更后梁而立，辖区北部与蓄意称霸中原的契丹为邻，幽州至河东太原一线及其以北诸州为边防要地。朝廷在这一地区派重将守防，以备契丹南下。如庄宗时，先后以李存审（即符存审）、李存贤和赵德钧

---

① 《旧五代史》卷 14《罗绍威传》。
② 《旧五代史》卷 23《王景仁传》；《资治通鉴》卷 267，后梁太祖开平四年十一月。
③ 《旧五代史》卷 6《梁太祖纪六》，乾化元年六月。
④ 《旧五代史》卷 8《梁末帝纪上》，乾化三年三月。
⑤ 《新五代史》卷 2《梁太祖纪下》，开平元年一月，开平二年三月、五月，开平三年九月。

（即李绍斌）为幽州卢龙军节度使①。尤其赵德钧镇幽州十余年，严于兵备。又"于阎沟（在幽州西南）筑垒，以兵戍守之"，"于幽州东筑三河城，北接蓟州"，据"形胜之要"以为守御之计②。北部军情紧急时，朝廷及时增派行营军。如庄宗同光二年（924年），以天平军节度使李嗣源（后继庄宗即位，是为明宗）为北面行营都招讨使，"率军援幽州"，与诸州守军阻击南下契丹兵于瓦桥关（在莫州西）等地③。明宗天成三年（928年），以王晏球为北面行营招讨使、安审通为北面行营副招讨使兼诸道马军都指挥使，率军与幽州镇帅赵德钧所部阻击契丹兵于定州一带④。幽、蓟诸州的守防，有效地遏制了契丹兵的南下。明宗晚期，契丹南下路线改为河东云、应诸州。明宗根据北部军情变化的形势，"择威望大臣以制北方"，增派将领加强以太原为重点的河东诸州守防。复于长兴三年（932年），以河阳军节度使兼六军诸卫副使石敬瑭（后为后晋高祖）为太原尹、北京留守、河东节度使兼大同（云州）、彰国（应州）、振武（朔州）、威塞（新州）等军藩汉马步军总管⑤，负责河东诸州的全面守防。及明宗死后，北部军事防御体系渐不稳固，朝廷对边镇重帅失去控驭。至末帝（934—936年）末年，河东守帅石敬瑭结引契丹建立后晋。后唐在契丹太宗耶律德光南下的兵锋中灭亡。

后晋高祖石敬瑭割燕云16州归契丹，辖区北部改以沧、定、易、代等州与契丹为邻。高祖与契丹结好，北部局势相对缓和。高祖死后（天福七年，942年），嗣位的出帝石重贵及其臣僚不再向契丹称臣。契丹帝耶律德光再次率大兵南下，北部军情告急。开运元年至二年（944—945年），朝廷采取相应的备御措施。如在黄河一线的麻家口、杨刘镇、马家口、河阳等"缘河津要"处增派禁军和节度使军队加强

---

① 《旧五代史》卷53《李存贤传》，卷98《赵德钧传》。

② 《旧五代史》卷98《赵德钧传》。

③ 《旧五代史》卷31《唐庄宗纪五》，同光二年正月。

④ 《旧五代史》卷39《唐明宗纪五》，天成三年四月至八月。

⑤ 《旧五代史》卷43《唐明宗纪九》，长兴三年十一月，卷75《晋高祖纪一》，系年前追述。

守防①。又先后派高行周为北面行营都部署，率师"以前军先发"②。刘知远为北面行营都统、杜威（杜重威）为北面行营都招讨使，"督十三节度以备契丹"③。一批重要将领如李守贞、马全节、皇甫遇、王周、潘环、符彦卿、张颜泽、安彦威、安审琦等，也奉命率军北上或出任行营军副官，参加抗击契丹兵之役。其时，后晋军队的守防并非完全软弱无能，尤其在河北的泰州、定州、阳城、冀州衡水、德州、易州遂城、深州乐寿，河东的忻州秀容、朔州，山东的郓州马家口、青州等战役上，均曾有力地阻击或挫败契丹兵④。但是，没有多久，战局渐而逆转。出帝自阳城之捷（开运二年三月）以后，"谓天下无虞，骄侈益甚"⑤。出帝本人也从前方定州返回开封，部分将帅和军队也陆续南撤，一度形成抗击契丹的有利军事形势无法维持下去。朝廷先主战，复主和，军事指挥系统的混乱导致整个戍防阵线陷于崩溃。分散在北部诸州的晋军，即使坚持守防，也不是强大契丹军的对手，终于无法挽救丧师失地的败局。开运三年（946年），后晋再蹈后唐的覆辙，在契丹帝耶律德光南下的兵锋中灭亡。

　　后汉高祖刘知远（刘暠）称帝前后，率领军队坚持抗击南下辽（契丹）兵，河北、山东民众组成的义军也加入守土抗辽的行列。辽帝耶律德光以中原人"难制"率其主力兵北返（耶律德光北归至栾城病死）。乾祐元年（948年）正月，刘知远病死。后汉军队及各地民众继续围击滞留中原的辽兵，驱赶辽的残余势力，陆续克回被占领地区。三月，守定州孙方简（后晋开运三年降归契丹）复归，隐帝命其复旧职为义武军节度使，"控扼要害"地区，"以捍契丹"⑥。孙方简与其弟易州刺史孙行友和泰州刺史孙方遇率军合力守边，并继续收回被占地区，

---

　　①　《资治通鉴》卷284，后晋齐王开运元年二月并胡注。

　　②　《资治通鉴》卷283，后晋齐王开运元年正月。

　　③　《资治通鉴》卷284，后晋齐王开运元年正月。

　　④　《旧五代史》卷83《晋少帝纪三》，开运二年三月；《新五代史》卷9《晋出帝纪》；《资治通鉴》卷283，后晋齐王开运元年正月；卷284，后晋齐王开运元年二月至四月、九月、十二月，开运二年正月至三月。

　　⑤　《资治通鉴》卷285，后晋齐王开运二年八月。

　　⑥　《资治通鉴》卷288，后汉高祖乾祐元年三月并胡注。

使后晋末"州县陷契丹者，皆复为汉有"①。乾祐二年（949 年），辽兵再次南下，"前锋至邢、沼、贝、魏（邺都）"诸州，"河北告急"②。隐帝遣枢密使郭威（后为后周太祖）率军北上，"督诸将以御之"。辽兵闻讯，"乃引去"③。乾祐三年（950 年），朝廷加强北边备御，以郭威仍领枢密使出任邺郡留守、天雄军节度使，委以重任，凡边事一禀郭威节制，"便宜从事"④。郭威莅任后，善治边政，为政"尽去烦弊之事"，又"戒边将谨守疆场，严守备"，辽兵也少南下，北部"一方晏然"⑤。此年冬，朝廷政变，隐帝滥杀勋旧大臣，又密令杀郭威等，朝政陷入严重的变乱中。郭威率军由邺都南下，击败了隐帝所率的军队。隐帝被乱兵杀死。郭威进至澶州，"军变"，旋入开封称帝，建立后周，后汉亡。

后周建立时，原后汉河东节度使刘崇称帝，建立北汉。因此，后周境即有辽和北汉两个邻邦。北汉循后晋高祖石敬瑭旧例，结辽为援，与后周抗衡。后周太祖郭威为此采取相应的备边措施。如广顺元年（951 年），以重将王殷带原侍卫亲军都指挥使职出任邺都（魏州）留守、天雄军节度使。授权王殷以邺都重镇总掌河北军事，"凡河北征镇有戍兵处，咸禀殷节制"⑥，严加备御，"控制契丹（辽）"⑦。广顺元年至三年（951—953 年），镇州成德军节度使何福进率军致力于河北诸州守防，击败了南下深、冀、定、镇诸州的辽兵，"数年之间，北鄙无事"⑧。后周还在邻北汉南部近边如潞、晋、隰等州增派将领守防。如广顺元年，晋州建雄军节度使王晏、隰州刺史许迁先后率军击败北汉兵的进攻⑨。

---

① 《资治通鉴》卷 288，后汉高祖乾祐元年三月并胡注。

② 《旧五代史》卷 110《周太祖纪一》广顺元年前追述。

③ 《资治通鉴》卷 288，后汉隐帝乾祐二年十月、十一月。

④ 《资治通鉴》卷 289，后汉隐帝乾祐三年四月。

⑤ 《旧五代史》卷 110《周太祖纪一》，广顺元年前追述；《资治通鉴》卷 289，后汉隐帝乾祐三年五月。

⑥ 《旧五代史》卷 124《王殷传》。

⑦ 《资治通鉴》卷 290，后周太祖广顺元年正月。

⑧ 《旧五代史》卷 112《周太祖纪三》，广顺二年九月、广顺三年闰正月；卷 124《何福进传》。

⑨ 《旧五代史》卷 111《周太祖纪二》，广顺元年二月。

同年冬，潞州巡检使陈思让等率军败北汉兵于虒亭（虒亭镇，在潞州西北一百多里）①。复后，北汉兵卷土重来，太祖派枢密使王峻为行营都部署率师入援晋州。王峻部将行营军马军都指挥使仇弘超，都排阵使药元福，左厢排阵使陈思让、康延沼等率军大败北汉主刘崇兵于晋州北②。显德元年（954 年），刘崇复亲率兵三万，联合辽兵万余骑进攻潞州。世宗以殿前都指挥使张永德的禁军为随身护卫，亲督大军征讨。又命军分三路，以天雄军节度使符彦卿军赴潞州，河中节度使王彦超军赴晋州，侍卫马军都指挥使樊爱能军、步军都指挥使何徽军、滑州节度使白重赞军、郑州防御使史彦超军、前耀州团练使符彦能军赴泽州，北上会师与北汉决战，大败刘崇兵于高平（在泽州东北）③。高平之役，北汉损失惨重，元气大伤，此后再也无力与后周抗衡。世宗时期，后周国力趋于强盛。显德二年至六年（955—959 年），后周先后出师西攻后蜀，克秦、成、阶、凤 4 州；南征南唐，克淮南、江北 14 州；北伐辽，克瀛、莫 2 州。后周的辖区同时扩至所克诸州。显德六年，世宗于伐辽期间病死，恭帝 7 岁继位，殿前都点检赵匡胤（后为宋太祖）统掌朝廷禁军，权重望隆。显德七年（北宋建隆元年，960 年）正月，辽、北汉兵分两路南下周境，赵匡胤奉命率军北讨。至陈桥驿（在开封府北），赵匡胤发动兵变称帝，旋回师开封废后周建立北宋。南下的辽与北汉兵，在北宋守军的阻击下撤退。北宋军还及时平定大将李筠于泽州之叛。其时，北汉衰弱，自保而已。辽在位的穆宗耶律璟也无意大举南下，北宋更后周后十余年间，北部边防大体稳定。

十国时期诸邦的边境戍防也各有其重点地区。如吴与吴越争夺地盘，战役常在常、苏两州间展开。吴致力于其东北战略要地常州的戍防，吴越图之，吴必坚守。如开平二年至三年（908—909 年），吴以陈璋为水陆行营都招讨使率军击败吴越兵，克回被攻占的常州东洲镇（在太湖北岸）④。乾化三年（913 年），吴越兵攻常州，吴镇海军节度使、

① 《资治通鉴》卷 290，后周太祖广顺元年十月，

② 《资治通鉴》卷 290，后周太祖广顺元年十二月。

③ 《旧五代史》卷 114《周世宗纪一》，显德元年二月至六月；《资治通鉴》卷 291，后周太祖显德元年二月至五月。

④ 《资治通鉴》卷 267，后梁太祖开平二年八月，开平三年四月。

内外马步军都军使徐温及其裨将陈祐率军夹击，大破吴越兵于无锡（在常州东南境，亦今无锡）①。贞明五年（919 年），吴越兵复分水陆两路围攻常州，徐温以新任大丞相、镇海军节度使、都督中外诸军事、诸道都统率军再次大败吴越兵于无锡，右雄武统军陈璋率水军出常州海门（在长江入海处）从水路协击并败吴越兵②。吴的边境戍防，不仅保证常州不失于吴越，还阻挡并击败了后梁兵对北部寿、庐等州的进攻和楚兵对西部鄂州等地区的入侵。

南唐更吴而立，继承吴的辖区。烈祖李昇（徐知诰）在位期间，边境在吴的基础上加强守防，又善于与四邻相处，没有大的争战。及元宗李璟在位时期，先后对闽、楚用兵。后晋开运二年（945 年），南唐出兵灭闽，辖区东南扩入建、剑（镡）、汀三州之地。南唐与中原王朝（后晋、后汉、后周）也发生争战，尤其被后周发动全面进攻造成了巨创。南唐以寿州为重镇的北部沿淮一线的设防，初以固备著称，高审思为寿州节度使时，"增修城隍，守备甚严"③。沿淮水一线增设"把浅"兵，"每岁淮水浅涸，分兵屯守"。及后寿州监军吴廷绍以"疆场无事，坐费资粮，悉罢之"。清淮军（寿州）节度使刘仁赡向元宗李璟"上表固争"不得采纳④。沿淮守防渐趋松弛，而南唐与后周的敌对关系却益见紧张。显德二年至五年（955—958 年），后周世宗率师亲征南唐。周师入攻寿州，节帅刘仁赡等率军坚守。元宗以神武统军刘彦贞为北面行营都部署、奉化军（江州）皇甫晖为应援使等率军北援。寿州守防坚持一年又三个月被后周攻陷⑤。初期，唐军与南下的周师在泰、光、舒、扬等州展开拉锯战，也互有胜负。但元宗增派北援的行营军屡败。显德三年（956 年），元宗命诸道兵马元帅齐王李景达为主帅，陈觉为监军，边镐为援都军使率军北援。李景达率军刚至瓜步镇（在扬州西、

---

① 《十国春秋》卷 2《吴高祖世家》，天祐十年九月。
② 《资治通鉴》卷 270，后梁均王贞明五年七月。
③ 《十国春秋》卷 10《高审思传》。
④ 《资治通鉴》卷 292，后周世宗显德二年十月；《十国春秋》卷 27《刘仁赡传》。
⑤ 《资治通鉴》卷 292，后周世宗显德二年十一月、十二月，显德三年正月，卷 293，显德四年正月、二月、三月。

六合南），停兵不敢北上，被周师歼灭于六合①。嗣后，李景达尾随陈觉军抵达濠州，"遥为寿州声援"而已，"军政皆决于陈觉"，而陈觉"无决战意"②。南唐当局高官将帅投降思想益占上风，军事指挥系统混乱，强挡一方的主帅越来越少（如刘仁赡重病不起，显德四年死）。后周师乘势强攻，寿州陷落后，南唐军事戍防体系濒于崩溃。至显德五年春，淮南江北14州失归后周，南唐辖区北部仅达长江下游以南。此后，南唐更加衰落，至开宝八年（975年）降归北宋。

　　吴越与吴争夺地盘，致力于其北部战略要地苏州的戍防，吴图之，吴越必坚守。如开平三年（909年），吴越守将孙琰率军反击吴兵对苏州的围攻。武肃王钱镠复遣牙内指挥使钱镖、行军副使杜建徽等率军赴援，合击并大败吴兵于苏州③。贞明五年（919年），吴水军越长江口入苏州北境，吴越诸军都指挥钱传瓘（后改元瓘）率战舰截击并大败吴兵于狼山（在今南通州南）以南江面④。为了加强苏州地区的军事备御，吴越还在许浦（在苏州东北境、长江口南岸，隔江北岸为吴常州境）屯兵守防⑤。在所辖的太湖（此湖靠南大半湖区属吴越，靠北小半湖区属吴）至松江沿岸置"撩浅军"（或称"撩清军"）四部，实行屯田⑥，以资军队守防。同光二年（924年），吴越升苏州为中吴军节度⑦，以加强该州军政管理和军事戍防力度。此外，地处苏州西南的湖州，杭州以西的衣锦军，此2州（军）同吴的东境近邻，也是军事上敏感的重点戍防区，吴越军曾多次击败吴兵的入侵。开运三年至四年（946—947年），吴越军败南唐兵于福州，辖境向南扩至福州地区⑧。及北宋建立，吴越主钱俶以大批财物频频进贡，并出兵助北宋灭南唐。至太平兴国三年（978年），吴越降归北宋。

　① 《资治通鉴》卷293，后周世宗显德三年三月、四月。

　② 《资治通鉴》卷293，后周世宗显德三年七月。

　③ 《十国春秋》卷78《吴越武肃王世家下》，天宝二年四月。

　④ 《资治通鉴》卷270，后梁均王贞明五年四月。

　⑤ 《十国春秋》卷78《吴越武肃王世家下》，天宝二年五月。

　⑥ 《十国春秋》卷78《吴越武肃王世家下》，天宝八年十一月。

　⑦ 《十国春秋》卷78《吴越武肃王世家下》，宝大元年十一月。

　⑧ 同上。

前蜀与岐①争战，其边境戍防重点主要在北部的兴元府及凤、兴、洋、金诸州。如乾化元年（911 年），岐兵进攻兴元府，"取兴（州）、凤（州），围西县（属兴元府）"②。高祖王建以王宗侃为北路行营都统，王宗祐、王宗贺、唐道袭为三招讨使，率步骑军 13 万人北上迎击。又增派王宗锷为应援招讨使，王宗播为第四招讨马步军都指挥使，王宗弼为开道都指挥使等，率军协同合击并大败岐兵③。贞明元年（915 年），前蜀军伐岐，败之，辖区北部扩至秦、阶、成、凤四州。前蜀对其东部江峡的入川战略要地夔、归、峡诸州也备防不懈。高祖王建至后主王衍时期，先后以王宗寿为镇江军（夔州）节度使，王成先（一作王先成）为夔州刺史，张武为镇江军节度使迁峡江路应援招讨使，率军多次击败南平（荆南）兵对江峡夔、归、峡诸州地区的进攻④。及后主王衍末期，以与后唐"修好"，边备松弛，威武（在凤州西北）、金州等城戍先后撤罢，北部诸州守防军也大批撤回成都⑤。同光三年（925 年）十月，后唐军队从散关（在凤州北境，与岐凤翔南境交界处）大举入攻，前蜀北部诸州尽失，后主在成都不战而降。自后唐出兵攻前蜀，前蜀亡，前后仅 70 天时间。

后蜀奠定三川（东川、西川、山南西道，时在后唐末帝清泰元年，934 年）地区之后，辖区大体同于前蜀。后主孟昶中期，后周势盛，其边境戍防以同后周西境近邻的北部诸州为重点戍防区。如显德二年（955 年），后蜀置威武军节度于凤州，命赵季节为雄武（秦州）监军，以加强秦、凤等州的守防。又派知枢密院事王昭远"按行北边城寨及甲兵"，以为"备周"之计。继之，后周师越过散关攻入秦州，赵季节惧战，后蜀守军皆"奔败"。接着，后蜀北上增援的北路行营都统李廷珪、招讨使高彦俦等军也被后周师击溃，秦、成、阶、凤四州先后失归

---

①　岐为唐至五代前期李茂贞在凤翔建立的分立政权，辖区介于后梁与前蜀之间。

②　《新五代史》卷 44《刘知俊传》。

③　《资治通鉴》卷 268，后梁太祖乾化元年三月至十一月。

④　《十国春秋》卷 36《前蜀高祖纪下》，永平四年正月；卷 38《王宗寿传》；卷 42《王先成传》；卷 43《张武传》。

⑤　《资治通鉴》卷 273，后唐庄宗同光二年十一月、十二月。

后周①，其北境退回文、兴、源（前洋州）三州地区。后唐灭前蜀时，南平（荆南）以附从之力，最后取得峡、归二州，故后蜀东部峡江地区所辖仅及夔州。至北宋建立前后，后蜀势衰，边境戍防不堪一击。乾德二年（964年）冬，北宋军分两路，分别从北部凤州和东部峡江入攻并灭了后蜀。自宋师入境至后主孟昶出降国亡，前后仅66天时间。

楚以其东北部，即与吴—南唐、南平（荆南）近邻的岳、潭（首府长沙）等州为重点戍防区。楚与吴争夺地盘，直接关系这一地区的安危。如开平元年（907年），吴水师三万人攻入潭州。楚主马殷命在城都指挥使秦彦晖统水军三万人、副指挥使黄璠率"战舰三百"艘顺江而下迎击，大破吴兵于潭州浏阳口，并克回岳州（此州于上年被吴攻取）②。乾化二年（912年），吴水师攻下岳州。马殷遣水军都指挥使杨定真率军救之，吴师被迫退出岳州③。天成三年（928年），吴水师万人复攻岳州。马殷遣右丞相许德勋将"战舰千艘御之"，大败吴师于洞庭湖至荆江口（洞庭湖入长江之交汇处）④。楚还致力于经略湖南西部至贵州东部的少数民族地区。天福四年至五年（939—940年），楚军再次平定了辰、叙及溪、锦、奖等州诸洞"蛮族"之反抗斗争。并采用官派和土酋刺史结合的方式实行军政管辖，"群蛮服于楚"，取得了稳定这一地区统治的相应效果⑤。此外，楚对其南部桂管诸州的戍防，主要是备御南汉的入侵。但楚自第三主马希范死后（后汉天福十二年，947年），上层集团各据一方，陷于内部争战，国势大跌。至广顺元年（951年），南汉发动进攻，楚南部桂、蒙、宜、连、梧、严、富、昭、柳、龚、象等州尽被南汉攻取。与此同时，南唐出兵攻陷楚境，马希崇篡位，复降入南唐，楚亡。复后，原楚将周行逢等率部驱赶南唐军队自立，据有湖南诸州。至乾德元年（亦建隆四年，963年），湖南被北宋所灭。

南汉与楚争战，以同楚南境近邻的封州及其东西两翼诸州为重点戍

---

① 《资治通鉴》卷292，后周世宗显德二年正月、三月、四月、五月至十一月并胡注。
② 《资治通鉴》卷266，后梁太祖开平元年五月、六月并胡注。
③ 《资治通鉴》卷286，后梁太祖乾化二年十一月。
④ 《资治通鉴》卷276，后唐明宗天成三年四月并胡注。
⑤ 《资治通鉴》卷282，后晋高祖天福五年正月。

防区。如天成三年（928年），楚水师南下进攻封州。高祖刘䶮遣左右街使苏章"将神弩三千，战舰百艘"援救围击之，大败楚兵于贺江，楚兵"解围遁去"①。南汉伺机收复失地。广顺元年（951年），南汉乘南唐灭楚之际，出兵攻取桂、蒙、宜、连、梧、严、富、昭、柳、龚、象等州②，复败南唐兵，克取郴州③。辖区北部扩至所克的岭南诸州及岭北郴州地区。及后，南汉国衰势弱，至开宝四年（971年）为北宋所灭。

闽的边境戍防，重点在与吴—南唐近邻的建、汀二州地区。如太祖王审知以章仔钧为西北面行营招讨制置使，"选步骑卒五千，命屯戍浦城（建州属县，在闽西北边境同吴与吴越近邻）西岩山"。章仔钧在浦城一带修筑垒障，严于守备④。清泰元年（934年），吴出兵攻浦城，进围建州。闽太宗王鏻遣上军使张彦柔、骠骑大将军王延宗"将兵万人"前往援救。并请吴越出军支援。吴兵闻讯将引归，闽军乘势"追击，败之"⑤。王鏻末年，闽政衰乱，内战不息，国力严重削弱。开运元年（944年），南唐乘机伐闽，次年闽亡。

南平（荆南）盛时，仅领一府三州、军之地，在各朝邦中辖区最小。虽没有足够的军事实力争夺更大的地盘，但对邻邦犯境，当即全力还击。如开平元年（907年），吴与楚会兵攻南平首府江陵。南平主高季兴亲率军截击并战败吴兵于公安（江陵府属县，在府南），楚兵不战"亦走"⑥。开平二年（908年），吴水师15万人进攻江陵，高季兴率军击败吴兵于马头岸（在江陵隔江对岸）⑦。开平四年（910年），楚兵入侵江陵。高季兴率军迎击，大破楚兵于油口（在公安境内）⑧。高季兴还采用联吴抗楚的策略，在楚兵入侵时，请吴军为援，迫楚兵撤退，或

①　《资治通鉴》卷276，后唐明宗天成三年三月。
②　《资治通鉴》卷290，后周太祖广顺元年十一月。
③　《资治通鉴》卷290，后周太祖广顺元年十二月。
④　《十国春秋》卷95《章仔钧传》。
⑤　《资治通鉴》卷278，后唐潞王清泰元年正月。
⑥　《资治通鉴》卷266，后梁太祖开平元年六月。
⑦　《资治通鉴》卷266，后梁太祖开平二年四月并胡注。
⑧　《资治通鉴》卷267，后梁太祖开平四年六月并胡注。

者在楚兵势强难以击阻之际及时请和，以达到退敌保境的目的。及第四主高保勖至末主高继冲时期，王政衰落，军事实力已非昔比。乾德元年（963 年），被北宋所灭。

北汉与辽结盟，辖境北边没有战事，而与后周势不两立，故以同后周近邻的南部辽、隆、沁、汾、石诸州为重点戍防区。广顺元年（951年），世祖刘崇（复改旻）"发兵屯阴地（在汾州南境）、黄泽（在辽州东南）、团柏（在隆州东）"①，以备御后周的入侵。显德元年（954年），高平之役，北汉受重创。后周世宗乘胜会集"诸军数十万众"围攻北汉首府太原城。刘崇（旻）再集各部军队，"缮甲兵，完城堑"，据城全力抗击。又请来辽兵救援，后周终于解围还师。北汉军陆续收回所失州县②。显德六年（959 年），后周军入攻，辽州失归后周，此后，北汉辖区东南仅达隆州。北汉因高平之败大伤元气。刘崇（旻）死后，国力略有恢复，但与边邻争战仍未停息，与辽关系也不如前，其衰落趋势无法逆转。至太平兴国四年（979 年），宋太宗亲统大军围攻太原，在位的英武帝刘继元降，北汉亡。

五代十国时期各朝邦通过行政设治与军事戍防的相互配合，直接行使本辖区的统治权。同时，在 72 年的时间内，各朝邦无一例外地经历了兴衰存亡的过程。这个过程，涉及多方面原因，而与作为经邦治国的一个重要领域——行政设治与军事戍防的利弊得失，有着非常密切的关系。这个问题，通过以下评述加以揭示。

三　关于各朝邦军政上的利弊得失及其与
　　政局分合关系发展的一些认识

五代十国时期处于分立和频繁争战时期，但各朝邦通过致力于辖区行政设治与军事戍防，仍然取得了经邦治国的相应效果。

---

① 《资治通鉴》卷 290，后周太祖广顺元年正月。
② 《资治通鉴》卷 291，后周世宗显德元年三月、四月；卷 292，后周世宗显德元年五月。

　　首先，各朝邦通过有关行政设治措施，实际上对州一级的乱制有所革弊。唐后期以来，由于节度使大量除授，并普遍领若干州，多者至一二十州。节度使成为所领各州的最高军政长官，刺史作为州一级长官的制定地位被侵夺。刺史的除授及其军政活动，不再直接听命于中央而直属于节度使。史称唐德宗贞元四年（788 年），"河朔刺史不廷授几三十年"①。五代十国时期各朝邦对节度使扩揽州政造成的乱制和负面影响显然引以为戒，并采取程度不同的杜弊措施。如后梁太祖鉴于州长官被侵权、"州牧同于闲冗"，特敕令"俾循通制"，"刺史得以专达"朝廷②，以恢复刺史主持本州的制定地位。据有关史籍记载表明，各朝邦通过州一级配置军额和任命长官，将节度使（不包括个别大镇或主管二州以上的节度使）及防御使、团练使普遍置为大体同于刺史的州长位置上，因为各朝邦所置的州一级节度使，除了少数节镇领二州以上者外，大多数同于刺史仅领一州。防御使、团练使大体上只领一州。从州长官所置刺史与节度使、防御使、团练使的比例看，置刺史州为大多数，置节度使州为少数，防御使和团练使州更少。即是说，五代十国时期各朝邦通过有关措施，在一定程度上纠正了节度使乱政之弊，并恢复州一级的治政程序。同时，通过有关选任、考核、司法、监察等制度的推行，尽可能发挥州、县两级的治政职能作用。其次，事实表明，五代十国时期各朝邦州、县两级均不乏政绩者。州一级：如唐末至后梁时，河南府（洛阳）尹张全义致力于恢复和发展辖区内经济事业，"劝耕务农"，"善于抚纳"，"岁滋垦辟"，农民以"耕桑为务，是以家有蓄积，水旱无饥民"。河南府地区也由"不满百户"发展到"编户五、六万"人③。华温琪在棣州刺史任上，"以州城每年为河水所坏，居民不堪其苦"，而为民新筑居舍，"移于便地"。"版筑既毕，赐立纪功碑"④。后唐周知裕先后为绛州、淄州刺史和宿州团练使，史称其在任上"老于军旅，勤

---

　　① 《新唐书》卷 213《程日华传·附怀直》；《资治通鉴》卷 233，唐德宗贞元四年二月。

　　② 《旧五代史》卷 5《梁太祖纪五》，开平四年九月。

　　③ 《旧五代史》卷 63《张全义传》，并引《洛阳缙绅旧闻记》。

　　④ 《旧五代史》卷 90《华温琪传》。

于稼穑，凡为郡劝课，皆有政声"①。孙岳先后任颍、耀二州刺史，"所至称治"②。又马全节、相金里、李顼、符彦饶、郑琮、郭延鲁、王傅拯、白奉进、刘遂清、王殷等，均曾在后唐刺史任上有一定政绩③。后晋王周为泾州节度使，于本州"革前弊二十余事，逃民归复"，高祖"赐诏褒美"④。武汉球历任赵、曹、洺等州刺史，"长于抚理"，"民怀其惠"⑤。又周光辅、李琼、翟光邺等，均曾在后晋刺史任上有一定政绩⑥。后汉李彦从历任恩、濮二州刺史，"治有能政，百姓悦之"⑦。后周时，李万超历任蕲、登等州团练使，"所至有善政"，又能严治违法官吏，"境内肃然"⑧。郭琼于显德年间历任绛、蔡、齐三州防御使，史称其在齐州任上，以己俸赈济饥民，百姓"怀其惠，相率诣阙颂其德政"，世宗"诏许立碑"纪念⑨。又白延遇、王祚、王晏、赵赞、李琼等，均曾在后周州长任上有一定政绩⑩。十国时期诸邦，如吴王彦俦在和州刺史任上，"有政绩，善抚境"⑪。又刘仁赡、王崇文等，也是吴曾在刺史任上有一定政绩者⑫。南唐陆昭符官常州刺史时，致力于州政治理。其州因吴时交兵，"城邑荒残"。昭符莅任后，"为政宽简，招纳逋亡。未几，[州] 遂富实"⑬。还有陈德诚、褚仁规等，也是曾在南唐刺史任上有一定政绩者⑭。前蜀崔善为阆州刺史时，"有惠政，州人建德

① 《旧五代史》卷 64《周知裕传》。
② 《旧五代史》卷 69《孙岳传》。
③ 分别参见《旧五代史》卷 90、卷 91、卷 94 至卷 96、卷 124 本传。
④ 《旧五代史》卷 106《王周传》。
⑤ 《旧五代史》卷 106《武汉球传》。
⑥ 分别参见《旧五代史》卷 91、卷 94、卷 129 本传。
⑦ 《旧五代史》卷 106《李彦从传》。
⑧ 《宋史》卷 261《李万超传》。
⑨ 《宋史》卷 261《郭琼传》。
⑩ 分别参见《旧五代史》卷 124《白延遇传》；《宋史》卷 249、卷 252、卷 254、卷 261 本传（王祚事迹附于卷 249《王溥传》）。
⑪ 《十国春秋》卷 22《王彦俦传》。
⑫ 《十国春秋》卷 22、卷 27 本传；马令：《南唐书》卷 11《王崇文传》。
⑬ 《十国春秋》卷 30《陆昭符传》。
⑭ 《十国春秋》卷 24《陈海传》附陈德诚，褚仁规事迹见同书卷 26《陈觉传》。

政碑于官署之东"纪念之①。后蜀贾鹗官彭州刺史时，"为理公清，人多敬惮之"②。又王贽、白重进等，也是曾在后蜀刺史任上有一定政绩者③。吴越钱弘亿为明州刺史时，"颇著善政，凡一切科率旧制悉除之"④。又钱弘偓、沈韬文、陆超等，也是曾在吴越刺史任上有一定政绩者⑤。南汉刘弘泽于高祖前期"出镇邕州，有善政"⑥。又简文会、谢杰、陆光图等，也是曾在南汉州长任上有一定政绩者⑦。楚马希杲"镇桂州，有善政"⑧。闽王延武在泉州刺史任上，"有能名"⑨。王继业守刺汀州，"亦以治绩闻"⑩。州长官以外的其他官员有政绩者也多少有史可征。县一级：如唐末至后梁期间，河南府（洛阳）治理因战争破坏而瘫痪的府辖20个县，历经重建恢复各县治政职能。史载河南府"诸县户口，率皆归复，桑麻蔚然，野无旷土"，民户"皆有蓄积，凶年不饥，遂成富庶"地区⑪。其中，府尹"张全义治河南的绩效"备受称道⑫，而府辖各县也当有其相应的政绩。后唐贾馥"累为镇、冀属邑令，所莅有能政"⑬。明宗时，司徒诩历永年、项城二县令，"皆有能名"⑭。又边光范、张锡等，也是曾在后唐县令任上有一定政绩者⑮。后晋孟承诲历任宗城、襄城二县令，"皆有善政"⑯。又张锡于开运间任浚仪县令，"以清节闻"⑰。程羽自后晋至后汉间先后任虞乡、礼泉、新乡

---

① 《十国春秋》卷42《崔善传》。
② 《十国春秋》卷53《贾鹗传》。
③ 《十国春秋》卷53《王贽传》；白重进事迹见同书卷55《赵玭传》。
④ 《十国春秋》卷83《钱弘亿传》。
⑤ 分别参见《十国春秋》卷83、卷87本传。
⑥ 《十国春秋》卷61《刘弘泽传》。
⑦ 分别参见《十国春秋》卷64、卷65本传。
⑧ 《十国春秋》卷71《武穆王夫人华氏传》《马希杲传》。
⑨ 《十国春秋》卷94《王延武传》。
⑩ 《十国春秋》卷94《王延宗传·附王继业》。
⑪ 《旧五代史》卷63《张全义传》；《资治通鉴》卷257，唐僖宗光启三年六月。
⑫ 《资治通鉴》卷257，唐僖宗光启三年六月胡注。
⑬ 《旧五代史》卷71《贾馥传》。
⑭ 《旧五代史》卷128《司徒诩传》。
⑮ 《宋史》卷262本传。
⑯ 《旧五代史》卷96《孟承诲传》。
⑰ 《宋史》卷262《张锡传》。

县令，"皆有政绩"①。后周时，魏丕"历顿屯、冠氏、元城三县令"，治政"明慎"，世宗赞其"干事"，提拔为右班殿直②。又王明、侯陟等，也是曾在后周县令任上有一定政绩者③。吴江梦孙为天长县令，"治县宽简，吏民安之"，后调离该县时，"县人号泣，送之数十里"④。徐仲宝先后任舒城、乐平县令，"皆有能名"⑤。南唐胡元龟为临川县令，"颇著政绩"⑥。前蜀段融为雒县令，"在邑多惠政，汉州称廉吏第一"⑦。后蜀李匡远为盐亭县令时，境内盗贼充斥，匡远致力于治理，"擒捕无虚日，时人号之曰'健令'"⑧。吴越闻人凝为富春县令时，"重建县治，有兴废功"⑨。南汉曾芳在程乡县令任上，"政清刑简，以仁爱闻"，尤以救治"民苦瘴疠"得名⑩。闽王想在长乐县令任上，"颇负干材，县事以治"⑪。陈洪济历任同安、晋江县令，"皆兴学教士，为王氏（闽）循吏之冠"⑫。县长官以外的其他官员有政绩者，也多少有史可征。

　　一方面，各朝邦中央至地方州、县的治政业绩，为其境内社会经济的恢复和发展创造了条件。如后梁河南府地区，历经治理，医治了战争造成的创伤，经济出现了新的繁荣时期，"仓储殷积"⑬，在后梁一代"成为中央的财赋基地"⑭。后唐明宗以治绩著称，史称其在位时期（926—933 年），农业"比岁丰登"⑮，"府库充实，军民皆足"⑯。后晋

①　《宋史》卷 262《程羽传》。
②　《宋史》卷 270《魏丕传》。
③　《宋史》卷 270、卷 273 本传。
④　《十国春秋》卷 10《江梦孙传》。
⑤　《十国春秋》卷 12《徐仲宝传》。
⑥　《十国春秋》卷 31《胡元龟传》。
⑦　《十国春秋》卷 43《段融传》。
⑧　《十国春秋》卷 53《李匡远传》。
⑨　《十国春秋》卷 85《闻人凝传》。
⑩　《十国春秋》卷 64《曾芳传》。
⑪　《十国春秋》卷 94《王想传》。
⑫　《十国春秋》卷 96《陈洪济传》。
⑬　《旧五代史》卷 63《张全义传》。
⑭　郑学檬：《五代十国史研究》，上海人民出版社 1991 年版，第 115 页。
⑮　《旧五代史》卷 44《唐明宗纪十》，长兴四年十二月引《五代史阙文》。
⑯　《资治通鉴》卷 275，后唐明宗天成元年五月。

高祖即位后，"务农桑以实仓廪，通商贾以丰货财"①。河南府和邺都地区，在后唐经营的基础上，继续保持着中央财赋收入的重要地位②。后汉中央尽量利用非战地区经济的供给能力，"捃摭遗利，吝于出纳，以实府库，宿兵累年而供馈不乏"③。后周境内农业和其他经济事业获得广泛的恢复和发展。史称显德元年（954年），世宗亲率几路大军讨伐并大破北汉兵于高军，郑仁诲留守东京，"调发军须，供亿无所阙"。显德三年（956年），世宗亲征南唐，称后周"擅一百州之富庶，握三十万之甲兵，农战交修，士卒乐用"，历经征战，"兵不告疲，民有余力"④。世宗言中，难免自我宣扬，但后周军事实力称强与其境内迅速有效发展而形成的经济支柱有着密切的关系。十国的吴，史称杨行密时期，淮南地区"公私富庶，几复承平之旧"⑤。首府江都（扬州）号称"富雄"⑥，"殷盛，士庶骈阗"⑦，至后期，"江、淮间旷土尽辟，桑柘满野，国以富强"⑧。南唐在吴的基础上继续保持发展的繁荣局面。史称烈祖李昪时期，江、淮地区农业收成"比年丰稔，兵食有余"⑨。政府"笼山泽之利，帑藏颇盈"⑩。至元宗李璟时，"国家富给"⑪，于邻邦中"最为强盛"⑫。前蜀所辖三川地区，政府"仓廪充溢"⑬，有"天下之富国"之称⑭。后蜀历经治理，克服了战争造成的破坏，经济事业

<hr />

① 《资治通鉴》卷281，后晋高祖天福二年正月。

② 按后晋高祖对其境内经济不景气地区常下诏免征，而河南府地区则以"国用窘乏"，"计出二十万缗"重征（《宋史》卷264《卢多逊传》）；又桑维翰称后晋高祖时，邺都地区仍然保持"原野沃衍，户赋殷繁"的发展势头（《旧五代史》卷89《桑维翰传》）可证。

③ 《旧五代史》卷123《郑仁诲传》。

④ 《旧五代史》卷116《周世宗纪三》，显德三年三月载周世宗赐南唐主李璟书。

⑤ 《资治通鉴》卷259，唐昭宗景福元年八月。

⑥ 《新唐书》卷188《杨行密传》。

⑦ （宋）费枢撰《钓矶立谈》，见（清）鲍廷博辑《知不足斋丛书》第4集。

⑧ 《资治通鉴》卷270，后梁均王贞明四年七月。

⑨ 《资治通鉴》卷282，后晋高祖天福六年四月。

⑩ （宋）马令：《南唐书》卷22《刘承勋传》。

⑪ （宋）费枢撰《钓矶立谈》，见《说郛》（委宛山堂本）引三十一。

⑫ 《旧五代史》卷134《李璟（景）传》。

⑬ 《五国故事》卷上，见《知不足斋丛书》第11集。

⑭ 《新五代史》卷24《郭崇韬传》。

出现了新的繁荣，史称其境内"百姓富庶"，"财币充实"①。吴越武肃
王钱镠时期，有"钱唐（塘）富庶盛于东南"之誉②。至忠献王钱佐
（弘佐）在位时，"境内丰阜"，政府仓储备有"十年""军食"③。楚在
武穆王马殷时期，政府从营回图务中获"利几十倍"，广征商旅出入境
赋税，"税入凡几万万计"，贸易活跃，"百货流通，国日益以富"。农
民力于桑田，"民间机杼大盛"④。南汉高祖刘龑在位时，以赵光裔、杨
洞潜、马殷衡为相，重视文治，境内经济事业相应发展。史称赵光裔
"为相二十余年，府库充实，政事清明，辑睦四邻，边境无恐"，有国
富民安之誉⑤。闽泉州地区农业生产持续发展，自唐末天祐初（904 年）
王延彬为刺史开始，"凡三十年，仍岁丰稔"⑥，成了闽的重要经济基
地。史称太祖王审知主闽期间，"公私富实"，"三十年间，一境晏
然"⑦。这些业绩，有多方面的因素促成，如：各朝邦从其统治的需要
出发，通过行政设治与军事戍防的相互配合，在一定程度上起着稳定社
会秩序和保境安民的作用，根据经邦治国的需要采取了有利于本朝邦发
展和境内人民安于从业的政策措施。同时各朝邦从中央至地方州、县大
多拥有一批力于治政、服膺职守的官员；广大人民利用战争未及或战后
息兵的相对稳定的空间环境艰苦创业、辛勤劳动等，为本朝邦社会经济
和其他事业的恢复和发展做出贡献，功不可没。

　　另一方面，五代十国时期各朝邦存在的军政上的种种弊端和难以克
服的矛盾，终于无法摆脱其衰败和灭亡的结局。不少朝邦推行峻法酷
刑。如五代各朝，对谋叛逆者，无论主从轻重，一律处死。后汉甚至
"诛及亲族，籍没家赀"。对窃盗犯赃，后唐三匹（绢帛）、后晋五匹
（绢帛）、后汉"一钱以上"者，皆处死刑。对奸情，"无论强（奸）、

---

① （宋）张唐英：《蜀梼杌》卷下，见《四库全书·史部·载记类》。
② 《资治通鉴》卷 267，后梁太祖开平四年八月。
③ 《旧五代史》卷 133《钱佐传》；《资治通鉴》卷 282，后晋高祖天福六年九月。
④ 《资治通鉴》卷 274，后唐庄宗同光三年闰十二月；《十国春秋》卷 72《高郁传》。
⑤ 《十国春秋》卷 62《赵光裔传》。
⑥ 《五国故事》卷下。
⑦ 《旧五代史》卷 134《王审知传》；《资治通鉴》卷 267，后梁太祖开平三年九月。

和（奸），男女并死"。甚至"罪非反逆，往往族诛、籍没"①。后汉宰相苏逢吉滥杀监狱"犯人"，"无轻重曲直悉杀之"，以此为高祖刘知远生日"祈福"。苏逢吉等还借捕盗杀戮无辜百姓，"自草诏书下州县，凡盗所居本家及邻保皆族诛"。"由是天下因盗杀人滋滥"②。十国南汉高祖刘龑用刑极其残酷，"有灌鼻、割舌、肢解、刳剔、炮炙、烹蒸之法"，甚至将"罪人"投入聚毒蛇之水狱中③。高祖以后的继任者殇帝刘玢、中宗刘晟、后主刘铱也如法炮制。他们专用宦官，施用酷刑，诛灭异己，残杀勋旧，"不务施德，而虐及无辜"④。此外，各朝邦对广大人民实行暴敛、搜刮。如后梁，不仅对经济恢复和发展较好的河南府地区重征赋税，竭泽而渔，而且不少贫困州、县也要忍受年年催征之苦。许多官员，更在朝廷限额以外营私，"广敛贪求"，加重百姓负担，"分外扰人"⑤。至末帝时，史称朝廷"府库殚竭，箕敛百姓"，"公私困竭，人心惴恐"⑥。后唐初期，境内百姓继续面临强征赋役之苦。史称朝廷"峻法以剥下，厚敛以奉上。民产虽竭，军食尚亏"⑦。导致各地"大饥，民多流亡"⑧。明宗晚年，竟以政府仓场亏损增收"鼠雀耗"，农民上交赋税，"每石加二斗耗"⑨。无理加重了农民的巨额负担。末帝即位前后，为了击败闵帝及上层反对势力，厚赏军士，中央财库不足，即"率民财以充赏"。甚至向"士庶"预借"僦值"，驱令各级官员四出"敛民财"。对催不足额的官员投进监狱，军巡使"日夜督责，囚系满狱"⑩。加上战争、官府超量养马、大修帝陵等巨额开支，造成中央

---

① 《资治通鉴》卷290，后周太祖广顺元年正月。

② 《新五代史》卷30《苏逢吉传》。

③ 《资治通鉴》卷283，后晋高祖天福七年四月。

④ 《十国春秋》卷58《南汉高祖纪》大有十五年三月并史论，并参见卷59，卷60殇帝、中宗、后主各纪文。

⑤ 《旧五代史》卷5《梁太祖纪五》开平三年十一月。

⑥ 《旧五代史》卷9《梁末帝纪中》贞明三年十二月；卷10《梁末帝纪下》贞明六年四月。

⑦ 《旧五代史》卷146《食货志》。

⑧ 《资治通鉴》卷274，后唐庄宗同光三年十二月。

⑨ 按所谓"鼠雀耗"，系指政府仓场存粮时被老鼠和麻雀吃掉的那部分损耗。参见《旧五代史》卷44《唐明宗纪十》长兴四年十二月并注引《五代史补》。

⑩ 《资治通鉴》卷279，后唐潞王清泰元年三月并胡注，清泰元年四月。

"府库空匮"，百姓不堪其苦，"水旱民饥"，被迫"流散"，"自绝者相继"①。后晋高祖石敬瑭在位时期，对百姓实行严法征收赋税，而主管官员往往以超标准量器征纳营私，"受纳之时斛面取赢，俟出给之时而私其利"，"官吏相与为弊"②。不少地方官员如恒州节镇杜重威（杜威）及其副官王瑜、泾州节镇张彦泽等，"贪残不法"，"重敛于民"，"检索殆尽"，造成"阖境苦之"，大量民户"散亡"。出帝即位后，境内普遍遭受严重的水、旱、虫灾，朝廷不仅未采取救灾措施，反而"重以官括民谷"，"督责严急"，甚至对百姓民户"封碓硙，不留其食，有坐匿谷抵死者"，造成"民馁死者几十万口，流亡不可胜数"③。朝廷"府库空竭"，犹借抗击契丹敛民不止。高官将帅更借备边私刮民财，"州县吏复因缘为奸"，百姓"求死无地"④。后汉隐帝时，朝廷"聚敛刻急"⑤，向农民额外增输的"鼠雀耗"税，由每斛（石）二升提高至二斗（即恢复后唐明宗末年增输之数），"百姓苦之"，"民力大困"，仍以峻法强行赋敛，"吏缘为奸，民不堪命"⑥。十国南唐元宗李璟时，以政府营田苦及百姓。营田官员"因缘侵扰，大兴力役夺民田甚众，民愁怨无诉〔所〕"⑦。不少官员借势"侵扰州县，豪夺民利，大为时患"⑧。前蜀官员越法加重赋税，坑害百姓。史称高祖王建末期，许多官员谋私，对百姓"重赋厚敛，以致伤害而死"⑨。后主王衍继位后，境内百姓更遭赋敛之苦，"诸州虐理既多，百姓失业欲尽。荒田不少，盗贼成群"，地方"州县凋残"⑩。后蜀建立后，地方节镇兼领中央职务者，往

①　《旧五代史》卷46《唐末帝纪上》清泰元年四月；《资治通鉴》卷279，后唐潞王清泰二年六月。

②　《资治通鉴》卷282，后晋高祖天福五年七月并胡注。

③　《资治通鉴》卷283，后晋高祖天福七年正月、三月，同卷后晋齐王天福八年十二月。

④　《资治通鉴》卷284，后晋齐王开运元年四月。

⑤　《资治通鉴》卷289，后汉隐帝乾祐三年十一月。

⑥　《旧五代史》卷107《王章传》。

⑦　《资治通鉴》卷291，后周太祖广顺三年十二月。

⑧　《续资治通鉴长编》卷2，太祖建隆元年七月并注。

⑨　《十国春秋》卷36《前蜀高祖纪下》，光天元年六月。

⑩　《十国春秋》卷43《蒲禹卿传》注引何不远《鉴诫录》，载蒲禹卿全表。

往留在成都，而"委僚佐知留务，专事聚敛，政事不治，民无所诉"①。后主孟昶时，境内赋税加重，百姓无法按额交纳。孟昶命官员四出"磨勘四镇十六州逋税，自广政十五年至二十年（952—957年），别行追督"。而新征之税，"更倍赋加租，务夺百姓"②。吴越"常重敛其民以事奢僭"，常派官员下民户强夺，"下至鸡鱼卵鷇，必家至而日取"，更以笞杖相威逼。至后期更甚，"人尤不胜其苦"③。楚至马希范在位后期，政府"用度不足，重为赋敛"。官员借查征田税，多计农民耕地面积，"专以增顷亩为功，民不胜租赋而逃"。常税以外，又添新税。史称其"府库尽矣，而浮费益甚；百姓困矣，而厚敛不息"④。南汉实行烦琐苛征，境内百姓除了上交正税外，还要负担各种额外的"无名赋敛"。至后主刘鋹时，"烦苛赋敛"更甚。还强以超标准量器征纳，诸州普遍使用"刘鋹私制大量，重敛于民。凡输一石，乃为一石八斗"。百姓不堪重负，造成普遍"逋租"，以至"民饥"和"逃亡"⑤。闽赋税之苛重烦琐，至后期为甚。史载康宗王昶在位时，政府"专务聚敛，无有盈厌"。其向百姓征身丁钱，以钱折米，常强以大于标准量器收纳。民间"果、菜、鸡、豚，皆重征之"⑥。"凡江、湖、陂、塘皆有赋"⑦。景宗王羲（曦）时，百姓"为避重赋多为僧"⑧。至末主王延政时，赋役更加繁重，"增田亩山泽之税，至于鱼、盐、蔬、果，无不倍征"。"赋敛繁重，力役无节"⑨。对商贾赋税也增算"数倍"，"人不堪其苦"⑩。南平（荆南）实行赋税重征，至晚期尤甚。如高继冲在位时期，"年谷虽登，而民困于暴敛"⑪。北汉建立之后，百姓即面临暴征赋役之

---

① 《资治通鉴》卷282，后晋高祖天福六年二月。
② 《续资治通鉴长编》卷3，太祖建隆三年十二月。
③ 《新五代史》卷67《吴越世家·钱俶》。
④ 《资治通鉴》卷283，后晋齐王天福八年十二月。
⑤ 《续资治通鉴长编》卷12，太祖天宝四年二月、七月、十月。
⑥ 《资治通鉴》卷281，后晋高祖天福二年六月。
⑦ 《十国春秋》卷91《闽康宗纪》通文三年十一月并注。
⑧ 《资治通鉴》卷282，后晋高祖天福五年七月。
⑨ 《资治通鉴》卷283，后晋齐王天福八年二月、五月。
⑩ 《十国春秋》卷98《陈匡范传》。
⑪ 《续资治通鉴长编》卷4，太祖乾德元年正月。

苦。史称开国主刘旻（崇）时，境内"土瘠民贫，内供军国，外奉契丹，赋繁役重，民不聊生，逃入周境者众"①。至后期，"人户两税"、常赋以外又加征各种"无名配率"，百姓"逋租"无法补交，"国用日削"，"势蹙民残"，"危困已甚"②。此外，各朝邦的皇帝或国主中，不乏昏聩无能、祸国殃民之辈。不少皇帝、国主以及皇（王）亲国威、宦者、宠臣、官员将帅，或骄奢淫逸、专横无道，或贪赃枉法、巧取豪夺，或卖官鬻爵、贿赂成风，或兼而有之。统治阶层的腐朽败落造成弊政迭出，而且多数朝邦越到后期越严重。

种种弊政的积累，连续不断的战乱，各类矛盾的激化，广大人民一再陷于无法解脱的困境中被迫进行反抗斗争。如后梁末帝贞明年间（915—921 年），陈州毋乙、董乙领导的民众起义，建立了政权，曾大败官军的进剿，势力盛时扩大到陈、颍、蔡三州③。南汉主刘玢时期到刘晟初期（942—943 年），以循州张遇贤为首的民众起义，号称"中天八国王"，曾攻下番禺（广州）以东的祯、潮、循等州县。起义军复转战越岭攻入南唐虔州境。势盛时发展到十余万人，前后坚持了一年三个月④。有的朝邦也发生过小股的民众起义，但更普遍的是通过抗交租税、抵制暴敛、逃离等形式进行反抗斗争。这些斗争，程度不同地冲击着所在朝邦的残酷统治。同时，不少朝邦军变、军乱频频发生，在一定程度上反映了军队的不满及其所进行的反抗斗争。有的朝邦的军变、军乱直接导致其军事戍防力量的削弱，甚至成为影响本朝邦军事攻守防线溃败乃至改朝换代的诱发事件。如后梁末帝初，魏博军变，导致晋王李存勖轻而易举地进据魏州，并乘势攻陷河北诸州⑤。自此以后，后梁辖区失去河北磠蔽，军事上转入全面守势，在晋军的强势进攻下趋向灭亡。后唐天成元年（亦同光四年，926 年）东京（洛阳）和魏、博等州

---

① 《资治通鉴》卷 290，后周广顺元年十二月。

② 《旧五代史》卷 135《刘崇传史论》；《新五代史》卷 70《东汉世家·刘承钧》；《续资治通鉴长编》卷 20，太宗太平兴国四年正月、五月。

③ 《旧五代史》卷 10《梁末帝纪下》，贞明六年十月。

④ 《资治通鉴》卷 283，后晋高祖天福七年七月、十月，同卷后晋齐王天福八年七月、十月。

⑤ 《旧五代史》卷 8《梁末帝纪上》，贞明元年至二年全文。

发生军变，庄宗李存勖在东京乱军中被杀。镇守魏州（邺都）的（李亶）被变军拥立为主，旋入东都称帝①。这次军变，是直接造成明宗（李亶）以旁支（武皇李克用长子李存勖，而李亶为其养子）入主后唐的重大事件。又如后汉隐帝之死，郭威称帝建立后周；赵匡胤篡后周建立宋朝，均与当时军变、军乱有着直接关系。

　　简括上述，针对五代十国时期各朝邦辖区行政设治与军事戍防的有关问题提出如下两点认识。

　　第一，五代十国时期各朝邦中央至地方各级行政设治与军事戍防制度的推行，上承唐朝，下及宋代，反映了一定的沿革关系。如以三省六部、台、寺、监为主要架构的中央行政体制，各朝邦大多循唐旧例设置，但其职事官的开设面明显简化、权任挂轻，非职事官的衔授面普遍扩大，以示恩命。至北宋时期，中央行政体制沿袭唐代，历经重建、改制，更加系统、完备。而其前期三省（门下、中书和尚书省）由朝官主判，非实职，民政、军政及财政分掌于中书门下、枢密院及三司。三省长官不赋官职，为高级官员升迁的寄禄官。即使在北宋元丰改制以后，三省成为最高政务机构，但三省长官仍虚设其名不变。类此与唐代相左之釐革，非始于北宋，而应溯自五代改制之影响所及。唐时（代宗开始）以宦官为枢密使，掌通达王命诏旨，渐而隐操内廷政事，但权任未显，也不稳定。五代十国时期的枢密使（或崇政院使、内枢密使、内枢使）出掌军政，跻于宰相之列，权任很重。至北宋时，以枢密院为最高军事机关，与中书门下（元丰改制后为三省）对掌政柄，统辖禁军"三衙"（殿前司、侍卫马军司、侍卫步军司），成为定制。宋掌管禁军的"三衙"，是由五代后梁始置的侍卫军、后周增设的殿前司发展而来。唐代以掌管财赋的户部、度支、盐铁使称为三司。五代各朝三司合为一职，称为三司使。北宋前期沿置三司为掌管最高财政机关，号称计省，三司使号称计相，地位仅次于宰相和枢密使。反映了枢密院、三司自唐经五代至北宋时期的密切相承与演化关系。五代十国时期各朝邦地方州县两级的设治一本唐制。尤其通过对唐后期以来节镇擅夺州政采取

――――――

　　① 《旧五代史》卷34《唐庄宗纪八》，同光四年二月、三月、四月；卷35，唐明宗天成元年四月。

的杜弊措施，州县两级逐渐恢复盛唐时期的建制。虽然重镇难制的局面在五代各朝和十国时期某些邦国中仍然存在，但节镇造成的弊政已有所克服，州县两级建制在各朝邦的普遍恢复已成定局，无可逆转。它为北宋时期全面革除节镇擅势的弊政和规范州县两级的治政程序提供了前期基础和有益借鉴。可以认为，五代十国时期，各朝邦中央至地方行政设治制度的推行，是唐代至宋朝之间的一个过渡时期，彼此间有着密切的通轨关系。

　　第二，作为经邦治国的一个重要而敏感的领域，辖区行政设治与军事戍防的成败，同本朝邦的兴衰存亡息息相关，五代十国时期也不例外。在当时无法统一的局势下，分立的各朝邦通过其中央至地方州县各级行政设治与军事戍防职能的行使和有效发挥，有助于营造相对稳定的社会环境，以利百姓安生从业，因而程度不同地促进了本辖区社会经济的恢复和发展。各朝邦也因此获得了据以存在的物质支柱，保持着与其他朝邦相抗衡的军事实力。这是每个朝邦在一定时期内能够自立于其他朝邦不可缺少的两个基本条件。相反，行政设治与军事戍防弊端百出，积重难返，必然导致该朝邦的衰落乃至灭亡。如后梁被晋王李存勖所灭，后唐在石敬瑭结引契丹的进攻下败亡，后晋亡于契丹（辽）的再次南攻，前蜀在后唐的进攻下灭亡，楚和闽先后亡于南唐的进攻。还有后汉被后周更替，吴被南唐废篡。这些中间退出政治舞台的朝邦，其灭亡的表现形式不尽相同。但从被灭亡的一方看，多数朝邦如后梁、后唐、后晋、后汉、前蜀、楚、闽等，都同治政上的积弊、境内经济衰败、民不聊生以及军事上的严重削弱、败绩或失控造成内部统治危机的加深而密切联系着。及五代十国末期，并立的各朝邦，一无例外地面临内部统治危机，不仅军事上不堪一击，经济上也大多濒于崩溃的边缘。赵匡胤篡后周建立北宋，在不到 20 年（960—979 年）的时间内，先后灭了南平（荆南）、后蜀、南汉、南唐、吴越、北汉，同时平定了湖南、福建境内的割据势力，结束了五代十国长达半个多世纪的分立局面。在我国历史发展的过程中，北宋作为新的统一力量的崛起与五代十国时期各朝邦的全面衰落造成新的统一契机，不是偶然的巧合，而是唐朝亡后"分久必合"的必然趋势。

（本文原载《中国边疆史地研究》1999 年第 4 期）

从房山石经题记论辽代选相任使之沿革

　　北京房山区涿鹿山，又称白带山或石经山。其称石经山者，乃是因山麓云居寺塔底及其附近洞穴藏存古代石刻佛经而得名。云居寺刻经事业，始于隋大业年间，其后规模或大或小，断断续续，一直到明天启时期。上下经过隋、唐、五代、辽、金、元、明七个朝代一千余年，一共完成了以大涅槃、华严、大般若、大宝积四大部为主的卷帙浩瀚的上千种佛经，经文碑石达 14620 版以上。它对研究我国佛教、佛学的历史，具有重大的学术价值。

　　辽代刻经，不仅补刻了唐碑的残损部分凡 80 卷，续刻了新经 120 卷左右，及道宗、天祚时期，又增刻了大碑一千多版，一百六十余种经；小碑四千多版。形成了继初、中唐两大刻经高潮以来第三个高潮，在整个云居寺刻经史上占有举足轻重的地位。

　　辽经石和前代一样，在经文开首或末尾，往往刻有提点官或施主等题记，题记中又多带有官员的姓名和结衔。初步检得，其中带结衔的官员，至少有 44 人，不同官称达一百例以上。这些官称，除了"北宰相"一官外，其余均为南面官。这是至今为止，在同一地点发现最为可观的一批有关辽代职官的直接史料，官员任官时间、地点明确，官任的连续性和官称之间的联系性，为勘补《辽史》和研究辽官制提供了珍贵的史料①。

　　鉴于这批史料牵涉官制方面的问题较多，本文仅就其中有关题记对辽代世选宰相及节度使之沿革始末作一论证如下。

----

　　① 　参考陈述辑校《全辽文》卷 8，清宁四年赵遵仁《涿州白带山云居寺东峰续镌成四大部经记》卷 11，天庆八年志才《涿州涿鹿山云居寺续秘藏石经塔记》。吴梦麟《房山石经述略》（1980 年 8 月刻印稿）以及北京图书馆金石组协助提供有关拓本和卡片材料。

一

在云居寺石经题记中，兴宗末年涿州知州杨皙，是一位值得注意的提点官。

杨皙《辽史》有传。史家认为，杨皙不仅有传，且一人两传：即《辽史》卷89之《杨皙传》和卷97之《杨绩传》。杨绩就是杨皙，这主要是综合比较两传得出的结论。比如出身问题，《杨皙传》"太平十一年，擢进士乙科"；《杨绩传》"太平十一年进士及第"。皙与绩出身相同。官历问题，《皙传》："累迁枢密都承旨，权度支使""进枢密副使""入知南院枢密使""长宁军节度使""知兴中府""尚书左仆射""中书令""枢密使两厅廉从""给宰相""封赵王""例改辽西郡王"，曾"与姚景行同总朝政"等；《绩传》："累迁南院枢密副使""长宁军节度使""拜参知政事，兼同知枢密院事，为南府宰相""拜南院枢密使""封赵王""以例改王辽西"，重元之乱时，"与姚景行勤王"等。皙与绩官历亦相同。据此，大体上可以肯定史家关于"一人两传"杨绩即杨皙之说①。

但是两传之间，仍然有出入，有的甚至出在关键处。如《绩传》："（绩）与杜防、韩知白等擅给进士堂帖，降长宁军节度使，徙知涿州。"其中"徙知涿州"一节，《皙传》失载。今从题记中，不仅确知杨皙知过涿州，而且可以考订出杨皙在涿州任上的大体时间。请看题记记载的部分涿州知州的连任情况：

重熙十八年涿州知州魏永②；
重熙二十年涿州知州萧昌顺③；

①　《辽史》卷89《杨皙传》后校勘记（二），又罗继祖《辽史校勘记》第225、231页。
②　参见云居寺经碑《大宝积经》62卷182条等题记：重熙十八年八月二十五日，彰信军节度使、守左监门卫上将军、知涿州军州事魏永提点。
③　参见《大宝积经》76卷217条等题记：重熙二十年四月十日，归义军节度使、知涿州军州事提点萧昌顺。吴极。

　　重熙二十二年涿州知州萧惟忠①；

　　重熙二十四年涿州知州杨皙②；

　　清宁二年涿州知州萧惟平③。

　　通检经碑中的辽代题记，由杨皙以涿州知州身份提点而有明确年月者，最早见于《大宝积经》105卷283条，刻写时间是重熙二十四年三月十八日。据《辽史·兴宗纪三》："（重熙十九年十一月）壬子，出南府宰相韩知白为武定军节度使，枢密副使杨绩长宁军节度使。"又由《绩传》知绩"徙知涿州"是继长宁军节度使之后的。题记关于皙知涿州一节，既验明《绩传》所载无误，又补《皙传》之缺，进而圆了绩即皙之说。这就明确了，杨皙（绩）至迟在重熙二十四年三月中旬，已经调离长宁军节度使之职而到达涿州任上。《绩传》载绩（皙）于"清宁初，拜参知政事，兼同知枢密院事"。《皙传》言皙"清宁初，入知南院枢密使，与姚景行同总朝政"。这里，我们注意到"入知"两字，这以前杨皙离开朝廷出为长宁军节度使，徙知涿州，今言"入知"，是指杨皙离开涿州任上，回到朝廷做官来了。那么，杨皙又是那一年离开涿州回到朝廷的呢？从题记关于清宁二年九月十日知涿州是萧惟平的记载，可证杨皙至迟是在清宁二年十月或者在这以前不久回朝任

---

　　① 参见《大宝积经》90卷254条等题记：重熙二十二年四月十六日终，广州防御使、银青崇禄大夫、检校司徒、知涿州军州事萧惟忠提点。

　　② 参见《大宝积经》104卷284条题记：尚书吏部侍郎、知涿州军州事杨皙提点书镌；99卷269条题记：重熙二十四年三月二十三日，尚书吏部侍郎、知涿州军州事，赐紫金鱼袋杨皙提点；105卷283条题记：重熙二十四年三月二十八日，正议大夫、尚书吏部侍郎、知涿州军州事，赐紫金鱼袋杨皙提点；107卷287条题记：维重熙二十四年四月三日，正议大夫、尚书吏部侍郎、知涿州军州事杨皙提点书镌；109卷292条题记：重熙二十四年四月三日，正议大夫、尚书吏部侍郎、知涿州军州事，兼管内巡检、安抚、屯田、劝农等使、上柱国、洪农郡、开国公、食邑三千户、实封三百户杨皙提点书镌；111卷297条等题记：重熙二十四年四月二十二日，正议大夫、尚书吏部侍郎、知涿州军州事，兼管内巡检、安抚、屯田、劝农等使，上柱国、洪农郡、开国公、食邑三千户、实封三百户，赐紫金鱼袋杨皙提点书镌。

　　③ 参见《大宝积经》115卷307条题记：维清宁二年秋八月二十一日，安国军节度使、金紫崇禄大夫、检校太师、左领军卫上将军、知涿州军州事、开国公萧惟平提点。高准书。何国镌。119卷319条等题记：清宁二年九月九日，安国军节度使、金紫崇禄大夫、检校太师、左领军卫上将军、知涿州军州事萧惟平提点书镌。讲经论沙门季香校勘。王铨书。吴世保镌。

职的。这与《辽史·道宗纪一》关于清宁元年十二月"癸卯，以知涿州杨绩（皙）参知政事兼同知枢密院事"的记载吻合。又从上引题记，重熙二十二年涿州知州是萧惟忠他的题记至当年四月十六日"终"①。表明萧惟忠已离任，下一任知州即是杨皙，故知杨皙知涿州期间应在重熙二十二年四月十六日以后至清宁元年十二月以前，大约两年半。

自知涿州任上入知南院枢密使，已是杨皙在官场生涯中第二次入官朝廷了。

杨皙第一次入朝做官始于圣宗太平十一年以白身擢进士乙科，当时任著作佐郎，官职不大。到兴宗重熙十二年，累迁枢密都承旨，权度支使，任职最高到枢密院副使，官不小，但不显赫。第二次入朝，时逢兴宗逝世，道宗继位，一开始就知南院枢密使，接着又擢升南府宰相，与姚景行同总朝政，累封王并"赐同德功臣"。杨皙在经过一段坎坷之后，官位扶摇直上，一跃而成为当时宰辅朝纲"为上礼遇"的朝廷元老之一。

《辽史·姚景行传》载景行于"道宗即位，多被顾问，为北府宰相"。而杨皙与景行"同总朝政"时是南府宰相。又《杜防传》："清宁二年（道宗即位第二年），上谕防曰：'朕以卿年老嗜酒，不欲烦以剧务。朝廷之事，总纲而已。'顷之，拜右丞相，加尚父。"知防在道宗即位初期，擢居南面官相位。辽制北面官北、南二府宰相多出国姓即帝后两系之萧和耶律官员中择任，原是由于太祖以来既定的宰相世选制度决定的。盖因皇帝或太后的殊宠关系，也有非国姓主要是汉族官员任相者，如世宗时韩延徽为南府宰相，景宗时室防兼北府宰相，圣宗时韩德让（改名耶律隆运）拜北府宰相等②，而像道宗初期那样，南面官有明确的汉族官员（杜防）擢居相位，同时起用的北面两府宰相也均为汉族官员（姚景行、杨皙），则是前所罕见。为了弄清这个问题，必须对辽朝世选相制的沿革做一历史的考察。

通读《辽史》，终辽之世，北南府宰相共计119任例，其中国姓即萧和耶律相官占96，非国姓的汉族相官占23。在23任例非国姓主要是

---

① 参见本节第34页注释①萧惟忠题记，"重熙二十二年四月十六日"后带"终"字。
② 《辽史》卷74《韩延徽传》、卷79《室防传》、卷82《耶律隆运传》。

汉相中，仅道宗一朝就达 12 任例之多。我以为，这与道宗时期政治上进一步封建化所引起的宰相世选制度的嬗变不无关系。杨皙与辽廷帝后没有私人宠幸关系，而他第二次入朝，却先后拜授南北府宰相两任军国要职，一方面由于他效忠辽廷，在涿州一段有突出政绩，另一方面则是道宗时期辽朝封建化进程加速这一客观形势所促成。

朝廷对杨皙知涿州一段的态度，《辽史》本传（皙和绩传）无载，今从题记中杨皙结衔的变化可以索知一二。

例一：重熙二十四年三月十八日，正议大夫、尚书吏部侍郎、知涿州军州事、赐紫金鱼袋杨皙。

例二：重熙二十四年三月二十三日，尚书吏部侍郎、知涿州军州事、赐紫金鱼袋杨皙①。

例三：重熙二十四年四月三日，正议大夫、尚书吏部侍郎、知涿州军州事杨皙②。

例四：重熙二十四年四月三日，正议大夫、尚书吏部侍郎、知涿州军州事，兼管内巡检、安抚、屯田、劝农等使、上柱国、洪农郡、开国公、食邑三千户、食实封三百户杨皙③。

例五：重熙二十四年四月二十二日，正议大夫、尚书吏部侍郎、知涿州军州事，兼管内巡检、安抚、屯田、劝农等使、上柱国、洪农郡、开国公、食邑三千户、食实封三百户杨皙④。

以上可以看出，例三至例四的变化很大，例四多了涿州管内巡检使、安抚使、屯田使、劝农使等兼职，又加了十有二转正二品（若照唐制）的最高勋官上柱国，赐杨姓郡望洪（弘）农和一等爵开国公，并食邑三千户、食实封三百户。两例下款日期均为重熙二十四年四月三日，例一为《大宝积经》105 卷，例三为《大宝积经》第 107 卷，例四

---

① 《辽史》卷 74《韩延徽传》、卷 79《室昉传》、卷 82《耶律隆运传》。
② 同上。
③ 同上。
④ 同上。

则是《同经》第109卷，分析例三刻写在前，例四镌于后。盖因前者未见封诏，故照原来官衔刻写，后者适逢诏令下达，按新的官衔镌石。显然，在重熙二十四年四月三日或稍前一些，朝廷曾有封官行赏一节以奖励杨皙知涿州之政绩。兴宗在重熙二十四年八月逝世。《辽史·道宗纪一》："（重熙）二十一年（耶律洪基）为天下兵马大元帅，知惕隐事，预朝政。"到兴宗逝世前夕，朝廷实权已掌握在作为太子的耶律洪基手里。是二十四年四月诏封杨皙，名为兴宗，实为道宗的一个决策。这次封官行赏，显系杨皙即将入相的一个信号。

"道宗初即位，求直言，访治道，劝农兴学，救灾恤患，粲然可观"；掌政期间，又大兴佛事，"一岁而饭僧三十六万，一日而祝发三千"①，于云居寺掀起了继唐以来的第三个刻经高潮。在辽朝是史无前例的。而宰相世选制度的动摇，正是在原来基础上扩大儒佛合流，客观上加速封建化步伐这一历史进程中出现的。

重熙二十四年八月，兴宗逝世，同年十月即清宁元年十月，道宗正式入承大统。关于宰相任选问题，也逐渐做了部署。原来，在兴宗升遐的八月"戊戌，以（兴宗）遗诏，命西北路招讨使西平郡王萧阿剌为北府宰相"。不知是萧阿剌难能胜任，还是道宗只在形式上执行"遗诏"，萧阿剌的"北府宰相"只是挂名，实际上让他"仍权知南院枢密使事"，真正的北府宰相乃是道宗身边的权威顾问姚景行②。并出兴宗末年的"北府宰相萧虚烈为武定军节度使"③。同时，南府宰相也频繁更换着。"清宁元年……上（道宗）以（萧）德为先朝眷遇，拜南府宰相"④。"（同年十月）陈王塗孛特为南府宰相"⑤。"（韩涤鲁）清宁初，徙王邓，擢拜南府宰相"⑥。加上"清宁初，（杨绩［皙］）拜参知政事，兼同知枢密院事，为南府宰相"⑦。大约在两年，北、南府至少各

---

① 《辽史》卷26《道宗纪六》末"赞曰"。

② 《辽史》卷21《道宗纪一》；卷96《姚景行传》。

③ 《辽史》卷21《道宗纪一》。

④ 《辽史》卷96《萧德传》。

⑤ 《辽史》卷21《道宗纪一》。

⑥ 《辽史》卷82《耶律隆运传》附涤鲁。

⑦ 《辽史》卷97《杨绩传》。

易过四任宰相。结果，国姓（耶律、萧）宰相继任者的比例显见下降，汉官拜相者相对增多，北面官相制发生了重大的变化。

世选制是辽朝北面官宰相制度的核心。在相府任职的北府左、右宰相和南府左、右宰相，按照朝廷的规定，由皇帝从后族萧氏或皇族耶律氏中选出，叫作"世预其选"，选中者任命就职。但是，到底北府宰相从萧氏、南府宰相从耶律氏产生，还是北府宰相从耶律氏、南府宰相从萧氏产生？这一问题史载互有歧异。

《辽史·百官一》："北宰相府。掌佐理军国之大政，皇族四帐世预其选"。"南宰相府。掌佐理军国之大政，国舅五帐世预其选"。照百官志所载，北宰相从皇族耶律氏产生，南宰相则是从后族萧氏产生。

然而，这与《纪》《传》载入者正好相反。《太祖纪上》，太祖即位"四年秋七月戊子朔，以后兄萧敌鲁为北府宰相。后族为相自此始"。《太祖纪下》，太祖神册"六年春正月丙午，以皇弟苏为南府宰相，……宗室为南府宰相自此始"。《纪》所载者，于《传》和《表》也不乏其例。如：《萧敌鲁传》，太祖即位，"拜敌鲁北府宰相，世其官"。同传附《阿古只》，阿古只（敌鲁弟）神册三年，"以功拜北府宰相，世其职"。《萧海璃传》，穆宗以海璃近戚，又嘉其勤笃，"命预北府宰相选"。《萧护思传》，应历初，护思"改北院枢密使，仍命世预宰相选"。《萧塔列葛传》，兴宗重熙年间，塔列葛"以世选为北府宰相"。这是遵制北宰相在后族萧氏选任的证例。又如南宰相，《耶律沙传》，应历间，沙"累官南府宰相"。《耶律善补传》，统和初，圣宗"征善补为南府宰相"。《耶律喜孙传》，重熙中，兴宗以喜孙有翼戴功，且悼其子罪死，欲世其官，"拜南府宰相"。这是南宰相遵制在皇族耶律氏选任的证例。我们据《纪》《传》和《表》所载，发现自太祖到兴宗之世，北宰相和南宰相分别于后族萧与皇族耶律二姓选任，除了圣宗开泰初萧高八、太平十一年，萧孝穆错入任南宰相和个别非国姓宰相外，基本上未见大的乱制现象。

对于《志》和《纪》《传》《表》出现的矛盾现象，史家们有过截然相反的解释。

冯家昇教授肯定了《纪》《传》等记载的正确性，认为《百官志》

"是说殊不尽然"，因而"疑为互倒"①。台湾杨树藩教授则认为《百官志》所书正是宰相世选制度的"原则"，只是因为"政治制度尤其对人事的运用，原则上为一事，运用上多不适用原则"，所以出现了《纪》《传》与《志》相违的现象②。

我以为冯、杨二先生的说法均值得商榷。

因为，冯先生"互倒"的唯一论据是以《志》与《纪》《传》对照，然后以《纪》《传》为正而贬《志》为误。殊不知《纪》《传》载入相例多有具体时间，总的界限是太祖建国以后。而入《志》书者年代往往省略。事实上，《志》中职官有的溯源很远，往往不拘于太祖建国以后。如《百官志一》："初，太祖分迭剌夷离堇为北、南二大王，谓之北、南院。宰相、枢密、宣徽、林牙，下至郎君、护卫，皆分北、南，其实所治皆北面之事。"是谓北面官宰相官职，实非太祖建国以后才有。故简单地拿建国前就开始的相制与建国以后发展的相制比较来评判正误是缺乏根据的。

杨先生认为朝廷任相，本有原则，只是实际使用时"时常变更"。如从表面上看，有辽一代，既定的宰相世选制度基本上就未认真实行过。且以太祖、太宗两朝为例，据《纪》《传》《表》统计，明确载入者，两朝凡北宰相九任，其中萧姓七任，耶律姓二任，南宰相凡八任，全部为耶律姓者。这是完全背离，岂止"时常变更"而已！然而，事实并非如此。太祖为开国之君，与太宗同是辽朝官制的创始人，严重违制竟然自这两位创始人开始，那是难以设想的。太祖在神册六年就一再告诫臣僚们，祖宗"旧制不可辄变"③。史载表明，《纪》《传》所反映的世选相制，在太祖建国重新定制以后，经历较长的时间，至少到兴宗时期，没有大的改易。可见，杨说也难成立。

那么，应该如何来解释《志》与《纪》《传》出现的矛盾现象呢？

从对杨皙出州入相的考察和道宗时期世选相制发生乱制现象得到的

---

① 冯家昇：《辽史证误三种》卷 45《百官志一》。

② 杨树藩：《辽金中央政治制度》第二章第一节"北府宰相及南府宰相"，台湾商务印书馆 1978 年版。

③ 《辽史》卷 2《太祖下》。

启发，我以为，辽朝的世选相制，经历了一个产生、发展和衰落的过程。这个过程，大体可划分为三个阶段。

第一阶段：从唐玄宗天宝年间到阿保机即位（742—907 年）160 年左右，是北、南府世选相制产生和任选制几经变易才稳定下来的时期。

《辽史·萧塔列葛传》中有一条重要记载曰："（塔列葛的）八世祖只鲁，遥辇氏时赏为虞人。唐安禄山来攻，只鲁战于黑山之阳，败之。以功为北府宰相，世预其选。"当时的"黑山之阳"，即今天内蒙古昭乌达盟境内的黑山南部，其方位在西喇木伦河即唐时的潢水（河）以南。契丹大败唐将安禄山于潢南，时在天宝四年，正史有明确记载。《新唐书》卷 219《契丹传》曰："天宝四载，契丹大酋李怀秀降，拜松漠都督，封崇顺王，以宗室出女独孤为静乐公主妻之。是岁，杀公主叛去，范阳节度使安禄山讨破之，更封其酋楷落为恭仁王代松漠都督。禄山方幸，表讨契丹以向帝意，发幽州、云中、平卢、河东兵十余万，以奚为乡导，大战潢水南，禄山败，死者数千。"《辽史·世表·唐》记载此次战役时引耶律俨纪云："太祖四代祖耨里思为迭剌部夷离堇，遣将只里姑、括里，大败安禄山于潢水，适当怀秀之世。"从各方面考察，葛传之"只鲁"，当为表载之"只里姑"。从音读上说，"里姑"拼音作"鲁"，"只鲁"和"只里姑"应是同名异译。从此次战役对象来看，传之"只鲁"与表之"只里姑"，都是于天宝四年大败安禄山于潢南者。又，传言只鲁官于"遥辇氏"时期，表云只里姑在职适当遥辇氏之首君"怀秀之世"，任官时间相符。此三点可证传之只鲁即表之只里姑。又据传知，只鲁乃葛之八世祖，葛"仕开泰间"，开泰元年为公元 1012 年。此次战役在天宝四年，当公元 745 年。知自只鲁至葛，中距大约 267 年。若以葛仕开泰间为起点，上推八世至天宝四年，每世约达 30 年，与一般世代计年每世 20 年左右不甚相符。看来，从塔列葛到其祖宗只鲁之间，若非几代长寿者，则只鲁只能是塔列葛的一个远祖，而不一定是八世祖。于此考得，只鲁约于天宝年间因帅兵大败安禄山"以功为北府宰相，世预其选"之记载是可信的。契丹以其强大的兵力，击溃了大唐帝国十万之师，表明契丹已非一伙弱小部众，而是一个建立了政权且其军力足以与唐帝国边兵抗衡的强大民族。当时契丹除了文献见到的大君长即可汗外，还有主管军马的武官即夷离堇。而政权内部宰相职官的置立也是自然的了。《辽史·萧痕笃传》"其先相遥辇氏"。《耶律沙传》"其先尝相遥辇氏"。《宣简皇后萧氏传》后乃"遥辇氏宰相剔刺之女"。均可参考太祖建国以前萧与耶律两姓的先祖任相及其垄断相任之史实。看来宰相世选可能就是天宝年间开始发展起来的一种制度。只鲁原是带兵将领，因战功擢任"北府宰相"并"世预其选"，这就明确了当时已实行北宰相的后族（后为萧氏）任选制，而南宰相的宗室（后为耶律氏）任选制也很可能同时实行了。以后由于内部矛盾，经常"构乱"，北、南宰相"世选"对象，或者相互更换，或者彼此挂虚。所以，《太祖纪下》这样写道："（神册）六年春正月丙午，以皇弟（耶律）苏为南府宰相，迭里为惕隐。南府宰相，自诸弟构乱，府之名族多罹其祸，故其位久虚，以锄得部辖得里、只里古摄之。府中数请择任宗室，上以旧制不可辄变，请不已，乃告之于宗庙而后授之。宗室为南府宰相自此始。"这条记载，实际上从三个方面告诉我们：（1）阿保机建国以前，宗室任南府宰相，也和外戚任北府宰相一样，曾经作为一种制度肯定下来，只因阿保机"诸弟构乱"，"久虚"其位，南相任选制曾被迫中断，到了建国初期，整治内政时，暂以非宗室之国族"锄得部辖得里、只里古摄之"；（2）非宗室之国族允许任南府宰相，亦曾为制度允许，所以，当相府"数请择任宗室"时，阿保机认为"旧制不可辄变"，后来，设仪"告于宗庙"，才再次恢复了南相之宗室任选制。这反映了阿保机建国前后相制变动的某些情况；（3）宗室之南相任选制既然可以立而又变，那么，在特定的条件下，同样不排除外戚之北相任选制也有过变易，更不排除需要时外戚和宗室于北、南宰相之间对换任选之可能。我以为，《百官志一》记载所谓"北宰相府"，"皇族四帐世预其选"；"南宰相府"，"国舅五帐世预其选"，恰恰是阿保机建国以前世选制变易到宗室任北相、外戚任南相这一制度的一个反映。太祖即位初期之易制，显然具有相当的历史意义，从《辽史》来看，经过这次易制之后，后族萧氏为北府宰相，宗室耶律氏为南府宰相这一世选制度基本上稳定下来。撰《纪》者从辽朝具体历史范畴出发，认为"宗室为（南府宰）相自此（太祖神册六年）始"和"后族为（北府宰）相自此（太祖即位四年）始"之说法①，尚无逆理处。

第二阶段：太祖即位到兴宗末期（907—1055 年），大约 150 年，也就是宰相世选制度相对稳定和发展时期。

据《辽史》《纪》《传》《表》记载，这一时期北、南宰相任例情况见表一。

表一　　　　　　　辽太祖至兴宗时期耶律与萧两姓任相情况

朝别	北宰相任数			南宰相任数			备注
	萧	耶律	其他	萧	耶律	其他	
太祖	7	2			6		
太宗					2		另有宰相不明南北者 1
世宗						1	
穆宗	2				1		
景宗	1		1		2		
圣宗	10		3	2	9	2	
兴宗	9				5	3	

从表一看出，太祖重新定制到兴宗期间，《辽史》载入宰相任例凡 69，其中明确者，北宰相 35，南宰相 33，不明南北者一。在 35 任例北宰相中，明确为萧姓者 29、耶律姓者 2，其他主要是汉姓者 4；在 35 任例南宰相中，明确为耶律姓者 25、萧姓者 2，其他主要是汉姓者 6。反映了这一阶段实行北宰相后族萧氏、南宰相宗室耶律氏的世选制，是比较稳定的。在个别情况下，尤其是耶律和萧两姓缺乏合适人选时，皇帝从另外的宠臣中选员补入相府，如北宰相有景宗保宁年间的室防，圣宗时的韩德让、刘慎行（刘晟）；南宰相有世宗时的韩延徽、圣宗时的邢抱质、大康乂，兴宗时的杜防、韩知白等。这是皇帝从治政出发做出的一些临时性措施，一俟有合适人选，帝、后两系又照例频繁地选入相府，使这一制度在皇帝的控制下保持了长期的稳定。

第三阶段：从道宗朝到辽亡（1055—1125 年），约 70 年时间，是

---

① 《辽史》卷 1《太祖上》。

宰相世选的乱制时期。这一时期《辽史》载入北、南宰相任选情况见表二：

表二　　　　　　道宗至天祐帝时期耶律与萧两姓任相情况：

朝别	北宰相任数			南宰相任数			备注
	萧	耶律	其他	萧	耶律	其他	
道宗	14		6	7	11	7	另有未明南北相者耶律1、其他1。
天祚帝	4			1	1		另有未明南北相者耶律1、其他1。

从表二可以看出，在第三阶段中，北、南宰相的任选有三个方面较为突出：（1）属于世选的契丹萧和耶律两姓相官比例明显下降，如道宗时期，明确者北宰相凡20任例，不遵制者6，占北宰相总数的百分之三十。南宰相凡25任例，不遵制者14，占南宰相总任数的百分之五十六。（2）萧与耶律于北、南相任中，错易的情况比较严重。如南宰相中，遵制的耶律相仅11任例，越制错入的萧相竟达7任之多。（3）汉姓宰相明显增多，如道宗时期，在北宰相凡20任例中，非契丹姓者6；南宰相凡25任例，非契丹姓也达7例之多。诚然，《辽史》当中谬误和脱漏在所难免，但基本上仍能反映整个世选相制的发展趋势。

至此，我们对《辽史》《志》和《纪》《传》关于世选相制记载中的矛盾现象，可以得到某些合理的解释：即《志》中所书的是第一阶段即唐玄宗天宝年间至太祖即位以前某一时期契丹国的宰相制度，《纪》《传》记载的则是第二、三阶段即太祖即位以后固定下来的辽朝宰相制度。两相所持，截然相反，但从整个契丹立国建政的历史来看，均无大错。唯有不足者，相制始末沿革，均不加明载。盖因《志》与《纪》《传》编撰时，各有责任史官，彼此缺乏通气，或者通气了，鉴于史事前后的发展变化，笔者各取所用，意见不一，而又未经调和，只好存异。

由杨晳出州入相与世选相制之关系，似可得出这样的结论：世选相制自兴而衰，反映了后期辽政权封建过程的深化。像杨晳一类有政治才能而又忠于朝廷的汉族官员，越来越多地僭制入知相府，乃是这一历史发展的必然。

二

通检云居寺辽碑题记，见有涿州知州同时领受不同军节度使之衔者凡七例。他们是：

重熙十六年忠正军节度使刘湘等①；
重熙十八年彰信军节度使魏永等②；
重熙二十年归义军节度使萧昌顺等③；
清宁二年安国军节度使萧惟平等④；
清宁九年泰宁军节度使萧福延⑤；
大康四年静江军节度使萧安宁等⑥；

---

① 《大宝积经》47 卷 143 条等题记：重熙十六年四月十六日，忠正军节度使、知涿州军州事提点刘湘。

② 参见云居寺经碑《大宝积经》62 卷 182 条题记：重熙十八年八月二十五日，彰信军节度使、守左监门卫上将军、和涿州军州事魏永提点。

③ 参见《大宝积经》76 卷 217 条等题记：重熙二十年四月十日，归义军节度使、知涿州军州事提点萧昌顺。吴极。

④ 参见《大宝积经》115 卷 307 条题记：维清宁二年秋八月二十一日，安国军节度使、金紫崇禄大夫、检校太师、左领军卫上将军、知涿州军州事、开国公萧惟平提点。高准书。何国镌。119 卷 319 条等题记：清宁二年九月九日，安国军节度使、金紫崇禄大夫、检校太师、左领军卫上将军、知涿州军州事萧惟平提点书镌。讲经论沙门季香校勘。王铨书。吴世保镌。

⑤ 参见《大方等大集经》卷 9 题记：清宁九年八月五日，泰宁军节度使、兖、潍、密等州观察、处置等使，崇禄大夫、检校太师、左骁卫上将军、使持节兖州诸军事，行兖州刺史、知涿州军州事，兼管内巡检、安抚、屯田、劝农等使，御史大夫、上柱国、兰陵郡、开国公，食邑三千八百户，食实封三百八十户萧福延提点。

⑥ 参见《光赞摩诃般若波罗蜜经》5 卷 7 条题记：静江军节度使、金紫崇禄大夫、检校太保、知涿州军州事萧安宁。维大康四年岁次戊午十月寅朔十二日记。

未载年月的永清军节度使萧德顺①。

前六例有明确年月，即在兴宗重熙午六年至道宗大康四年。最后一例未载年月，然这条题记末尾署名"李慎言"和"邵文佶"，他们分别是道宗时期云居寺经碑的书手和刻工，碑群中见有清宁二年九月十一日涿州知州萧惟平提点的《大宝积经》第113卷第303条经文和题记，也是由"李慎言书，邵（文佶刻）"可以为证。这就明确了，这七例节度使封授时间均在后期兴宗和道宗两朝。

至于他们领属各州，也都不在辽朝境内。先说永清军。自五代迄宋、辽、金，号永清军者有二：一是后唐至后晋时的贝州，即宋的恩州置军。《宋史·地理二》："恩州下，清河郡，军事。唐贝州，晋永清军节度，周为防御。宋初复为节度。庆历八年（公元1048年、辽重熙十七年），罢节度。"二是号称永清军者，即辽亡时金初燕京地区广阳郡的置军。《宋史·地理六》："燕山府。唐幽州，范阳郡，卢龙军节度。石晋以赂契丹，契丹建为南京，又改号燕京。金人灭契丹，以燕京及涿、易、檀、顺、景、蓟六州二十四县来归。宣和四年（公元1122年、辽天祚保大二年、金天辅六年），改燕京为燕山府，又改郡曰广阳，节度曰永清军，领十二县。"前一个永清军领属的恩州清河郡属宋的河北东路，现在河北省境内清河县及山东鲁西地区，不在辽的境内。后一个永清军乃金所置。则道宗时期碑记题刻者，应是宋时置隶河北东路的永清军，而非金初置属燕山府广阳郡的永清军。其他六例节度使也均见于《宋史·地理志》：安国军节度使领有信德府钜鹿郡，属河北西路；忠正军节度使领有寿春府，属淮南西路；泰宁军节度使领有袭庆府；彰信军节度使领有兴仁府济阴郡，此二军均属京东西路；静江军节度使领有桂林始安郡，属于广南西路。再一个为归义军节度使，领有沙州地区，地在今甘肃省以西至新疆东部一带，是当时西夏的辖区。这就表明，题

---

① 参见《佛说太子刷护经》1卷17条题记：永清军节度、贝州管内观察、处置等使、金紫崇禄大夫、检校太尉、使持节贝州诸军事、贝州刺史、知涿州军州事，兼管内巡检、安抚、屯田、劝农等使，兼御史大夫、上柱国、兰陵郡、开国侯，食邑一千五百户，食实封一百五十户萧德顺提点。石经云居寺讲经论沙门季净校勘。李慎言书，邵文佶镌。

记所书七例不同军号节度使，其领属州郡（府）均不在辽境内。这种加领宋或西夏境节度使官号的制度，在当时称为"遥领"或"遥授"。辽朝因袭和发展了李唐、五代封官上之遥领制度，不仅把遥领节度使封给亲王、宰相一类朝官，而且把遥领范围普遍扩大到亲王、宰相一类朝官以外。这类例子《辽史》所载较多，如《康默记传》，"（默记）以功遥授保大军节度使"。《马人望传》，"（人望）遥授彰义军节度使"等。也常见于辽墓碑志。如萧义授"武宁军节度、徐、宿等州观察、处置等使"，耶律宗允为"天雄军节度、魏州管内观察、处置等使"，耿延毅为"武平军节度、澧、朗等州观察，处置等使"，皆是①。在遥领节度使扩大封授的官员中，有很大的一部分是现任地方长官。题记所书者，全系知州遥领节度使，它具体地反映了后期遥领节度使的发展趋势，对考察与此相联系着的整个方州官制的建置和沿革有着重要的意义。为此，首先必须对辽代节度使的类型作一概括的了解。

1. 南面方州官属

《辽史》《百官志》《地理志》《纪》和《传》载入节度使凡66例，其中称某军节度使如奉陵军节度使、玄宁军节度使、德昌军节度使等计54例，称某州节度使如龙化州节度使、乾州节度使、沈州节度使等12例。在同一州军中，一般仅称某军节度使，也有少数以某军或某州节度使并称者。唐时也有并称某州某军者，如两《唐书》屡见的"幽州卢龙军节度使"，实指幽州和卢龙军两节度。云居寺碑刻唐代题记有多例称"幽州、卢龙两节度、检校司空、同中书门下平章事"者②，意思是该节度使领任幽州和卢龙军两镇之军政，就是例证。而在辽朝，称"某州某军节度使"者，实仅指某一州为某节度使所领任。例如《辽史·百官志四》载五京道凡42个州军节度使司，明确了该军节度使司也即该州的官署。如上京有称"怀州奉陵军节度使司"、东京道有称"威州兴府军节度使司"、南京道有称"幽州卢龙军节度使司"、西京道有称

_____

① 参见《全辽文》卷9《萧义墓志铭》、卷8《耶律宗允墓志铭》、卷6《耿延毅墓志铭》。

② 见云居寺经碑，唐咸通三年刻《延年益寿经》《圣意经》《浴象功德经》《受岁经》等之张允伸题记。

"云中大同军节度使司"者是。若从军州改置来看，亦可索得旁证。如《辽史·地理志五》载西京道"西京大同府……贞观十四年移云中定襄县于此。……开元十八年置云州。天宝元年改云中郡。乾元元年曰云州。……同光三年，复以云州为大同军节度使。晋高祖代唐，以契丹有援立之功，割山前、代北地为赂，大同来属，因建西京"。于此知称云州者，乃沿五代之旧名，州置大同军节度使，也是循后唐同光年间之制。又据《辽史·太宗纪下》载："（会同七年八月）晋镇州兵来袭飞狐，大同军节度使耶律孔阿战败之。"同《纪》又见"（会同八年十二月）乙丑，云州节度使耶律孔阿获晋牒者"。因知云州节度使，亦即大同军节度使，云州又名大同军。《辽史》中类似情况还有龙化州、乾州、沈州、双州、信州、宜州、幽州、平州、应州、朔州等十个州曾常称该州节度使者，它们分别应是该州的置军即兴国军、广德军、昭德军、保安军、彰圣军、崇义军、卢龙军、辽兴军、彰国军、顺义军等节度使之通称。可知，辽制与宋略同，只是辽朝于州称普遍加军号而已。此外，还有新州节度使，《辽史·地理志五》载："奉圣州，武定军上，节度。本唐新州。"它可能是奉圣州武定军设置以前因随前代的习称，故凡称新州节度使者，或可认为是奉圣州也即武定军节度使。振武军节度使，《宋史·地理志六》载云中府路，"朔州。唐置，后唐为振武军，石晋以赂契丹"，也应为"辽升（朔州）顺义军节度"以前之习称①。于此索知，凡入《辽史》者，计有南面方州节度使 66 例，并入州和军通称者 12 例，以及振武军一例，实际还有 53 例。其中有 49 例同见于《百官志》和《地理志》中，大部分见于《纪》和《传》中。这表明南面方州节度便之遵制设置，在辽朝有过相当长的稳定时期。

2. 北面部族官属

《辽史·百官志二》载大部族乙室部于"乙室府迪骨里节度使司"置节度使一，小部族置节度五十（志谓小部族"四十九节度"，实为五十节度），大小部族合计共五十一个节度使②。然其中仍有某些歧异，

---

① 参见《辽史》卷 41《地理志五》，载朔州属西京道。
② 参见《辽史》卷 46《百官志二》，载四大王府为大部族，即五院部、六院部、乙室部、奚六部，其中乙室部有乙室迪骨里节度使司；小部族四十九节度。

今以《百官志二》"北面部族官"条与《纪》《传》载入者略加考对。如《耶律瑶质传》见"（质）父侯古，室韦部节度使"。《百官志二》不见置节度单称"室韦部"者，唯见"突吕不室韦部""大、小黄室韦部"。《营卫志下》曰："突吕不室韦部。本名大、小黄室韦户。太祖为达马狨沙里（管率众人之官），以计降之，乃置为二部。"观下文知此二部即突吕不室韦部和涅剌孥古部。同《志》下还载"室韦部。圣宗以室韦户置。隶北府，节度使属西北路招讨司"。以此知《传》见之"室韦部节度使"，当是突吕不室韦部和涅剌孥古部以外之一部，应据以补入。而大、小黄室韦部与突吕不室韦部、涅剌孥古部原是同部重出，应去大、小黄室韦部，留突吕不室韦部和涅剌孥古部。《耶律适禄传》见"达鲁虢部节度使"。《百官志二》见"品达鲁虢部"和"术哲达鲁虢部"均设节度，唯未见单称"达鲁虢部节度使"者。今据《营卫志下》载："品达鲁虢部。太祖以所俘达鲁虢部置。隶南府，节度使属西南路招讨司，戍黑山北。"知《传》见之"达鲁虢部"或即《百官志二》之品达鲁虢部，故官志书置节度使仅留后者而去前者。《耶律休哥传》附《马哥传》，见"唐古部节度使"，而《百官志二》则见置节度使的"北唐古部""南唐古部"和"鹤剌唐古部"，而不见单称"唐古部节度使"者。今据《营卫志下》载："北唐古部。圣宗以唐古户置。隶北府，节度使属黄龙府都部署司，戍府南。""南唐古部。圣宗置，隶北府"。"鹤剌唐古部。与南唐古部同。节度使属西南面招讨司"。知三唐古分置使官，各有所属和辖区，故《百官志二》于"北面部族官"条中彼此分立。而《马哥传》之谓"唐古部节度使"者，实指"北唐古部节度使"，与其他两唐古无涉。另一情况是，部族名称音译和用字关系而出现了同部异书的现象，如《耶律庶成传》附《庶箴传》见乌衍突厥部节度使，其部当指《百官志二》载节度之"奥衍突厥部"；《萧阳阿传》见乌古涅里部节度使，其部当指《百官志二》载置节度之"乌古涅剌部"；《圣宗纪七》见"品打鲁瑰部节度使"，其部当指《百官志二》载置节度之"品达鲁虢部"；《圣宗纪二》见"频不部节度使"，其部当即《百官志二》载置节度的"品部"。经此稽核，见于《辽史》中的北面部族节度使凡51例，实为43例。它反映了北面部族本身沿革及其设置使官的情况。

3. 北面边防官属

据《百官志二》载："北面边防官"包括"上京路诸司，控制诸奚""辽阳路诸司，控扼高丽""长春路诸司，控制东北诸国""南京诸司，并隶元帅府，备御宋国""西京诸司，控制西夏""西北路诸司，控制诸国""东北路诸司""东路诸司""西南路诸司""西路诸司"。其中置节度使者，仅属于"西路诸司"的倒塌岭、塌西和塌母城三处。《纪》《传》和《表》也有关于这三处置节度的一些例子。塌西节度使置于圣宗太平六年二月，《属国表》见是月"（圣宗）诏党项别部塌西设契丹节度使治之"。倒塌岭节度使始于道宗初年，《道宗纪一》"（清宁三年正月）丙戌，置倒塌岭节度使"。其后朝廷派任此处使官者有二例：《耶律特么传》"大安四年，（特么）为倒塌岭节度使"，《耶律那也传》"大安九年，（那也）为倒塌岭节度使"。这二例也都在道宗时期。关于塌母城节度使仅见《传》中二例，即《耶律谷欲传》载"（谷欲）开泰中，稍迁塌母城节度使"，《耶律敌烈传》载"（敌烈）大安中，改塌母城节度使"。倒塌岭、塌西、塌母城三处置使时间，以塌母城为早，不晚于圣宗"开泰中"。圣宗以前，西部边境相对稳定，《属国表》载圣宗统和元年正月，"党项十五部寇边，西南面招讨使韩德威破之。破阻卜。韩德威讨党项诸部"。塌母城节度使可能就是此次战事前后设立者，它和后来置官的塌西和倒塌岭两节度，都是辽中后期因处理与西部各部族关系的军事需要发展起来的一种边防官制。

4. 北面属国官属

据《百官志二》，"北面属国"可分为"诸国""大部"和"诸部"。"诸国"73，均置王府，如女真国顺化王府、阻卜国大王府者是。大王府属下机构，仅阻卜国大王府下设三个节度使司：即阻卜扎剌节度使司、阻卜诸部节度使司和阻卜别部节度使司。随署置官，此三司当设三个节度使。"大部"包括蒲卢毛朵等八部，也置了王府，其下未见置节度使者。若照"辽制，属国、属部官，大者拟王封，小者准部使"之说①，所谓"大者"，系指大的属国或属部，即官志载入的73个"诸国"和8个"大部"，它们制"拟王封"，置了大王府；又谓"小者"，

---

① 见《辽史》卷46《百官志二》，"北面属国官"条。

系指小的属国或属部，即官志载入的 61 个"诸部"，它们制"准部使"，应置有 61 节度使。这样，加上阻卜属部 3 个节度使，在"北面属国官"中，共计可列出 64 个不同部族节度使之名称。但是，这 64 个不同部族节度使之名称，只有少数得到验证。如《圣宗纪六》"（统和二十九年六月）置阻卜诸部节度使"，与官志之言三部阻卜置三使司，基本符合。又"诸部"中之乌古部节度使，《纪》和《传》中凡 8 见，如《圣宗纪八》《萧达普传》有乌古部节度使萧达普；《道宗纪五、六》《耶律陈家奴传》有乌古部节度使耶律陈家奴；《天祚帝纪三》有乌古部节度使耶律棠古；《耶律独攧传》有独攧历乌古部节度使。此外，"诸部"中另有 7 个部节度有明确的记载，如《天祚帝纪一》见"（寿隆［寿昌］七年十二月）以杨割为生女直部节度使"，《萧乌野传》见"（清宁间）命乌野为敌烈部节度使"；《圣宗纪三》见"（统和五年七月）涅剌部节度使撒葛里"；《耶律独攧传》见"（重熙间，独攧）进涅刺奥隗部节度使"；《太祖纪下》见"（天赞元年十月）诏北大浓兀为二部，立两节度以统之"；《圣宗纪七》见"（开泰八年三月）前遥恩占部节度使控骨里"。这样，在"北面属国" 64 个节度使名称中，11 个由于《纪》《传》有载例得以验明，还有"诸部"中达 53 使例只是按照志载"准部使"之说构拟出来而无征于史文。但以此仍可证实北面属国节度使在当时的存在和发展。

　　5. 遥领官属

　　遥领或遥授义同，只是对象有别。称遥授者，是言朝廷把遥地节度使授予某官员；称遥领者，即谓某官员领受朝廷封予之遥地节度使。关于遥领节度使，《辽史·百官志》未载，而散见于《纪》和《传》中。《纪》和《传》载入不同名称之遥领节度使凡 29 例，可分两种：一种是遥领官限于辽国本土以内，如韩知古"神册初，遥授彰武军节度使"[①]。查辽、宋均有彰武军节度。《宋史·地理志三》载陕西路"延安府，中，都督府，延安郡，彰武军节度。本延州。元祐四年升为府"。神册元年为公元 916 年，相当后梁末帝贞明二年。唐、五代均无彰武军，故《宋史·地理志三》载此彰武军置于北宋初年，即宋彰武军

---

　　①　参见《辽史》卷 74《韩知古传》。

节度使的设置不早于宋太祖开基的建隆元年（960 年），比韩知古授官的神册初（神册元年为 916 年）要晚 44 年左右，故可肯定韩知古此次之遥授官，非宋境内之彰武军节度使，而应是辽本土之彰武军节度使。《地理志三》见中京道"兴中府，本霸州彰武军，节度"，即此。又如耶律化哥"以侍中遥领大同军节度使"[①]。大同军地属辽西京大同府，《地理志五》称"（后唐）同光三年，复以云州为大同军节度使"，知大同军节度乃是因袭五代之旧称。类此辽本土之遥领节度使，还有《耶律娄国传》之"（娄国）遥授武定军节度使"；《耶律敌烈传》之"（敌烈）遥授临海军节度使"；《耶律学古传》之"（学古）以功遥领保静军节度使"；《韩知古传》附《德沆传》之"（德沆）遥摄保宁军节度使"；《萧滴冽传》之"（滴冽）遥摄镇国军节度使"。凡 7 例。最后两例称"遥摄"者，其领官远在遥地，广义上或可作"遥领"解，但与"遥领"似还不完全等同。"摄"者，"权摄"也，带有临时摄制之义。事实上，凡属辽本土之遥领节度使，似应同于"遥摄"者才是，这也是辽境内的遥领节度使的一个特色。另一种是节度使遥领到辽朝以外的辖土上去。例如萧孝穆"开泰元年，遥授建雄军节度使"[②]。辽无建雄军，故不见于《辽史·地理志》。宋置建雄军，属平阳府。《宋史·地理志二》见河东路"平阳府，望，平阳郡，建雄军节度"。地在今山西临汾。又如开泰七年五月，"宗元永清军节度使"[③]。辽无永清军，后晋永清军属贝州。《宋史·地理志二》见河北东路，"恩州，下，清河郡，军事。唐贝州，晋永清军节度"。地在今河北清河等地。这类遥领到宋境内的节度使，见于《辽史》的还有昭义军、彰德军、天平军、彰信军、安国军、静江军、保义军、保大军、宁江军、武仪军、忠正军和霸州、绛州、通化州等凡 16 例不同军州节度使。其中彰信军、安国军、静江军、永清军、忠正军等五例节度使并见于题记官员结衔中。同时，辽的节度使还有遥领到西夏境内者。如道宗时，姚景行"改朔方军节度

---

① 参见《辽史》卷 94《耶律化哥传》。

② 参见《辽史》卷 87《萧孝穆传》。

③ 参见《辽史》卷 16《圣宗纪七》。

使"①。《读史方舆纪要·历代州域形势·唐》载："朔方节度使,治灵州,开元九年置。"知此"朔方军节度使"乃是沿唐之旧称,地在今宁夏武灵县及其以北地区。又如圣宗时王希严为归义军节度使②。《读史方舆纪要·历代州域形势·唐》载唐大中五年,于沙州"改置归义节度使"。知该节度也为因唐旧称,地在今甘肃武威到新疆东北一带。此外,还有晋昌军节度使和彰义军节度使,前者在今甘肃安西以东,后者即今甘肃泾川,都是遥领到西夏境内的节度使者③。其中归义军节度使并见于题记官员结衔中。这样,辽本土以外的遥领节度使,凡见于《辽史》者,计宋境内 16 例,西夏境内 4 例,合共 20 例,约占全部 29 例遥领节度使的百分之七十。可见节度使遥领到辖境以外去在辽时是相当盛行的,这些遥领节度使,官志不载,又无定制,应属于临时封授者。

此外,还有 13 例不同军州的节度使,其中 11 例明确其领属军州在宋境内,但非"遥领",例如《耶律拔里得传》载"(会同年间)太宗入汴,以功授(拔里得)安国军节度使,总领河北事"。《宋史·地理二》见河北西路"仪德府,次府,钜鹿郡。后唐安国军节度"。知军名因自后唐,地在今河北平乡,此为太宗入汴时负有直接作战使命的军官头衔。节度使可入此类者,还见于《辽史》《太宗纪下》《赵延寿传》的魏州节度使和博州节度使,见于《太宗纪下》的昭义军节度使、河阳节度使和宣武军节度使。更有以官赠予因故死亡之臣僚者,如《圣宗纪七》之昭信军节度使;赏予降将者,如《圣宗纪五》之昭顺军节度使;专职祖陵者,如《太祖纪下》《圣宗纪六》《耶律古昱传》《萧韩家奴传》的天城(成)军节度使,以及《圣宗纪一》的承德军节度使、义成军节度使等,名目之多,为所共见。这是从《辽史》中首先看到的节度使各个类型的基本情况。

其次,必须联系节度使的源流,对各类型的性质,进行总的考察。辽承唐制。《旧唐书·职官三》曰:"天宝中,缘边御戎之也,置八节

---

① 参见《辽史》卷 96《姚景行传》。

② 参见《辽史》卷 10《圣宗纪一》。

③ 参见《辽史》卷 9《景宗纪下》,卷 74《韩知古传·附匡嗣》,卷 93《萧迁鲁传·附铎卢斡》,卷 105《马人望传》。

度使。受命之日，赐之旌节，谓之节度使，得以专制军事。……至德以后，天下用兵，中原刺史亦循其例，受节度使之号。"以此论之，至德以前之节度使，是赋予权任很重的藩镇军事长官。至德以后，节度使由于同时授予刺史，使其中一部分同化于刺史而具备某些州长性质。我以为辽方州节度使其源盖始于此，它对唐后期具有某些州长性质的节度使来说是一个继承，而且，在继承的基础上，把方州节度使发展为一种名副其实的州长。下面且举三点例证：

（1）从行政区设置看，辽方州节度和刺史都是州长。《地理志》载东京道直辖州（军、府、城）66，其中置节度使的州（军）21（包括上州2、中州1、下州6、不列等级州12）；置刺史的州（军、府）24（包括下州6，不列等级州18，无上中州）；置观察使的州（军）2（均为不列等级州）；置防御使的州（军）3（均为不列等级州）。间辖州（军）21，其中置刺史的州（军）13（均为不列等级州）；置观察使的州（军）1（不列等级）。又如上京道有直辖州（军、府、城）11，其中置节度使的州（军）8（包括上州3、中州1、下州3、不列等级州1）；置刺史的州（军）2（包括下州1，不列等级州1）；置观察使的州（军）1（不列等级）。其他中京道、南京道、西京道的置官情况大致如此。所见不同称呼的州长有四：即节度使、刺史、观察使和防御使。一般情况，上中州多置节度使，下州多置节度使和刺史，不列等级州多置刺史、观察使和防御使。看来，节度使是这四类州长中级别最高的。

（2）从职掌看，方州节度使和刺史一样，主管军政民事。辽的方州节度使为带兵军官，如"（会同七年八月）晋镇州兵来袭飞狐，大同军节度使耶律孔阿战败之"[1]。同时又是主管行政民事的一州之长，如"（统和六年八月）大同军节度使耶律抹只奏今岁霜旱乏食，乞增价折粟，以利贫民，诏从之"[2]。"（统和四年十月）政事令室昉奏山西四州自宋兵后，人民转徙，盗贼充斥，乞下有司禁止。命新州节度使蒲打里选人分道巡检"[3]。朝廷对节度使的考核，不仅看军功，而且观政绩。

① 参见《辽史》卷4《太宗纪下》。
② 参见《辽史》卷12《圣宗纪三》。
③ 参见《辽史》卷11《圣宗纪二》。

如"（刘伸）俄改崇义军节度使，政务简静，民用不扰，致乌、鹊同巢之异，优诏褒之"①。不少方州节度使由于素有善政，治绩有声，得到辽廷的封赏晋升。

（3）从选举制上看，方州节度使和刺史等州官一样，都有一定的任期。如"（统和十二年五月）庚辰，武定军节度使韩德冲秩满，其民请留，（圣宗诏）从之"②。"（统和十三年正月）癸亥，长宁军节度使萧解里秩满，其民请留，（圣宗诏）从之"③。"（统和十三年）六月丙子朔，启圣军节度使刘继琛秩满，民请留，（圣宗诏）从之"④。"（统和十五年四月）丙午，广德军节度使韩德凝有善政，秩满，其民请留，（圣宗诏）从之"⑤。这里"秩"当以"职"解，"秩满"即任期已到。在一般情况下，方州节度使任职到期必须调任，只是在特殊情况下，经朝廷诏允，方许连任。这表明其任期有定制，而且还是相当严格的。

这三点证实，作为州长的辽朝方州节度使，在性质上异于唐朝中期封于藩镇的世袭军官节度使，而同于唐代后期出现的封有节度使称号的刺史；它和本朝方州刺史、观察使和防御使一样都是州长，仅有级别上之差异，而无性质上之不同，是唐制的一个继承和发展。

辽制官分南北，从中央之于地方，均置两轨。地方上，方州节度使为南面官，部族和属国节度使则是与之相对应的北面官，彼此性质相近。部族和属国节度使在本部国中，既是领兵军官，又是有一定任期的行政长官。作为一种部族军官如"（乾亨二年）十一月庚子朔，宋兵夜袭营，突吕不部节度使萧幹及四捷军详稳耶律痕德战却之"⑥；"（统和四年十一月）楮特部节度使卢补古、都监耶律盼与宋战于泰州，不利"⑦。属国军官如"（开泰七年三月）丙午，乌古部节度使萧普达讨叛

---

① 参见《辽史》卷98《刘伸传》。
② 参见《辽史》卷13《圣宗纪四》。
③ 同上。
④ 同上。
⑤ 同上。
⑥ 参见《辽史》卷9《景宗纪下》。
⑦ 参见《辽史》卷11《圣宗纪二》。

命敌烈，灭之"①；"（大安十年四月）丙午，乌古节度使耶律陈家奴奏讨茶扎剌捷"②。这是部、国节度使为军事长官的证例。同时，部、国节度使又是该管内之行政长官。如"（统和五年）秋七月戊辰，涅剌部节度使撒葛里有惠政，民请留，（圣宗诏）从之"③。"清宁九年……时敌烈部数为邻部侵扰，民多困弊，（道宗）命乌野为敌烈部节度使，恤困穷，省徭役，不数月，部人以安"④。又"（开泰九年十月）复奏谛居、迭烈德部言节度使韩留有惠政，今当代，请留。上（圣宗）命进其治状"⑤。朝廷很重视部、国节度使行政上的治绩，一般任期满即调任，有特殊政绩者经诏允例外。其职掌之军政民事和定期任选均与方州节度使相同。但是，部族和属国为什么各自分立置官呢？这是因为，辽廷很重视其与北方诸部族的臣属关系。云部族者，乃是朝廷直属的部族；云属国者，即系辽廷附属之部族。所以，常见一部或出或衍的例子。如北面部族"四十九节度"中见"五国部"，而北面属国"诸部"中又见"五部蕃部"。《萧乐音奴传》曰："监障海东青鹘，获白花者十三，赐榾柮犀并玉吐鹘。拜五蕃部节度使。"海东青产于五国，五蕃部即五国部，为一部复出⑥。类此重出例子还有突吕不室韦部和大、小黄室韦部，乌隈乌骨里部和乌隈于厥部，敌烈部和迪烈德部等等⑦。这种情况，或如史家所解释，历时各部贡献于辽廷，常以该部不同名称入于史册，元人撰史时，照旧按其隶属关系编次，未能稽明各部源流所致⑧。或许正因如此，当时远在中国版图以外的日本国，唯其曾经朝贡于辽，也被列入辽的"属国"之中。澄清像日本国一类之所谓"属国"，部族和属国节度使性质上的一致性才比较明确，它们是朝廷委任管理辽境内北方各少数民族的长官，与各部族酋长合作治政，各部、国

---

① 参见《辽史》卷 16《圣宗纪七》。

② 参见《辽史》卷 25《道宗纪五》。

③ 参见《辽史》卷 12《圣宗纪三》。

④ 参见《辽史》卷 92《萧乌野传》。

⑤ 参见《辽史》卷 16《圣宗纪七》。

⑥ 分别见《辽史》卷 46《百官志二》后校勘记：[二四]、[一]、[三]、[一九]、[一四]。

⑦ 同上。

⑧ 同上。

因此赋有一定的自治权。从这点上看，它与南面方州节度使有着某些区别。而从中央根据地方实际情况采取不同的管理方法看，部、国节度使和方州节度使本质相同，都是地方的行政长官。

至于北面边防节度使，本质上是一种据守要地的军官。塌西、塌母城和倒塌岭，地处西路，其西面和北面，有党项、阻卜和乌古等部族。他们对辽廷时顺时逆，尤自辽中期前后，势力复起，有时竟至威胁辽廷。辽廷注意到西部边境这一严重局势，多方部署戍守。如《营卫志下》载："特里特勉部。……圣宗以户口蕃息，置为部，设节度使。隶南府，戍倒塌岭，居橐驼冈。"又《兵卫志中》载"戍倒塌岭：讹仆括部"。这类节度使之设置，原由鉴于军情，旨在用兵，西、北备防党项、乌古、阻卜，对内安定达理德、谟葛、拔恩母、白达旦等部。如大安九年，耶律那也"为倒塌岭节度使。明年冬，以北阻卜长磨古斯叛，与招讨都监耶律胡吕率精骑二千往讨，破之。……寿隆（寿昌）元年，复讨达理得、拔思母等有功，赐诏褒美，改乌古、敌烈部统军使，边境以宁。部民乞留，诏许再任"①。值得注意者，朝廷对耶律那也之"褒美"，主要是因其军功，同时，部民要求留任，朝廷准请时，并未像上述部、国节度使那样究其政绩。关于塌西和塌母城节度使之性质，史文鲜有记载，然其与倒塌岭节度使均入北面边防官属观之，应同于倒塌岭节度使才是。

以上涉及之方州、部国和边防节度使，它们有着一个共同点，就是使官赋有实职，这和遥领节度使的区别泾渭分明。

遥领节度使不赋实职。前已略有所论，这类节度使，按其领军可分两种，一种为辽本土者，和唐朝遥领使官类似，保有某些"遥遥监督之权"，故《辽史》载入者，有的称作"遥摄"。唯因本官不亲临其地，故无实职可言。从《辽史》载入者看，辽本土遥领节度使例数甚少，明确者仅见武定军、彰武军、镇国军、保宁军、保静军、大同军、临海军等节度使8例（其中镇国军节度使2例，余各1例）。另一种是遥领到宋、西夏境内者。这种节度使，名曰遥领，实为空头虚衔。据《辽史》所见，其封授动机多种多样。有授予皇亲国戚者，如开泰七年五

---

① 参见《辽史》卷94《耶律那也传》。

月，封皇子"宗元永清军节度使"，"皇侄宗范昭义军节度使，宗熙镇国军节度使，宗亮绛州节度使"①。有赐给帝后的心腹宠臣者，如景宗时耶律隆运（韩德让）"遥授彰德军节度使"②。"兴宗谅阴，钦哀弑仁德皇后，（萧）孝先与萧泿卜、萧匹敌等谋居多。及钦哀摄政，遥授天平军节度使，加守司徒，兼政事令"③。有以之奖励勋功臣僚者，如景宗时，康延寿"以功遥授保大军节度使"④，乾亨元年。耶律学古"以功遥授保静军节度使"⑤。还有作为死臣之追恤者，如萧铎卢斡"寿隆（寿昌）六年卒，年六十一。乾统初，赠彰义军节度使"⑥。这种虚衔式的遥领节度使，见于《辽史》者，还有天平军、宁江军节度使等凡44例以上。在出土的辽代墓志中也很常见，如上已述及的萧义遥领武宁军节度使，耿延毅遥领武平军节度使，以及刘继文遥领保义军节度使，韩匡美遥领天雄军节度使，张琪遥领泰宁军节度使等等⑦。题记见到的忠正军、彰信军、安国军、泰宁军、静江军、永清军和归义军7例不同名称节度使，也全是这种领到宋或西夏境内的空衔使官，它在一定程度上反映了辽朝遥领节度使的发展趋势，以及与此相联系的方州官制沿革的某些情况。

为什么这样说呢？

首先，我们看到，题记中7例不同军的节度使官称，都是授予不同时期的7任涿州知州者。这表明，朝廷把这类遥领使官授予外官知州，已非个别现象。其次，我们从题记中进一步证实，辽代遥领节度使的封授，确是从后期，具体说是从道宗朝开始普遍破例旁落到州官一级的，表明任使制度的发展进入了一个新阶段。辽代初期，由于因唐置官留下的痕迹，这种遥领节度使一般是授予位当宰相或亲王的高级朝

① 参见《辽史》卷16《圣宗七》。

② 参见《辽史》卷82《耶律隆运传》。

③ 参见《辽史》卷87《萧孝穆传》附孝先。

④ 参见《辽史》卷74《康默记传·附延寿》

⑤ 参见《辽史》卷83《耶律学古传》。

⑥ 参见《辽史》卷93《萧迂鲁传》附铎卢斡。

⑦ 参见《全辽文》卷4《刘继文墓志》，卷6《韩橁墓志》以及首都博物馆藏辽拓本《马直温妻张氏墓志》抄文。

官，也有授予高级京官者，至于发展到州一级的专职外官，还需一个过程。

从太祖即位到穆宗末期（907—969 年），半个多世纪时间，辽的遥领节度使封授并不盛行。据《辽史》记载，这段时间明确者仅见 4 例："（韩知古）神册初，遥授彰武军节度使。久之，信任益笃，总知汉儿司事，兼主诸国礼仪"①；"（耶律娄国）天禄五年，遥授武定军节度使"②；"（韩德枢，穆宗时）入为南院宣徽使，遥授天平军节度使"③；"（会同九年十二月，授李）守贞天平军节度使"④。

韩知古"总知汉儿司事"一官，乃是建制以前南面官宰相之前身。耶律娄国是文献皇帝丹东王倍的儿子，应入亲王一类。韩德枢，年十五，太宗视为"国宝"，穆宗重用为宣徽使，为尊宠朝臣之一。李守贞原是后晋重臣，官至师公、侍中，守贞降于辽后，封授"天平军节度使，余各领旧职"⑤。可见这时期的遥领节度使授之不易。从节度使领军地望看，彰武军在中京道兴中府，武定军在西京道奉圣州，此 2 例均在辽的辖区内。还有后两例同为天平军者，属宋境内京东西路，即今山西东平。4 例之中，遥领于辽境内就有 2 例。分析唐朝遥领节度使有两点很突出，一是遥领地区一般都在国内；二是封授对象一般都是亲王或宰相一类的高级朝官⑥。相互比照之下，可以认为，辽朝初期遥领节度使的封授，还留下了唐制的烙印。

景宗时期（969—983 年），遥领节度使的封授，见于《辽史》载入者凡 9 例，其中镇国军节度使等 3 例在辽境内，宁江军节度使等 6 例在宋和西夏境内。从封授对象看，有高级朝官，如耶律斜里底遥领保大军节度使时为中台省（尚书省）左相⑦。耶律德沅遥摄保宁军节度使时为

---

① 参见《辽史》卷 74《韩知古传》。
② 参见《辽史》卷 112《耶律娄国传》。
③ 参见《辽史》卷 74《韩延徽传·附德枢》。
④ 参见《辽史》卷 4《太宗纪下》。
⑤ 《辽史》卷 4《太宗纪下》。
⑥ 参见《唐会要》卷 78"亲王遥领节度使"和"宰相遥领节度使"条。
⑦ 参见《辽史》卷 8《景宗纪上》。

同政事门下平章事①。有京官，如耶律隆运遥授彰德军节度使时为上京皇城使②。还有南面军官，如耶律学古遥授保静军节度使时为南京马步军都指挥使③。此时遥授使官的对象已见高级朝官、亲王以外的其他官员，但未见封予州一级的长官。至少表明遥领节度使的封授还没有普及州官一级。

从圣宗开始到辽终（983—1125 年），遥领节度使之盛行和扩大下封超于前代。由《辽史》所载，可以看出某些新趋势：（1）节度使遥领于辽本土者更加少见，在宋或西夏境内者比例明显增长。如圣宗朝见遥领节度使 23 例，其中在辽本土者仅大同军节度使 1 例；兴宗朝 5 例，在辽本土者仅镇国军节度使 1 例；道宗朝 8 例，在辽本土者仅临海军节度使 1 例；天祚帝时期 4 例，未见辽本土者。（2）遥领节度使封授之对象，除了朝官、京官和各种文武官员外，还普遍扩大到州一级官员。如统和二年十月，"以归化州刺史耶律普宁为彰德军节度使"④；咸雍七年三月，以"宁江州防御使大荣并静江军节度使"等等⑤。这一新的趋势在云居寺经碑题记中再一次获得了可贵的证实，它表明，辽朝遥领节度使乃至于整个节度使的任命，与宰相世选相辅相成，都是在当时的历史条件下实现了对于前朝官制沿革的一个结果。

三

强大的唐王朝统治将近三百年（618—907 年），终于被农民起义的洪流冲垮了。唐王朝灭亡之原因，吸引着历代史家的倾心研究。但若以其官制发展本身稽查，至少有两个方面值得注意：一是宰相擅权带来的弊政；二是藩势炽焰引起的边患。这两个方面都关系职官权限、地位分配上的利弊问题。辽、宋建朝时期确立新官制，于此都不能不引起严重

---

① 参见《辽史》卷 74《韩知古传·附德源》。

② 参见《辽史》卷 82《耶律隆运传》。

③ 参见《辽史》卷 83《耶律学古传》。

④ 参见《辽史》卷 10《圣宗纪一》。

⑤ 参见《辽史》卷 22《道宗纪二》。

的注意，就是说，不得不从制度上考虑重新安排职官权限和地位问题。例如宋初以枢密使分割宰相兵权，三司使分出宰相财权，宰相名曰"佐天子，总百官，平庶政，事无不统"，实际上职居相位者，除了担任皇帝的顾问外，掌管的权限主要在政事方面，宰相的实权已不及唐代。我以为辽朝初期于官制之经划及中后期之发展，也是出于同样的考虑，只不过采取的做法不同罢了。我国传统的宰相，为朝官中最高职位，而非固定的官称。秦汉以来，丞相、国相或三公，均有号称宰相者。及唐宋时期，中书、门下、尚书三省长官加平章事可称宰相。唯辽制宰相分隶两轨，即南面官的仿唐宰相和北面官的官称宰相。从传统观点看，南面官宰相乃是真宰相，如太祖时韩延徽"为守政事令（即后来的中书令）、崇文馆大学士，中外事悉令参决"①；圣宗时韩德让（耶律隆运）"加守太保，兼政事"，"拜大丞相，进王齐，总二枢府事"②；兴宗时张俭，"拜太师、中书令"，"在相位二十余年"③。他们原则上在南面官任职，实是皇帝或太后的权威顾问，为宰相之元首者。北面官宰相，分北府左、右宰相和南府左、右宰相，"掌理军国之大政"。如圣宗时的萧孝穆、耶律奴瓜；兴宗时的萧惠、杜防；道宗时的姚景、杨皙等，都曾任过这类职权四分的北面相官。但是，不论南面官宰相，还是北面官宰相，其权限均远不及唐朝。因为辽朝的相，不论南面或北面，均不赋兵权（入枢密院）和财权（入五京司及各专司）。宰相佐辅皇帝掌理行政，这一点和宋朝相似，此一；其二，南面官宰相，若照唐制，可达二至四员，加上北面官相定制四员，这样以满编计，整个朝廷属于宰相一级官员可达至八员（当然编制常有满或缺的），相权之分散过于宋制，而与制相比较，宰相的权力更是大大地缩小了。

　　前文通过北面相制沿革的研究，比较南面相制的发展表明，前者弊多利少，后者则利多弊少。何以言之？原来，北面相制于契丹帝，后两姓实行"世选"，宰相又被作为一种固定的职官，且"掌理军国之大政"，比起同级或其他近级官职，仍有较高之权力。因此，长期以来，

　　① 参见《辽史》卷 74《韩延徽传》。
　　② 参见《辽史》卷 82《耶律隆运传》。
　　③ 参见《辽史》卷 80《张俭传》。

在两姓"世选"这个圈子里明争暗夺，构乱不已。到后期，两家任相的严重错易，非契丹国姓的主要是汉族宰相出任增多，使世选制实际上难于维持下去。相反，南面相制的发展，在相当长的时间内发挥了辅政作用，例如韩知古、韩延徽、韩德让、张俭等南面宰相（当然，他们有的在职时也有兼任北面官宰相者），都是当朝忠心耿耿，辅弼皇帝掌举朝纲的得力人物。辽帝重用大批汉相，对其统治能无隐患？不，事实恰恰相反。因为这些汉相，大都是有真才实学而尽忠辽廷者。而通过职官权限的调整，削除宰相的兵权和财权，乃是朝廷对成批汉相寄以重用的有效前提。事实证明，在辽朝内部，真正可能和皇室抗衡觊觎皇位者恰恰不是那些汉相，而是某些显贵皇亲，如太祖时的耶律辖底，世宗时的耶律察割，穆宗时的耶律娄国，道宗时的耶律重元等。所以，南面相制的发展和北面相制的衰落，也是在这样的历史条件下出现的，这也是辽朝加速政权封建化过程的必然趋势。但是，北面相制又为什么衰而不废呢？笔者以为，主要原因有二：一是它的存在一定程度上约束了北面内阁诸曹；二是它对南面宰相起着相互制约之作用，朝廷对职官权限调整的需要，也是不断发展的南面相制和逐渐衰落的北面相制长期并存的一个重要因素。这里贯穿着自唐至辽相制变化的全过程。

　　和相制变化过程颇为相似的情况，也反映在节度使的设置和封授上。宋初革唐末五季藩使擅权之弊，对许多州节度使采取罢置或发展遥领虚授等措施以便惩前毖后。在这一点上，如果说，宋朝采取了釜底抽薪的手段，那么，辽朝早已出于同样的政治目的，运用的却是加薪压火的做法。为什么这样说呢？因为宋制把节度使置于有名无实或名实双亡之中，辽制则是一方面于方州、部族遍设节度使，使节度使流为一种广泛通用的长官头衔，如方州节度使者，意即州长官；部族节度使者，意即部族长官；属国节度使者，意即属国长官；边防节度使者，意即边防长官；带兵节度使者，意即军事长官等等。授予节度使的官员，有高达正一品至二、三品者，有一般相当四、五品或六、七品者，低等的或当流外，或即一个小小的部族长。此外，还封授了大量不赋实职的内外遥领节度使。这样，赋实职者，完全失去了唐中叶以来显赫的权位而流于一般化，不赋实职者则被滥为一种空头虚衔，同样达到了防止节度使擅权割据的目的。事实上，从辽朝历史发展的观点上看，这种对职官权限的重新调整，远远超出宰相和节度使的范围，它对整个职官两轨制之所以设置乃至长期并存，提出了一个带普遍性的实质问题。

这就是，继唐末崛起的契丹民族，在其建立辽朝之后，在政权内部的职官建置和长期推行的过程中，不管任何时候，都充分考虑唐朝官制上的利弊，结合本朝官制推行的得失，根据需要随时对整个职官体系加以调整。通过对宰相和节度使权限调整及其发展过程的研究表明，着手于对唐朝以来因权任过重而致弊端百出的内外高级职官的分权，乃是辽朝职官设置和推行的一个重要出发点。

然而，辽廷对于内外高级官员，并不是简单鲁莽的权力分割，而是运用了很不一般的政治手腕。这种政治手腕首先表现在：职官权限相对缩小了，而尊衔的封授则大大地放宽了。例如唐、宋相承的地位至尊的师公（即三师：太师、太傅、太保；三公：太尉、司徒、司空），一般被作为亲王、使相之加官，特授者，非开国元勋或累朝耆德者不予。就是作为临授性的师公检校官，也受到明确的限制。唐后期师公检校官授例很少，一般限于亲王、使相一类高级贵族臣僚。宋朝仅于皇子、枢密使、使相及曾任宰相、枢密使的节度使、宣徽使等才授予师公检校官。授例比唐朝宽得多，但未及辽朝之滥。辽朝封授师公的特点是，把师公作为检校官广为授予，授官的对象，一般不受品第的严格限制，有位当宰相、枢密使一类的高级朝官，有勋劳卓著者，有王亲国戚者，也有地位一般的内外官员，还有追赠死臣者；而且，授例频繁。不少官员，在其仕途中，授予两任或两任以上师公检校官很是普遍。如萧孝穆开泰间授检校太师，后改检校太保；赵思温初授检校太保，后改检校太师；韩瑜在景宗时期授过检校司空，寻改检校太保，其后又两次迭授检校太傅；刘继文初授检校太尉，后改检校太师等等①。同时，在不少官员的小家族中，时常出现累代封授检校师公的情况。例如王说临死时，圣宗"顾以勋臣，特加赙赠检校太师"。他的几个儿子，先后封过检校太傅、检校司空、检校司徒、检校太保和检校太尉等②，仅仅两代人就封授了

---

① 参见《辽史》卷87《萧孝穆传》、卷76《赵思温传》，《全辽文》卷5《韩瑜墓志铭》、卷4《刘继文墓志》。

② 参见《全辽文》卷5《王说墓志铭》。

不少于六任师公检校官。类此情况，在《辽史》和有关碑刻中随处可见。此外，朝廷把大量遥领节度使封授各级朝官和地方官，给许多内外官员叠加功臣号，都与扩大尊衔封授紧密相关。这种以虚补实的手法，从制度上增强了朝廷驾驭包括宰相、节度使在内的被分权了的高级官员的能力。与此同时，朝廷还通过其他手段笼络有关官员，有以财物赗赠者，如《辽史·萧敌鲁传》载太祖对敌鲁"锡赉甚渥"；《韩知古传》载景宗时睿智皇后予知古子"赗赠甚厚"；《耶律隆运传》载圣宗和太后予隆运"优加赐赉"，并"赐田宅及陪葬地"；《室昉传》载圣宗"赐（昉）貂皮衾褥"；《耶律沙传》载圣宗予沙"赐赉优渥"；《杜昉传》载昉卒时，道宗"赗赠加等，官给葬具"；《姚景行传》载道宗"赐（景行）以逆人财产"等。还有以道义见示结纳者，如《韩延徽传》载延徽卒，"上（穆宗）闻震悼，赠尚书令，葬幽州之鲁郭，世为崇文令公，……为佐命功臣之一"；《耶律弘古传》载"圣宗尝刺臂血与弘古盟为友，礼遇优异"[1]；《耶律隆运传》载圣宗许隆运"改赐今名"，与自己同辈，以示手足之亲；《萧孝忠传》载孝忠卒时，圣宗"帝素服哭临，赦死囚数人，为孝忠荐福。葬日，亲临，赐宫户守冢"；《萧惠传》载惠每生日，兴宗"辄赐诗以示尊宠"，惠卒，"讣闻，辍朝三日"；《耶律弘古传》载弘古卒，兴宗"亲临奠焉"；《杜昉传》载"昉生子，（道宗）帝幸其第，赐名王门奴"。昉卒，道宗"叹悼不已"。凡此种种，无非为了加强中央各级机构和地方政权对皇室的向心力，强化皇权，巩固以契丹皇帝为代表的地主阶级官僚贵族的统治地位为最高目的。从宰相世选和节度使任命之沿革研究的引申结果表明，辽朝官制同样是在唐制的基础上发展起来的，它和同时代的中原王朝特别是宋朝比较起来，各有长短，但在不少方面，也表现了辽朝作为一个北方王朝的独创和成功之处，只是许多问题面目不清，需要我们做进一步的整理和研究工作。

[本文原载陈述主编《辽金史文集》（一），上海古籍出版社 1987年版]

---

① 《辽史·列传》载有两卷《耶律弘古传》，此为卷 95。

辽朝的政区双轨制及其对北部边疆的管辖

我国历史上的边疆问题，北部是个瞩目地区。自秦统一至清亡两千余年间，秦、汉与匈奴几度战于漠北，十六国时期"五胡"势炽南下中原，隋、唐与突厥、回鹘（回纥）的战和关系，唐末五代的藩镇割据以及沙陀、汉族几大军阀集团混战于中原地区，清代前期噶尔丹之崛起等，大多肇因或者直接发生在北部边疆地区。但是，从历代统一与割据、治与乱这一关系来考察北部边疆地区的历史，可以看出一个明显的发展趋势：规模较大、次数较多的战乱和割据，大多发生在五代及其以前几个朝代；五代以后也有战争和动乱，有的战乱规模也属可观，但总的说，波及面很广、延续时间很长的分裂割据局面逐渐趋向缓和，持续性的统一稳定局面正在形成和发展。金、南宋以后，蒙古族建立了我国历史上第一个由少数民族统一全国的王朝——元朝，作为蒙古族发祥地的北部边疆地区，发挥了根基地和大后方的优势，推动着元朝统一全国战争的完成和建立了对全国近百年的统治。入清，我国统一多民族国家进一步巩固和发展，北部边疆地区各族以其举足轻重的地位及其与清室的特殊关系，积极配合清朝消除叛乱分裂势力，抗击外侮，为我国北部边疆版图的进一步奠定和发展较长时间的安定局面做出了贡献。认识这一历史性的转变，自然不应当只限于元朝、清朝，而有必要追溯到年代更早的金朝与辽朝，尤其是历史上第一个统一了我国北部边疆地区各族并实现了对这一地区直接管辖两百多年的辽朝。

辽朝能够经历较长时间统一并比较有效地管辖着北部边疆地区，有其政治、军事、经济和文化发展的多方面因素，本文仅从辽朝有关北部边疆地区管辖政策的若干侧面，探讨入辽以后，这一地区与我国统一多民族国家进一步发展之间关系的一些认识。

一　与北部边疆管辖关系至重的政区双轨制

辽朝建政立国两百余年（907—1125年），政区双轨制的建置和长期推行，既是整个地方行政的一项基本制度，也是辽廷加强北部边疆地区管辖的一项具有战略意义的根本政策。

辽朝的疆域，自从太祖耶律阿保机、太宗耶律德光基本奠定，中经世宗耶律阮、穆宗耶律璟、景宗耶律贤和圣宗耶律隆绪五帝，尤其圣宗时期，辽朝对北部边疆地区采取了进一步的拓展和安边措施，使整个辖区达到了全盛时期。史籍关于"东自海，西至流沙，北绝大漠"，"南至白沟"的记载①使我们了解到辽朝辖区位置和疆域四至的基本界限。

辽的朝政，在继承发展了中原王朝历史传统的前提下，又考虑它的大片辖境包括了北部边疆地区，其中又杂居着种类繁多的游牧（或渔猎）部族这一特定的地理、经济和民族等因素，从全局战略出发，制定和推行了涉及整个政治、经济和文化发展的制度——双轨制。这种双轨制，反映在政区建置中，就是中原传统模式的州县制政区和具有北部边疆少数民族特色的部族制政区，在辽朝的统一管辖下并置和同时推行。据《辽史·地理志一》记载，辽朝的基本政区，"总京五，府六，州、军、城百五十有六，县二百有九；部族五十有二，属国六十"。

从各道州县制和部族制设置情况看，地处北部边疆地区的上京道和东京道，有两个方面表现得很突出。

（一）政区双轨制的混置比较集中

据《辽史》地理和营卫两志记载，上京道政区凡置州（军、城）

---

① 引文见《辽史》卷2《太祖纪下·赞》，卷37《地理志一》。据此并参合有关记载得知，辽朝的疆域，东部到今鄂霍次克海、日本海和渤海，靠北包括今外兴安岭以北、叶尼塞河上游及其支流安加拉河流域和勒拿河上游地区，西抵阿尔泰山以西的沙漠地区，南部接近河北和山西两省的中部。其辖区面积相当于当时北宋辖区的两倍。

36，州下属县（城）52；部族 21（其中王府级 3，节度使级 18），部族属下的石烈（相当县）16（其中上隶王府者 4，上隶节度使司者 12）。东京道政区凡置州（军、府、城）64，州属下县（州）131；部族 14。此外，上京道和东京道还置有特辖性政区凡属国、属部 59，而其他中京、南京和西京三道加起来只有部族制政区 20，部族属下的石烈（县）6，主要是州县制政区。

（二）政区类型较多，层次也较明显

如上京道凡置州（军、城）36，其中行政州（军）11，头下州（军）16，边防州（城）9。从置州的等级看，上京道和东京道所属的州（军）包括节度使、刺史、观察使、防御使和不列等级五个级次。而其他三道：中京道凡置行政州（军、府）7，全属节度使级；南京道仅置行政州（军）1，为刺史级；西京道凡置行政州 11，包括节度使、刺史、不列等级三个级次。从部族制看，上京道和东京道包括直辖性的大部族、小部族和特辖性的属国、属部两种政区。等级上可分为大王府级和节度使司级两个层次。而中京、南京和西京三道，除了奚六部设置大王府和节度使司两个级次外，其余部族政区仅有节度使司一个级次。

首先，这种富有特色的政区建置，从相互关系的角度增强了北部边疆对于中原地区、北部边疆地区各少数民族对于中原地区汉族的套联式内向功能。在全辽五个道的设置中，反映着一种以经济形态为基础、以民族形态为主体的逐渐过渡规律。最南部的两个辖区——南京道和西京道，以中原地区的北半部作为政区的南界，而大体上以关（山海关）、口（古北口）一线向西北伸延为其北界，基本上是以汉族为主的农业地区，即以仿唐式的州县制施政；位于南京道以北的中京道和属于北部边疆地区之一的东京道，基本上是汉与少数民族错居的半农半牧（或渔猎）地区，则以州县制和反映北边游牧（或渔猎）民族的部族制对半参置；属于北部边疆地区另一部分的上京道，主要是少数民族的游牧（或渔猎）区，间有少量的汉族或其他少数民族的农业区，即以政区部族制为主兼置州县制。所谓"套"，就是在同一个道里面，套置入州县和部族两类政区，上京道至少套置有 36 个州（军、城）和与州同级的

21 个部族，东京道至少套置有 64 个州（军、城）和与州同级的 14 个部族①。中京道和西京道除了以州县为主外，套置的部族制政区各不少于 6 个②。南京道则全置州县。从南京、西京两道向北推进，经中京道进入北部边疆地区的上京道和东京道，这种套置关系逐渐突出，从而不难看出辽廷政区经划中重在北边地区的一番心计。所谓"联"，是指各政区之间经济形态和民族结构上表现为逐渐削平过大反差的过渡式的联搭关系。在整个辽朝辖区内，从地处北部边疆地区的上京道和东京道近北开始，至西京道和南京道南边综合考察，在经济形态上形成了由牧区到半牧半农区，再向农业区过渡；在居民族属分布上，相应表现为由游牧（或渔猎）部族区向半游牧半定居（汉族为主）民族区，再向固定民族区（主要是汉族）过渡。通过这种使各政区间的经济形态和民族结构等差距明显地缩小了的套联式关系，不仅打破了历史上狭隘民族主义以关（山海关）、口（古北口）一线区分内汉外番（少数民族）的不合理界限，而且通过辽朝境内各政区内部、政区之间农业与畜牧（或渔猎等）业，汉族与各少数民族联系，以及整个辽朝辖区与内地联系功能的发挥，进一步加强了北部边疆地区对中原地区的内向力。

其次，辽朝政区双轨制由于相对适应北部边疆地区特定的经济形态和民族结构等条件，有利于辽朝对本地区扩大直接管辖和提高特辖政区的管辖性能，从而进一步克服前代对北部边区管辖上的软弱无力乃至挂空现象。辽朝通过双轨制实现了唐廷鞭长莫及的白山黑水及其以北、以西大片区域的不同形式的管辖即是一例。同时，应该看到辽以前，汉、唐对北边地区的管辖奠定了初步基础，但一般来说，置于这一地区的郡县制或州县制，主要是针对固定居住的汉族和其他民族而设，对于这一地区流动性较大的游牧（或渔猎）部族，大多只能实行维系式或羁縻式的管辖。如汉朝置西域都护、护匈奴中郎将、护乌桓校尉等，负责有关少数民族的事务，主要任务或以军事为主，或在于维系汉朝与这些部

---

① 《辽史》卷 37《地理志一》，卷 38《地理志二》，卷 33《营卫志下》。
② 《辽史》卷 39《地理志三》，卷 41《地理志五》，卷 33《营卫志下》。

族政治上的"领护"和臣属关系①。唐置羁縻州，又设都督府、都护府，在军政领辖上比汉代有所加强，但唐朝一般不过多地干预各族内部事务，朝廷任命"其首领为都督、刺史，皆得世袭"，"贡赋、版籍多不上户部"②。不论汉朝或唐朝，对北部边疆地区各游牧（或渔猎）部族来说，大多谈不上与同区域内的定居民户（主要是汉族或从事农业的其他民族）那样实行直接管辖。在这一点上，汉朝或唐朝均难以与辽朝比拟。这里且作如下说明：

1. 辽朝的政区双轨制，不论继承传统的州县制，还是反映着北部边疆地区游牧（或渔猎）民族特色的部族制，均作为正规本制推行

《辽史·百官志》明载，地方部族制和州县制，分掌于中央北、南面官，"北面治宫帐、部族、属国之政，南面治汉人州县、租赋、军马之事"。南面州县一如"唐制"；北面部族上属北大王院。北大王院相当于中央内阁六部之一，所谓"视户部"，"分掌部族军民之政"。从北大王院到北部边疆地区的部族制，均有一套比较系统的管理组织机构。虽然其中署衙、职官别立称谓，但它是从传统的内阁六部至地方州、县、乡对称演化而来的。如院长官称北院大王，副长官称知北院大王事，职位分别同于户部尚书和侍郎，其下各职也与侍郎以下各职有对应关系。部族节度使、详稳，职位相当于州节度使、刺史，其下各职也是参照州的建置而设。州以下石烈相当县，弥里即乡③。这种以部族名分置正式行政区，是以古代王畿外围按各部族分布远近划分为五等行政区的所谓"五服"为其根据的④。元代史官脱脱等针对这种区划，认为"古者，巡守于方岳，五服之君各述其职，辽之部族实似也"⑤。这种以部族名分置入正式政区，虽为"历代之所无"⑥，但它是对我国传统政

① 《后汉书》卷33《郡国志》，卷115《东夷传》，卷118《西域传》，卷119《匈奴传》，卷120《乌桓鲜卑传》。
② 《新唐书》卷43下《地理志》。
③ 《辽史》卷45至卷47《百官志一》至《百官志三》。
④ 《尚书》中《益稷》《禹贡》等篇所记的"五服"为古代理想化的政区，即：王畿外围，每500里为一区划，按距离远近分为侯服、甸服、绥服、要服、荒服五个等级。
⑤ 《辽史》卷33《营卫志下》。
⑥ 同上。

区划分的一种继承和发展。从汉、唐以来的维系、羁縻制，发展到正规本制，这是辽朝对北部边疆地区游牧（或渔猎）部族在行政管辖上的一个历史性进步。

2. 从具体管辖制度看，辽代施于北部边疆地区的部族制和州县制基本相同

由辽廷任命的各部族节度使、详稳（级别次于节度使的部族长官），和州节度使、刺史一样，既是本领区内的军事长官，也是行政长官。部族节度使作为军事长官，如景宗乾亨二年（980 年）"十一月庚子，朔，宋兵夜袭营，突吕不部节度使萧干拿及四捷军详稳耶律痕德战却之"①。圣宗统和四年（986 年）十一月，"楮特部节度使卢补古、都监耶律盻与宋战于泰州，不利"②。部族节度使或详稳又是本领区内的行政长官，如圣宗统和五年（987 年），"秋七月戊辰，涅剌部节度使撒葛里有惠政，民请留，（诏）从之"③。统和年间，耶律唐古部详稳，"严立科条，禁奸民鬻马于宋、夏界。因陈弭私贩，安边境之要"，受到萧绰太后之嘉奖，"诏边郡遵行，著为令"④。这些载例表明，由朝廷任命的节度使、详稳等部族长官，既拥有本领区内一定的军政权力，也有一定的任期和考核制度，一如州节度使和刺史等官员。

3. 辽朝置于北部边疆地区的特辖性政区，即属国属部政区，在管辖程度上也比唐代的羁縻州进了一步

唐朝与其置于北部边疆地区各族羁縻州的关系，有相应的管理制度。但一般来说，各州有相当自领权，中央政权通常"以其首领为都督、刺史"，并且"皆得世袭"⑤。这一点辽朝没有照搬。辽朝向北边地区那些非直接管辖的属国、属部派遣节度使。这些节度使大多由契丹人（或其他辽廷的信任者）担任，"命其酋长与契丹人区别而用"⑥。节度使除了领有该属国、属部的一定兵权外，也是事实的行政长官。如圣宗

① 《辽史》卷 9 《景宗纪下》。
② 《辽史》卷 11 《圣宗纪二》。
③ 《辽史》卷 12 《圣宗纪三》。
④ 《辽史》卷 91 《耶律唐古传》。
⑤ 《新唐书》卷 43 下 《地理七下志》。
⑥ 《辽史》卷 46 《百官志二》。

开泰九年（1020 年）十月，"复奏谛居（部）、迭烈德部（敌烈部）言节度使韩留有惠政，今当代，请留。上命进其治状"①。道宗清宁九年（1063 年），辽廷"命（萧）乌野为敌烈节度使，恤困穷，省徭役，不数月，部人以安"②。同时，辽廷对属国和属部的酋长，也有一定的任免权。许多属国和属部的酋长通过辽廷，封赐任命生效。如圣宗统和三十年（1012 年），长白山 30 部女真人朝"乞爵秩"③。太平六年（1026 年），曷苏馆女真诸部"许建旗鼓"④。不称职的属国、属部酋长，也由辽廷罢免。当然，辽廷对酋帅的罢免，一般采取慎重态度。另外，在贡赋方面，唐朝对北部边疆各羁縻州的要求，一般比较宽松，因此，"贡赋、版籍多不上户部"⑤。而辽廷对其北边地区属国、属部的贡赋，大多有所要求乃至明确规定。如圣宗开泰七年（1018 年）三月，朝廷"命东北越里笃、剖阿里、奥里米、蒲奴里、铁骊等五部岁贡貂皮六万五千（张）、马三百（匹）"⑥。开泰八年（1019 年）七月，圣宗"诏阻卜（国）依旧岁贡马千七百（匹），驼四百四十（峰），貂鼠皮万（张），青鼠皮二万五千（张）"⑦。辽廷对某些属国、属部还定期订立接受管辖的约规。如太平元年（1021 年）四月，"东京留守奏，女直（真）十部酋长请各以其子诣阙祗候"。圣宗"诏与其子俱来受约"⑧。辽朝通过立约加强对其所领属国、属部的政治控制，也为唐朝对北边羁縻州的领辖所不及。

透视这一历史性的进展，不难看出，政区双轨制既是整个辽朝辖区施政的根本制度，也是加强对北部边疆地区管辖上的重要政策依据。双轨制上通辽朝中央，下到地方各级，均有一套比较系统的政治、经济和文化制度。对于北部边疆地区来说，朝廷政令、军令所到

---

① 《辽史》卷 16《圣宗纪七》。

② 《辽史》卷 92《萧乌野传》。

③ 《辽史》卷 15《圣宗纪六》。

④ 《辽史》卷 46《百官志二》。

⑤ 《新唐书》卷 43 下《地理七下志》。

⑥ 《辽史》卷 16《圣宗纪七》。

⑦ 同上。

⑧ 同上。

之处，是州县还是部族，部族中属于直接管辖者还是特辖性的属国、属部等，所涉有关政令、军令之推行，管辖之范围、程度，职官之派任，各等任命、封册，乃至特定军政行动之类，在通常的情况下，均必须受制于政区双轨制中有所区别的既定政策。但这只是从制度的功能和作用促进这一历史性进展的一个方面。另一方面，从辽初主要依靠武力统一北部边疆地区到政区双轨制与一系列具体管辖过程的密切结合，累世相承 200 年所创造的业绩，集中到一点，那就是基本上扭转了北部边疆地区长期以来连续性的严重动乱和分散的局面，才使这一历史性的进展付诸实现载入史册。那么，从统一北部边疆地区到政区双轨制与这一地区一系列管辖的结合又是怎样的呢？下面着重揭示这一过程。

二　辽朝加强对北部边疆地区的管辖

辽朝对北部边疆地区的管辖，大体上可分为两个阶段：第一阶段从 10 世纪初（契丹国建立）至 10 世纪 80 年代（景宗朝终）。这一时期，以耶律阿保机为主及其以下四代继承人，对北部边疆地区各族以军事征伐为主要手段，同时把领有的地区陆续设立州、县政区和部族政区进行管辖。阿保机逝世以后，太宗耶律德光把军政上的注意力放在南方燕云地区，甚至两次亲帅大兵深入中原，介入中原地区各军事集团的争战。太宗以后的世宗耶律阮和穆宗耶律璟，虽不像太宗那样全力以赴向南扩大地盘，但在军政上推行的仍是重南轻北的战略。景宗耶律贤时期，辽朝与北宋的关系进一步紧张，军政注意力的重点还是离不开燕云一线。在军政管辖相对松弛的情况下，北部边疆地区的叛离势力有所增长，反对辽廷的边衅不时发生。第二阶段从 10 世纪后期（圣宗即位）至 12 世纪前期辽亡。这一时期辽朝与北宋进行了决定胜负的战争。摄政的萧绰皇太后和圣宗耶律隆绪皇帝从辽朝长远的战略出发，利用澶渊之役辽师在军事上稍占上风的有利时机，成功地与北宋缔盟。辽、宋缔盟的长期生效，使辽朝获得了来自北宋王朝长达百年以上的巨额赔款①，从财政方面充实了国力，同时，由于辽与北宋双方努力创造了有利于两朝政治、经济和文化交流的和平环境，南方军事形势的长期缓解，使辽朝获得了军政视线北移的机会。从圣宗中期开始，具体地说，从统和二十二年（1004 年）澶渊盟约正式签订以后，历经兴宗耶律宗真、道宗耶律洪基时期，辽廷进一步加强了对北部边疆地区各族的管辖，军事仍为前导，从而增进了管辖上的政治意识，注意策略上的刚柔相济，取得了进一步的成效。现将这两个阶段联系起来，分别按东北、北方和西北三个区域，逐一加以阐述。

（一）东北地区

这一地区主要生活着渤海和女真两个民族。

耶律阿保机及耶律德光于天显元年（926 年）举兵以"世仇未雪，岂宜安驻"为借口，亲率大兵，一举击灭了渤海（立国于 698—926 年），并建立了对渤海地区的管辖②。渤海王朝在东北地区存在两百多年，有着深厚的政治影响和民族基础。耶律阿保机和耶律德光接管这一地区时，颇费一番心计。总的来说，是采用了削弱两头，利用中间的做法。

所谓削弱两头，即是通过迁徙，瓦解原渤海王朝的上层势力及其社会基础。天显元年（926 年），耶律阿保机攻下渤海首都忽汗城（在今吉林敦化县境），国王大諲譔投降。这年七月，阿保机派员"卫送大諲譔于皇都（上京）西，筑城以居之"③。这样，就完全隔断了大諲譔与原渤海地区的一切联系。同时，辽廷对原渤海地区的渤海族民户实行大规

---

① 1004 年（辽统和二十二年，宋景德元年），辽宋澶渊盟约成立，议定赔款，北宋每年输入辽白银 10 万两，绢 20 万匹。这项赔款从 1004 年至 1042 年（辽重熙十一年，宋庆历二年）履行了 38 年。从 1042 年开始，辽、宋修订盟约，北宋向辽增币至白银 20 万两，绢 30 万匹，至 1125 年（辽保大五年）辽亡，又履行了近 80 年。参见陈佳华、林荣贵《元统一前我国民族关系的发展趋势》，《内蒙古社会科学》1986 年第 2 期。

② 渤海王朝全盛时辖有 5 京 15 府 62 州。其地东至海（今日本海），西至扶余府（今吉林农安县）西，南到平壤城（今朝鲜首都平壤），北至怀远府（今黑龙江与松花江汇合口处以西）。

③ 《辽史》卷 2《太祖纪下》。

模的迁移。其中以迁入上京道、中京道和东京道地区者为多。如上京道临潢府的长泰、定霸、保和、潞、易俗、迁辽、渤海、宣化八县，祖州的长霸、咸宁县，怀州的扶余、显理县，庆州的富义县，永州的长宁县，仪坤州及所属广义县，降圣州的永安县，饶州的长乐、临河、安民县以及镇州、维州、防州①，中京道兴中府的黔州，以及黔州的盛吉县，锦州的岩州（县级州），来州的润州（县级州）海阳县（乡级县）②，东京道的辽阳府肃慎县，显州的康州（县级州）以及广州、辽州、东州、尚州、宁州、归州等③，均有阿保机至世宗耶律阮时期迁入的渤海民户。其中有不少州县，则全由渤海民户迁入而置。如怀州扶余县，"本龙泉府，太祖迁渤海扶余县降户于此，世宗置县，户一千五百"④。显理县，"本显理府人，太祖伐渤海，俘其王大諲譔，迁民于此，世宗置县。户一千"⑤。饶州长乐县，"本辽城县名。太祖伐渤海，迁其民，建县居之。户四千，内一千户纳铁"等⑥。被迁徙的大部分渤海人到达驻地后与汉族、契丹、女真或其他民族杂居。辽廷还迁入其他地区的各族民户到原渤海旧地。如东京道定州，"圣宗统和十三年升军，迁辽西民实之"⑦。定州的定东县，"迁徙辽西民居之"⑧。保州的来远县，"初徙辽西诸县民实之，又徙奚、汉兵七百防戍"⑨。又如海州，本渤海南京南海府，"因尽徙其人于上京，置迁辽县，移泽州（属中京道）民来实之"⑩。棋州，本渤海蒙州地，太祖俘檀州（属南京道）民"于此建檀州，后更名"⑪。通过这种迁出和移入的配套措施，不仅削弱和瓦解了旧渤海的独立势力，而且通过移入的各族民户的渗透，不断地按照

---

① 《辽史》卷37《地理志一》。
② 《辽史》卷39《地理志三》。
③ 《辽史》卷38《地理志二》。
④ 《辽史》卷37《地理志一》。
⑤ 同上。
⑥ 同上。
⑦ 《辽史》卷38《地理志二》。
⑧ 同上。
⑨ 同上。
⑩ 同上。
⑪ 《辽史》卷38《地理志二》。

辽朝政区的模式改变着旧渤海地区。

　　所谓利用中间，即对旧渤海王朝留下来的官员，大多予以留用。这种留用，并非让旧渤海国的官员直接到辽廷中任职，而是在旧渤海的政区范围内，建立了一个特殊的东丹国。东丹国的政区模式仿渤海王朝全部采用"汉制"。由耶律阿保机"册皇太子倍为人皇王以主之"①。"赐（倍）天子冠服，建元甘露，称制"②，王以下置中台省，采用契丹人与渤海人共同参政的方式。如以阿保机三弟"迭剌为左大相，渤海老相为右大相"，以"渤海司徒大素贤为左次相"，契丹嫡贵"耶律羽之为右次相"③。更渤海首都忽汗城为天福城，并定为东丹国首都。地方行政实行州县制④。东丹国作为一个特别的地方政权在契丹王朝（辽朝）的统一管辖下保有某种程度的自主性。通过起用渤海旧官员参政，有利于维持原渤海地区政治上的安定和加强对渤海地区的管辖。但是，其权宜性策略显而易见。太宗时期，辽廷皇权进一步集中。天显三年（928年），太宗削夺了东丹王耶律倍的权力，架空了东丹国，"诏遣耶律羽之迁东丹民以实东平（今辽阳）"⑤。此后，耶律倍受不了政治上的薄待，借口离开东丹国，入居后唐，东丹国名存实亡。景宗乾亨间（979—982年），辽廷"省置中台省官"⑥。东丹国完全并入东京道成为该道正式政区之一部分。

　　辽朝对女真族的管辖⑦，主要采取了析部置籍，立部分治的政策。

　　唐末五代时期，阿保机曾经对散居长白山北部、黑龙江和松花江流域一带的女真族用兵。唐天复二年（902年）春，阿保机率兵东征，"伐女直（真），下之，获其户三百"⑧。唐天祐三年（906年）十一月，

---

① 《辽史》卷2《太祖纪下》。
② 《辽史》卷72《义宗倍传》。
③ 《辽史》卷2《太祖纪下》。
④ 《辽史》卷38《地理志二》。
⑤ 《辽史》卷3《太宗纪上》。
⑥ 《辽史》卷10《圣宗纪一》。
⑦　女真，又称女直，原名黑水靺鞨，世居黑龙江、松花江流域以及长白山麓地区，主要从事畜牧业，也有一部分从事渔猎和农业。8至9世纪时期，依附于渤海王朝，而与渤海王朝同隶属于唐朝治内。辽灭渤海前后，正式以女真名世。
⑧ 《辽史》卷1《太祖纪上》。

阿保机"遣偏师讨奚、霫诸部及东北女直之未附者，悉破降之"①。天显元年（926年），阿保机灭渤海后，为了防止女真"为患"，对那些较有影响的女真大户实行迁徙，"诱豪右数千家迁之辽阳之南"，并把他们编入直接管辖的户籍，号熟女真，而把未入户籍者称生女真②。此后，辽廷继续利用行政手段使一部分女真南迁，还有一部分女真由于各部之间矛盾或其他原因而向南徙移。辽廷对这些南迁的女真实行统一的安置。于是，逐渐形成了以粟末江（今松花江）和宁江州（今吉林扶余县境）为大体分界的南北两部分女真。江以北，州以东、以北为原女真族，称北女真。北女真大多为未入辽籍的生女真。江以南，州以西、以南为逐渐自北南移的女真族，称为南女真。南女真包括入辽籍的熟女真，而不入籍的一般也与生女真有别。因此，区别南北女真和生熟女真乃至介于生熟女真之间的其他南女真，是辽廷制定和推行对整个女真族政策的一个重要出发点。

辽廷对南迁的女真实行三种不同的管辖方式：（1）直接编入迁入地区的州县户籍。如圣宗末年，辽廷将"岁饥来归"的女真五部送到中京道地区，置来州"居之"③。这部分女真族置入州县民户之后，不再以本族名号出现。（2）编入直接管辖的部族政区。如圣宗时期，辽廷把南徙的女真户置为奥衍女真（直）部和乙典女真（直）部，并命前者"戍镇州境"，后者"居高州北"④。（3）编入属国属部。如曷苏馆女真，原为阿保机时期迁入辽阳之南的女真豪右，辽廷许其以曷苏馆名世外，还于太平六年（1026年）"许建旗鼓"，特置曷苏馆路女真国大王府⑤，由辽廷派官员和女真酋帅共同管理本路各部军政事务。属于这种管辖方式的还有顺化女真、鸭绿江女真、濒海女真、南女真以及长白山女真。辽廷在其居住地分别置大王府⑥，给该部族首领封官。如景宗保宁九年（977年）五月，辽廷封授宁江州以南的女真酋长21人

①　《辽史》卷1《太祖纪上》。

②　陈准：《北风扬沙录》。

③　《辽史》卷39《地理志三》。

④　《辽史》卷33《营卫志下》。

⑤　《辽史》卷17《圣宗纪八》，卷46《百官志二》。

⑥　《辽史》卷46《百官志二》。

"宰相、夷离堇之职"①。圣宗统和八年（990 年）五月，封女真酋长阿海为顺化王②。

辽廷对生活在原地而未被迁徙的北女真各部，大多数采用了政区属国、属部方式管辖，如置北女真国大王府和生女真各部节度使司，但在管辖上比南女真编入的各个属国、属部要相对灵活。辽廷派任南女真各部的节度使，一般以契丹族官员充任，而在北女真地区，则允许某些对辽廷有功的本部首领充任节度使。史载兴宗时期，女真完颜部首领乌古遒计擒叛离辽廷的五国部节度使拔乙门，受到兴宗的嘉奖，当即封命"为生女真部节度使"③。此后，完颜部节度使多由本部世袭④。此中利弊得失，下文当有所议。

（二）北方地区

辽廷在这一地区的管辖重点，主要是室韦、乌古和敌烈等比较著名的部族。

辽代室韦族⑤，比较逞强的有黄皮室韦（又称黄头室韦或大、小黄室韦）和黑车子室韦。黄皮室韦以大兴安岭为活动中心，也有一部分分布于克鲁伦河（时称胪朐河）中下游地区。黑车子室韦则已来到了古北口外一带，即今内蒙古阿巴哈纳尔和东、西乌珠穆沁旗境内。辽廷在统一和进一步巩固北方各族的管辖过程中，对室韦各部所采取的军政对策，大致可归纳为如下三个方面：

1. 武力征讨

10 世纪初期，阿保机对关内用兵以前，首先铲除靠北各部族对其

---

① 《辽史》卷 9《景宗纪下》。

② 《辽史》卷 13《圣宗纪四》。

③ 《金史》卷 1《世纪》。

④ 同上。

⑤ 室韦，又称失韦，是我国古代北方一个族称，北魏时已见于史书。早期分布在黑龙江和嫩江流域地区。唐后期，分布地区进一步扩大，西部室韦到达额尔古纳河（时称完水）和克鲁伦河以西、内蒙古高原地区，南部室韦到达洮儿河（时称他鲁河），五代以后，室韦的活动继续向南迁移，且以更多的支类名世。

可能造成之后患，各部室韦首当其冲。阿保机几次用兵，"连破室韦"①。其称帝元年（907 年），发兵"征黑车子室韦，降其八部"②。三年（909 年），大、小黄室韦和黑车子室韦先后降归契丹，此后多次以"来贡"的方式表示对辽廷的顺从③。穆宗时期，辽政衰微。从应历十四年（964 年）九月开始，大、小黄室韦不时出现了"掠马牛，叛去"等离心行动④。辽廷命守官库古只、都统雅里斯等率兵进击，几经对仗，败多胜少。最后，辽师集中兵力，击败了带头反对辽廷的大黄室韦酋长寅尼吉所部。寅尼吉锐气受挫，被迫"亡入敌烈"⑤。大、小黄室韦在辽师的进击下再次接受了辽廷的管辖。此后终辽之世，室韦未再出现大的离乱。

2. 对室韦部族及其任官进行调整、改编，并置政区管辖

辽廷撤销了部族色彩过浓的室韦部挞林官，代之以仆射参与政事⑥，将大、小黄室韦户改编为突吕不室韦部和涅剌拏古部两个直接受辖的部族，并分别命节度使领其"戍泰州东北"和"戍泰州东"⑦。又增置室韦国大王府和黑车子室韦国大王府，直接掌管室韦政务⑧。

3. 设边防点，加强军事上的监视、防变

如统和二十二年（1004 年），圣宗命"选诸部族二万余骑充屯军"于镇州，"专捍室韦"等族⑨。

此外，辽廷对室韦还采取了政治上的"招谕"和经济上的"振济"等措施⑩，起到了抚绥室韦各部和配合军政管辖的作用。

乌古又称乌骨里、于厥，生活在今额尔古纳河流域和呼伦贝尔以东地区，主要从事游牧、捕猎，是辽代我国北方一支强大的部族，也是契

---

① 《辽史》卷 1《太祖纪一》。
② 同上。
③ 《辽史》卷 69《部族表》。
④ 《辽史》卷 1《太祖纪一》。
⑤ 《辽史》卷 7《穆宗纪下》。
⑥ 《辽史》卷 46《百官志二》。
⑦ 《辽史》卷 33《营卫志下》。
⑧ 《辽史》卷 46《百官志二》。
⑨ 《辽史》卷 37《地理志一》。
⑩ 《辽史》卷 7《穆宗纪下》，卷 69《部族表》。

丹统一北方地区的劲敌之一。

首先军事上的征讨，成了辽廷平定乌古反对势力的一项重要对策。早在神册四年（919年）十月，阿保机率师北征，命皇太子耶律倍为先锋军进击，大败乌古之众，"俘获生口万四千二百，牛马、车乘、庐帐、器物二十余万"。乌古"举部来附"①。太宗天显三年（928年），辽廷再次对不服管辖的乌古部众用兵，命林牙突吕不"讨乌古部，俘获甚众"②，此后终太宗、世宗之世二十多年，乌古频年入贡，对辽廷表示忠顺。穆宗时期，辽政颓败、残忍，乌古与辽廷离心。应历十四年（964年），叛辽的乌古部众"掠民财畜"③，一时势炽难制，以致前往进击的辽详稳僧隐、随将乙实等战死。应历十五年（965年）五月，于柴河之役，乌古部众击败了辽将挞凛、苏二群牧兵之后，从七月开始向西进攻，"掠上京北榆林峪居民"④，上下震动。辽廷增派夷离堇画里、夷离毕常思、林牙萧干等率兵"讨之"，才把乌古战败⑤。乌古再次降归辽朝。但是，反复叛辽，是乌古与辽朝关系的一个突出问题。圣宗前期，乌古趁辽宋战争，其后辽师入侵高丽之役，北方地区疏于守备之际，再次发起反辽的军事行动。辽廷部署了一次规模空前的反击。开泰四年（1015年），辽枢密使耶律世良总领大军围"讨叛命乌古，尽杀之"⑥，又着重追击于厥（乌古）叛酋勃括及被诱遁部民，"获其辎重及其所诱于厥之众"⑦。此次战役，使乌古的反辽势力一蹶不振。

其次，辽廷政治上对乌古采取了有区别的褒奖和优恤措施。如应历十五年（965年）正月，辽廷表彰了抵制叛乱的乌古夷离堇之子勃勃底，"诏褒之"⑧。大安九年（1093年），道宗"诏以马三千给乌古部"⑨，对效忠辽廷的乌古部众表示褒奖。圣宗时，辽廷对生活上有困

---

① 《辽史》卷2《太祖纪二》。
② 《辽史》卷75《耶律铎臻传·附突吕不》。
③ 《辽史》卷7《穆宗纪下》。
④ 同上。
⑤ 同上。
⑥ 《辽史》卷69《部族表》。
⑦ 《辽史》卷15《圣宗纪六》。
⑧ 《辽史》卷7《穆宗纪下》。
⑨ 《辽史》卷25《道宗纪五》。

难的乌古部众予以"振济"①。道宗寿昌（寿隆）二年（1096年），辽朝"市牛给乌古、敌烈、隈乌古部贫民"②。从济困角度稳定乌古部众。

另外，辽廷还着手安置和迁徙乌古部众，而把部分契丹族移入乌古地区。如开泰四年（1015年）四月，辽将耶律世良等平息乌古之叛，把"所诱于厥（乌古）"等部众，"城胪朐河以居之"③。寿昌（寿隆）二年（1096年）九月，辽廷徙乌古部众"于乌纳水，以扼北边之冲"④。契丹族移入乌古地区，早在辽初即已开始。史载会同二年（939年），太宗以乌古部之地水草丰美，诏南院（五院部）欧堇突吕、乙斯本和北院（六院部）温纳何剌三个契丹石烈（县）迁入乌古地区的于谐里河（今喀尔喀河）和胪朐河（今克鲁伦河）近地"居之"⑤。第二年，太宗又命这三石烈（县）部民将两河近地辟为农田，并转这三石烈部民为农户，"以事耕种"⑥。从而改变了这一地区原先比较单一的畜牧业经济成分，更主要的是，通过迁居和不同族的部族杂居，削弱了乌古的独立意识。嫡系契丹族的迁入，也加强了辽廷对乌古的监护作用。再者，辽廷把乌古族划分为不同的管辖层次。如对俗化程度较差者，划入属国属部。《辽史·百官志二》北面属国条所载的"乌古部、隈乌古部、三河乌古部"等即属此类。而把乌古族中俗化程度较深者置为直接管辖户籍。《辽史·营卫志下》载阿保机"取于骨里（乌古）户六千，神册六年，析为乌古涅剌及图鲁二部，俱隶北府"。圣宗时，辽廷又将另一部分俗化程度较高的乌古部众置为"斡突盘乌古部"，"隶南府"。这些政策和措施的推行，改变了乌古动辄离叛的历史，实现了辽廷对乌古各部的有效管辖。

敌烈，又称迪烈、迪烈得、迭烈德、达里底等，因有八部，故又谓

① 《辽史》卷13《圣宗纪四》，卷69《部族表》。
② 《辽史》卷26《道宗纪六》。
③ 《辽史》卷15《圣宗纪六》。
④ 《辽史》卷26《道宗纪六》。
⑤ 参见《辽史》卷4《太宗纪下》，卷33《营卫志下》，卷59《食货志上》。其中欧堇突吕、乙斯本，《营卫志下》分别作欧昆、乙习本；温纳何剌，《食货志上》作温纳河剌，《营卫志下》作斡纳阿剌；于谐里河，《食货志上》作谐里河，《营卫志下》作海勒水。盖均因音同或近而书异所致。
⑥ 同上。

八部敌烈或八石烈敌烈。主要部众分布在胪朐河（今克鲁伦河）流域，从事游牧、捕猎，与乌古同为辽代北方地区两个势力强大的部族。唐末五代时期，随着阿保机实现了对整个北部边疆地区的基本统一，敌烈族常以"入贡"的方式服从辽廷的管辖①。但是，由于辽朝军政上的原因，敌烈族中又潜伏着与辽离心的势力，加之邻近部族与辽廷之间关系上某些不安定因素的影响，敌烈的背辽行动逐渐表现出来。如穆宗应历十五年（965 年），背叛辽朝而被辽师击败的大黄室韦酋长寅尼吉"亡入敌烈"②。敌烈对寅尼吉等的同情和掩护，引起了辽廷的注意。景宗初年，辽师对叛情比较明显的敌烈部众采取了军事行动，并把俘获的敌烈降人献朝廷领功③。圣宗即位之初，敌烈发起了声势更大的叛辽行动。辽廷增兵讨击。统和十五年（997 年）五月，"敌烈八部杀详稳以叛"，辽将萧挞凛率师"追击"，"获部众之半"④。开泰二年（1013 年）正月，辽朝右皮室详稳延寿奉命对离叛的敌烈部众，"率兵讨之"⑤。开泰四年（1015 年）正月，圣宗"诏耶律世良再伐迪烈得（敌烈）"。四月，耶律世良"讨敌烈得至清泥埚"，"既破迪烈得，辄歼其丁壮。"⑥开泰七年（1018 年）三月，辽乌古部节度使萧普达讨击"叛命敌烈，灭之"⑦。咸雍九年（1073 年）七月，"八石烈敌烈人杀其节度使以叛"，道宗诏令隗乌古部军"分道击之⑧"。大安十年（1094 年）五月，"西北路招讨司奏敌烈等部来侵，统军司出兵与战，不利，招讨司以兵击破之"⑨。寿昌（寿隆）元年（1095 年），敌烈抄掠契丹群牧马，辽驻防军"戍兵追袭之，尽得所掠"⑩。保大二年（1122 年）七月，辽乌

---

① 《辽史》卷 69《部族表》。

② 《辽史》卷 7《穆宗纪下》。

③ 《辽史》卷 8《景宗纪上》，载景宗保宁三年正月，"右夷离毕奚底遣人献敌烈俘，诏赐有功将士"。

④ 《辽史》卷 13《圣宗纪四》。

⑤ 《辽史》卷 15《圣宗纪六》。

⑥ 同上。

⑦ 《辽史》卷 16《圣宗纪七》。

⑧ 《辽史》卷 23《道宗纪三》。

⑨ 《辽史》卷 25《道宗纪五》。

⑩ 《辽史》卷 69《部族表》。

古部节度使耶律棠古"讨平"叛变的敌烈皮室军①。九月，辽都统马哥战克叛变的敌烈部②。同时，辽廷实行对于敌烈叛部的招抚政策，尤其从圣宗时期，这一政策进一步加强。如开泰二年（1013 年）七月，圣宗诏凡叛离的敌烈部众，"皆复故疆"③。三年（1014 年）九月，"八部敌烈杀其详稳稍瓦，皆叛"，圣宗"诏南府宰相耶律吾剌葛招抚之"④。同月，圣宗又令"释敌烈数人"，"招谕其众"⑤。大安十年（1094 年）九月，"敌烈诸酋来降"，道宗命"释其罪"⑥。辽廷还从政区建置方面加强对敌烈各部的管辖。如将析出的一部分敌烈部民编入正式户籍，置为迭鲁敌烈部和北敌烈部，实行直接管辖⑦。又将八石烈敌烈部、敌烈部和迪烈德部编入属国属部，置大王府和节度使司以实行特别管辖⑧。

此外，辽朝对其政区的极北地区，还置有斡朗改与辖戛斯两个大王府⑨。辽廷通过"入贡"和臣属的方式，实现了对这两个部族的羁縻式管辖⑩。

（三）　西北地区

辽廷对这一广大地区的管辖，主要是通过对其中分布很广的阻卜族⑪的统治来实现的。

---

① 《辽史》卷 29《天祚帝纪三》。

② 同上。

③ 《辽史》卷 15《圣宗纪六》。

④ 同上。

⑤ 同上。

⑥ 《辽史》卷 25《道宗纪五》。

⑦ 《辽史》卷 33《营卫志下》。

⑧ 《辽史》卷 46《百官志二》，北面属国官条。

⑨ 斡朗改和辖戛斯是辽朝境内极北地区分布很广的两个部族。斡朗改又称嗢娘改，散居外兴安岭以西、贝加尔湖东部和西部的森林地区。辖戛斯主要生活于谦河（今叶尼塞河）上游地区。均以狩猎为业。参见《辽史》卷 70《属国表》和本纪有关记载。

⑩ 《辽史》卷 46《百官志二》，北面属国官条。

⑪ 阻卜：辽代西北诸部族的总称，金时称阻䕍，王国维考其为鞑靼演化而来。其居住地望大致西至流沙（阿尔泰山以西的沙漠地带），东达潢河（西拉木伦河），居地之广，几乎遍及大半个上京道地区，绝大多数从事游牧生活。参见《海宁王静安先生遗书》卷 14《鞑靼考》。

　　10 世纪前期，辽对阻卜有过明确的领辖关系。阿保机平定东北地区之后，于天赞三年（924 年）率师西进，征讨阻卜等部族。大军"至于流沙，阻卜望风悉降，西域诸国皆愿入贡"，"累世不敢为寇"①。辽前期对西北地区的领辖，曾经出现过从阿保机晚期至景宗年间近半个世纪的相对安定局面。10 世纪后期，辽宋关系紧张，辽廷无力西顾。面对阻卜中益见显露的叛辽势力，辽廷只能采取一些军事上的应急措施。如乾亨四年（982 年）十二月，辽廷派都详稳"耶律速撒讨阻卜"②。统和二年（984 年），耶律速撒率师击败阻卜叛众，"杀其酋长挞剌干"③。此后，阻卜各部与其西南部的党项等族彼此呼应，相继叛离辽朝。辽廷对西北地区的紧急军情予以极大的关注，在当时辽与北宋军事对抗处于全面开衅的相持阶段的情况下，还调派部分大军开赴阻卜地区。统和十二年（994 年），圣宗诏萧太妃（萧睿智皇太后的姐姐，齐王罨撒葛妃）亲征，"以萧挞凛督其军事"，总师三万讨击阻卜叛部④。萧太妃与萧挞凛合力主持西北军政大局，采用剿抚兼施之策略，对一些屡叛"未服"之部众，全力进击⑤，而对另一些阻卜部众则采取分化利用的策略，使其"一部或叛，邻部讨之"⑥，取得了"拓土既远，降附亦众"的战绩⑦。但是，时值辽与北宋军事上的对抗节节升级，牵制着整个辽朝的军政力量。西征的辽师不仅在作战物资和兵源方面得不到正常的增援，而且在南线军情紧急的时候萧挞凛被调回河北战场⑧，导致西征功败垂成。统和二十二年（1004 年），辽宋澶渊盟约成立，此后辽廷在其与北宋边境出现和平安定的有利形势下，把相当大的一部分军政力量转向西北阻卜地区，并对阻卜地区的管辖，在政策和策略上做了新

---

　　① 《辽史》卷 103《萧韩家奴传》。

　　② 《辽史》卷 10《圣宗纪一》。

　　③ 同上。

　　④ 《辽史》卷 13《圣宗纪四》。

　　⑤ 《辽史》卷 85《萧挞凛传》。

　　⑥ 《辽史》卷 103《萧韩家奴传》。

　　⑦ 《辽史》卷 103《萧韩家奴传》。

　　⑧ 《辽史》卷 14《圣宗纪五》载统和二十年四月，"南京统军使萧挞凛破宋军于泰州"。二十一年四月，"萧挞凛获宋将王继忠于望都"。按泰州和望都分别为今河北清苑县与望都县，时均属于北宋的河北西路，以此知萧挞凛已被调回河北战场与宋军作战。

的调整：

1. 加强阻卜地区的军政建置

圣宗时期，辽廷在上京道地区东西走向的中轴线附近设置镇州、防州、维州和招州四个具有军政辖治和防守性质的州军。镇州为建安军，置节度使；防、维、招三州置刺史。并"选诸部族二万余骑充屯军"，专门戍守镇、防、维三州，"凡有征讨，不得抽移"①。此后又在这条中轴线附近、位于上述四州的靠东处添置河董城、皮被河城和塔懒主城等军事性边防城②。这批颇具特色的军政建置，对北边起着"专捍室韦、羽厥"等部族叛乱的防御作用③，实际上，更大的作用在于切断广泛分布于上京道地区的阻卜、西阻卜、西北阻卜和北阻卜之间的联系，"辽人完之以防边患"④，主要军防目标在阻卜。同时，辽廷在阻卜各部设置部族制政区，如阻卜诸部、节度使司、阻卜国、西阻卜国、北阻卜国等大王府。有的王府属下还置若干节度使司。如阻卜国大王府下设阻卜札剌节度使司、阻卜诸部节度使司和阻卜别部节度使司等⑤。节度使司和大王府均由辽廷派任官员与经过辽廷任命的阻卜酋长合作共事管辖各个阻卜属国和属部⑥。

2. 开展对阻卜的安抚工作

辽宋缔盟以前，辽廷对阻卜叛部大多诉诸武力。如统和二年（984年）十一月，耶律速撒等"讨阻卜，杀其酋长挞剌干"⑦。统和十四年（996年）十二月，萧挞凛"诱（阻卜）叛酋阿鲁敦等六十人斩之"⑧，甚至对某些愿意降归辽廷者也杀戮不赦。如统和十八年（1000年）六月，"阻卜叛酋鹘磑之弟铁剌不率部众来附，鹘磑无所归，遂降，诏诛之"⑨。随着辽宋缔盟，南部军事形势缓解，辽廷军政视线北移。同时，

---

① 《辽史》卷 37《地理志一》。
② 同上。
③ 同上。
④ 同上。
⑤ 《辽史》卷 46《百官志二》。
⑥ 同上。
⑦ 《辽史》卷 10《圣宗纪一》。
⑧ 《辽史》卷 13《圣宗纪四》。
⑨ 《辽史》卷 14《圣宗纪五》。

辽廷进一步调整了对阻卜地区的政策，看到了滥用武力杀戮的失策①。尤其是圣宗皇帝，在这方面颇具眼力。统和二十九年（1011 年）六月，圣宗下诏西北招讨使萧图玉"安抚西鄙"②。开泰元年（1012 年），萧图玉被阻卜叛部包围于可敦城（即镇州），经北院枢密使耶律化哥带兵援救，图玉力战后解围。而图玉却请求增益军队。圣宗批评了增兵的做法，下诏责让曰："叛者既服，兵安用益？且前日之役，死伤甚众，若从汝谋，边事何时而息？"③ 从而把怀远示信作为辽廷管辖阻卜地区的一项新的策略，除了着手安置阻卜降部降众外，还实行了对阻卜酋长的封册、任职制度。如开泰三年（1014 年）正月，"阻卜酋长乌八来朝，封为王"④。重熙十九年（1050 年）元月，"阻卜等部长各进爵有差"⑤。同年七月，"阻卜长豁得剌弟斡得来朝，加太尉遣之"⑥。大安五年（1089 年）四月，"以阻卜磨古斯为诸部长"⑦。辽廷还通过与阻卜上层人物通婚结友的方式，进一步密切与阻卜的关系。如统和二十二年（1004 年）八月，阻卜酋长铁剌里来朝"求婚，许之"⑧。大安二年（1086 年）六月，阻卜酋长余古赧及爱的来朝，道宗"诏燕国王延禧相结为友"⑨。这对叛服无定的阻卜各部，起到了逐渐抚顺的作用。如太平八年（1028 年）九月，"阻卜别部长胡懒来降"⑩。同月，"阻卜长春古来降"⑪。咸雍六年（1070 年）四月，"西北路招讨司以所降阻卜酋长至行在"⑫。大安八年（1092 年）正月，"阻卜诸长来降"⑬。十年

---

① 《辽史》卷 93《萧图玉传》，载："帝（圣宗）以图玉始虽失计，后得人心，释之，仍领诸部。"知圣宗此时已看到滥武嗜杀不利于对阻卜叛部的平定。

② 《辽史》卷 15《圣宗纪六》。

③ 《辽史》卷 93《萧图玉传》。

④ 《辽史》卷 15《圣宗纪六》。

⑤ 《辽史》卷 20《兴宗纪二》。

⑥ 同上。

⑦ 《辽史》卷 25《道宗纪五》。

⑧ 《辽史》卷 70《属国表》。

⑨ 《辽史》卷 24《道宗纪四》。

⑩ 《辽史》卷 17《圣宗纪八》。

⑪ 同上。

⑫ 《辽史》卷 22《道宗纪二》。

⑬ 《辽史》卷 25《道宗纪五》。

（1094年）阻卜"乌古札等来降"①。同年十一月，"阻卜、敌烈等来降"②。至道宗（1055—1101年）中晚年，辽廷实现了对阻卜各部比较稳定的管辖。

3. 对阻卜的惯叛者采取了必要的军事行动

统和二十九年（1011年）六月，辽廷在西北地区"置阻卜诸部节度使"③。这一管辖措施遭到阻卜惯叛者的反抗。开泰元年（1012年）十一月，惯叛者首领阻卜七部太师阿里底率其部众"杀本部节度使霸暗并屠其家（属）以叛"④。顺从辽廷管辖的阻卜部众逮捕了阿里底献给辽廷，而胁从阿里底的阻卜"诸部皆叛"⑤，甚至发展到第二年"达旦（阻卜）兵围镇州"⑥。在这种情况下，圣宗不失时机地令北院枢密使耶律化哥等率大军"伐阻卜"⑦。耶律化哥军锋到处，阻卜叛众相继溃败，"弃辎重遁走，俘获甚多"⑧。辽师接着对潜居翼只水的阻卜叛部进行扫荡，"化哥与边将深入"，"徐兵以进"，阻卜"望风奔溃，获羊马及辎重"⑨。这次军事行动给予中部和西部的阻卜惯叛者以巨创。叛离辽廷的阻卜酋长乌八，就是在辽师的强攻下，感到大势已去而重新归顺辽廷的⑩。最大的一次军事行动是道宗晚年大破北阻卜之役。大安五年（1089年）五月，辽廷任命阻卜酋帅磨古斯为其所在的北阻卜诸部长。磨古斯表面遵命称藩，私下结集党羽，反抗辽廷。大安九年（1093年）冬天，以磨古斯为首的阻卜乌古札、达里底和拔思母等叛军"并寇倒塌

---

① 《辽史》卷25《道宗纪五》。

② 同上。

③ 《辽史》卷15《圣宗纪六》。

④ 同上。

⑤ 同上。

⑥ 同上。

⑦ 《辽史》卷94《耶律化哥传》。

⑧ 同上。

⑨ 《辽史》卷94《耶律化哥传》。

⑩ 《辽史》卷15《圣宗纪六》，载开泰二年七月，耶律化哥等"破阻卜酋长乌八之众"；三年正月，"阻卜酋长乌八来朝，封为王"。

岭"①。十年（1094 年）正月，叛军直逼西京大同府②。于是，辽师与磨古斯叛军以倒塌岭为战场展开了一场血战。辽廷投入这次战役的兵力，除了以都统耶律斡特剌、副都统耶律秃朵、都监耶律胡吕率领的西征军为主力外，还先后调来西南面招讨司所部、乌古敌烈统军使萧朽哥所部、东北路统军使耶律石柳所部以及新从南京调往增援的郑家奴所部等师旅③，规模相当可观。辽师的主力首先对准磨古斯的前锋，剪除了达里底和拔思母两部叛军。磨古斯的前锋锐气受挫后，其叛辽同伙中的阻卜排雅、仆里、同葛、虎骨、仆果等部也先后"来降"④。接着，耶律斡特剌集中力量围击磨古斯所部，"会天大雪，败磨古斯四别部，斩首千余级"⑤。寿昌（寿隆）元年（1095 年），耶律斡特剌"奏讨磨古斯捷"⑥。此次战役之后，北阻卜反辽势力元气大伤。虽然小股叛离仍时有发生，但从根本上已丧失了与辽对抗的能力。北阻卜和中部阻卜、西阻卜、西北阻卜一样，在辽朝统一管辖下进一步密切了领属关系。

辽廷为了加强对整个北部边疆地区的管辖，从中央到地方乃至各部族，均有一套系统的管理机构。在中央，除了整个北面官系统总揽包括北部边疆地区在内的整个军国大政外，北面官中北、南大王院"分掌部族军民之政"，是中央负责直接主管北部边疆地区军政事务的重要机构。其各置大王、知大王事、太师、太保、司徒、司空等主管职官外，还特设都统军司、详稳司和都部署司等军事机构⑦，派驻沿边地区。据史籍所载，派驻北部边疆地区的军事机构至少有东北路统军司、东北路兵马司、北女真兵马司、南女真汤河司、东京都部署司、黄龙府都部署司、乌古敌烈统军司、倒塌岭统军司、西北路招讨司等，分辖有关各州府和部族的节

---

① 《辽史》卷 25《道宗纪五》，参见林荣贵、罗贤佑《辽圣宗实行善宋政策及其历史作用》，载翁独健主编《民族史论丛》第一辑，中华书局 1986 年版。

② 同上。

③ 《辽史》卷 25《道宗纪五》。

④ 《辽史》卷 26《道宗纪六》。

⑤ 《辽史》卷 97《耶律斡特剌传》。

⑥ 《辽史》卷 26《道宗纪六》。

⑦ 《辽史》卷 45《百官志一》。

度使司，形成了对北部边疆地区军事上的"边防""控制"系统①。

在行政上，除了州县和部族双轨制政区设置外，又特置了掌管沿边马政的群牧司。据《辽史·百官志二》载，路群牧使司置长官"某群大保"，次为"某群侍中""某群敞史"等；总典群牧使司置长官为"总典群牧部籍使"，次为"群牧都林牙"；还有群牧使司，长官为"群牧使"，次为"群牧副使"等。它是中央两大王院属下设置的沿边机构，从发展马政的角度加强北部边疆地区的管辖，起着不可忽视的独特作用。

从政区双轨制到一系列有关政策和措施的推行，从重大的军政行动到每个政区的军政管辖，反映了辽朝累世相承 200 年致力于改变北部边疆地区那种长期以来分散、动乱有余，统一、安定不足的局面，推动着我国统一多民族国家历史进一步发展所取得的非凡业绩。

三　辽朝的北部边政评议

9 世纪末 10 世纪初从西辽河流域地区崛起的契丹族，是以"炎黄之裔"自居②，联合汉族和其他少数民族上层建立辽朝的。这是辽朝制定、推行的一切政策、规章制度首先考虑如何继承和发展中原传统的一个重要根源。然而，契丹作为我国北方一个少数民族，掌政以后，比一般汉族统治者更易于了解与自己世代相处，或者说与自己居住地区相近的北部边疆地区各少数民族的历史与当时的现状。从这一点出发，辽朝的一切政策、规章制度，又从另外一个方面考虑了按照北部边疆地区各部族所在的地理、经济和文化风俗等特点实行管辖的问题，均属情理中事。值得注意的是，契丹既不像东晋十六国时期拓跋鲜卑建立北魏那样，迁都洛阳之后，全力推行汉化和封建化的政策、措施，也不像唐代粟末靺鞨那样长期致力于经营其在关外的地方政权——渤海王朝，更不

---

① 《辽史》卷 46《百官志二》，卷 33《营卫志下》。因其中军司名称有重复，本文所列皆有所考。

② 《辽史》卷 63《世表》载："考字文周之书，辽本炎帝之后，而耶律俨称辽为轩辕（黄帝）后。"耶律俨为辽道宗时参知政事，"修《皇朝实录》七十卷"。俨事参见《辽史》卷 98，本传。

像五代时期沙陀突厥那样，南下中原建国称雄以后，完全以历史上中原王朝的承嗣出现①，而是遵照历史的本来面目，理直气壮地连上它和汉族以及其他兄弟民族共有的炎黄这条根的同时，无所忌讳地承认其少数民族身份②。这种非同一般的民族意识，必然要在立国建政等重大问题上有所反映。比如辽朝所拥有的整个辖区，南部与中原唇齿相依，山水相连，北部占有关口（即山海关、古北口）以北三千多里以远的汉与各少数民族错居的大片辖地。这一特定的政区格局，不是偶然的巧合，恰恰是契丹族、北部边疆地区的其他少数民族与汉族同祖同根，以及北部边疆地区与中原地区息息相通、密不可分的一个反映。民族和地理两大因素，成为辽朝有关军国大政所制定和推行一系列"因宜为治"、"因俗而治"这个总政策的出发点。政区双轨制和一系列有关北部边疆地区的政策和措施，正是辽朝总政策的制定和推行的一个重要组成部分。

以政区双轨制为基础所表现的北部边疆地区对于中原地区的套联式内向力。随着辽廷对北部边疆地区整个政策在较长时期内的相对有效地推行和实际管辖上的不断加强，加之辽与北宋共同缔造的百年以上的比较稳定的局面而赋予的新内容从两个方面得到反映：一方面，前代不乏鞭长莫及之叹的本地区内的松散部族，有许多与辽廷的关系竟达到非同一般的地步。例如统和二十八年（1010 年）八月，圣宗亲率辽师"伐高丽"，受辖于辽阳府附近的女真部族当即表示为辽廷此次东征效命，主动"进良马万匹"，并要求配合辽师"从征高丽"，得到圣宗的"诏许"③。兴宗时期，西夏一度与辽离心，双方发生战事，重熙十八年（1049 年）十月，于贺兰山展开激战。归顺辽廷的阻卜（鞑靼）部族

---

① 沙陀突厥入主中原之后，均以中原正统嗣继自居。李存勖称其后唐（923—936 年）以"继唐祚"为宗旨。石敬瑭诏示后晋（936—946 年）一切制度"宜依唐礼施行"。刘知远肇基后汉（947—950 年）之后，"追遵两汉祖庙"，"一依汉制"。参见《旧五代史》卷 35《唐明宗纪一》，卷 77《晋高祖纪三》，卷 100《汉高祖纪下》。

② 我国历史上出于某种传统习惯，贬称边疆少数民族为"胡"或"番"，为历代许多少数民族掌政者所讳，契丹则不尽然，阿保机之妻述律后平素言谈，总是强调契丹皇帝为"胡主"，"番"与汉有区别。太宗耶律德光进入中原后，时而申明自己是"以打围食肉"部族出身，生活习惯与中原汉族不同。参见《契丹国志》卷 13；《新五代史》卷 72。

③ 《辽史》卷 15，《圣宗纪六》。

军，由北道行军都统耶律敌鲁古率领勇敢赴阵，"获李元昊妻及其官僚家属，遇夏人三千来战，殪之"①。在这次战役中，忠于辽廷的阻卜部族军立了头功，统帅"耶律敌鲁古复封漆水郡王，诸将校及阻卜等部酋长各进爵有差"②。保大四年（1124 年），当阿骨打率女真军追击天祚帝时，天祚帝幸"得阴山鞑靼（阻卜）毛割石兵，自谓天助，谋收复燕云"③。接着鞑靼（阻卜）兵帮助辽师与金兵"战于奄曷水"④。同时，天祚帝又命"鞑靼（阻卜）三万余骑乘（金帅）粘罕归国，山后空虚，直抵云中府，袭击（金将）兀室"⑤。当辽朝为金倾覆，耶律大石西奔时，曾经获得阻卜各部的仗义相助。史载耶律大石领兵"北行三日，过黑水，见白达达（阻卜之一部族）详稳床古儿"⑥。床古儿急难相助，"献马四百，驼二十，羊若干"⑦。耶律大石西行至可敦城时，阻卜会同其他部族共 18 王与大石会合，大石"遂得精兵万余，置官吏，立排甲，具器仗"⑧。耶律大石能够最后通过沙漠建立西辽，与西北阻卜部族乃至其他部族的人力和物力的援助，关系至大。从中可以看出辽朝与北部边疆各族关系不可分割的一个侧面。至于北边地区各族以贡赋、守边、投归等方式向心辽廷的，更是史不绝书。另一方面，在当时特定的历史条件下，这种内向力往往通过辽朝上层统治集团崇尚中原传统文化或密切与中原王朝的关系表现出来。史载阿保机即位后，下令在其辖区内"建孔子庙"，"诏皇太子春秋释奠"⑨。随着辽朝文化教育事业的向前发展，掌政的契丹上层人物的提倡，扩大到北部边疆地区的孔学教育，使这一地区在思想文化方面进一步向中原靠拢。当宋真宗逝世时，圣宗闻耗不胜"号恸"，立即率"番、汉大臣举哀，后妃以下，皆

---

① 《辽史》卷 20，《兴宗纪三》。
② 同上。
③ 《三朝北盟会编》卷 21，宣和六年条。
④ 同上。
⑤ 同上。
⑥ 《辽史》卷 30《天祚帝纪四》附耶律大石传。
⑦ 同上。
⑧ 同上。
⑨ 《辽史》卷 72《义宗倍传》。

为沾涕"①。又为真宗设灵坛于范阳悯忠寺（今北京法源寺），"建道场百日"，下诏全辽境内臣僚百姓避宋讳②。"文武百僚、僧道、军人、百姓等犯真宗讳者，悉令改之。"③ 实际上，连契丹皇帝的名字也要避宋帝宋祖之讳④。北部边疆与中原的内向程度，通过辽与北宋友好关系反映到朝野各个领域中。北宋欧阳修编纂《五代史》，只因辖有北部边疆地区的大片领土和民族，就将辽朝列入四夷传中。对此，契丹君臣很不乐意，认为欧阳氏"妄意作史，恬不经意"⑤。尽管如此，道宗仍然嘉赞太子洗马刘辉关于"请以赵氏（宋朝）初起事迹，详附国史"的奏议⑥。看似不计嫌怨，实质是一种内向中原的力量在其中起着维系作用。中原的传统文化、生活方式，在整个北部边疆地区的影响，通过契丹君臣的表现亦见其深化、广化之程度。阿保机的太子耶律倍以追求中原生活方式出名，后移居后唐时，明宗赐其名为"慕华"⑦。太宗耶律德光进入开封时，其穿着皆改为中原汉族的式样⑧。此后，辽制规定，"皇帝与南班汉官用汉服"⑨。萧睿智皇太后以"好华仪而性无检束"著称⑩。道宗耶律洪基更直言，"愿后世生中国（中原）"⑪。人们的愿望、追求，乃至社会生活、各项制度的中原化趋势，由于"上下相师"局面的形成而影响着北部边疆地区的各个领域。从一个角度看，奢华腐俗染成弊端，对辽朝的衰败伏下祸根；但从另外一个角度看，中原地区生活方式、文化技术的进步因素，不仅改变着辽朝，而且吸引着辽朝，这对我国统一多民族国家进一步发展的历史，却是一个值得究讨的问题。当"信威万里"的辽朝实现了对北部边疆地区各族的有效管辖，同时

---

① 《续资治通鉴长编》卷98，乾兴元年条。

② 同上。

③ 《契丹国志》卷7。

④ 参见古清尧、林荣贵《道宗讳名与辽宋关系》，《民族研究》1983年第4期。

⑤ 《辽史》卷104《刘辉传》。

⑥ 同上。

⑦ 《契丹国志》卷14《东丹王传》。

⑧ 《契丹国志》卷7《太宗纪下》。

⑨ 《辽史》卷55《仪卫志一》。

⑩ 《契丹国志》卷13《景宗萧皇后传》。

⑪ 陈述：《金辽文》卷2，银佛背铭条。

与北部边疆地区各族，尤其是与较有影响的部族建立了彼此间不可分割的关系的时候，北部边疆地区各族对中原地区的内向功能即随着辽朝向心中原的稳定性得到了进一步的加强。从我国统一多民族国家历史发展的视点看，改变汉、唐以来松散的北部边疆地区为具有更强内向功能的正式政区，乃是辽朝200年北部边政一个突出的历史贡献。

　　辽朝所推行的有关北部边疆地区政策，不可避免地存在着压迫、剥削和掠夺的一面。契丹统治者所进行的战争不乏掠夺性，大批汉族和其他少数民族被"悉驱北上"①，从事奴役性的各种劳动。官吏酷法，"民不堪命"②。对生女真尤其严重。生女真地区的土产，如人参、貂皮、生金、名马、北珠、俊鹰、蜜蜡、麻布等，辽廷除了按规定时间和限量令其入贡外，还派官员到榷场"低值"强购③。辽廷派任的生女真节度使（一般由契丹人充当），往往"纵暴，多方贪婪，女真浸忿之"④。辽廷的"银牌天使"，一到女真各部，不仅索求无厌，还强迫生女真以"美姬艳女荐之枕席"⑤，从而引起女真的反抗。11世纪末至12世纪前期，不甘忍受辽朝压迫的生女真各部联合起来，建立金朝以取代辽朝的统治。从某一意义上看，金朝的更立，也是辽朝推行北部边疆地区政策的一个结果。

　　辽朝管辖下的北部边疆地区，其后基本上由金朝接管下来。金朝的辖区，包括北部边疆地区在内的政区建置，如州县、军司、牧司以及其他军政建置，"大率皆循辽、宋之旧"⑥。所以，当中国北方大地以金代辽并经历整个金朝之后，北部边疆地区已出现了三百多年（辽907—1125年，金1115—1234年）的相对统一局面，而且，金朝又从多方面加强了对这一地区的管辖。一方面，由于一系列封建化措施的推行，北部边疆地区政治、经济、文化的发展与中原地区的距离进一步接近；另一方面，建立金朝的女真掌政者也和金以前建立辽朝的契丹掌政者一样

①　《新五代史》卷72《四夷附录一》。
②　《辽史》卷17《圣宗纪八》。
③　《三朝北盟会编》卷3；（宋）洪皓：《松漠纪闻》。
④　《契丹国志》卷9。
⑤　同上。
⑥　《金史》卷55《百官志一》。

重视政区部族制的推行，"分别蕃汉又不变家政"①，"亡辽不忘旧俗"的战略施政②，这使北部边疆地区社会经济入金以后，在辽朝的基础上又获得了一百多年的相对稳定的发展。如果说，辽、金能够与北宋、南宋并立各百年以上，与其立足于经营已久、具有深厚的物质和军事基础的北部边疆地区这个根基地不无关系。那么，当13世纪后期从漠北崛起的蒙古人建立元朝致力于实现我国第一个由少数民族统一全国的时候，更是尽量利用这一承自辽、金根基地的物质和军事优势。蒙古军进入中原和江南地区之后，毫无疑问地进行了大规模的掠夺，以补充其由于战争造成的兵员和装备等方面的消耗。但对于在这次统一战争中举足轻重的蒙古骑兵及其装备的供应和补充来说，光靠汉族地区不仅满足不了需要，也达不到战斗的要求，尤其是蒙古军南下的大批训练有素的骑兵、战马以及与此有关的装备和物资，离开了北部边疆地区这个广大而深厚的根基地，势必困难重重③。正是由于这一优势的极大发挥，使元朝能够"以弓马之利取天下"④，开创了我国历史上少数民族建立王朝统一全国的先例，把我国统一多民族国家历史的发展推向一个新的阶段。清代前期，中央政府从巩固和发展我国统一多民族国家出发，不惜付出巨大代价，抗击外侮，平定叛乱，同时采取一系列政策和措施，维护北部边疆地区的进一步统一与安定。当我们考察北部边疆地区的历史与我国统一多民族国家向前发展的关系时，清、元等朝的贡献有目共睹，而辽朝在这方面的开创和建树之功，也应该加以揭示，使之逐渐为人们所认识才是。

（本文原载马大正主编《中国边疆经略史》，武汉大学出版社2013年版）

---

① 刘祁：《归潜志》。

② 《金史》卷89《移剌子敬传》。

③ 《元史》卷100，《兵志三》载："西北马多天下""沙漠万里，牧养蕃息，太仆之马，殆不可以数计"。表明北部边疆地区马政在元朝骑兵战争中的供输地位。

④ 《元史》卷100，《兵志三》。

北宋王朝的辖区设治与戍防

内容提要 本文通过北宋辖区行政设治与军事戍防的探述，从若干层面考察北宋一代经邦治国的利弊得失。北宋时期在经济、文化及科技等方面的发展举世瞩目，反映了当时各族人民艰苦创业的辉煌业绩，与朝廷对其境内有效管辖和采取的有关各项事业发展的积极措施有着密切关系。北宋行政与军事的职能作用，同整个王朝的兴衰存亡息息相关。在前期至后期的一段时间，其职能运作积极有效的一面相形见长，维护了王朝的统治秩序，提供了相对稳定的发展环境，促进了境内各项事业的繁荣昌盛。及晚期，行政和军事上的弊端积重难返，朝廷更加腐败衰落，终于导致亡国的悲剧。本文对所涉北宋与辽、西夏关系中的有关问题，也提出了一些新的认识。

北宋王朝长达 168 年（960—1127 年），开创了境内社会经济、文化和科学技术事业高度发展的业绩。不少业绩在当时国内外举世瞩目，在世界上遥遥领先，影响深远，具有相当的历史地位。然而，北宋在后人的心目中，往往留下一个腐败无能、积弊致弱、败国辱国的黯淡形象。一个如此可悲的王朝，怎么可能在社会经济、文化和科学技术的发展方面跻身于同一时代的先进行列？这一矛盾本身说明人们对北宋一代认识上存在的误区。历史研究的责任在于正本清源、鉴往开来。事实上，北宋经邦治国留下的负面教训应该汲取，而其有所作为的成功一面也值得借鉴。北宋辖区的设治与军事戍防，同其他王朝、政权一样，是整个经邦治国的重要方面。它涉及朝廷军国大政各项制度和措施的推行及其在各级、各个领域的系列运作关系。本文通过有关探述，揭示北宋一代经邦治国过程中某些成败得失的问题。

一　中央主要职能机构及地方各级的行政设治

北宋在皇权高度集中下实行辖区统治。皇帝直接控制的中央政府，总掌一朝政务，同时也是全面行使辖区统治权的最高机构。

北宋前期，中央政府置中书门下、枢密院和三司（盐铁、度支、户部）为三大主要机构，分别掌管民政、军政和财政。以中书门下平章事为正宰相，参知政事为副宰相，主管民政。仁宗时（1023—1063 年），宰相以兼枢密使掌及军政。神宗元丰（1078—1085 年）改制后，中书门下撤销，职权分归门下、中书、尚书三省，与枢密院同为最高执政机构。以尚书左、右仆射各兼门下、中书侍郎为正宰相，以门下侍郎、中书侍郎、尚书左右丞为副宰相，权限由前期专掌民政到后期掌及民政、财政和部分军政。门下、中书和尚书三省分别主管政令的审议、定策和执行，形成三权分立、彼此相维相制的行政体制。三司撤销后，职权归尚书省。枢密院与三衙（殿前司、侍卫马军司、侍卫步军司）为中央军事机构。枢密院掌达军令，统辖三衙。三衙统掌禁军。

元丰改制后，尚书省职权加强。尚书省长官左、右仆射各兼门下、中书侍郎掌宰相职，同时成了门下、中书两省的实际长官。尚书省原挂置的六部二十四司不再以他官主判，而是直属于本省。三司同时归入。这样，尚书省成了掌达中央至地方各级民政和财政等政令的最高政务机构。行政各司及有关部门调整后置为尚书省六部，其机构职掌分别为：吏部：掌文武官员选试、拟注差遣、资任、叙迁、荫补、考课等（元丰改制前，以判吏部事主管京朝官叙服章、讣吊祠祭、拔萃举人及幕职州县官格式、阙簿、辞谢等，并兼管南曹、甲库事务）。以吏部尚书、侍郎为主管官，下有郎中、员外郎等官之置。以司封、司勋、考功三署隶之；户部：掌人户、土地、钱谷、贡赋、征役等（元丰改制前，以判户部事主管受各地土贡，财计归三司）。分左右曹治事。右曹掌户口版籍、税赋、军国财政预决算、土贡、征榷、户婚、田讼等。左曹掌常平、免役、保甲、义仓、赈济、农田水利、坊场河渡等。以户部尚书、侍郎为主管官。左右曹各置郎中、员外郎主本曹事。以度支、金部、仓部三署隶之；礼部：掌礼乐、祭祀、朝会、宴飨、学校、贡举等（元丰改制前，以判礼部事主管制科举人，奏补太庙与郊社斋郎、室长、掌坐，都省集议，百官谢贺章表，诸州申报祥瑞，出纳内外牌印，并兼贡院等）。以礼部尚书、侍郎为正、副主管官，下有郎中、员外郎等官之置。以祠部、主客、膳部三署隶之；兵部：掌车驾、仪仗、武举、厢军、民兵、弓手、土兵、蕃军、少数民族首领官封承袭、舆马、器械、地图等事（元丰改制前，以判兵部事主管仪仗、武举等）。以兵部尚书、侍郎为正、副主管官，下有郎中、员外郎等官之置。以职方、驾部、库部三署隶之；刑部：掌刑法、狱讼、奏谳、赦宥，叙复等（元丰改制前，以判刑部事主管复查大辟已决案件及官员叙复、昭雪等）。以刑部尚书、侍郎为正、副主管官，下有郎中、员外郎等官之置。以都官、比部、司门三署及审刑院隶之；工部：掌营建城郭宫室，修治道路、津桥、河渠以及舟车、器械、钱币制造等（元丰改制前工部无实际职掌）。以工部尚书、侍郎为正、副主管官，下有郎中、员外郎等官之置。以屯田、虞部、水部三署隶之。尚书省及其所属六部，主要负责全面执行朝廷各项政令，包括各级官员、军国财政、辖区内的民户、土地、赋税、水陆交通、各种事业、行业的管理、贯彻礼制、实施刑法以及负责部分军政等。朝廷对地方的统治与行政管理，大多通过尚书省及其六部（元丰改制以前主要为中书门下及其属下有关机构、三司以及挂置于尚书省的六部二十四司等）有关职能运作与地方行政各级通轨。

北宋实行路、州、县三级地方管辖制度。县以下为乡村（保甲）制，城市基层为厢坊（保甲）制。

路一级的设治。太祖时仿唐置道，整个辖区初划为15道，复改为10道。太宗时改道为路。至神宗元丰八年（1085年），由以前的18路增为23路，遂成定制。每路区域内包括若干州，既是监察辖区，又是行政区划。路一级先后置有转运使（漕司、漕台）、提点刑狱（提点刑狱公事、提刑、宪司）、提举常平官（仓司）等主管官（合称监司），又置有安抚使（师司）等军官。转运使：国初设随军转运使、水陆计度转运使，负责军需。太宗以后，转运使渐成一路之长官，掌经度、监督一路之财赋，监察各州吏治，并以官吏违法和民生疾苦情况上奏朝廷，以及掌督边防、查缉盗贼，与提刑审查各州刑事和民事案件，平反冤狱，巡视在押囚犯等。大致以两省五品以上官出任或兼管数路者称都转运使，需要时酌情置同转运使。下置主管文字、干办官等。提点刑狱：太宗时始置，后或废或置，视需要而定。掌管内之司法、刑狱，审问囚徒，复查有关案件文牍。凡拘禁案件拖延不决与窃盗逃窜而不能查获者，均上报朝廷，并监察管内各级官员。下置检法官、干办官等。提举常平官：神宗熙宁二年（1069年）置，掌管内常平、义仓、免役、市易、坊场、河渡、水利之法。视岁之丰歉而敛散，以备赈济。依法征收役钱，防止囤积，平抑物价以及按察违法官员等。安抚使（师司）：太宗咸平二年（999年）始置于西川与陕西路，后渐置为诸路负责军务治安的长官，以重要州、府长官兼任。帅臣系边任，如陕西、河东、广南等诸路者称经略安抚使，以直秘阁以上充任，总掌本路兵民之政。凡"统帅军旅，察治奸宄，肃清一道"，皆为所掌。负责听狱讼，颁禁令，定赏罚，稽钱谷、甲械出纳等，行之以法。"若事难专决，则具可否禀奏"朝廷。有关边防机速事务，"则听以便宜裁断"①。属下有干当公事、主管机宜文字等官之置。路一级还有其他主管官之置，如都部署（英宗以后称都总管）：掌军旅屯戍、攻防等事。都部署为北宋前期临时委任的军区统帅，称行营、驻泊或驻泊行营都署和副都部署。统兵较少、官位较低者为部署和副部署。真宗景德二年（1005年），都部署不再冠以"行营"二字，其设置也渐成定制，所辖军区多在一路以上。钤辖：同为军区统兵官，位于都部署、部置之下。官高资深出任都称都钤辖，所辖军区多在一路以上。又有路分钤辖，所辖以一路为单位。都监：同为军区统兵官，位于钤辖之下。官高资深者为都监，官低资浅者为监押。掌军队之屯戍、攻防、训练等。所辖军区多在一路或一路以上。路以都监所辖一路为单位。路一级设治比较复杂，各军、政主管官员的职权、地位的轻重、高低，甚至职事本身的置或罢，大多可能随朝廷的需要而变动。其中转运使的职权、地位在不同时期有所变化，但它属于长期设置。监司中其他主管官（提刑、仓司）职权削弱或罢去者，

---

① 《文献通考》卷61《职官15》。

转运使得兼其职。转运使事实上成为一路的行政长官，又通过重要的州、府长官兼帅臣（安抚使、钤辖、都监等）之职，实行行政与军事的合一治理。元丰改制后，地方多数路实行将的编制，禁兵渐专军事戍防之任，行政与军事分开管辖，帅臣安抚使、钤辖、都监等的职权渐削，地位下降，但也未被撤销。

　　州（府、军、监）一级的设治。太祖时革除藩镇自专刺史之弊，分命朝臣出知州事，号权知军州事，直接秉命于朝廷。其后文武臣参为知州军事，简称知州（府曰知府）。二品以上及带中书、枢密院、宣徽使职事出任者称判某州（或判某府）。知州（知府）初为临时委任，复后固定为本州（府）之长官。史载知州（府）的职掌为：掌总领本辖区内之政务。布行朝廷诏令，以礼教化导民善，以刑罚纠其奸慝。岁时劝课农桑，旌别孝悌。其户口、赋役、钱谷、狱讼听断之事，率举以法。凡兵民之政皆总之。所属各县长贰不能裁决的事，总而治之。本官不能裁决的事，上报所隶监司（路转路使、提刑、提举常平官）及申报尚书省及其有关部门。凡法令条制，知州（府）先理解其意义再往下颁行。所属有赦宥之事，则率官吏宣读而班告于治境。主持举行祀典。考察所属官员，对有德义才能者加以保任，对无能、懈怠或违法者予以举劾。遇水旱等灾患，按照朝廷法定实行赈济及安抚流亡无家可归者。凡本境各县祥瑞或百姓有孝义可称者，则依据事实上奏朝廷。凡重要州、府长官，得兼本路或本州帅臣（如安抚使、钤辖、都监等）职。州（或府）设通判为副长官，与知州（或知府）同掌州（或府）事。凡兵民、钱谷、户口、赋役、狱讼听断之事，可否裁决，知州（或知府）需与通判连署签押，方能生效。通判负责监督包括知州（或知府）在内的本州（或府）官员施政等情况，必要时直接上奏朝廷或加以举劾。下有幕职官和诸曹参军之置。幕职官有签书判官厅公事、节度掌书记、观察支使、推官、判官等。州（府）一般置推官、判官，军、监置判官，掌辅助州、府、军、监长官处理政务，分案治事，分掌簿书、案牍、文移、付受、催督等事。诸曹参军有录事、司户、司法、司理等曹参军之置。司录参军负责州院（监狱）的日常事务，监督各曹。司户参军负责本州（或府）的户籍、赋税及仓库出纳。司法参军负责检法议刑。司理参军（北宋初为司寇参军）负责狱讼审讯。帅臣钤辖、都监、监押也有只辖一州或一府者。州、府长官通过兼帅臣职，实行行政与军事的合一治理。元丰改制后，地方多数路实行将的编制，禁兵渐专军事戍防之任。兵制改革所及的路属各州，府，也渐向行政与军事分辖过渡。军、监之设治大致与州、府同。

县一级的设治。北宋县分赤、畿、望、紧、上、中、中下、下八等。赤、畿两等为四京府属县所定之等级，其他按户数多寡而定。设县令、知县为县之长官。宋初多为县令，后渐置知县。总掌治本县民政、劝课农桑、平决狱讼、宣布法令以及户口、赋役、钱谷、赈济、给纳等事。辖内遇水旱灾害，则安抚流亡使民无失业。有孝悌义举闻于乡闾者，则将其事实上报州、府，以表彰善事，激扬风俗正气。县有戍兵，则兼兵马都监或监押，总领县内兵政。设县丞为副长官，佐辅县令、知县。下有主簿、尉等属官之置。主簿负责本县出纳官物、销注簿书等事。尉分辖弓手，维持本县治安，戢奸禁暴等事。丞、主簿、尉等属官视一县之需要设置。或全置或不全置，空缺者互兼。在县管内人烟繁盛或险扼处还置有镇或关、寨等。镇设镇监官，掌管本镇巡逻、查缉窃盗、火禁及征收酒税等。关设关使或关管领，负责辨察奸细、禁物，验认公文券等关防事务。寨置寨官，以寨主或知寨王管，寨若置有城堡，则以知城主管，负责招收土军，教习武艺，以防盗贼、守边防。

县以下基层的设治。县以下乡村，宋初实行乡里制，置乡与里为基层管辖单位。乡设里正、户长及乡书手，负责督催赋税，参与推排户等及编造五等丁产簿（又称五等薄、五等版簿、人口产业簿、丁产等第簿）。太祖开宝七年（974 年），于乡里之间增设管为基层管辖区。管置户长和耆长。户长负责催纳赋税，耆长负责维持治安与词讼。神宗时，推行保甲法，实行乡兵组织与乡村基层组织结合管辖制度。乡村民户以 10 户为 1 保，5 保为 1 大保，10 大保为 1 都保，分别选派保长、大保长和都保正、都副保正负责管内缉盗和维持治安等事。每户两丁以上者，一丁选充保丁。农闲时，保丁按时集合，练习武事，有事听候调遣。每一大保夜间派人轮流巡警管内区域。如有盗情，击鼓告报，大保长立刻率同保人户救应。邻保闻知，递相击鼓，应接袭逐。追捕盗贼有功者行赏。凡同保内有重盗犯、杀人、谋杀、放火、强奸、略人、传播妖教、毒害牲畜等，知而不告发者，以伍保律论罪。对案犯所在之邻保或邻居人户，则以合坐罪或不觉察罪约束之。若本保内有外来人形迹可疑者，并须觉察，收捕解送官府。徽宗宣和三年（1121 年），改行保伍法，以 5 户为 1 保，5 保为 1 大保，5 大保为 1 都保。置长、副及职掌与保甲法同。自哲宗以后，保甲军训渐废，保甲制成为单纯的乡村基层组织。在城市，基层实行厢坊制管辖。北宋城市以厢为基层政区，始于建国初期①。一般分左、右厢，厢以下为坊。如真宗时期，东京开封府城内外置有左、右厢 9，每厢下置 1 至若干坊，多者至 26 坊。置厢使（后为勾当左右厢公事）等为主管官员，以京朝官或曾历通判者充任。凡民间斗讼、杖六十以下情节轻者许专决，对逃犯、拖欠赋税及婚姻纠纷等事，亦委以理断。下有厢典、书手、都所由、所由、街子、行官等吏役之置，分管所属事务。厢一级还置有巡检、左右军巡使、巡检员等，负责管内防盗、救火、上报案情等治安事务②。坊置坊正，其职相当乡村之户长，负责催收赋税等事③。神宗时期，城市基层同乡村一并推行保甲法。

北宋通过中央至地方各级的行政设治，对境内实行全面、系统、严密的管辖。同时，通过一系列专门制度和措施的推行，加强各级治政功能。归纳起来，主要有如下两个方面：

其一，对各级官员的高度集中和规范化管理。北宋皇帝一手控制各级官员的委任权。中央高级官员如宰相、枢密使、三司使、三省长官等的委任，虽然经过一定组织程序，但都要由皇帝一手选拔。一般中下级官员，由中央专职机关差遣委任，但也要经皇帝"引对"（即受差遣委任的官员，要经皇帝召见询问）。朝廷通过铨选、贡举取士和学校三舍等制度的推行和不断完善，保证各级官员的选拔、任用标准和来源④。

---

① 《续资治通鉴长编》卷 30，太宗端拱二年（989 年）十二月载："国初，有楼店务，太平兴国中改为左右厢店宅务。是岁，并为都店宅务，以所收钱供禁中脂泽之用，日百千。明年，复分两厢，寻又并之，仍号左右厢店宅务"。可证。

② 参见《文献通考》卷 63《职官 17》都厢；《宋会要辑稿》，兵 3，厢巡；《续资治通鉴长编》卷 211，神宗熙宁三年五月。

③ 《文献通考》卷 12—13《职役》。

④ 白钢主编：《中国政治制度史》，天津人民出版社、新西兰霍兰德出版有限公司 1991 年版，第 601—607 页。

朝廷还修订、推行一系列的行政法规。这些行政法规，其中一部分编入综合法规中，又修订了包容面很广的、自成完整体系的专门行政法规。如《中书省官制事目格》120卷，《尚书省官制事目格参照卷》67册，《门下省官制事目格》并《参照卷旧文净条釐析总目目录》72册，吕夷简《六曹敕令格式》1000卷，曾伉《新修尚书吏部式》3卷，丁谓《农田敕》5卷、《诸路州县敕令格式》并《一时指挥》13册，张诚一《熙宁五路义勇保甲敕》等。据《宋史》卷204《艺文志三》载入，北宋一代专门行政法规名目达百部以上。有的行政法规，如曾伉《新修尚书吏部式》和《元丰新修吏部敕令式》《吏部四选敕令格式》，吕惠卿《新史吏部式》《吏部条法》等至今还有残卷存世①。这类行政法规都是针对中央至地方各级、各部门而修订，涉及政治、军事、经济、文化、宗教、邻邦交聘等各个领域的管理。各类行政法规规定了各级机构、各部门官员的行动准则、施政原则和制度以及职官、官民之间的关系。朝廷通过行政法规的修订和颁行，对中央至地方各级、各部门及其官员加以规范化管理，以进一步提高整个行政系统的功能。

其二，以法治政与行政监察。北宋朝廷继承和发展前代法制，先后修订和颁行了包括律与敕、令、格、式在内的内容广泛、系统完整的法规。如太祖时的《刑统》（《重详定刑统》），是一部宋律大典。此后各任皇帝均颁行增修或新修订法规。如太宗至仁宗时，在《刑统》的基础上不断补充新的内容。神宗以后，敕、令、格、式与律并行，而以前者为主。如神宗《元丰敕令格式》、哲宗《元祐敕令格式》等。敕、令、格、式成为法规的主要形式。神宗曾强调："禁于已然之谓敕，禁于未然之谓令，设于此以待彼之谓格。使彼效之之谓式"②。凡刑名轻重、行政条法、奖惩标准、公文程式等，均有明确的规定，以保证系统严密的法制在各个社会层面扩大施行。大量行政法规的单独修订颁行及综合法规中增加许多经济和文化法规，表明北宋朝廷的法治着力于行政各级各部门和各个经济与文化领域。朝廷对触犯其统治根本利益等违法

---

① 白钢主编：《中国政治制度史》，第615页；《吏部条法》2卷（残），见吉石盦丛书，四集。

② 《宋史》卷199《刑法志一》。

活动或行为，均以重罪治之。如"犯十恶（谋反、谋大逆、谋叛、恶逆、不道、大不敬、不孝、不睦、不义、内乱）、劫杀、谋杀、故杀、斗杀、放火、强劫、正枉法赃、伪造符印、厌魅诅咒、造妖书妖言、传授妖术、合造毒药、禁军诸军逃亡为盗"等，都判以死刑①。又规定了犯罪不同的各种刑罚。刑法实际上扩大了重刑犯的界定范围。这些刑法规定，主要针对百姓，但对各级、各部门官员，在一般情况下也适用。朝廷对其统治内各地区实行区别法治。如神宗熙宁四年（1071年）修订颁行的《盗贼重法》，将实行重法地区从以前规定的开封府诸县，京东路各州县，京西、河北、淮南诸路部分州、县扩至河北、京西、淮南、福建等路所有州、县。"凡重法地分，劫盗五人以上，凶恶者"，"论以重法"。至哲宗绍圣（1094—1098年）后，凡重法地区，"有犯即坐，不计人数"②。重刑犯界定范围的扩大和重法地区的划定，表明朝廷根据其治政的需要加大了执法力度。中央至地方各级建立了执法机构。如中央有大理寺、刑部、御史台、审刑院等，路一级由转运使、提刑督理属州（府、军、监）执法，州（或府）一级有司录参军、司理参军、司理院、州（府）院、判官厅及推官厅等，县一级由知县或县令兼掌。根据各个时期的法制，形成了一套自上而下的执法程序。北宋中央至地方各级、各部门实行系统的行政监察制度，中央设御史台和谏院，合称"台谏"监察系统。台谏官负责审理案件，参决朝政，监督中央各机关、各部门及文武官员的违制违法行为并进行揭发、弹劾或抵制。神宗元丰三年（1080年），朝廷实行察事与言事分开，御史台专掌察事，分设吏、户、礼、兵、刑、工六案，对中央尚书省六部及有关机关实行对口行政监察，同时负责对路一级监司（转运使、提刑、提举常平官）、帅司（安抚使）等主管官员的行政监察和政绩考核。谏院专掌言事，凡朝政及中央各机关、各部门官员的违失以及任官不当等事，均予谏正。中央还有以门下省给事中和中书省中书舍人等组成的封驳监察系统。北宋前期，枢密院银台司，置知制诰和直舍人院起草诏令兼管门下封驳事。元丰改制后，门下省给事中和中书省中书舍人各正其职。给

---

① 《宋史》卷199《刑法志一》。

② 同上。

事中负责驳斥朝廷政令失误、官员除授不当等事，并论奏而驳正之。中书舍人负责起草诏令，如事有失误及官员除授不当者，则论奏封还词头。给事中与中书舍人实行独立举驳，彼此互察。路一级监司长官（转运使、提点刑狱、提举常平官）为朝廷"寄四方耳目"①，专掌监察之任。凡本路及其所属州、县财赋、司法、民事、吏治、治安等政，均属监司长官监察之责任范围之内。大中祥符二年（1009年），真宗重申监司为中央监察地方各级政情的要害环节，诏治监司失察之罪，强调朝廷"委郡（州）县于守令，总守令于监司，而又察监司于近臣"，对地方州、县失察误政，要追究监司长官责任，"严连坐之"②。仁宗庆历三年（1043年），诏诸路转运使"并兼按察使"，受权全面监察本路所属州县③。转运使每年必须将本部及所属州、县治政情况上奏朝廷。哲宗元祐元年（1086年），诏诸路监司定期出巡监察，必须"每两年巡遍"所属州、县④。帅司长官（安抚使）对本路所属州、县之政也负有一定的监察职能。路一级各主管官员实行互察法，同时接受御史台和走马承受公事（皇帝派往监督各路军事、司法、吏治等的耳目官）的监督。州（府）通判既是一州的副长官，也是负责监督一州之政的监察官员。包括知州在内的本州（府）官员，如有失职、怠政、违法等事，通判有权弹劾乃至直接上奏朝廷。此外，皇帝还遣使巡察各地，历世不辍。如雍熙二年（985年）四月，太宗"遣使行江南诸州，振饥民及察官吏能否"⑤。咸平四年（1001年）八月，真宗"遣使巴蜀，廉察风俗、官吏能否"⑥。明道元年（1032年）五月，仁宗"遣使点检河北城池器甲，密访官吏能否"⑦。熙宗八年（1075年）正月，神宗"诏出使廷臣，所至采吏治能否以闻"⑧。绍圣三年（1096年）二月，哲宗"遣郎官、御

---

① 《宋会要辑稿》职官45，监司。
② 《宋会要辑稿》职官42，转运使。
③ 《文献通考》卷61职官15，转运使。
④ 《宋会要辑稿》职官45，监司。
⑤ 《宋史》卷5《太宗纪二》。
⑥ 《宋史》卷6《真宗纪二》。
⑦ 《宋史》卷10《仁宗纪二》。
⑧ 《宋史》卷15《神宗纪二》。

史按察监司职事"①。北宋一代这类例子载于史籍屡见不鲜。有时，皇帝还亲自带着官员巡察地方政情、民情，直接了解和解决地方各级出现的问题，如对违制违法官员的处理，平决冤狱滞狱，救恤灾区百姓等采取及时的对策、措施，减少了某些中间环节，起到了一般监察程序不能起到的作用。

朝廷通过各级行政设治、立法与司法、监察等系列运作，不断理顺中央至地方的行政关系，规范各级行政管理，强化各级治政职能。反映了北宋加强中央集权及行使境内管辖的一个总体层面。

二　辖区的军事戍防

北宋皇帝直接掌握最高军权，中央最高军事指挥系统形成了由皇帝一手控制的枢密院——三衙体制。枢密院：掌军国机务、兵防、兵备、军马等政令，出纳机密命令，与中书门下（元丰改制后为三省）分掌军政大权，统辖三衙。凡侍卫诸班直、内外禁兵之招募、阅试、迁补、屯戍、赏罚等，皆掌之。北宋初，置枢密使或知枢密院事为长官，枢密副使或同知枢密院事为副长官（神宗熙宁元年，1068年，使、副使和知院事、同知院事并置）。元丰五年（1082年），定置知院事和同知院事，使和副使置。下有枢密都承旨、副都承旨等官之置。三衙：即殿前都指挥使司（殿前司、殿司）、侍卫亲军马军都指挥使司（侍卫马军司、马司）和侍卫亲军步军都指挥使司（侍卫步军司、步司）。殿前司掌禁兵诸班直及步骑诸指挥之名籍。执行统制、训练、番卫、戍守、迁补、赏罚等政令。置殿前都指挥使、副使、都虞候为正、副统兵官。其下骑军有指挥使，步军有御龙直等下一级统兵官。侍卫马军司、侍卫步军司分别掌管禁兵马军和步军，各置都指挥使、副使、都虞候为正、副统兵官。侍卫马军司自龙卫以下、侍卫步军司自神卫以下各有左、右厢都指挥使、副使等下一级统兵官之置。三衙掌统禁军，也掌及厢军。三衙将帅宋初有率兵征战者，及后专掌军事训练，率兵征战另遣将帅。

军队的编制分为禁兵（禁军）、厢兵（厢军）、乡兵和蕃兵。禁兵

_____

① 《宋史》卷18《哲宗二》。

是朝廷的正规军，也是整个军队的主力。禁兵各有番号（如捧日、天武、龙卫、神卫等），分别隶属于三衙。禁兵分厢、军、指挥（营）、都四级编制。大致规定：1 厢辖 10 军，1 军辖 5—10 指挥，1 指挥辖 5 都，1 都 100 人。每厢满编为两万人。实际也有不足四级者，每厢兵员也普遍不满编。禁兵的屯驻、更戍和出战，一般以指挥为单位。各级统兵官：厢为厢都指挥使；军为军都指挥使和军都虞候；指挥为指挥使和副指挥使；都之马兵为军使和副兵马使，步兵为都头和副都头。禁兵的卫戍分工：殿前司诸班直，负责皇帝近卫。御前忠佐军头司、皇城司、骐骥院，负责拱卫宫阙。其余禁兵，负责守卫京师，并备征戍。禁兵除殿前司捧日、天武外，侍卫马军司龙卫、步军司神卫以下，平时轮流到地方出戍，限期回驻京师。后来增设的就粮禁兵，则作为地方军常驻各地。神宗时，禁兵实行将兵法。开封府各县及地方各路多数禁兵改前四级编制，以不同番号的禁兵指挥混合编组为将的编制。将以下设部，部下设队，1 队约 50 人，1 将兵力约各几千人至万余人不等。其番以路分为名，以次编立。如河北第 1 将。京西第 3 将等。凡实行将编制的禁军，屯驻、更戍和出战等，均以将为单位。将的统兵官为正将和副将，部为部将，队的头领为拥队、押队等。禁兵凡实行将编制者称系将禁兵。不实行将编制，如驻防京师（开封府界属县以外）者称在京禁兵，地方各路如四川、东南等地者称不系将禁兵。北宋后期，实际上是将兵制与前期制度同时并行。厢兵一般非战斗部队，不加军事训练，仅供劳役，分驻各州、府，但水军多负有守防任务。乡兵即地方民兵，从壮丁选择组成，农闲时定期教阅。有的乡兵采用禁兵指挥、都等编制。神宗时或用保甲法组织，几种编制参用。沿边地区有的乡兵负担一定战斗任务。蕃兵主要是北宋中晚期，对西夏战争中，将以羌族为主的少数民族内附者组成的军队。按部族为单位封其首领，统率本部壮丁。按各部族兵员多少，实行指挥与都编制，练习战事，负担守边任务。神宗后，蕃兵改编成将。蕃官上下均隶属汉官[1]。这是以中央禁兵制度运作为主形成的，从京师向地方各路伸延的

① 《文献通考》卷 152—153，《兵 4》至《兵 5》；《宋史》卷 187—192，《兵志一》至《兵志六》；参见王曾瑜《宋朝兵制初探》，中华书局 1983 年版，第 9—126 页。

军事戍防体系。

地方各级设军事机构广为戍防。路一级分为行政区路和军区路两种。凡行政区路设置的军事守防机构，至真宗景德二年（1005 年），诸路设都部署（英宗后改为都总管）和副都部署、部署和副部署为统兵官，渐成定制。以统兵较少、官位较低者为部署、副部署。又置有经略安抚使及副使、安抚使及副使、安抚大使（官位高者），都钤辖及副都钤辖、钤辖及副钤辖、路分钤辖、都监、路分都监等统兵官。各安抚使掌本路军事，也掌民政。都部署（都总管）、都钤辖、都监掌一路或一路以上军事。部署、路分钤辖、路分都监掌一路军事。也有不及一路者。以军区路为单位设置的军事守防机构，主要在北宋辖区的近边地区。如仁宗庆历八年（1048 年），分河北为大名府、高阳关、真定府、定州 4 路，实为 4 个军区。又至神宗熙宁六年（1073 年），陕西由原置秦凤、泾原、环庆、鄜延 4 路，增置永兴、熙河 2 路，合为 6 路，实为 6 个军区。各军区路每路以经略安抚使领之。州（府）一级按需要置州（府）钤辖、州（府）都监、监押。都监、监押还有置于县一级及镇、城、关、寨、堡等下一级政区或守防单位。路一级统兵官以本路最重要的州（府）长官兼，州（府）以本州（府）长官兼。北宋置于地方各级及要害地带的巡检，掌统辖区内的禁军、土兵，维持治安或巡戍边防等事。所辖区域或一州至数州以上，或仅数县；也有一镇、一市、一寨或道路、沿江等险要处也置巡检。按其官位高低、辖区或执行任务分设各种名称。如都巡检使、都大巡检使、都巡检、都同巡检、巡检使、同巡检使、同巡检、刀鱼船战棹巡检、江河淮海捉贼巡检、巡马递铺巡检、巡捉私茶盐巡检等。此外，县一级的县令、知县统管本县军事。其县尉，掌管弓手，维持本县治安，所辖包括县城、各要害地带及所属各乡村。这是以各级政区为层次、军事与行政结合运作为主，同时兼设重点军区形成的伸延面更广的地方军事戍防体系。

北宋的兵种，除了步军、骑军外，还有水军。水军分为禁兵水军和厢兵水军两种。禁兵水军有殿前步军司和侍卫步军司隶下虎翼水军各 1 指挥，侍卫步军司隶下的神卫水军（神宗熙宁二年废）1 指挥，负责开封地区的守防。在重点水军基地登州（属京东东路，今山东蓬莱），仁

宗庆历二年（1042 年）置澄海水军 2 指挥①，神宗熙宁（1068—1085
年）后，增置由军升为禁军的平海水军 2 指挥②，负责山东半岛沿海地
区的守防。厢军中水军比禁军水军数量多，有澄海、巡海、忠敢、奉化
等番号，也有以地方作水军名号者。大部分屯驻于京东路的登州、河东
路的潞州和保德军、陕西路的秦州和陕州以及淮南、江南、两浙荆湖、
福建、广南诸路的沿江、湖、海各州、军地区。水军配备战舰或船只练
习水战由各地巡检主之，负责所在州、军的沿江，湖、海地区的治安及
守防③。

北宋军队规模庞大。如太宗至道（995—997 年）间，共有军队
66.6 万人，其中禁兵马步军 35.8 万人，比太祖时增加近一倍。至真宗
天禧（1017—1021 年）间，军队增至 91.2 万人，其中禁军马步军 43.2
万人。至仁宗庆历（1041—1048 年）间，军队增至 125.9 万人，其中
禁兵马步军 82.6 万人④。后期军队规模明显缩小，但神宗（1068—
1085 年）至哲宗（1086—1100 年）时期，军队总数仍保持在八九十万
之间，禁兵马步军保持在五六十万之间⑤。

北宋禁兵实行屯驻和更戍制，反映了朝廷正规军主力部队在京师至
地方各路的布防情况。如仁宗时期（1023—1063 年），开封府：京城马
军 162 指挥、步军 314 指挥，府界 10 县马军 61 指挥、步军 147 指挥；
本府布防共有马军 223 指挥、步军 461 指挥，合计马步军 684 指挥。京
东路：应天府马军 1 指挥、步军 45 指挥，青、密、齐、沂、登、莱、
潍、淄、兖、曹、郓、济、单、濮、淮阳、广济等 16 州，军共有步军
94 指挥；本路共布防马军 1 指挥、步军 139 指挥，合计马步军 140 指
挥。京西路：河南府马军 11 指挥、步军 22 指挥，襄、邓、随、许、
郑、滑、孟、蔡、陈、颍、汝、信阳等 12 州，军共有马军 17 指挥、步
军 115 指挥；本路共布防马军 28 指挥、步军 137 指挥，合计马步军 165

---

①　《续资治通鉴长编》卷 138，仁宗庆历二年十月。

②　《宋史》卷 188《兵志二》；又《东坡七集·东坡奏议》卷 2，登州召还议水军状。

③　《宋史》卷 189《兵志三》；参见王曾瑜《宋朝兵制初探》，中华书局 1983 年版，第
169—170 页。

④　《文献通考》卷 153《兵 5》。

⑤　参见王曾瑜《宋朝兵制初探》，第 90—92 页。

指挥。河北路：大名府马军 9 指挥、步军 5 指挥，真定府马军 6 指挥、步军 7 指挥，澶、沧、冀、瀛、博、棣、莫、雄、霸、德、滨、恩、相、定、邢、怀、卫、洺、深、磁、祁、赵、保、永静、乾宁、信安、保定、北平、通利、安肃、永宁、广信、顺安等 23 州，布防马军 124 指挥、步军 103 指挥；本路共布防马军 139 指挥、步军 115 指挥，合计马步军 254 指挥。河东路：太原府马军 12 指挥、步军 24 指挥，潞、晋、绛、泽、代、忻、汾、辽、宪、岚、石、隰、慈、麟、府、威胜、平定、岢岚、宁化、火山等 20 州，布防马军 37 指挥、步军 87 指挥；本路共布防马军 49 指挥、步军 111 指挥，合计马步军 160 指挥。陕西路：河中府步军 12 指挥，凤翔府马军 2 指挥、步军 8 指挥，解、陕、商、虢、同、华、耀、延、丹、鄜、坊、庆、环、邠、宁、乾、秦、陇、成、凤、阶、渭、泾、原、仪、永兴、保安、庆成、德顺、镇戎等 30 州，布防马军 91 指挥、步军 213 指挥；本路共布防马军 93 指挥、步军 233 指挥，合计马步军 326 指挥①。淮南路：杨、亳、宿、楚、海、泰、泗、滁、真、通、寿、庐、蕲、和、舒、濠、光、黄、高邮、涟水、无为等 21 州，军共布防步军 58 指挥。江南路：江宁府步军 5 指挥，宣、歙、池、饶、信、太平、洪、虔、吉、袁、抚、筠、南康、广德、兴国、南安、临江、建昌等 18 州，布防步军 26 指挥；本路合计布防步军 31 指挥。荆湖路：荆南府步军 13 指挥，鄂、安、复、鼎、澧、峡、岳、归、辰、潭、衡、道、永、郴、邵、全、荆门、汉阳、桂阳等 19 州，布防步军 48 指挥；本路合计布防步军 61 指挥。两浙路：杭、越、苏、润、湖、婺、明、常、温、处、衢、秀等 12 州，共布防步军 18 指挥。福建路：福、建、泉、南剑、漳、汀、邵武、兴化等 8 州，军共布防步军 10 指挥。广南路：广、佳、邕、容等 4 州，布防马军 3 指挥（置于广、桂、邕 3 州 1 指挥）、步军 5 指挥（邕州无步军）；本路合计马步军 8 指挥。西川四路：成都府及嘉、稚、梓、遂、戎、泸 6 州共布防步军 9 指挥。以上仁宗时期通过驻屯和更戍的禁兵总共 1924 指挥，以定制每 1 指挥 500 人计，总兵力为 96.2 万人。其中布防于京

---

① 据王曾瑜《宋朝兵制初探》第 32—54 页所考，其中陕西路保安军布防 3 指挥重复计入，故本路合计 329 指挥，实有 326 指挥。

师（684 指挥）、京东路（140 指挥）、京西路（165 指挥）、河北路
（254 指挥）、河东路（160 指挥）、陕西路（326 指挥）地区合计 1629
指挥，其余 295 指挥布防于南方淮南、江南、荆湖、两浙、福建、广
南、西川四路等各地区。马军绝大多数布防于京师及北方五路地区。可
见，北方诸路以其京师重地及与辽、西夏近邻之战略地位属于军队布防
之重点地区，布防约占全部禁军、即主力正规部队 80% 以上。驻屯和
更戍的禁兵，京师与地方部队定期轮换。一旦需要，得奉诏令调到指定
地点执行攻防任务。仁宗时期辖区的军事布防，大体上反映了北宋时期
的战略取向。

　　神宗时期改革兵制，开封府属各县及地方各路大部分地区禁兵实行
将的编制。凡将编制的禁兵，废四级编制，以将为单位。同时改更戍法
为相对固定的守防。将统率各地禁兵，"各专军政，州县不得关预"①。
神宗至哲宗时期，系将禁兵的布防，扩至开封府属县 11 将，京东路 9
将，京西路 6 将，河北路 37 将，河东路 12 将，陕西鄜延路（军区路）
9 将，环庆路（军区路）8 将，泾原路（军区路）13 将，秦凤路 9 将，
熙河路 10 将。此外，元丰四年（1081 年），置东南诸路禁军 13 将，即
淮南东路、淮南西路、两浙东路、两浙西路、江南东路、江南西路、荆
湖北路各 1 将，荆湖南路、潭州 1 将，全、邵、永州 1 将（准备广西应
援军），福建路、广南东路各 1 将，广南西路、桂州 1 将，邕州 1 将。
加上陕西诸路以禁兵、蕃兵混合编将，屯、泊、就粮上下番正兵、弓箭
手、蕃兵混合编将，并熙河路单独以蕃兵编将等，开封府界至地方各路
布防"至少设有 143 将"②。京城及西川诸路禁兵原制不变，各路也存
在不系将禁兵的守防，保持旧制不变。但在系将禁兵的辖区内，禁兵地
位益重，非系将禁兵地位渐轻。整个禁兵系统的布防，仍然保持北重南
轻的格局不变。但以路为军事戍防区进一步定型化，这一沿革反映了后
期主力正规军布防的一个发展趋势。

---

① 《续资治通鉴长编》卷 262，神宗熙宁八年四月。
② 引自并详参王曾瑜《宋朝兵制初探》，第 95—106 页。

三　北宋辖区设治与戍防的职能作用

（一）辖区设治方面

北宋中央至地方行政设治与军事戍防的系列运作，取得了经邦治国的相应效果，由中央直接控制的路、州（府、军、监）两级和州（府、军、监）所辖的县一级行政机构，均拥有一批致力于治政并具有一定政绩的主管官员。路一级：如太宗至真宗时期，广南西路转运使陈尧叟，经度本路赋税、漕运有方。又致力于管内生产事业，因地制宜，发展传统水田作业，"广植苎蔴"，鼓励手工纺织和近海盐业生产。开展"植树凿井"，改变环境，也解除当地百姓饮食缺水之苦。在百姓中破除鬼神迷信，提倡有病服药等。其治事不乏建树，政绩"有足称者"①。仁宗时，李复圭历湖北、两浙、淮南、河东、陕西、成都六路转运使。其在两浙转运使任上，推行扶农措施，使因差役过重破产的民户"悉罢遣归农"。抑制豪强，使被侵夺的近海蛤沙地归还养蛤户，并"奏蠲其税"，减轻民户负担，恢复养蛤业生产。"临事敏决，称健吏"②。又如曾任成都府路转运使的许仲宣和明镐，陕西路转运使任中正、梅挚和曹颖叔，梓州路转运使任布和杨日严，河北路转运使索湘和吕公弼，都转运使胡则，京东路转运使张锡，京西路转运副使杨告，荆湖北路转运使、后为河北路都转运使李士衡，荆湖北路转运使田瑜，夔州路转运使周湛，利州路转运使陈贯，两浙路转运使徐奭，江南东路转运副使范正辞等，都是在任上有过程度不同的治绩者③。州一级：如真宗至仁宗时，夏竦历黄、邓、襄、寿、洪、颍、泾等多任知州，在任内致力于赈济饥民，扶持农业生产。立保伍法，"至盗不敢发"。禁止"巫觋惑

---

① 《宋史》卷284《陈尧佐传》附陈尧叟，并卷末史论。
② 《宋史》卷291《李若谷传》附李复圭。
③ 《宋史》卷270—304，本传。

民"，破除尚鬼风俗等。史称夏竦"为郡有治绩"①。仁宗时，冯行己知宪州，政绩突出，"因治状增秩"。后历石、保、霸、冀、莫五州知州，"所至有能称"②。郑戬在知开封府任上，严于执法，缉治"姦利"，假贷下民，"即豪宗大姓，绳治益急，政有能迹"③。太宗时，陈恕通判澧州，整顿州政，革除"簿书乾没为姦"之弊，"郡中称为强明，以吏干闻"④。县一级：真宗时，郎简为福清县令，致力于修治县内石塘陂，清除"湮塞"。浚筑塘底堤岸，"溉废田百余顷"。县民纪念其善政"为立生祠"⑤。仁宗时，吴育知襄城县，严劾官员借故摊派，尽力减轻县民负担。采取措施保护农业生产，禁止宦官过境"纵鹰大暴民田"，凡入县境者，"辄相戒约，无敢纵者"⑥。司马旦知祁县时，采取措施抗旱灾，恤饥民，防缉盗扰。其所辖县内，"饥者获济，盗患亦弭"⑦。神宗初，宜城县令朱纥致力于修治水渠。"溉田六千顷，诏迁一官"⑧。仅《宋史》人物传等所载，北宋时期地方路、州，县各级主管官员，在任内有政绩者屡见不鲜。中央至地方各级行政职能综合运作所取得的成效，维护了朝廷的统治，促进了朝廷对整个辖区及所属各个领域的综合治理，同时提供了长达156年的相对稳定的发展环境。如历经唐末五代战乱，太宗至道二年（997年），全宋仅有4132576户，按每户五口计，当时人口仅两千多万人。至真宗天禧五年（1021年），增加到8677677户。至仁宗嘉祐八年（1063年），增加到12462317户。至徽宗大观四年（1110年），增加到20882258户，其时人口约达1亿。农业生产高度发展。如垦田面积，太宗至道二年（996年）约312525125亩。至真宗天禧五年（1021年）增加到524758432亩。根据史家推估，北宋一

①　《宋史》卷283《夏竦传》。

②　《宋史》卷285《冯拯传》附冯行己。

③　《宋史》卷292《郑戬传》。

④　《宋史》卷267《陈恕传》。

⑤　《宋史》卷299《郎简传》。

⑥　《宋史》卷291《吴育传》。

⑦　《宋史》卷298《司马池传》附司马旦。

⑧　《宋史》卷173《食货志上一》。

代垦田面积实际"可达 7 亿至 7.5 亿亩，超过了汉唐的垦田数"①。农田水利事业和农业生产技术的发展，使北宋一代总的粮产量"居于当时世界上远远领先的地位"②。手工业的发展达到新的水平，银、铜、铅、锡、铁等矿产量在当时世界上"首屈一指"③。造船、纺织、造纸、制瓷、制盐等事业，也获得了显著的进展。商业、城市经济及海外贸易兴旺发达，盛况空前。科学技术的成就举世瞩目。胶泥活字印刷术、水罗盘等指南仪器及火药武器的制造和应用，号称当时世界上的三大发明，天文、数学、医药、农艺、建筑等各个领域的成就，不仅超过前代，而且在当时的世界上处于领先地位④。这些业绩的取得，有其多方面原因。但其中有两个方面不容忽视：一是北宋朝廷对其境内的有效管辖，同时采取了发展经济和文化等积极措施所发挥的主导作用；二是各族人民在相对稳定的社会环境下，在前代积累的基础上施展聪明才智，通过辛勤劳动、艰苦创业所发挥的主力作用。北宋行政管辖推行的一系制度和措施，对辽、西夏等朝邦也产生了深远影响。

但是，北宋作为一个封建王朝，它的行政、司法、监察等职能，一无例外地以维护朝廷统治利益为准绳，因而无法从根本上克服吏治腐败及社会矛盾剧化等问题。如北宋对官员和下层民众犯法同罪不同刑。真宗时，官员贪赃枉法，犯死罪者一般可免死刑⑤。神宗熙宁二年（1069年）后，命官犯法，可免决仗、黥面之罪⑥。熙宁七年（1074 年），遵诏对品官罪犯，按察官只管将案情上报神宗皇帝，不得"擅捕系、罢其职俸"⑦。至徽宗时期，"在官犯罪，去官勿论"或"去官免罪"⑧。大批官员因此贪赃枉法而不受严惩，有恃无恐。至仁宗时，吏治败坏已酿成严重的社会问题，因而推行了包括改革吏治在内的庆历新政及神宗时

① 《辽宋西夏金史》，载《中国大百科全书·中国历史》，中国大百科全书出版社 1988 年版，第 81 页。

② 白钢主编：《中国政治制度史》，第 555 页。

③ 《辽宋西夏金史》，第 86 页。

④ 同上书，第 93 页。

⑤ 《文献通考》卷 166《刑 5》。

⑥ 《文献通考》卷 167《刑 6》。

⑦ 同上。

⑧ 同上。

期的王安石变法等。但这些措施只能对某些方面包括一些弊政有所改进、做些修补而已，不可能从根本上解决问题。许多不法官员，仍然巧取豪夺，坑害百姓利益。如仁宗以后，地方"势官富姓，占田无限，兼并冒伪，习以成俗，重禁莫能止"①。官吏借征税谋私利，广大民户，大被其害②。至北宋晚期，徽宗与宠臣蔡京、童贯、王黼、杨戬、朱勔等，互相结托，大肆搜刮民财，穷奢极侈，恣意挥霍。蔡京、童贯、王黼、杨戬、朱勔等更公开卖官鬻爵，官位各有定价。如"三千索，直秘阁；五百贯，擢通判"③。上行下效，地方各级官员，"在外监司、牧守，亦皆贪鄙成风"④。境内百姓及坚持正义人士，斥责朝野权奸，尽"弃纪纲法度"，"犹以不正典刑为恨"⑤。社会经济遭到破坏，广大民众被迫反抗斗争，史不绝书。可见，北宋弊政造成的负面影响不容忽视。

（二）军事戍防方面

北宋拥有规模庞大的军队，是维护朝廷统治的武力支柱，对内稳定统治秩序，对外备御邻邦犯境。朝廷对其辖区内一切威胁或不利统治的"变乱"和活动，主要使用武力平定，或以武力配合行政解决。对直接威胁朝廷统治的民众造反，立即动兵进讨，毫不手软。如太宗淳化四年至五年（993—994年），西川招安使王继恩、都监上官正奉命会同成都监军宿翰等率兵围攻王小波、李顺领导的西川地区起义军（王小波战死后由李顺领导），"合势进讨，皆平之"⑥。真宗景德元年（1004年），永兴军部署、同提点总诸州巡检捕盗事许均率兵击败王长寿起义军于胙城（隶京西路滑州），长寿被俘，所获义军被斩"皆尽"⑦。徽宗政和二

---

① 《宋史》卷173《食货志上一》。
② 《宋史》卷174《食货志上二》。
③ （宋）朱弁：《曲洧旧闻》卷10，《四库全书·子部杂家类》。
④ （宋）方勺：《青溪寇轨》，《说郛》（宛委山堂）引三十九。
⑤ 《宋史》卷472《蔡京传》。
⑥ 杨仲良：《续资治通鉴长编纪事本末》卷13，《李顺之变》。
⑦ 《宋史》卷279《许均传》。

年至三年（1112—1113 年），方腊在睦州（属两浙路）聚众起义反宋。宋廷以童贯、谭稹为江、浙、淮南等路宣抚率领河东、陕西禁军 15 万南下讨伐，击败起义军，方腊被俘斩，余部"以次平荡"①。此外，如仁宗庆历三年（1043 年）陕西张海、郭邈山起义反宋②，庆历元年至皇祐五年（1041—1053 年）侬智高据广源州（属广南西路邕州管辖，今属越南高平省）反宋③，徽宗宣和元年至三年（1119—1121 年）河北至山东一带宋江起义反宋等④，都是在宋廷重兵讨伐下最后失败。宋廷对不同规模的民众造反活动诉诸武力镇压，屡见于史载。宋廷对兵叛、兵变类活动，立即加以讨平。规模较大者如太祖建隆元年（960 年）兼中书令李筠起兵反宋，淮南节度使李重进在扬州举兵反宋⑤。规模次之如真宗景德四年（1007 年）广西西宜州澄海军校陈进发动变兵（后发展为民众起义），仁宗庆历三年（1043 年）沂州（属京东东路）虎翼军卒王伦策动兵变，庆历七年（1047 年）贝州宣毅军小校王则与州校张峦、卜吉合谋发动兵变（实为以兵变为先导的民众起义）等⑥。宋廷对这类"叛变"，或发重兵讨伐，或以中央与地方将领率兵合击，一般在一年左右时间即被平定。北宋通过军队或各级军事、行政结合，巡防缉捕层出不穷的盗贼、盗劫活动及有关人犯，发挥着维持社会治安的重要作用⑦。但北宋当局以维护其统治的最高利益为准绳，将盗贼、盗劫一类的非法活动与民众造反的正义行动混为一谈，实际上两者本质不同。另外，北宋军队加强对河北、河东、陕西各路近边地区的军事戍防，有效地遏止了辽、西夏、吐蕃势力的南进东渐。如上所述，首先北宋把整个禁兵主力正规部队的 80% 以上布防于京师及京东、京西、河北、河东、陕西诸路，其主要目的在于捍卫京师和备御辽、西夏、吐蕃

---

① 《宋史》卷 468《童贯传》附方腊；《宋会要辑稿》兵 10。

② 《续资治通鉴长编》卷 142—145，仁宗庆历三年八月至十二月。

③ 《宋会要辑稿》兵 10。

④ 张守：《毗陵集》卷 13，蒋公（圆）墓志铭；范圭撰：《宋武功大夫第二将折公（可存）墓志铭》，《北京大学学报》1978 年第 2 期。

⑤ 《宋会要辑稿》兵 7。

⑥ 《宋会要辑稿》兵 10。

⑦ 《宋会要辑稿》兵 11—12。

的入侵。其次，在河北、京东、河东、陕西诸路沿边或近边一带沿置或新置大批寨（砦）、堡、铺、关以及城、镇等军事守防据点。每州（府、军）境内少则几处，多则十几处，也有至二十多处者。在河北北部还利用江河、湖泊、塘、泺等水系作为战备防御设施。在与辽东京道隔海相望的京东东路登州，建立了北宋境内最大的水军基地，从而形成了自东至西长达二三千里的重点军事防务体系①。这一防务体系对辽、西夏和吐蕃的防御作用举足轻重。

北宋与辽签订澶渊盟约后，双方开创了具有历史意义的和平局面，奠定发展南北友好往来的基础，但并不等于从此可以高枕无忧。盟约签订之后，北宋与辽不时有边界方面的纠葛（当然大都通过谈判达到解决）。宋仁宗在位时期（1023—1063 年），大部分时间正值辽兴宗（1031—1055 年）之世。其时，辽朝一些臣僚对新即位的兴宗帝不时谏称什么"国家大敌，惟在南方（北宋）。今虽连和，难保他日"，"不可不虑"等论调②。辽兴宗即位后，第四年（北宋景祐元年，辽重熙三年），北宋边境传入辽"聚兵幽、涿间，河北皆警"的消息，宋臣也向仁宗进策，"料契丹必渝盟"③。边界双方处于戒备状态时而趋向表面化。庆历二年（辽重熙十一年，1042 年），辽兴宗以宋屯兵河北，修葺近边城寨为由向北宋下挑战书，声言夺回关南 10 县地。最后，双方议和，宋向辽每年增输"绢二十万匹、银一十万两"，避免了一场新的武力较量④。事实上，在和议过程中，辽兴宗就承认两军开战，辽军"不能"取胜⑤。北宋以增输绢、银达成和议，但起实质作用的却是展示在临近辽境的军事实力。

北宋与西夏军较量的轩轾胜负，大体上以神宗（1068—1085 年）前后划分。神宗以前一段可上溯到 11 世纪初期宋真宗咸平年间。咸平五年（1002 年），夏王李继迁兵取灵州，北宋守军被歼。知州裴济死

---

① 参见《武经总要·前集》卷 16—19；《宋史》卷 85—87；《地理志一》至《地理志三》卷 95，《河渠志五》。

② 《辽史》卷 103《萧韩家奴传》。

③ 《续资治通鉴长编》卷 115，仁宗景祐元年十二月。

④ 《续资治通鉴长编》卷 137，仁宗庆历二年九月。

⑤ 《续资治通鉴长编》卷 137，仁宗庆历二年九月，癸亥条宋使富弼与辽兴宗对话。

难。宋真宗景德元年至仁宗景祐三年（1004—1036 年），西夏多次出兵，击败了与北宋结好的吐蕃潘罗支所属六谷部及甘州回鹘等，攻取了凉州及肃、瓜、沙等州，并进据兰州，役属了河西蕃部及回鹘各部，向西扩大辖区，北宋失去了对河西地区的控制。仁宗康定元年至庆历二年（1040—1042 年），西夏兵向北宋陕西地区发动全面进攻，在延州三川口、渭州好水川、镇戎军定川寨三大战役中，宋军遭到重创而惨败，西夏势力扩至横山及天都山以南等地区。而北宋守军在麟、府州击败了来犯的西夏兵，夺回了被西夏兵占领的丰州。其间宋、夏议和，但经 20年后双方重开战端。英宗治平四年（1067 年），宋军击败了夏兵的再次进攻，并一举占领了西夏的绥州。神宗熙宁五年至六年（1072—1073年），北宋实行熙河开边战略，"招抚大小蕃族三十余万帐"①，向西拓展熙、河、洮、岷、叠、宕等州，使西夏右翼处于被动和受压制地位。元丰四年（1081 年），北宋出动熙河、泾原、环庆、鄜延、河东五路大军向西夏发动全面进攻。由于西夏兵的全力抗击，北宋军事指挥系统的失误，深入夏境的宋军各路大都半途溃还，进抵灵州城下的泾原、环庆两路因遭重创，败还时所剩无几。但半途还师的李宪率领的熙河路军队，向占据陕西北部的西夏军发动进攻，克取了兰州及天都山等地区。及后，北宋与西夏又进行了长达四十多年断断续续的争战。至徽宗政和五年（1115 年），宋军先后击退企图夺回兰州等地的西夏军的进攻，扫清了陕西北部的西夏势力，开创了北宋一代西北辖区的至盛境界。综观北宋与西夏长达百余年的军事较量，双方互有胜负，但前后期在总体战局上有着明显的变化，神宗以前半个多世纪，北宋军处于相对的守势、劣势，西夏军处于相对的攻势、优势，神宗以后半个世纪，北宋军处于相对的攻势、优势，西夏军处于相对的守势、劣势。这一变化涉及多方面原因。但对北宋来说，朝廷认真总结了西北军队守防方面失败的教训，根据当时西北地区局势的发展确定新的战略决策。如瓦解、争取吐蕃部众，建立、拓展陕西至河湟地区军事守防基地，压制西夏右翼，阻止夏兵南进。在具体成防上也做了新的部署，如设立诸路专职军区，与西夏争夺和新筑沿边城、寨、堡等守防据点，充实、加强适应沿边作战

① 《续资治通鉴长编》卷 247，神宗熙宗六年十月。

的蕃、汉弓箭手组织，骑兵的装备、训练也有所改进，主力守防军队改为将的编制等。这些措施，既加强了西北地区的战略备御，也在一定程度上克服了军事上的某些弊端和软弱无能的状态。北宋后期西北地区的军事防务，不仅夺回了西夏进据的部分地区，而且有效地阻止了夏兵的南进。

北宋施于吐蕃的对策，一直与防御西夏的总的军事战略同步展开。随着熙河开边的进展，吐蕃唃厮啰政权的衰落和最后解体（徽宗崇宁三年，1104年），北宋西北辖区扩至青海湖以东。熙河开边在北宋陕西诸路军事戍防中取得了举世瞩目的业绩。

此外，北宋军队"擅长守城战"，而辽、西夏的军队不善于攻城。宋利用这一战术优势，在整个军事防线上取得了"使辽军和西夏军无驱深入的效果"①。

北宋军事戍防体系存在的弊端和失误，主要可归纳为下列三点：

1. 骑兵优势被忽视

北宋拥有规模庞大的正规军，兵员人数远远超过辽与西夏，但在战场上一经较量，效果往往适得其反。在许多重大的战役上，北宋军队往往败于辽或西夏骑兵的强势围攻和冲击。北宋兵种结构以步兵为主，骑兵为辅。盖北宋初期征伐十国，十国多数朝邦国小，兵力较弱，兵种结构大都与北宋相同，新兴的北宋以其军事强势顺理成章地削平十国。及中原、南方统一，北宋先后面临的是辽与西夏两个军事强邦，而且它们的兵种结构又都以骑兵为主、步兵为辅。敌对势力发生了重大的变化，北宋正规军队的兵种结构却依然如旧，显然无法适应新的战备需要。而且，北宋骑兵经营无方。事实上，北宋兵种即使以步兵为主，禁军中仍然拥有一支规模不小的骑兵。如仁宗时期，禁兵共1924指挥，合计约90万人以上，其中骑兵520指挥，约20万人以上②，若与辽、西夏的骑兵实力比较，仍是不可小看的数字③。主要原因是"马政不善"，装

---

① 王曾瑜：《宋朝兵制初探》，第336—337页。

② 据王曾瑜《宋朝兵制初探》，第34—54页（附表统计）。

③ 据证，辽圣宗时期（983—1031年）正规军总数"多于20万"，西夏李元昊在位时（1032—1049年）正规军兵力"合37万"。均应以骑兵为主。参见李锡厚、白滨《中国政治制度通史·辽金西夏》，人民出版社1995年出版，第135页；王天顺主编《西夏战史》，宁夏人民出版社1993年版，第74页。

备短缺。如至仁宗、神宗时，"陕西用兵，马不足"①，骑兵"大率十人无一二人有马"②。"河东马军多而马不足"③。"河北马军阙马"④。骑兵管理的长期积弊严重地影响了训练，"妨废教阅"，战斗力低下。神宗开始，朝廷改革兵制，在一定程度上提高了骑兵的战斗力，在军事攻防中也发挥过一定的作用。但与辽、西夏继续对峙的局势仍不相称，与末期又一个骑兵强邦金的兴起，所出现的复杂局势更无法适应。恩格斯明确指出："骑兵在整个中世纪一直是各国军队的主要兵种"⑤。我国史家研究认为，"骑兵适宜于平原旷野的远程机动作战，是封建时代军队中的主要突击力量。一般来说，没有强大的骑兵，就不可能成为封建军事强国"⑥。北宋前期，君臣的军事战略观念，尤其对骑兵在整个军事攻防中能够发挥优势的作用，在认识上因循守旧，普遍主张以步兵制服敌人的骑兵，反对加强骑兵建设。这种治兵思想，即使在后期也仍有相当影响。最后，北宋亡于金兵的铁蹄之下，也证实了宋廷治兵思想的漏洞和忽视骑兵建设的严重后果。

2. 军事指挥系统的缺陷与误导

战时用兵，任何一方的最高当局重视对某些重要战役的掌握和指挥、殊属必要。当然，只有准确掌握交战双方的实际情况，采取相应有效的对策，才能正确地指挥有关战役，达到克敌制胜的目的。问题在于，北宋皇帝为了加强集权，不只通过各种制度、办法控制军政大权，而且连将帅事内的具体指挥权都得揽及。皇帝及某些执宰往往在遥远的朝廷、对前方军情一知半解的情况下发号施令，指挥军队如何与对方作战，因而往往架空或剥夺执行具体攻防任务的将帅应有的指挥权。如北宋与辽交兵的多次战役中，太宗常事先备好"阵图"，命令将帅严格按图作战，"尽授纪律。遥制便宜，主帅遵行，贵臣督视"，不许违反⑦。

① 《宋史》卷198《兵志十二》。
② 《历代名臣奏议》卷242。
③ 《续资治通鉴长编》卷262，神宗熙宁八年四月。
④ 《续资治通鉴长编》卷269，神宗熙宁八年十月。
⑤ 《马克思恩格斯全集》第14卷，人民出版社1964年版，第305—306页。
⑥ 王曾瑜：《宋朝兵制初探》，第263页。
⑦ （宋）扬亿：《武夷新集》，参见《四库全书·集部别集类》卷10，《李继隆墓志铭》。

因此，即使有本事的将帅，临阵时也无法发挥其积极有效的指挥才能。北宋与辽多次交兵，吃了不少败仗，其中败于上方盲目指挥的战役不在少数。有一次，臣僚奏秋季加强备边，太宗对兵将及其守防地点毫不了解，就"诏付两卷文字，云兵数尽在其中，候贼如此即开某卷，如彼即开某卷"等等。王安石后来对神宗谈到此事时指出，像这样指挥"御将"，"无以胜敌"，"稍有材略，必不肯于此时为将，坐待败衄也"①。这种事先拟好又与军事实际脱轨的上方"阵图"，真宗与仁宗也常用。仁宗（1023—1063年）后期，老臣王德用为此推诚相谏曰：真宗"赐诸将阵图，人皆死守战法，缓急不相救，以至于屡败。诚愿不以阵图赐诸将，使得应变出奇，自立奇效②。仁宗采纳了王德用的建议。此后，皇帝虽不一定赐阵图，但皇帝包揽整个战役的决策和指挥导致用兵失败的例子仍然存在。其中最明显的例子，是元丰四年（1081年）神宗命令五路大军进攻西夏的败绩。出师不久，五路军中有两路粮尽溃归，一路中途返回。先后抵达灵州城下的泾原、环庆两路军也成了孤军陷于困境，最后全军覆没，生还无几。此次出师的败绩，有其多方面原因，但宋军方面指挥系统运作上的失误难辞其咎。前方五路大军几十万之众各有将领而不置总帅，缺乏统一的指挥。各路军都单独听命于神宗皇帝的遥控。军队临阵攻防，唯帝命是从，将领和士兵丧失了指挥和战斗的主动权。哲宗时，吕陶就指出，这种"暴师千里之外，而日有禀听于朝廷，敌人在境，而一兵不敢辄发，则乘机决胜，安所望乎"③？前方无总帅，远在京师的神宗皇帝事实上揽总帅任，往往由于鞭长莫及，造成各路孤军作战，互不联系，步调不一，难以合力对敌。遇到困难时，得不到声援和接济，除了自行溃退外，没有别的出路。各将领之间，缺乏整体观念。进抵灵州的刘昌祚和高遵裕二将领在关键时刻采取不合作态度，加深和加速了宋军的内部危机和最大失败④。北宋败于辽及西夏等朝邦的诸多战役中，大多同其军事指挥系统的缺陷与误导有关。

---

①　《续资治通鉴长编》卷248，神宗熙宁六年十一月。

②　《宋史》卷278《王超传》附王德用。

③　《历代名臣奏议》卷221。

④　《续资治通鉴长编》卷315—321，神宗元年四年八月—十二月。

3. 兵政的腐败

北宋将领中存在严重的贪赃枉法等腐败问题。如太祖至太宗时期，大将王全斌、王仁赡、崔彦进等在平蜀期间，犯了"擅开公帑、豪夺妇女、广纳货财"等诸多不法罪行，按宋律应定死刑。但太宗以他们立过战功为由，分别以降官处理，优厚的月俸和大笔赏赐照给①。大将张永德、赵延溥、祁廷训等，参与非法贩易集团，从陕西私运大批竹木入开封。"所过关渡，矫称制免算；既至，厚结有司，悉官市之，倍收其值"，从中获得巨款。案发后，也只受到货物没收"入官，责降罚奉"而已②。罚不当罪或有罪不罚，姑息养奸，造成将风不正，军风败落。军官对部下克扣月饷、索取货赂、任意体罚和重役士兵，造成官兵关系紧张的事例屡见不鲜。军纪弛废，甚至有军人伤害百姓或盗劫等事情发生。北宋朝廷虽然采取了不少针对性措施，但不能从根本上解决问题。至徽宗宣和三年（1121 年），户部尚书沈积中上书陈述军队积弊之重及其危害，建议徽宗采取紧急对策，"明诏帅臣申严纪律。号令将佐精加训齐"，使军政"诸积弊悉俾革去"。徽宗对此无动于衷③，其时距离金兵灭宋只有四五年。北宋兵政腐败造成的颓势，实已丧失补救的契机。

综上所述，针对北宋辖区行政设治与军事戍防及其所涉经邦治国的有关问题，提出如下三点认识：

第一，北宋辖区行政设治与军事戍防的职能作用，同整个王朝的兴衰存亡息息相关。北宋前期至后期一段时间，各级行政设治与军事戍防的职能运作，积极有效的一面相形见长，在长达一百五六十年间，维护了王朝的统治秩序，提供了相对稳定的发展环境，促进了境内各项事业的繁荣昌盛。北宋朝廷制定和推行的一系列经济和文化法规，加强了各个经济、文化领域的规范化管理，对社会经济、文化和科学技术的发展，起着积极的主导作用。业绩显著，功不可没。及北宋晚期，各级行政设治与军事戍防系统的积弊越来越严重，朝廷更加腐败衰落，各级行政和兵政的职能作用已非昔比。钦宗靖康元年（1126 年），金兵攻入宋

---

① 《宋史》卷 255《王全斌传》，卷 257《王仁赡传》，卷 259《崔彦进传》。
② 《宋史》卷 257《王仁赡传》。
③ 《宋会要辑稿》《刑 7·军制》。

境，不到半年，开封陷落，北宋亡。其时，北宋内政失修，朝野一片慌乱，禁兵溃不成军，当金兵强势压境之际，北宋君臣只有束手待缚。而这正是直接断丧北宋王朝的悲剧性原因所在。

第二，北宋骑兵建设落后，军队指挥系统的缺陷以及军政上的腐败等原因造成军事防务体系的颓势和失败有目共睹。但是，北宋整个军事职能运作仍然不乏强势和成功的一面。北宋军队驻守与各级行政施治密切配合，形成了从中央至地方具有相当力度的严密、广泛的戍防网络。频频出现的盗劫活动被追捕、整肃。许多兵变、兵乱或民众的反抗活动，也由于强力的武力进讨、镇压而无法形成大的气候。朝廷把正规军重兵布防于京师和与辽、西夏的近邻地区，是适应整个辖区面临的军事形势的明智战略举措。它有效地遏止了辽与西夏的南进东渐。北宋与辽缔盟之后，双方维持了长期友好的和平局面，有赖于两朝当局的共同努力，但对北宋来说，展示在近辽边境的军事实力是辽朝不敢轻易逾盟的主要原因。北宋中后期实行熙河开边，辖区从陕西向西北推到青海湖东南，压制西夏的右翼，从战略备御上扭转了与西夏相持的被动局面。北宋军队比较能够发挥守城的优势。如真宗景德元年（1004年）辽兵大举攻宋抵达澶渊以前，曾先后进攻北宋的威虏军（遂城）、静戎军（在遂城以北）、定州、岢岚军、莫州、瀛州等城，由于北宋军队力守，皆不能下。北宋守将杨延昭（朗）、魏能、张斌、王显等还大败辽兵于威虏军、静戎军、长城口（在威虏军北）等地。由于宋军基本上守住了河北城镇，南下辽兵进至澶州时，实际已陷入宋军的重围。真宗亲赴前线督战。辽兵被创，处境不利，审时度势，终于同意议和。北宋与西夏交战过程中，军队守城战绩也很突出。如仁宗庆历元年（1041年），北宋军队多次击败了西夏兵的强力进攻，守住了位于河套的战略要地麟、府两州城。一度被西夏兵占领的丰州城，也被宋军克回。神宗熙宁三年（1070年），守卫庆州大顺城的宋军，击败了西夏10万兵的进攻。神宗元丰四年（1081年）宋军克回兰州城后，多次击退了西夏兵的反攻。其中元丰七年（1084年），宋军再次大败了西夏号称80万大军的进攻，兰州城固守不失。概言之，北宋整个军事的职能运作，利弊得失均不乏证例，两者设或偏废其一，难免有悖于史实之嫌。

第三，在北宋与邻邦辽、西夏的战和关系中，往往以输绢、银等作为议和的重要条件之一，后世史家对此持"屈辱投降"之非议说。实际上，这种非议说无法解释清楚当时存在的复杂的历史现象。北宋以其中原王朝的传统地位为国内其他朝邦、政权所认同。这种传统地位在名分关系上可分为两种：一种是北宋与辽通过澶渊盟约确认的兄弟之邦关系，"两朝事同一家"①，北宋为兄朝，辽为弟朝；另一种是北宋与西夏、大理、吐蕃、西州回鹘、黑汗等朝邦、政权建立的传统宗藩关系，北宋为宗主国，其他为藩属国。这两种关系中，在名分上北宋均以传统中原王朝居于首位。而宋帝在理念上也以全中国百姓的共主自居。如仁宗天圣七年（1029 年），辽境内饥荒，仁宗谓辅臣曰："虽境外，皆吾赤子也"②，命即运粮赈济。自真宗开始，坚持"国家以安民息战为念"③。北宋与辽澶渊盟约开了先例，复后与辽的再次议和，与西夏多次议和，北宋多坚持不丢名分、不失辖地或不以公主和亲为前提，不惜以巨额物质代价达成和议。真宗称战争是"危事，盖不得已，非可好也"④，"不忍生灵重困，姑听其和"⑤。战与和均要付出代价，以费用计，和的有利一面仍比较突出。正如知雄州李先则说："朝廷不欲困军民，故屈己议和，虽国费（按指输辽之绢、银）甚多，较之用兵，其利固不侔也"⑥。战与和，均存在着利害相权关系，北宋当局尽可能选择后者。在历史上，中原王朝与边境民族政权不惜代价议和缔盟不乏其例。如汉朝以公主嫁匈奴，唐朝以公主嫁吐蕃、回鹘等。按中原王朝的传统观念论之，天子亲女（有时以非亲女代之，但名义上仍以公主出嫁）代价之重不言而喻。北宋君臣既反对以公主为议和条件，而以绢、银等代之。唯其公主代价之重，绢、银之数额也耕更大。澶渊盟约谈判以前，宋使曹利用向真宗皇帝请示许以金帛底数，真宗竟然示以"必不得以，虽百万亦可"。宰相寇准在背后警告曹说："虽有敕旨，汝往，

---

① 辽兴宗：《答宋仁宗书》（辽重熙十二年），载《全辽文》卷 2。

② 《续资治通鉴长编》卷 107，仁宗天圣七年三月。

③ 《续资治通鉴长编》卷 58，真宗景德元年十一月。

④ 《续资治通鉴长编》卷 74，真宗大中祥符三年十二月。

⑤ 《续资治通鉴长编》卷 58，真宗景德元年十二月。

⑥ 《续资治通鉴长编》卷 59，真宗景德二年二月。

所许不得过三十万。过三十万勿来见准，准将斩汝"①。谈判结果按寇准许的数字成议。即使如此，北宋付出的物质代价也是巨大的。加上仁宗时期与辽修约及历次与西夏议和的增纳、输纳数，北宋一代整个和议所付出的物质代价，实际使北宋政府的财政不堪负荷。当然，巨大的物质代价最终还是转到境内百姓身上。这就更招致后世史家的非议了。但总的看来，北宋与辽、西夏的和议，尽管付出了巨大的物质代价，但宋朝始终维护了中原传统的宗主国和大国的地位，于名分上无损。加上一系列的军事行政和交聘行动，共同营创了时间较长的相应和平局面，这对北宋及辽、西夏等朝邦、政权境内的相对稳定发展所做出的贡献无可估量。因此，对北宋来说，言其"屈己"于理无悖，而斥其"屈辱投降"则不能自圆其说。

（本文原载《中国边疆史地研究》1997 年第 3 期）

---

① 《续资治通鉴长编》卷 58，真宗景德元年十二月。

北宋与辽并立时期的疆域格局

内容提要 本文从统一多民族国家历史发展的实际情况出发，探述北宋与辽并立时期的中国疆域格局。文中着重阐述这一时期北宋、辽、西夏以及大理、吐蕃、西州回鹘、黑汗等王朝或政权的形成、发展及其盛时的辖区范围，揭示了各王朝或政权辖区的形成过程及彼此间的关系。北宋与辽并立时期的中国疆域格局，是在唐朝版图范围内，历经五代十国之后，随着局部统一局面形成但又不能实现更大统一的重新组合。从总体上看，北宋与辽并立时期的疆域范围，东、南、北三面大体同于唐朝，而西域则逊之，反映了历史上中国版图的一个沿革过程。

五代十国历经 54 年（907—960 年）之后，进入了北宋与辽并立时期（960—1127 年）。这一时期大约 160 多年，中国境内的政局由严重分立转向局部统一。其中，五代时期建立的辽朝基本上统一了燕云至北疆地区。此后，辽朝继续致力于平定东北、北部和西北地区的叛离势力，又通过与北宋的军事较量，双方签订和坚守澶渊盟约，进一步巩固了燕云至北疆地区的统一。北宋代后周而立，继而平定了分立的十国，基本上统一了中原及南方大部分地区；复后与辽息兵缔盟，坚守两朝辖界，又致力于河东至河湟地区的守防与经略，遏制了西夏的东渐、南扩，进一步巩固了中原、南方至西部、西南大部分地区的统一。党项族以定难为根基地建立的西夏朝，乘甘州回鹘及吐蕃势跌之际向西拓展，扩有河套至河西地区；又致力于树立与北宋、辽对峙之势及辖区东部、南部的守防，进一步巩固了河套至河西地区的统一。此外，后晋时期更大义宁而立的大理政权，一直存在于西南部云南及其以西、以南等地区。西北、西部、西域至中亚地区，有相承或兴起的吐蕃、西州（高昌）回鹘、黄头回纥、黑汗（喀喇汗）等民族政权或民族控制区域。北宋、辽两朝的辖区，加上西夏、大理、吐蕃、西州回鹘、黄头回纥、黑汗等朝邦、民族政权的辖区及民族控制区，构成了这一时期的中国基本版图。

11世纪后期，北宋与辽走向衰落，统治集团的腐朽造成败政迭出，危机更加暴露。12世纪前期，东北女真族崛起反对辽朝统治，先后灭辽与北宋。辽朝余部西迁建立的西辽，统治了西域至中亚地区的西州回鹘、黄头回纥和黑汗朝的辖区。中国版图的基本构成，由北宋与辽并立时期转入南宋与金的并立时期。

一　北宋辖区的开拓及其范围

后周显德七年（北宋建隆元年，960年），后周的殿前都点检赵匡胤夺取了后周政权，建立北宋朝。北宋初承后周辖区，又在后周的基础上扩展。其时，北疆有颇具实力的辽朝，与辽结盟的河东北汉也不示弱。比较之下，南方诸邦军事实力相对弱小，所辖境域多属富庶地区。因此，宋太祖赵匡胤把先克南方、复取河东、再伐辽收复燕云诸州作为其统一南北的既定战略。太祖乾德元年（963年），宋军南下，克取南平（荆南）和湖南。乾德三年（965年），出兵两川攻取后蜀。开宝四年（971年），攻下两广平定南汉。开宝八年（975年），攻取南唐。次年，太祖赵匡胤死，太宗赵光义（炅）即位，继续进军。太宗太平兴国三年（978年），吴越及漳、泉二州相继归附，南方诸邦基本平定。北宋在攻取北汉以前，经历了伐汉的两次兵败。太平兴国四年（979年）春，北宋集中兵力向北汉发动第三次进攻。太宗赵光义率师亲征，以潘美为北路都招讨制置使，河阳节度使崔彦进、彰德节度使李汉琼、桂州节度使曹翰、彰信节度使刘遇分别率部从东、南、西、北四面围攻太原城。北汉兵据城力守，宋军势强难挡。辽将耶律沙等率领的入援北汉骑兵，也被扼守北边的都部署郭进所部"大破之石岭关（在太原东北 80 里）南"。"北汉援绝"①。五月，太原城破，北汉亡。至此，北宋辖区增扩南方至河东的原十国之地。

北宋平定北汉之后，军锋转向河北，以图乘胜收复燕云诸州（后晋以燕云 16 州归辽，后周克瀛、莫两州及易州南半部地区，其余地区仍为辽所辖）。六月，太宗亲自指挥围攻辽南京（亦称燕京、幽州）战役，被辽将耶律沙、耶律休哥等率兵截击于高梁河（在幽州城西），宋军大败而退。雍熙三年（辽圣宗统和四年，986 年），宋太宗分三路大军再次伐辽攻取燕云。宋师初捷，东路曹彬军出雄州攻取涿州、新城；中路田重进军连克飞狐、灵丘等城；西路潘美、杨继业军出雁门拔取云、应、寰、朔等州。辽萧太后与其子 12 岁的圣宗皇帝亲赴雨京（幽州），集中优势兵力与宋军决战。曹彬军被辽将耶律休哥等率兵围击，大败于涿州西南的岐沟关。河北两路军溃败，退回白沟河（臣马河）和定州。辽朝稳定南京阵地之后，立即集中主力救援西部诸州。东部宋军失利，赵光义命西路军撤退，留杨继业负责云、应等州民户南迁。辽将耶律斜轸率兵克回寰州。复围攻朔州，杨继业力守被擒，绝食死。朔、云、应等州也先后被辽兵克回。宋朝历经两次伐辽失败之后，改变了北伐的意图，修治保州（今保定）东北，往东至泥沽河（今塘沽附近）一带河流"险固"地段，置寨、铺，守以戍卒，河中"部舟"，"往来巡警"②，与辽相持。此后，北宋与辽近邻时有争战发生，但宋处于守势，辽往往主动进攻。宋河北易、保（后唐泰州）祁、深等州为辽兵深入攻击的重点地区。端拱二年（辽统和七年，989 年）正月，易州被辽攻取，从此归辽辖有③。宋真宗景德元年（辽统和二十二年，1004 年），辽圣宗与萧太后率大军号称 20 万亲征北宋，以萧挞览等大将为前锋深入宋境。宋守军坚持抗击。辽兵避强就弱，趋天雄军（大名），破德清军（清丰）。十一月，辽兵主力进至澶州（旧名澶渊，今河南濮阳），宋军坚守还击，辽主将萧挞览中伏弩死。真宗亲临澶州督

---

① 《续资治通鉴长编》卷 20，太宗太平兴国四年三月。

② 《续资治通鉴长编》卷 44，真宗咸平二年五月。

③ 《辽史》卷 12《圣宗纪三》。

师与辽决战，士气益振，辽兵处境不利。十一月，宋与辽和议，双方签订"澶渊之盟"，两朝约为兄弟之邦，宋每年输辽"绢二十万匹、银一十万两"，"沿边州军"，"各守疆界"①。

遵照澶渊盟约所定的宋、辽辖界，除了宋太宗端拱年间辽克取的易州大部分地区（原易州南部的遂城仍归北宋，后置为广信、安肃两军）转归辽辖有外，其他地段分界大体上与五代后周、北汉同辽的辖界相近。自东至西大致为界河（今天津海河）、巨马河（亦作拒马河，即白沟河）、长城口（在北宋河北西路广信军境北边）、大茂山（在河北西路真定府境北边）、雁门山长连城（在北宋河东路代州北边）、黄嵬山（在代州境西北边）北、天池（在桑干河上源西部管涔山原）等地点的连接界线上。界线以南为宋的辖区，以北为辽的辖区（但巨马河归宋所辖）。澶渊之盟后，这条辖界正式规定。后经过宋仁宗、英宗、神宗几代历经与辽议界、修订逐渐固定下来。中间或有争议、变动。但只是个别地区②。至徽宗时，北宋北边与辽大体上仍维持着这条辖界。

北宋西北边与西夏东南部相邻，大体上包括东、中、西三段辖界。东界段为南北走向，位于河套东部。北宋长期辖有丰、府、麟三州（仁宗庆历元年，西夏曾攻取丰州，但于嘉祐六年宋复克回）③，其西境与西夏东境邻接，以浊轮川（屈野河旁东北支流）以东、兔毛川（屈野河旁西南支流）东段以及由此向西南伸延至太和堡的长城段。丰、府、麟三州境西距西夏东境之间，大多保留着几十里上下的中间地带。双方要遵守议界约定，在中间地带，任何一方"不得插立梢圈，起盖庵屋"或从事其他占地活动④。中界段为东西走向，大体上从东界段南头向西伸延至兰州以东。其间因受北宋与西夏战和关系影响而前后变动较大。宋仁宗康定元年至庆历二年（1040—1042年），北宋与西夏进入规模较大的争战阶段，西夏大军深入宋境，经三川口（在宋陕西路延州西北）、好水川（在陕西路渭州笼竿城西）、定川寨（在陕西路镇戎军西

① 《续资治通鉴长编》卷58，真宗景德元年十二月。
② 主要参考《续资治通鉴长编》卷58，真宗景德元年十二月，卷262，神宗熙宁八年四月；卷263，神宗熙宁八年闰四月；《中国历史地图集》（第六册），地图出版社1982年版。
③ 《宋史》卷11《仁宗纪三》，卷12《仁宗纪一》。
④ 《续资治通鉴长编》卷193，仁宗嘉祐六年六月。

北）等役，宋军大败。双方经过议和，西夏兵也实行有限制的北撤。但西夏在战前势力南渐的基础上，其南部辖区实已扩至陕西北边的大片地域，北宋与西夏的中段辖界，大体上移向横山和天都山以南一带。复后，宋朝吸取此前与西夏交兵的惨败教训，着手整顿边政，调换边帅，加强西北边防，以为进图西夏之计。宋神宗熙宁五年至六年（1072—1073 年），实行熙河开边，招抚蕃族，扩至熙、河、洮、叠、宕等州，拓展西北边防线牵制西夏。宋神宗元丰四年（西夏惠宗大安七年），宋朝利用西夏内部政变的危机，分熙河、鄜延、环庆、泾原、河东五路大军向西夏发动进攻。战争初起，宋军报捷，鄜延路种谔军克石、夏、宥诸州，泾原路和环庆路高遵裕、刘昌祚军也进抵灵州城下。西夏集中兵力围困宋军于灵州城下，其他各路军队因军饷不继、自相矛盾及指挥失策等原因相继溃回。深入灵州的宋军最后被歼，生还无几。但李宪军还师击败西夏后"收复兰州古城"固守不失①，复败夏兵于屈吴山（在陕西路西半部北边），军于天都山②控制了陕西路西半部之北边地区。种谔与沈括等军营屯力守已取得的横山地区，宋人称"天都（山）、横山，尽为我有"③。其间，北宋与西夏历经议界。宋调整边州建置，哲宗绍圣四年（1097 年），以平夏城置怀德军，其西北境萧关即兜岭，为宋、夏辖界点④，其西北境绥戎堡"北至枏柂岭界堠五十里"，界堠北即入夏境⑤。同年进筑修复会州城，"割安西城以北六寨隶会州"⑥。州东北境怀戎堡，"北至柔狼山界堠四十里，系与夏国西寿监军地对境"⑦。州西北境通泉堡"在黄河南岭上"，与"河北岸夏国卓啰监军地分相对"⑧。故自元丰六年（1073 年）以后，北宋与西夏的中段辖界，大体上向北移到横山、兜岭、柔狼山南以及会州城北至兰州东的黄河段

---

①　《续资治通鉴长编》卷 316，神宗元丰四年九月。

②　《续资治通鉴长编》卷 319，神宗元丰四年十一月。

③　《续资治通鉴长编》卷 500，哲宗元符元年七月。

④　《宋史》卷 87《地理志三》。

⑤　《宋史》卷 87《地理志三》，按南牟会新城；《文献通考》卷 322《舆地 8》作南会新城；《宋会要辑稿》方域 5 亦作南牟会新城。

⑥　《文献通考》卷 322《舆地 8》。

⑦　《宋史》卷 87《地理志三》（会州条下注）。

⑧　《宋史》卷 87《地理志三》。

地带。西界段为东南至西北走向，大体上从中界段西头向西北伸延至�六岭西南一带。北宋自神宗熙宁（1068—1077 年）中期实行熙河开边，至徽宗大观（1107—1110 年）年间，前后历经近 40 年的军政经略，向西北和西部扩有熙、河、岷、洮、兰、廓、西宁、积石等州军之地。其中兰、湟二州与西夏交界。兰州及其以东的东关堡，地处黄河以南，过河以北即近西夏境。兰州西境的京玉关，"北至乩六岭分界三十里"①，岭北为西夏卓啰和南军司辖境。湟州东境的通川堡，"北至乩六岭分界八十里"②，岭北亦为西夏卓啰和南军司辖境。宋徽宗政和五年（1115 年），熙河路经略使刘法军大败西夏兵于古骨龙城③。政和六年（1116 年），熙河路军"进筑古骨龙城，赐名震武城"，仍依前"属湟州"④。古骨龙城位于湟州境之西北边，再北即是西夏卓啰和南军司的辖境⑤。若以政和六年（1116 年）为准，北宋—西夏的辖界，自东而南再向西、西北伸延，顺次为浊流川（屈野河旁东北支流）以东、兔毛川（屈野河旁西南支流）东段、长城（在麟州南至大和堡西南一段）、大和堡西南、乌龙寨西，再向西略偏南伸延经横山、兜岭、柔狼山南、会州城北、通泉堡北、东关堡北边以北，再向西北伸延经乩六岭南至古骨龙城北的连接地带⑥。

北宋西部与吐蕃东部接壤地带，大致可分为两段：靠南一段以阶州境西为起点，向南伸延与吐蕃其他部族控制区交界。北宋更后周而立，复平定十国。其间，太祖乾德三年（965 年）克后蜀。此后，北宋与吐蕃的接壤地带大致在利州路（前属西川路）的文、龙两州以及成都府路（前属西川路）的茂州、威州、邛州、雅州所领羁縻诸部、黎州等辖境西边的外沿地带。这一段自北而南，大致出阶州西境以西、岷江上

---

① 《宋史》卷 87《地理志三》。

② 同上。

③ 《宋史》卷 486《夏国传下》。

④ 《宋史》卷 87《地理志三》，又《续资治通鉴长编拾补》卷 35，徽宗政和六年六月引《续资治通鉴》。

⑤ 参见《中国历史地图集》第六册。

⑥ 结合上述并参校《中国历史地图集》第六册。又《地图集》以政和元年（1116 年）为准，其图所标古骨龙城在宋湟州辖内，不确。因其时该城还未被宋克取。见本段文中证述。

流以东至大渡河（今四川安顺场以北一段）东西地带①。这一界段两边，北宋与吐蕃间有过小的争战，个别地段区也有所变动，但自北宋前期至后期百余年间一直保持着相对的稳定。靠北一段在前后期有大的变动。前期与吐蕃唃厮啰接壤。史载真宗大中祥符九年（1016 年），知秦州兼泾、原、仪、渭、镇戎缘边安抚使曹玮于秦州境内增筑伏羌、永宁等一批城寨，"浚壕凡三百八十里"，以备吐蕃唃厮啰兵的进攻②。同年九月，唃厮啰（嘉勒斯赉）率兵三万向东进攻宋境，曹玮率军迎战，"至伏羌寨（在秦州西境）三都谷（在伏羌寨南，今甘肃甘谷西）即领兵击败之"③。盖其时吐蕃唃厮啰控制地区到达洮河以东至东南地区，北宋与唃厮啰政权之间大致以洮河以东及河东南至秦、成二州西边及阶州北边为邻接地带。半个世纪后，宋神宗熙宁五年至六年（1072—1073年），实行熙河开边，向西部、西北扩有河、洮、岷、宕、叠等州。复经近半个世纪断断续续的军政经略，至徽宗（1101—1125 年）前期，又向西北扩有邈川、青唐、溪哥等城。宋人称原唃厮啰（青唐）辖区"境土尽复"④。沿置或改置后实际扩有巩、岷、熙、河、洮、兰、郭、湟、积石、西宁等州军之地。其中以西宁、积石、河、洮、岷、阶六州军的西边外围形成北宋与吐蕃的接壤地带。史载徽宗崇宁三年（1104年），宋军西进，"林金城（即西宁军西境的宁西城）平，西去青海（湖）、青盐地各约二百里置兵将守之"⑤。又载宋将王厚"耀兵巡边"，其间经过与吐蕃接壤的辖界北段，由湟州西北境"取临宗寨（堡）、乳酪河之西，入鄯州（复改为西宁州）界管下宣威城（在西宁州北境）、青海洗纳、木令波族，东南过溪哥城（置为积石军），至河州循化城（一公城），入洮州"⑥。可知，北宋历经西北扩边，将其与吐蕃的接壤区域从秦州西推向西北一千里远的青海（湖）以东。至徽宗（1101—1125 年）前期，北宋与吐蕃的邻界，自西北而东南、大致应从古骨龙

---

① 《宋史》卷 87《地理志三》，卷 89《地理志五》；《中国历史地图集》第六册。
② 《续资治通鉴长编》卷 88，真宗大中祥符九年五月、九月。
③ 同上。
④ 《续资治通鉴长编拾补》卷 23，徽宗崇宁三年四月。
⑤ 同上。
⑥ 同上。

城（在湟州西北边）以西，南下经青海（湖）东及东南，再向东南伸延，经积石军西边的外沿，过洮水上源，经黄河（约今甘肃玛曲至四川若尔盖之索克藏寺一段）东至岷山、岷江以东，复渐西南经邛崃山抵大渡河（约今四川丹巴至安顺场一段）一带①。

北宋西南分别与大理东部和交趾（今越南北半部）北部交界。南诏辖区、北抵大渡河（主要指今四川安顺场向东流至乐山一段）。北宋与大理交界亦以大渡河一段为传统辖界，大渡河以南的两林部、邛部，再往东南的马湖、乌蒙、石门诸部地区为双边交错地带（即北宋或大理盛时均可能辖及地区）。复往南则以北宋羁辖、位于夔州路西南的罗殿、广南西路邕州西境的自杞及特磨道地区外围一带与大理接壤②。

北宋与交趾交界一段，位于广南西路邕州西南和钦州西部边境外围地带。史载邕州西南边的禄州，"东南至交趾苏茂州、南丹波蛮界"③。宋仁宗晚期至神宗前期，北宋与交趾发生战事。神宗熙宁九年（1076年），富良江之役，交趾兵败绩，宋军先后夺回广源州，克取交趾之门、苏茂、思琅及桄榔等州、县。交趾王李乾德上表"谢罪"，称臣"复职贡"如旧。元丰元年（1078年），宋朝以所克诸州、县，包括收复"旧隶邕管羁縻"的广源州（在邕州羁管之归化州南）一并"还之"交趾，双方"划定疆界"。此后，邕管近特磨道一段以归化州与广源州相邻处为宋与交趾"地界"④。又史载，钦州西边的如昔寨（军铺），"西邕州界，接交趾苏茂州"⑤。元丰（1078—1085年）以后，北宋与交趾的辖界保持相对稳定，双方辖界自东而西，大致为如昔寨、禄州、归化州所辖的西部或南部边沿的外围地带⑥。

①　参见《中国历史地图集》第六册。
②　参见《宋史》卷495—496，《蛮夷传》；方国瑜：《中国西南历史地理考释》，中华书局1987年版，第634—764页；《中国历史地图集》第六册。
③　《武经总要·前集》卷21，广南西路·邕州。
④　《宋会要辑稿》蕃夷4，交趾；《宋史》卷488《交趾传》。
⑤　《武经总要·前集》卷21，广南西路·钦州。
⑥　参见《中国历史地图集》第六册。

　　综上所述，北宋的辖区范围，史称其"东南际海"①，当包括南海、东海（今东海、黄海）、渤海南半部的有关海域及各岛屿。北至辽朝。北宋与辽双方辖界保持在河北、山西中部地带，而以 11 世纪初澶渊盟约后议成之辖界为定局。西北至西夏。11 世纪中期，宋、夏交兵，夏处于优势，双方辖界越过横山以南更深入陕西北部地带；至 11 世纪后期，宋、夏再次交兵，北宋处于优势，双方辖界向北移至横山及陕西北部外围地带。西北、西部至吐蕃。11 世纪中期，吐蕃唃厮啰势炽，其控制地区渐东至洮、秦地带；11 世纪后期至 12 世纪初，北宋实行武力扩边，招抚蕃族，唃厮啰政权解体，北宋与吐蕃的辖界北段向西移至青海湖以东及东南地带，但南段保持在成都府路西部羁辖区外围一带，前后期变动不大。西南至大理、交趾。这两段辖界大体保持在成都府路、梓州路、夔州路西南及广南西路西部羁辖区外围地带，在北宋一代相对稳定。

　　北宋的兴亡，从 960 年太祖篡后周而立，至 1127 年被金所亡，前后凡九帝共 167 年。

二　辽中后期辖区的巩固及其范围

　　有辽一代的辖区经略，前期（相当五代十国时期）以开拓进取为主，力求扩大霸权；中后期（相当北宋与辽并立时期）以守成为本，力争与宋持立。辽朝致力于巩固南部、西南部辖区，与北宋、西夏、西州回鹘、黑汗等并立相邻，长期共处，又加强东北、北部及西北边远地区的管辖。这些业绩，大多在中后期完成。

　　北宋前期，试图克回燕云诸州，辽朝力守。辽景宗乾亨元年（宋太宗太平兴国四年，979 年）和圣宗统和四年（宋太宗雍熙三年，986 年）两次击败了北宋军队的大举进攻，守住了后晋、后周以来扩有的燕云大部分地区。此后，辽对北宋采取攻势。统和七年（宋太宗端拱二年，989 年），南进辽兵克取北宋的易州，统和二十二年（宋真宗景德

---

① 《宋史》卷 85 《地理志序》。

元年，1004 年），辽大军深入宋境澶州。辽与北宋通过澶渊盟约确定了
双方辖界。易州辖区除了遂城外，大部分地域归辽所有。

　　辽与西夏接壤分为东西两段辖界，为辽中南部与西夏东北、北部的
接壤地带。东段略近南北走向，大致从金肃军西境外围开始，循西北向
河清军、天德军西境外围伸延，到今阴山以西至内蒙古乌拉特中旗之阿
登高勒北境一线。西段作东西走向，从上段北终点向西伸延，大致循今
我国与蒙古国边界中段向西伸延至蒙古戈壁阿尔泰省东南部一线。这两
段构成了辽与西夏的整个接壤地带①。

　　从今阿塔斯山向西北伸延循乌伦古河中下游至新疆和布克赛尔以西
一线为辽与西州回鹘的相邻地带。又从和布克赛尔以西向西伸延，经新
疆塔城北境至哈萨克斯坦萨司克湖以北一线为辽与黑汗朝的相邻地带②。

　　辽朝中期"赐地"于高丽，辖区东南部减少朝鲜半岛北部六州（镇）
之地。辽灭渤海之后，所置东京道辖及唐时东北与渤海旧地。其
时，东京道在朝鲜半岛的辖区到达泥河（今龙兴河），西经浿水（今大
同江）向浿水中游以西伸延至西海岸（今清川江入海口处）一带。此
后，高丽向北扩张领土，辽与高丽关系恶化。统和十一年（高丽成宗十
二年，993 年），辽将东京留守萧恒德奉命率兵攻伐高丽。高丽王王治
遣使"奉表请罪"，圣宗"诏取女直鸭绿江东数百里地赐之"③。此后，
高丽臣属于辽朝④。高丽以辽朝所赐之地置为六州（镇）。复后，辽企
图索回六州地，终未如愿。辽朝与高丽的辖界，靠东泥河一段不变，而
靠西一段向西北移至鸭绿江下游东岸的保州（在今朝鲜平安北道义州至
新义州之间）、宣州（今朝鲜平安北道义州城）、定州（在今朝鲜平安
北道义州以东）三州以东地带⑤。

　　此外，辽朝中后期在前期的基础上，进一步平定边远地区的叛离势
力，加强近边各族的管辖力度。如圣宗（983—1031 年）、兴宗（1031—

---

① 参见《辽史》卷 41《地理志五》；《中国历史地图集》第六册。
② 参见《中国历史地图集》第六册。
③ 《辽史》卷 13《圣宗纪四》。
④ 《高丽史》卷 3。
⑤ 《中国历史地图集·释文汇编》东北卷，中央民族学院出版社 1988 年版，第 133—
135 页。

1055 年）、道宗（1055—1101 年）时期，辽朝继续对东北女真各部实行分治，扩大了军政上的直接管辖面。又致力于对东北的室韦各部、北部的乌古与敌烈各部、西北的阻卜、（鞑靼）各部等叛离势力的平定和加强设治①。成书于北宋仁宗庆历四年（辽兴宗重熙十三年，1044 年）的《武经总要》卷 22 称其时辽朝辖及的北疆地区，"东南界新罗（当指高丽所辖朝鲜半岛的新罗故地）"，"东北控黑水靺鞨（指前代黑水靺鞨地区，在今黑龙江下游流域至萨哈林岛一带）"，"尽有奚、达靼（辽称阻卜，分布在广大西北地区）、室韦（分布在大兴安岭东北至外兴安岭地区）、渤海（曾领有今松花江以南、东至日本海、南至朝鲜半岛北半部等地区）"等地。宋人所了解的有关情况，从一个方面印证了辽朝统一北疆地区后，进一步行使这一地区治权的史实。

综合上述，辽朝中后期辖区范围，可以概括为：东至海，包括渤海北半部（渤海南半部属于北宋）、东海（今日本海至鞑靼海峡一带）、北海（今鄂霍次克海南部至萨哈林岛——库页岛东部海域）等有关海域及岛屿；西抵金山（今阿尔泰山）以西的大沙漠地带；南及西南与北宋、西夏、西州回鹘、黑汗朝为邻；北达外兴安岭，以及外兴安岭西北向西伸延至今安加拉河（南北走向一段），安加拉河西头入叶尼塞河处再向西略南伸延至鄂毕河上流西岸的巴尔瑙尔（同以上各河流均在今俄罗斯境内）一带②。其辖区范围四至比前期更加明确。

辽朝的兴亡，始于前期初 907 年太祖立国，至后期末世天祚帝被金所亡，前后凡九帝共 219 年。

三　西夏辖区的拓展及其范围

西夏朝由定难政权发展而来。唐末，在河套一带形成的定难地方政权，其主从拓跋思恭（唐朝赐姓李，又称李思恭）开始，传九任至李

---

① 参见林荣贵《辽朝经营与开发北疆》，中国社会科学出版社 1995 年版，第 46—61 页。

② 参见《中国历史地图集》第六册。

继捧在位，进入五代末至北宋与辽并立时期。其后历李继迁、李德明至李元昊称帝，是为西夏朝之始。

10世纪中期，定难与新建的北宋朝结好。北宋乾德五年（967年），定难主李彝殷死，太祖赵匡胤追封其为夏王。宋太宗太平兴国七年（982年），夏主李继捧归附宋朝，献银、夏、绥、宥四州，宋朝册封李继捧为彰德军节度使，封李继捧族弟李继迁为银州管内蕃落使。李继迁反对李继捧率众内附，拥兵拒宋。宋太宗以削除割据势力举兵进攻夏境。雍熙元年（984年），宋知夏州尹宪与巡检使曹光实率军袭取银州获胜，"斩首五百级，烧四百余帐，获继迁母、妻及羊马器械万计，继迁仅以身免"①。其后，李继迁集结部众反攻，败宋军队，克回银州。李继迁利用其与辽、宋两大强邦的关系求得自立。他结附辽朝、受封称臣以制宋，又结附宋朝、受封称臣以制辽，从中发展实力，扩大地盘。李继迁又先后克回夏、绥、宥诸州，进据静州。宋真宗咸平四年至五年（1001—1002年），又进取兴州，败宋军攻取灵州。此时，夏重新拥有并固守河套诸州之地，又通过克有灵州这一战略要地，夹制关中，控扼河西，"自是西夏遂成强敌"②。李德明在位时期（1004—1031年），夏重视密切同北宋与辽的政治臣属关系，加强与北宋的经济往来，恢复边境关市贸易，致力于发展生产及其他事业，经济和军事实力进一步壮大。宋仁宗天圣九年（1031年），李德明死，子李元昊继为夏王。李元昊扩创王业，升兴州为兴庆府，扩建宫城殿宇，建立官制，统一政令，"以兵法勒诸部"。宋仁宗宝元元年（1038年），李元昊即帝位，国号大夏（史称西夏），年号为天授礼法延祚③。此前，李元昊致力于向西扩展地盘。宋天圣六年（1028年），李元昊率兵灭了甘州回鹘，先后攻取甘州和凉州。宋景祐三年（1036年），李元昊举兵再次进攻河西回鹘，克取瓜、沙、肃三州。至此，夏扩有整个河西地区。李元昊称帝以后，又向东南扩大地盘。西夏向北宋发动强大的军事攻势。西夏天授礼法延祚三年至五年（宋仁宗康定元年至庆历二年，1040—1042年），西

---

① 《续资治通鉴长编》卷25，太宗雍熙元年九月。
② 《读史方舆纪要》卷62，陕西11，宁夏镇。
③ 《宋史》卷485《夏国传上》。

夏兵深入陕西北部地区，于三川口、好水川、定川寨之役，大败宋军。天授礼法延祚七年（宋庆历四年，1044 年），双方议和，西夏向北宋称臣，北宋予西夏"岁赐银、绮、绢、茶二十五万五千（两、匹、斤）"①。西夏实地局部地区撤兵，但双方辖界大多久议不决。个别地界既议成，也因"元昊不肯如约"②，西夏仍辖有或控制着陕西北部、横山以南及天都山、屈吴山周围地区。西夏毅宗（李谅祚）拱化元年（宋仁宗嘉祐八年，1063 年），吐蕃禹藏花麻降归，西夏扩有兰州。此后，西夏与北宋近邻时有小的争战。拱化五年（宋英宗治平四年，1067 年），宋将种谔败夏帅嵬名山，绥州又归北宋。西夏惠宗（李秉常）大安七年（宋神宗元丰四年，1081 年），击退了北宋五路大军的进攻，但横山以南、天都山地区及兰州等地先后归于北宋。西夏崇宗（李乾顺）天祐民安七年至永安元年（宋哲宗绍圣四年至元符二年，1097—1099 年），西夏与北宋经过议界，双方辖界恢复到横山、柔狼山南至兰州北一带。

　　史载李元昊称帝时（西夏天授礼法延祚元年，宋仁宗宝元元年，1038 年），西夏辖区"东据河（河套），西至玉门（古玉门关，在沙州西略偏北 150 里），南临萧关（在兜岭以南葫芦河西），北控大漠"③。此后李元昊伐宋扩张，西夏辖区东南突破这个范围。复后北宋伐夏向西北进取，西夏辖区东南复又接近李元昊称帝时的格局。至崇宗李乾顺永安元年（宋仁宗元符二年，1099 年），西夏的辖区范围：东北与辽西京道西境相邻，大致以该道的河清、天德两军的西境外围、今阴山以西至内蒙古乌拉特中旗之阿登高勒北境为相邻地带；北部与辽上京道中南境近邻，大致循今中蒙边界中段，向西伸延至蒙古阿塔斯山一线为近邻地带；东南与北宋河东路西北境、永兴军及秦凤两路北境交界。其东段大致以浊轮川（屈野河旁东北支流）以东、兔毛川（屈野河旁西南支流）东段以及向西南伸延至大和堡的长城段以西为辖界地带。中段大致以横山、兜岭、柔狼山东及会州城北至兰州以东的黄河段为界。西段以乿六

---

① 《宋史》卷 485《夏国传上》。
② 戴锡章编撰：《西夏纪》卷 11。
③ 顾祖禹：《读史方舆纪要》卷 7，历代州域形势 7，夏。

岭、古骨龙城北为界；西南至今大通河中段、祁连山东部、当金山口一带与吐蕃和草头达靼、黄头回纥近邻；西部与西州回鹘接壤，大致以古玉门关以西，循北略东伸延，再向北越过今北山西部至今蒙古国戈壁阿尔泰省东南部的阿塔斯山为接壤地带。此后，西夏与邻邦，尤其与北宋的争战仍然存在，个别辖界或有变动，但至乾顺大德三年（南宋高宗绍兴七年，金熙宗天会十五年，1137年），西夏增扩西宁、廓、积石、乐（湟）等州以前，三十多年间大体上保持着这一既定的辖区范围①。

西夏朝前后跨越北宋与辽并立（960—1127年）、南宋与金并立（1127—1279年）两个相互衔接的历史时期，大致以1127年北宋灭亡以前一段（即1032—1127年）约96年为西夏朝前期；南宋与金并立一段（即1127—1227年）为西夏后期。从景宗李元昊继王位的1032年开始，至末帝李睍在位的1227年被蒙古所亡，前后凡10帝共197年。

四　大理、吐蕃、西州回鹘、黄头回纥、黑汗等辖区或控制区范围

1. 大理前期（937—1094年）

唐末至五代后晋初，南诏崩溃以后，先后经历了长和（902—928年）及天兴（929年）、义宁（929—937年）三个相互更立的政权。义宁主杨干贞统治时期，政治腐败，"贪虐特甚，中外咸怨"②。后晋天福二年（937年），白族人、通海军节度使段思平联合"三十七部"武装反抗，推翻了杨干贞的统治，建立了大理政权。

大理继承南诏的辖区，其四至范围与南诏时期相当。大致东部至善阐、通海两节度辖区东境，而以马湖、乌蒙、石门诸部地区为与北宋近边交错地带，以北宋羁辖的罗殿、自杞、特磨道西境外围地区为接壤地带；东南所至通海节度（亦称通海都督）辖境东南的鹿沧江（亦称藤条江，即今之黑水河）中段（相当今越南山萝省琼涯地）、滴定江（亦

①　参见《中国历史地图集》第六册。
②　胡蔚：《增订南诏野史》卷上，大义宁国·杨干贞。

称富良江，今分为元江和红河。红河指越南境内一段）中段（相当今云南河口与越南连山省老街之间）等地带与交趾（越李朝）为界；西抵今那加山（在今印度东北边境）与天竺（今印度）为界，又至怒江南段与蒲甘（今属缅甸）为界；南至勐泐南境（约今老挝北境湄公河南北走向一段以南地区）；北至大渡河（今四川安顺场向东流至乐山一段）以南，而以两林部、邛部地带与北宋交错。复至大雪山、剑川节度辖境之聿赍城（今云南德钦）、三探览（在今云南永宁附近）、香城郡（今四川盐源）等城以北，再往东北伸延抵大渡河（约今四川安顺场之地）一带与吐蕃为邻[①]。

大理政权从后晋天福二年（937年）段思平即位建立大理国，至南宋宝祐二年（1254年）被蒙古忽必烈所灭，前后历22主共318年。其间，北宋绍圣元年（1094年）高升泰篡第14主段正明位，国号"大中国"。次年高升泰遗命还政于段氏，"大中国"存在仅一年时间。历史上一般以高氏篡位还政为限，即从937年至1094年，前后历14主共158年为大理前期；从1095年至1254年亡，前后历8主共160年为大理后期，或称后理时期。

2. 吐蕃（10世纪中期—12世纪前期）

相当于北宋与辽并立时期的10世纪中期至12世纪前期，吐蕃政权瓦解后，王室后裔继续分据各地，形成了拉萨、阿里、稚隆觉阿、亚泽四大王系及唃厮啰政权。

吐蕃政权末世赞普达磨（839—842年在位）死后，其子云丹、哦松争夺王位，各据一方。云丹后裔据有逻些城（今西藏拉萨）称拉萨王系，统治和控制着以今拉萨为中心的前藏地区；哦松后裔逐渐形成阿里、雅隆觉阿和亚泽三个王系。哦松之孙赤德尼玛衮在布让（今西藏普兰）建立阿里政权，称亚里王系。赤德尼玛衮又以其长子贝吉日巴衮据孟域（在今印度河上游），次子札喜德衮协据布让，三子德祖衮据象雄（今西藏札达及其附近地区）。阿里政权直接统治布让地区，同时控制着孟域及象雄两个地区。10世纪中期，德祖衮建立古格政权，辖有以

---

① 方国瑜：《中国西南历史地理考释》，中华书局1987年版，第409—767页；《中国历史地图集》，第五册、第六册。

象雄为中心，西接拉达克（今克什米尔列城），南邻布让，北及东北部包括藏北草原等地区。贝吉日巴衮建立拉达克政权，辖有孟域至今克什米尔地区。哦松的另一孙札喜邹巴退居并控制着拉多地区。札喜邹巴四传至玉敬。玉敬已随其祖父赤穹（札喜邹巴孙）入居雅隆（在今拉萨以南之雅鲁藏布江南部）①，后建立雅隆政权，是为雅隆觉阿王系。雅隆政权统治和控制着以雅隆为中心的雅鲁藏布江以南地区。德祖衮之孙拉保德，六传至赞楚德。赞楚德在亚泽建立政权，称亚泽王系。亚泽政权统治和控制着布让东南至雅鲁藏布江上游地区。

　　唃厮啰（997—1065 年）②据传为吐蕃王室哦松四世孙赤德的后裔。唃厮啰出生于高昌磨榆，12 岁时随一何姓商人迁居河州一公城（后改循化城）。唃厮啰政权建立以前，河湟地区佛教徒李立遵联合本教徒温逋奇建立政权（王城先在廓州，即今青海化隆境。后迁宗哥城，即今青海平安）。宋真宗大中祥符八年（1015 年），李立遵、温逋奇拥立唃厮啰为王，史称宗喀王，当为唃厮啰政权的开始。此后，李立遵与温逋奇两派互相争斗，都力图挟持利用唃厮啰并伺机取代。唃厮啰设法摆脱了李立遵的控制，徙居邈川（今青海乐都南），但邈川是温逋奇的势力范围。宋仁宗明道元年（1032 年），唃厮啰击败了温逋奇发动的政变之后，迁王城于青唐（今青海西宁）。从此，唃厮啰完全摆脱了李立遵、温逋奇两派势力的控制，自立主政。唃厮啰致力于青唐地区政治、经济、文化的发展，扩大军事实力，推行附属北宋、结好辽朝、抗击西夏兼并的对策。宋仁宗景祐二年（1035 年），唃厮啰率军击败了夏李元昊所部 2.5 万军队的大举进攻，成为具有相当军事实力，周旋于宋、西夏、辽之间的河湟强邦。宋英宗治平二年（1065 年），唃厮啰卒。此后，唃厮啰政权处于分立割据状态。唃厮啰第三子董毡（宠妻乔氏所出）继位，据有青唐及控制着宗哥（今青海乐都西）、邈川等河北地区。其他子不服，长子瞎毡（唃厮啰前妻、李立遵女所出）据龛谷

---

①　黄奋生引史称雅隆在"拉萨南四日程"。按拉萨南至雅鲁藏布江近百里，以方位和行程计，雅隆当位于拉萨南之雅鲁藏布江南部。参见黄奋生《藏族史略》，民族出版社 1989 年版，第 56 页。

②　唃厮啰生卒年有不同说法，此从祝启源《唃厮啰——宋代藏族政权》，青海人民出版社 1988 年版，第 294、300 页。

（今甘肃榆中南），后据有河、洮、岷州等河南地区。次子磨毡角（亦
唃厮啰前妻、李立遵女所出）与母居宗哥，复相结为母党，以磨毡角为
首领据宗哥一带。此外，温逋奇死后，其孙温讷支郢成（温逋奇之孙）
成为大首领之一，据有邈川至河州以北地区。大将鬼章势力扩大，逐渐
据有河南熙、河、洮、岷等州之地。各派割据势力之间互相争夺，尤其
青唐与邈川之间的矛盾无法调和，战乱不息。宋朝承认董毡及其后人的
继嗣地位，但对各派均予以册封或物质支持，以利用其稳定西北边境。
长期的分立、争战使唃厮啰政权的威望和实力已非昔比。宋神宗四年
（1071 年）实行熙河开边，对唃厮啰政权冬派及其他吐蕃部众实行招抚
和讨伐。在近半个世纪时间内，唃厮啰政权的大部分辖区为北宋所克
取。宋徽宗崇宁三年（1104 年），唃厮啰政权在宋军的再次进攻下解
体①。唃厮啰政权盛时辖区及能够控制的地区范围，"大致东南至秦州
西部的三都谷（今甘肃甘谷西），北接祁连山，南至今果洛藏族自治州
界，西逾青海湖"②。

　　唃厮啰政权从北宋真宗大中祥符八年（1015 年）建立，至徽宗崇
宁三年（1104 年）解体，前后历 5 主共 90 年。

　　综上所述，约当北宋与辽并立时期的吐蕃诸部仍然管辖和控制着青
藏高原地区。王室云丹后裔主要管辖、控制着以拉萨为中心，雅鲁藏布
江以北地区；哦松后裔主要管辖、控制着雅鲁藏布江以南和以北部分地
区、江上游南北至孟域及今克什米尔地区、藏北草原地区、江下游向东
以及向东北伸延至陕西西部及青海（湖）周围地区。11 世纪中期，吐
蕃诸部辖区及控制地区，大致东至秦凤路（前属陕西路）的巩、岷、
阶三州东部，利州路（前属西川路）的文州、龙州以及成都府路的茂
州、威州、邛州、雅州羁縻诸部，黎州等辖境西边的外沿地带与北宋错
邻或交界。东北至今祁连山东部与西夏为邻。东南至大雪山（在今缅甸
迈立开江和恩梅开江上源，仍为中缅边界）、聿赍、三探揽、香城郡等
城以北，再向西伸延抵大渡河（今四川安顺场）一带与大理接壤；南

----

　　① 祝启源：《唃厮啰——宋代的藏族政权》，第 24—181 页；黄奋生：《藏族史略》，第
159—161 页。

　　② 祝启源：《唃厮啰——宋代的藏族政权》，第 183 页。

及西南至今不丹南部边界接喜马拉雅山南部、克什米尔一带与天竺（今印度）、泥婆罗（今尼泊尔）、加湿弥罗（今属印度）为邻；北部至今青海哈拉潮东南和可鲁克、达布逊两湖以北，再向西伸延抵昆仑山东段以北一带与黄头回纥控制区错邻。西北至今阿尔金山西端向西南伸延，越昆仑山中部，再西南之喀喇昆仑山一带与黑汗控制区接壤。至 12 世纪初，吐蕃东北部控制向西收缩近千里，大致退至古骨龙城以西，南下经青海（湖）东及东南，再向东南伸延，经积石军西边的外沿，过洮水上源及黄河（今甘肃玛曲至四川若尔盖之索克藏寺一段）东至岷山一线，形成与北宋新的错邻地带，其他边邻大体上没有大的变动①。

3. 西州回鹘（黄头回纥、草头达靼）

西州回鹘（亦称高昌回鹘）政权建于 9 世纪中期，历经唐末五代十国时期渐趋稳定。10 世纪至 11 世纪，是西州回鹘的稳定时期，亦都护（汗王）结好并臣属于北宋与辽朝，境内经济、文化等事业广为发展。北宋雍熙元年（984 年），入使西州回鹘的使臣王延德获知其国"所统有南突厥、北突厥、大众熨、小众熨、样磨、割禄、黠戛司、末蛮、格哆族、预龙族之名甚众"②。至 11 世纪初，西州回鹘分别以高昌（西州）和北庭（庭州）为冬夏王城。辖区盛时"东起沙州（酒泉），西达热海（今伊塞克湖）南岸的弩支·巴尔思罕"③。11 世纪前期，西夏灭了甘州回鹘，复攻取瓜、沙等州。西州回鹘的辖区，大致东至古玉门关以西与西夏近邻；西抵热海以东、约今天山东段，再由山东头（今之新源东）向北伸延，过艾比湖东至和布克赛尔西一带与黑汗朝接壤；西南至塔里木盆地与黑汗控制区于阗为邻；东南以阿尔金山以南而控有黄头回纥、草头达靼地区；北近今乌伦古河、接今中蒙边界（约今新疆北塔山以北至蒙古阿塔斯山以南一段）一带与辽相邻④。

11 世纪 30 年代，西夏灭了甘州回鹘政权，进取河西至肃、瓜、沙诸州后逐渐建立对这一地区的统治。居住在这一地区的回鹘、达靼等部

① 参见黄奋生《藏族史略》，第 145—165 页；祝启源：《唃厮啰——宋代藏族政权》，第 24—188 页；本节北宋、大理部分参见《中国历史地图集》第六册。
② 《宋史》卷 490《高昌传》。
③ 《宋辽西夏金史》，中国大百科全书出版社 1988 年版，第 201 页。
④ 参见《中国历史地图集》第六册。

族，相当一部分流徙到唃厮啰、北宋、辽、西州回鹘境内及瓜、沙州以南一带。入居瓜、沙以南地区的这部分族众宋人称为黄头回纥（鹘）和草头达靼。史载自于阗东"至约昌（且未）城，乃于阗界"。过约昌，"次东至黄头回纥，又东至达靼（草头达靼）。次至种榅，又至董毡（指唃厮啰境）"①。又载自于阗东界向东，"道由黄头回纥、草头达靼、董毡"后入宋境②。日本学者佐口透考黄头回纥"住地大致在今柴达木盆地以北，从鄯善到沙州、瓜州的沙漠和绿洲地带"③。我国学界考证确定了黄头回纥和草头达靼的居地范围，大致以柴达木盆地为主，东、东北至瓜、沙州南境、祁连山与西夏错界；西、西北过阿尔金山即为西州回鹘之直接辖区；南、西南抵昆仑山东部，再向东北伸延、经达布逊、阿鲁克两湖以北至祁连山（甘州西南）一带为黄头回纥与吐蕃近邻。草头达靼主要居住在黄头回纥以东近祁连山以南一带④。由于黄头回纥的归附，西州回鹘政权同时控制着这一地区。

至12世纪20年代，西辽在高昌设"监国"，西州回鹘臣服于西辽。1209年（南宋宁宗嘉定二年），西州回鹘亦都护巴尔术阿而忒的斤摆脱西辽的控制归附蒙古。13世纪中期后成为元朝直辖区。14世纪20年代后，元朝和察哈台汗国分辖其地。

4. 黑汗汗国

9世纪40年代，漠北回鹘汗国崩溃，余部迁徙。据传其中较大的一支由庞特勤率领西迁到达垂河（今楚河）地区，逐渐与当地葛逻禄人汇合，进而臣服、取代了葛逻禄人对这一地区的统治。庞特勤自称可汗，可能是黑汗（喀喇汗）朝正式建立以前的最早开创者。又有的研究者认为，约于10世纪40年代，毗伽阙卡迪尔汗（据认为是博格拉汗

---

① 《宋会要辑稿》蕃夷4《拂菻国》。

② 《宋会要辑稿》蕃夷4《于阗》；《续资治通鉴长编》卷335，神宗元丰六年（1083年）六月。

③ ［日］佐口透：《撒里维吾尔族源考》，吴永明译，载《突厥与回纥历史论文选集》下册，中华书局1987年版。

④ 参见《中国历史地图集》第六册。

萨图克之祖）是黑汗朝的开国者①。其时，黑汗朝已拓展了统治区域，增扩伊犁河谷和疏勒（今新疆喀什）等地区，包括南部和东南的样磨地区，也归附于黑汗朝。卡迪尔汗毗伽阙死后，由其两个儿子继位。长子巴兹尔为正汗，以八剌沙衮为汗庭，直接统治东部地区；次子奥古尔恰克为副汗，以怛逻斯（今哈萨克斯坦江布尔）为汗庭，直接统治西部地区。10世纪40—50年代，博格拉汗萨图克首先皈依伊斯兰教。其子阿尔斯兰汗木萨继位后，大兴伊斯兰教，使境内操突厥语的牧民20万帐成为教徒。伊斯兰教遂成为黑汗朝的国教。10世纪后半期，黑汗朝发动了征讨佛教中心于阗的"圣战"。战争断断续续延续了几十年。至11世纪初，卡迪尔汗玉素甫征服了李氏统治的于阗国，并将这一地区置于黑汗朝的管辖、控制之下。黑汗朝致力于反对河中地区（阿姆河至锡尔河之间）萨曼王国（819—999年）扩张入侵的斗争。893年，萨曼国王马赫穆德率兵东侵并攻占了黑汗朝怛逻斯。黑汗朝出兵反击。10世纪30年代，博格拉汗萨图克出兵击败萨多军队，夺回了怛逻斯等地。90年代，黑汗朝军队向萨曼发动新的攻势，深入河中地区。999年，黑汗朝联合哥疾宁（伽色尼）王朝（在今阿富汗境内），共同进攻萨曼。这一年，黑汗军队再次攻陷萨曼首都布豁（又称蒲华、蒲花，今乌兹别克斯坦布哈拉。992年，黑汗曾攻占此城，后撤出），萨曼王国亡，从此，黑汗朝辖区扩至阿姆河以北的中亚地区。自10世纪末至11世纪20年代，为黑汗朝的盛期。11世纪40年代，黑汗朝分立为东西两个王朝。西黑汗朝为阿尔斯兰汗阿里后裔，以蒲华（原萨曼首都布豁）为都城，领有拔汗那（今乌兹别克斯坦费尔干纳）西部及河中地区；东黑汗朝为博格拉汗哈伦（哈散）后裔，以八剌沙衮为政治、军事都城，疏勒为宗教、文化都城，领有拔汗那东部、怛逻斯、白水城（今哈萨克斯坦奇姆肯特）、垂河流域等地区。两个分立王朝之间矛盾剧烈，互相攻伐，争战不已、各王朝内部也内讧不息，从而加深危机，走向

---

①　按黑汗朝正式建立的时间各家著述说法不一，此从《辽宋西夏金史》，第192—194页。

衰落①。

　　黑汗朝盛时，辖区及控制地区，东至约昌城（今新疆且末）以东，越塔里木盆地、今阿克苏（属新疆）、拜城（属新疆），再向北伸延到达和布克赛尔（属新疆）一带与西州回鹘错邻；西部以阿姆河为界、同伽兹纳王朝的呼罗珊相邻；南部至昆仑山与吐蕃接壤，至兴都库什山东头与天竺（今印度）近界；北部抵巴尔喀什湖，又至今塔城（属新疆）北与辽朝相邻②。

　　11 世纪后期，西黑汗朝的西部辖区开始受到从中亚崛起的塞尔柱突厥王朝军队的入侵而渐向东收缩。12 世纪 20—30 年代以后，西黑汗朝的都城实际迁至萨末鞬（今乌兹别克斯坦撒马尔罕）。30—40 年代，东、西黑汗朝先后臣服于耶律大石建立的西辽朝。13 世纪初，投奔西辽的蒙古乃蛮王子屈出律篡夺了西辽帝位。1211 年，屈出律占领疏勒，东黑汗朝亡。次年，花剌子模沙王朝（约 1077—1231 年）的国王赫穆罕默德占领萨末鞬，西黑汗朝亡。黑汗朝约从五代末至南宋宁宗嘉定五年（约 940—1212 年），自兴至亡前后共 273 年。

　　上述表明，北宋与辽并立时期的中国疆域格局，是在唐朝版图范围内历经五代十国之后、随着局部统一局面形成但又不能实现更大统一的重新组合。原唐朝的河北道南部，河东道、陕西诸道、剑南道及其以南以东至沿海诸道，包括南海、东海（含今东海、黄海）、渤海南半部的有关海区及所属各岛屿，唐亡后历经五代十国各朝邦，复由北宋继承下来并成为该王朝的辖区；河北、关内两道的大部分地区，包括安东都护府辖境所及的朝鲜半岛北部、今俄罗斯萨哈林岛（库页岛）、外兴安岭地区以及渤海北半部、东海（今日本海）、北海（今鄂霍次克海）等有关海区及其所属各岛屿，大体上由辽朝继承下来并成为该王朝的辖区；关内遵南部、陇右道东部有关地区，由西夏朝继承下来并成为该王朝的辖区；陇右道的大部分地区，大体上由西州回鹘（含黄头回纥、草头达靼）和黑汗朝（含于阗）继承下来，并成为这两个政权的辖区；建于 7

---

①　参见《辽宋西夏金史》，第 192—194 页；魏良弢《喀喇汗王朝史稿》，新疆人民出版社 1986 年版，第 71—124 页。

②　参见魏良弢《喀喇汗王朝史稿》，第 61—69 页；《中国历史地图集》第六册。

世纪、历受唐朝册封的吐蕃政权，其所辖及控制的青藏高原地区，大体上继续由原王室后裔建立的各个政权分据和控制着，在西南，8 世纪 30 年代，在唐朝支持下建立、"世为唐臣" 的南诏政权，其所辖的云南及云南以西以南地区，由世受北宋封王的大理政权继承下来并成为该政权的辖区。从总体上看北宋与辽并立时期的疆域范围，东、南、北三面大体上同于唐朝，而西域则逊之，反映了历史上中国版图的一个沿革过程。

（本文原载《中国边疆史地研究》1998 年第 3 期）

北宋与辽的边疆经略

　　内容提要　　北宋与辽的边疆经略，主要面向它们辖区的外围地带。北宋长期致力于西北、西部至西南地区的军政管辖，针对这一地区各族治乱、向背问题采取了相应的军政对策和措施。辽朝对东北、北部至西北各族的治乱、向背问题所采取的相应对策和措施，历经一、二百年的艰苦经营，付出了巨大的代价。至于历来为世人瞩目的宋、辽围绕燕云地区展开争战一节，实际上属于两朝的关系领域，故不以一般边事论之。本文通过北宋与辽的边疆经略，揭示其边功业绩同我国统一多民族国家向前发展相关的一些问题。

　　北宋与辽分立于南北。北宋辖有中原至沿海地区，其边疆经略，主要面对辖区近边或外围。即西北至西南各族治乱、向背问题所采取的军政对策和措施。辽朝辖有北疆地区，其边疆经略主要面向辖区近边，即东北、北部至西北各族治乱、向背问题所采取的军政对策和措施。至于历来为世人瞩目的宋、辽围绕燕云地区展开争战一节，实际上属于北宋与辽两朝的关系领域，故不以一般边事论之。本文着重探述北宋与辽的边疆经略，同时揭示其边功业绩同我国统一多民族国家向前发展相关的一些问题。

一　北宋的西北至西南边防

（一）　北宋的西北边防

北宋西北的河东路西北部、永兴军路和秦凤路（此二路由陕西路析置）北部与西夏东南部相邻，秦凤路、利州路和成都府路（此二路与梓州路原属西川路）西部同吐蕃东部接壤。北宋根据与西夏、吐蕃关系的军事形势推行其西北地区各路的边防措施，主要表现为如下三个方面：

1. 常备军队的布防

如仁宗时期（1023—1063 年）西北各路禁军部队的守防：河东路马军 49 指挥，步军 111 指挥，合计 160 指挥，守防兵力 8 万人左右。陕西路（后析置永兴军和秦凤两路）马军 93 指挥，步军 233 指挥，合计 329 指挥，守防兵力 16 万人左右（按宋制每一指挥 500 人左右计）。西川四路（即成都府路及利州、梓州、夔州三路）步军 9 指挥，守防兵力 4500 人左右。神宗元丰（1078—1085 年）改制后，西北地区各路禁军马步军布防情况：河东路 12 将，至哲宗时增至 13 将，守防兵力在 13 万人左右（宋制每一将为几千人至万余人）。秦凤路至哲宗时为 9 将，守防兵力 9 万人左右。泾原路（北宋以泾、原二州为一军事成防区，亦称路）13 将，守防兵力 13 万人左右。熙河路（开边后划归秦凤路。自成一军事成防区，亦称一路）10 将，守防兵力 10 万人左右。鄜延路（北宋以永兴军路的鄜州、延安府为一军事成防区，亦称一路）9 将，守防兵力 9 万人左右。环庆路（北宋以永兴军路的环、庆两州为一军事成防区，亦称一路）9 将，守防兵力 9 万人左右[①]。秦凤、永兴军诸路是北宋与西夏、吐蕃近邻的军事敏感地区，故以重兵守防。

2. 实行联结吐蕃牵制西夏的对策

北宋朝廷利用河湟吐蕃唃厮啰政权与西夏的矛盾，加强与唃厮啰的

[①]　以上参引王曾瑜《宋朝兵制初探》，中华书局 1983 年版，第 44—49、54、97—98 页。

宗藩关系，授唃厮啰官职并物质上的援助，而以唃厮啰军队进攻西夏为
交换条件。如仁宗宝元元年（1038 年），宋廷授唃厮啰为保顺军节度
使，"岁给唃厮啰綵绢千匹、角茶千斤、散茶一千五百斤"①。次年，宋
廷遣左侍禁鲁经持仁宗诏赴唃厮啰，"使击元昊以披其势，赐帛二万
匹"。唃厮啰立即"出兵四万五千"人击西夏之西凉。因西夏守军有
备，唃厮啰"捕杀遊逻数十人，亟还"，但"声言图再举"②。此后，宋
廷多次授官于唃厮啰及其僚属、"重贿唃厮啰"的物质更是源源西运。
唃厮啰也多次发兵配合北宋军队与西夏军队作战。唃厮啰死后，其子董
毡嗣立。宋与董毡的宗藩关系继续承传下来，董毡助宋击夏更加尽力。
如北宋熙宁三年（1070 年）西夏进攻北宋环庆二（路）地区，董毡进
攻西夏边境，"大克获"，神宗"赐玺书、袍带奖激之"③。元丰四年
（1081 年），宋师伐西夏，董毡遣酋长抹征等率兵"三万人赴党龙耳
江"等地，"又集六部兵十二万"，分三路与宋师会合，助攻西夏，受
到神宗的赞许和加封④。唃厮啰成为北宋的盟友和属邦，而以西夏的对
立面出现，起到了协助宋军牵制西夏的作用。

　3. 实行熙河开边，向西北扩大辖区

　　北宋英宗治平二年（1065 年），唃厮啰死，其子董毡嗣位。董毡分
据黄河以北，包括青海以东的青唐（鄯州）、宗哥（龙支城）、邈川
（湟州）、廓州一带地区。唃厮啰的另一子瞎毡分据黄河以南，包括溪
哥（积石军）、河州、熙州及兰州等地区。瞎毡死后，其子木征继立。
唃厮啰政权处于分裂割据和衰落状态。北宋朝廷乘机实行"欲取西夏，
当先复河、湟"的开边战略。神宗以王韶为勾管秦凤路经略机宜文字。
王韶奉命赴西北按察边情，先使青唐蕃族俞龙珂部"十二万口内附"。
熙宁四年至五年（1071—1072 年），宋廷以王韶为秦凤路沿边安抚使。
王韶率军攻取木征领区，建为镇洮军，复什为熙州，置为熙河路。熙宁
六年（1073 年），王韶师再败木征，克取河、洮、岷、叠、岩诸州。熙

---

① 《续资治通鉴长编》卷 122，仁宗宝元元年十二月，中华书局 1983 年版。
② 《续资治通鉴长编》卷 123，仁宗宝元二年六月。
③ 《宋史》卷 492《吐蕃传》。
④ 同上。

河路为一军事辖区，此时辖有熙、河、洮、岷等州。王韶先后"拓熙河地千二百里"，招抚蕃众"三十余万口"，增募蕃族弓箭手，置砦（寨）戍防，"每寨三指挥或至五指挥，每指挥二百五十人"守防。又于熙河地区开辟屯田"百顷，坊三十余所"，组织戍砦（寨）汉蕃士兵耕种，以供军食。每岁屯田收入粮食，可"供赡一万五千四百三十人"①。元丰四年（1081年），北宋五路军出讨西夏。熙河经制李宪率所部熙河、秦凤路军队北击西夏辖区攻取兰州城。元丰五年（1082年），改熙河路为熙河兰会路（后或改称熙河兰岷路、熙河兰湟路等），主管秦凤路之熙、河、兰、会（西半部）、巩、岷、洮、湟、西宁（鄯州改置）、廓等州及积石军之军事戍防②。哲宗时期，西夏助羌人反宋。又以朝议，北宋所扩河、湟地区大片失守或弃而不守。徽宗时期。宋廷重新经略西北，起用王厚为熙河经略安抚使，以熙河兰湟、秦凤路经略安抚使童贯监领西边军事。崇宁二年至大观二年（1103—1108年），王厚、童贯率师先后击败羌首多罗巴、溪赊罗撒、溪哥臧征等兵，收复河湟失地。熙河开边反映了北宋西北部的边政业绩。

（二）北宋的西南边政

北宋统一南方后，在与大理、吐蕃、交趾（安南）接壤或近邻的西南地区，采取了相应的管辖和防务措施，大体上可归纳为如下三个方面：

1. 在普遍设置路、州（府）、县三级政区实行直接管辖的同时，对某些少数民族地区采用特置羁縻州管辖

如成都府路有黎州54、雅州44、茂州10、威州2；梓州路（后为潼川府路）有戎州（后改叙州）30、泸州18；夔州路有黔州49、恭州1；广南西路有邕州44、融州1、宜州10③。北宋朝廷对这些少数民族地区采用的羁縻式管辖大体上承袭唐制，对其首领授予官职。通过"树

---

① 《宋史》卷191《兵志五》，卷328《王韶传》。
② 《宋史》卷16《神宗纪三》，卷467《李宪传》。
③ 参见《宋史》《地理志五》《地理志六》卷89、卷90。

其酋长"，达到"以夷制夷"、"以蛮制蛮"的目的。

2. 在西南地区驻兵戍防

北宋朝廷在利州、成都府、梓州、夔州、广南西等西南诸路的军事戍防，除了禁军循例轮流驻防外，还组织乡兵守防沿边、近边各寨、堡。例如据《元丰九域志》载，利州路：文州曲水县寨9，龙州曲江县寨1；成都府路：彭州九陇县寨1，绵州神泉县寨1，龙安县寨1，邛州安仁县寨1，大邑县寨1，蒲江县寨1，雅州严道县寨1，卢山县寨1，茂州寨1（即镇羌寨，在州南40里）；梓州路：泸州江安县寨5，合江县寨6，乐共城寨1、堡2；夔州路：黔州彭水县寨4，黔江县寨29，施州清江县寨7，建始县寨1；广南西路：邕州寨1（即太平寨，在州西五百里）。融州融水县寨2，宜州龙水县寨2，天河县寨1，思恩县寨3，雷州海康县寨1，廉州合浦县寨2。元丰以后至北宋末期，西南各路的有关州县寨、堡有所调整或增置①。负责各寨、堡守防的乡兵，具有一定的组织。一般由所在州、县主管官员招募、组织当地汉族或少数民族青年充当，称为义勇土丁或壮丁、枪手、弓弩手等。各寨、堡负责率领乡兵的官员有指挥使、把截将、砦（寨）将等名号，有的还置有都头、十将、押番或兵马使、巡检将、科理、旁头以及巡遏将等。其上级单位如施、黔、思（在夔州路黔州东南）三州守防边寨乡兵。"总隶都巡检司"。在朝廷由枢密院总掌。守防寨、堡的乡兵有一定规模。如夔州路施州诸寨有将及土丁"总一千二百八十一人，壮丁六百六十九人"。黔州有将并壮丁"总千六百二十五人"。黔州羁管之思州有将并壮丁"总千四百二十二人"。广南西路各州县土丁"凡得三万九千八百人"。又神宗熙宁七年（1074年），梓州路泸州"募土丁五千人"。元丰六年（1083年）广南西路宜州"土丁七千余人"。寨、堡乡兵立足于戍防本土。备御意外入犯和管内百姓的离乱。他们"分隶边砦（寨），习山川道路，遇蛮人入寇。遣使袭讨，官军但据险策应之"。寨、堡乡兵与朝廷禁军在边境戍防上密切配合，除了守防本土外，也起着备御大理、吐蕃、交趾（今越南）的作用，是北宋西南边防的一支

---

①　参见《宋史》卷89《地理志五》，卷90《地理志六》。

重要力量①。

3. 对招抚不从的"叛离""作乱"者以兵讨之

北宋统一南方前后，以"恃文教而略武卫"为制西南"荒服"之道②。使西南各族陆续归附。而对那些招抚不从、拒绝归顺、聚众对抗者则以兵讨伐。如真宗大中祥符六年至七年（1013—1014 年），晏州（属梓州路泸州羁管）多刚县夷人首领斗（一作斟）望、行牌率其众攻陷清井监，杀害官军，"大掠资畜"，"民皆惊扰。走保戎州"。本路转运使寇瑊令诸州巡检集兵征讨，并会同内殿崇班王怀信奉命绥抚。近地夷族，陆续归附，唯斗望、行牌等拒绝招安，"屡为寇钞"。真宗乃诏王怀信为嘉、眉、戎、泸等州水陆都巡检使，康训、符承训为同都巡检使，与寇瑊率军进讨，并加派禁军虎翼、神龙两军三千余人及当地乡兵助战，于罗固募、斗引、斗行村、龙峨山、泾滩、晏江等地历经苦战，大破斗望等所部。斗望及其他首领悉赴清井监自首，发誓"永不盗寇边境"③。又如仁宗庆历元年（1041 年），邕州管内广源州蛮族首领侬智高据安德州（亦邕州管内）建国。皇祐四年（1052 年）起兵反宋，攻占邕州，自立为帝。侬智高率兵东下，连陷广南西路的横、贵、龚、浔、藤、梧及广南东路的封、康、端等州，围攻广州。广州守军凭据城堑固守还击，番禺县令萧注等率乡兵土丁及海上强壮兵截击侬智高舰队，朝廷禁军从陆海两路包剿，给侬智高军以重创。侬智高率众西还，退守邕州。皇祐五年（1053 年），仁宗命狄青为宣抚荆湖南北路、经制广南盗贼事。与知桂州、经制广南东西路盗贼事余靖和广南东西路安抚使孙沔，大军三路万余人西进讨伐。大破侬智高于邕州。侬智高败遁入大理。宋军俘斩侬智高之母及其弟④。北宋朝廷依靠武力进讨和其他安抚措施。以保证其对西南地区的管辖。

① 《宋史》卷 191《兵志五》。

② 《宋史》卷 493《蛮夷传一》。

③ 《宋史》卷 496《蛮夷传四》。

④ 《宋会要辑稿》蕃夷 5；《宋史》卷 296《蛮夷传四》。

（三）继承和发展同周边民族政权的宗藩关系

在我国历史上，中原王朝与周边各族及各族政权通过建立宗藩关系体现一种从属性的政治联系。北宋王朝继承和发展了历史上，尤其是唐朝以来既定的宗藩关系。由于北宋与辽并立的特定辖区格局，北宋王朝的藩属对象，除了周旋于北宋与辽的西夏和高丽外，主要是面向西北的回鹘、黑汗，西部的吐蕃和西南的大理、交趾。

回鹘汗国崩溃后，余众西迁建立政权，其中影响较大的有河西（甘州）回鹘和西州（高昌）回鹘，北宋王朝与这两个政权均建立了宗藩关系。河西回鹘于 11 世纪 30 年代为西夏所并。西州回鹘汗王坚持先前唐朝与回鹘汗国确立的甥舅关系，至五代与中原王朝及北宋的往来仍自称外甥。北宋建立后，西州回鹘汗王多次遣使入贡。如太宗太平兴国六年（981 年），西州回鹘贡使入宋，其国王"称西州外生（甥）师子王阿厮兰（阿萨兰）汉（汗）"[1]。为了维护和发展双方关系，太宗于这一年六月遣供奉官王延德、殿前承旨白勋出使西州回鹘。使团远涉万里，历尽艰辛，前后经过四年才完成这次出使任务。王延德等到达高昌城，受到阿萨兰汗的亲切接见。阿萨兰汗认宋朝为宗主国，率其亲属面对宋使行藩属礼，"皆东向拜受赐"[2]。宋使王延德持诏赐阿萨兰汗及"诸国君袭衣、金带、缯帛"等[3]。此后，西州回鹘多次入贡宋朝，宋朝加强了与西州回鹘的政治、经济和文化交流。

北宋与西域的黑汗朝（又称喀喇汗朝）建立宗藩友好关系。黑汗朝王自称"桃花石汗"。意为"中国汗王"或"中国之王"。10 世纪末至 11 世纪初，黑汗朝处于盛期，疏勒、于阗等西域政权均在其管辖之内。北宋仁宗嘉祐八年（1063 年）八月，黑汗朝遣于阗使罗撒温入宋贡方物，英宗（此年三月仁宗死，四月英宗继位）诏封其"国王为特进、归忠宝顺砺鳞黑韩王"（鳞为于阗语，意为金翅鸟）。除了回赐入献方物

---

① 《宋史》卷 490《高昌传》。
② 同上。
③ 同上。

所值外，还"特别赐钱五千贯"①。此后黑汗多次入贡，宋朝均以优值回赐。黑汗朝对宋朝"倾心相向"②。哲宗绍圣（1094—1098 年）中，黑汗王出兵攻西夏的甘、沙、肃等州，采用军事行动，助宋夹制西夏。哲宗"诏答其意"③。

北宋王朝致力于与吐蕃各部的宗藩关系，累世不辍。吐蕃王朝瓦解后，吐蕃内部分裂，散据各地。凉州六谷部多次以马匹入贡宋朝，宋朝每次都给予优厚的回赐，多次对六谷部首领封官。如咸平六年（1003年），真宗授六谷部首领潘罗支"为朔方节度使、灵州西南都巡检使"④。景德元年（1004 年），潘罗支遇害身亡，其弟厮铎督继立为首领，真宗授厮铎督为"盐州防御使、灵州西南沿边都大巡检使"，旋又加封为"朔方军节度、押蕃落等使、西凉府六谷大首领"。因此，六谷部以宋朝的藩属，时常采取军事行动，配合北宋牵制西夏。如咸平六年（1003 年）潘罗支率其军队在凉州反击战中杀死夏王李继迁，给西夏以重创。潘罗支遇害后，真宗为表其助宋击夏之功，"诏赠罗支武威郡王，遣使厚恤其家"⑤。厮铎督多次率兵与西夏王李德明交战，真宗嘉奖其功，以弓矢兵器"别赐厮铎督，以重恩意"⑥。仁宗明道元年（1033年），六谷部被西夏所破，北宋因此失去了西凉地区协同牵制西夏的一支藩辅力量。北宋与唃厮啰政权保持着密切、友好的宗藩关系，多次给唃厮啰封官。如明道元年（1032 年），仁宗授唃厮啰为"宁远大将军、爱州团练使"⑦。宝元元年（1038 年），仁宗加授唃厮啰为"保顺军节度使，仍兼邈川大首领"，"后累加恩兼保顺、河西节度使、洮凉两州刺史"等⑧。唃厮啰死后，北宋遵从前制继续予唃厮啰的继承人董毡等封官。唃厮啰政权常出兵配合北宋讨伐西夏，成为北宋在洮湟一带地区

①　《宋史》卷 490《于阗传》。
②　同上。
③　同上。
④　《宋史》卷 492《吐蕃传》。
⑤　同上。
⑥　同上。
⑦　同上。
⑧　同上。

的重要盟邦。神宗时期，宋朝致力于熙河开边，实行西北驻军防守和军队屯田，加强了与唃厮啰政权的联系①。通过边境互市，北宋从唃厮啰及其他蕃族获得大批马匹。北宋从其与唃厮啰的宗藩关系中扩大了牵制西夏的政治、军事盟友，而唃厮啰也从中获得了自立的邻邦条件②。

北宋与大理的宗藩关系是在历经一段时间的隔绝之后重新建立起来的。北宋初期对大理严于戒备，太祖"鉴唐之祸基于南诏，乃弃越巂诸郡，以大度（渡）河为界，使欲寇则不能，为臣则不得"③，故借大渡河天险，以兵设防。还于邕州之横山等寨（砦）和宜州以西虎头关九十里之险要地带，"把握峒丁，结集道路"，加以防备④。军事上的戒备造成政治上处于隔绝状态。大理的前身南诏以及后来替立的长和等政权，均与唐朝或唐亡后的五代中原王朝有着臣属关系。太祖死后，继位的太宗开始恢复朝廷与大理的宗藩关系。太平兴国（976—984 年）初，大理首领白万"款塞乞内附"，"太宗册为云南八国都王"⑤。淳化（990—994 年）末，太宗敕附大理王为"云南大理王，统辖大渡河南姚、嶲州界山前山后百蛮三十六鬼主兼怀化大将军、忠顺王"⑥。复于诏书特授大理王"检校太保、归德大将军"⑦。政和七年（1117 年）。徽宗诏封"段和誉（段正严）为金紫光禄大夫、检校司空、云南节度使、上柱国、大理国王"⑧。大理臣属于宋朝，不避长途跋涉多次遣使入贡开封。而宋朝也尽力帮助大理使团克服交通上的困难。如太平兴国七年（982 年），太宗"诏黎州造大船于大渡河。以济西南蛮（大理）之朝贡者"⑨。政和五年（1115 年），宋廷在广南西路宾州设局接待大

---

① 《宋史》卷 490《于阗传》。
② 同上。
③ 《文献通考》卷 329《四裔考六》。
④ 同上。
⑤ 《续资治通鉴长编》卷 267，神宗熙宁八年八月条下注引宋如愚《剑南须知·云南买马记》。
⑥ （宋）洪迈：《容斋随笔》卷 4，引辛怡显《至道云南录》。
⑦ 同上。
⑧ 《宋史》卷 488《大理传》。
⑨ 《续资治通鉴长编》卷 23，太宗太平兴国七年三月。

理使臣并转送其奏文①，北宋也多次派官员使大理。如太宗淳化中，招安使雷有终遣嘉州士人辛怡显使于南诏（大理），至姚州，大理"节度使赵公美以书来迎"②。又辛怡显在太宗至道元年（995年）奉命出使，"两至云南（大理）"③。神宗熙宁七年（1074年），成都府奉诏派杨佐使大理"和买"市马，受到大理八国都王的热情款待，"问劳赠送〔杨〕佐等各有差"④。北宋自太宗时期开始，通过入贡或市易，从大理获得了大批马匹，但宋朝大都以"增给马直（值）"予大理优惠⑤。北宋在其与大理近邻如成都府路西南大渡河以北的黎州，广南西路邕州的横山寨（砦）、太平寨以及宜州等地，均置有和市场所。北宋与大理宗藩关系的发展，促进了双方马市和其他贸易往来。这种关系一直保持到南宋时期。

北宋重建和发展与交趾的宗藩关系，是其西南边政经略的一个重要方面。交趾在历史上属于中国王朝的辖区之一，唐朝于其地置交州、爱州和驩州，属于岭南道。唐肃宗至德（756—758年）中，置为安南都护府管辖。五代十国时期，沿唐旧称交趾为交州，交州初为后梁藩属，后向南汉称臣。北宋更五代而立，继承前代传统，同交趾先后更替的丁氏、黎氏、李氏各政权均建立和发展宗藩关系。如开宝六年（973年），太祖封丁部领为交趾郡王⑥。雍熙二年（985年），太宗授黎桓内检校太保、使持节、都督交州诸军事、安南都护，充静海军节度、交州管内观察处置等使，封京兆郡侯⑦；淳化四年（993年），进封黎桓为交趾郡王⑧。景德四年（1007年），真宗授黎龙廷（桓子）为特进、检校太尉、充静海军节度观察处置等使、安南都护，兼御史大夫、上柱国，仍

①《宋史》卷488《大理国传》。

②（宋）洪迈：《容斋随笔》卷4。

③《续资治通鉴长编》卷10，开宝二年六月注文；林芹：《南诏野史会证》，云南人民出版社1990年版，第233页。

④《续资治通鉴长编》卷267，神宗熙宁八年八月注引宋如愚《剑南须知·云南买马记》。

⑤《宋史》卷496《黎州诸蛮传》。

⑥《宋会要辑稿》蕃夷4交趾。

⑦《宋史》卷488《交趾传》。

⑧ 同上。

封交趾郡王①。大中祥符三年（1010年）授李公蕴特进、检校太傅、充静海军节度观察处置等使、安南都护，兼御史大夫、上柱国。封交趾郡王②。天圣七年（1029年），仁宗授李德政（李公蕴子）为检校太尉、静海军节度使、安南都护、交趾郡王③。至和二年（1055年），仁宗授李日尊（李德政子）为特进、检校太尉、静海军节度使、安南都护，封交趾郡王④。熙宁六年（1073年），神宗授李乾德为静海军节度使、观察处置使、安南都护、交趾郡王⑤等等。北宋王朝与交趾的宗藩关系，赋有政治上的实质性内容。作为宗主国的宋朝对其藩属国交趾拥有一定的羁辖权。如太宗时，交趾郡王黎桓为政无方。"海贼"剽掠。且常祸及宋的钦州如洪、咄步、如昔等镇。宋主客郎中李若拙奉朝命使交趾责问黎桓说："以足下拔自交州牙校，授之节制，固当尽忠以报。岂有他虑！"指出交趾"为朝廷比建节制，以宁海表。今既蛮贼为寇害，乃是交州力不能独制"，今"委黎桓讨击之"。黎桓保证说："海贼犯边，守臣之罪也。圣君荣贷……自今谨守职约，保永清于涨海。"言毕"北望顿首谢"⑥。此后，黎桓尽臣节于宋朝，继修职贡，"海隅宁谧，不失忠顺"⑦。真宗景德三年交趾黎氏政权"改文武及僧道官制及朝服，一准于宋"⑧。北宋与交趾由于辖区沿边问题常有军事争端，但作为宋朝羁辖下的藩属国，是对交趾（安南）政权的一个定位问题。神宗元丰六年至七年（1083—1084年），宋朝与交趾划定辖界。顺安州（仁宗嘉祐中，侬宗旦以勿恶峒来归。赐名顺安州）和归化州（英宗治平中，侬智会以勿阳峒来归，赐名归化州）以降之"庚俭、邱矩、叫岳、通旷、庚岩、顿义、多仁、勾难八隘为界"，"其界外保乐、练苗、丁放近六县、宿桑二峒"割归交趾"主领"。神宗特命交趾王李乾德要"谨

---

① 《宋史》卷488《交趾传》。
② 同上。
③ 同上。
④ 同上。
⑤ 《宋会要辑稿》蕃夷4交趾。
⑥ 《宋史》卷488《交趾传》。
⑦ 《续资治通鉴长编》卷63，真宗景德三年五月。
⑧ 翦伯赞主编《中外历史年表》，中华书局1985年版，第392页。

守封约，勿纵交侵"①。双方辖区界约的修订，显然有利于交趾扩大和提高对领区内的治权。宋朝虽仍为宗主国。但对藩属"安南（交趾）数郡，土壤遐远，但羁縻不绝而已"②。

此外，北宋与西夏、高丽同辽与西夏、高丽各自建立的宗藩关系同时存在。西夏拥有较强的军事实力与宋、辽抗衡，利用政治上的臣属关系周旋于宋、辽两大朝邦之间，以为自立自存的一种手段；辽朝利用其与西夏的宗藩关系结纳西夏制约宋朝；宋朝则利用其与西夏的宗藩关系结纳西夏反制辽朝。北宋、辽与高丽的宗藩关系的运作在很大程度上受到地理因素等的影响。辽与高丽辖区接壤，有利于双方宗藩关系的运作及其宗主国地位作用的发挥。北宋与高丽隔海相望，陆路入高丽则须通过辽的辖区。这些因素制约着双方宗藩关系的运作及其宗主国地位作用的发挥。是以北宋与辽同为高丽的宗主国，而在实际地位和对高丽的羁縻和影响力方面，北宋则逊于辽朝。

然而总的看，在当时北宋与辽并立的历史条件下，北宋以中原王朝的传统地位形成的宗藩体系，其间也有过争战或表现种种消极面，但这一体系的运作，体现了边疆地区各族及各族政权内向中原的凝聚关系，对稳定广大西北、西部和西南地区的局势，起着不容忽视的作用。

二　辽朝的东北、北部和西北边防

（一）东北地区的边防

辽朝统一东北地区之后，将这一地区置为东京（太宗初置南京，后改）道管辖。辽朝从巩固东北地区统治出发，根据各族的具体情况采取相应的措施。

1. 建立特辖式的地方政权

太祖耶律阿保机平定渤海后，鉴于渤海政权经历长达二百多年

---

① 《续资治通鉴长编》卷349，神宗元丰七年十月。
② 《宋史》卷90《地理志六》。

（698—926 年）之久，在东北地区有着广泛、深厚的政治基础，因此，在原渤海国地区特置东丹国，作为契丹朝（辽朝）在东北地区的地方政权。东丹国享有政治上的某些自主权，但最高权力属于契丹皇帝。阿保机以其长子耶律倍为东丹国王，以契丹官员和渤海旧臣合治政事。为了削除渤海上层势力和下层基础，朝廷将归降的渤海国王大諲譔及不宜任用的渤海旧臣迁至上京，"筑城居之"。生活上予以照顾，政治上严加控制。又把原渤海民户大批迁入上京临潢府各县或其他州、县安置管辖。至太宗时期（927—947 年），辽朝皇权进一步加强，东丹国权力削弱，国王耶律倍因不满其空有其位逃入后唐。乾亨四年（982 年）十二月，圣宗下诏取消东丹国行政机构，"省置中台省官"①。从此，东丹国辖区并入东京道，成为东京道直属辖区的一部分②。

2. 对女真实行分治

女真，又作女直，其先为黑水靺鞨。世居黑水（今黑龙江下段，辽时属混同江下段）、那河（今松花江，辽时称混同江）以及太白山（今长白山）地区，主要从事畜牧业和农业。唐朝置黑水都督府，对黑水靺鞨实行管辖。唐后期边政失驭，黑水靺鞨再度处于散居状态。辽灭渤海以前，黑水靺鞨陆续以女真名世。唐末五代之际，耶律阿保机南征北讨，多次对女真用兵，"东北女直之未附者，悉破降之"③。阿保机灭渤海后，采取措施，以防女真"为患"，对其中影响较大的女真大户实行迁徙。如史称阿保机"诱豪右数千家迁之辽阳之南"，并编入户籍，号熟女真，与未入户籍的生女真区别管理④。此后，辽廷采用行政手段，使女真陆续南迁。同时，对南迁女真实行有区别的管辖：其一，编为直接管辖的部族。如圣宗时把南迁的女真户置为奥衍女真部和乙典女真部，以节度使治之。奥衍女真部总隶北宰相府，节度使属西北路招讨司，令其"戍镇州境"。乙典女真部总隶南宰相府。"居高州北"⑤。其

---

① 《辽史》卷 10《圣宗一》。

② 本段详参林荣贵《辽朝经营与开发北疆》，中国社会科学出版社 1995 年版，第 42—46 页。

③ 《辽史》卷 1《太祖上》。

④ （宋）陈准：《北风扬沙录》参见《说郛》卷 25，商务印书馆本。

⑤ 《辽史》卷 33《营卫志下》。

二，编入属国属部。如阿保机时迁入辽阳以南的女真豪右。辽廷准其以
曷苏馆女真名世。此后于圣宗太平六年（1026 年）"许建旗鼓"，特置
曷苏馆路女真大王府，由辽廷派官员和女真首领共同管理部事。属于这
类管辖方式的还有女真顺化部、回跋部、长白山部、鸭绿江部、濒海
（东海）部等。其三，直接编入州县户籍。如史载太祖阿保机伐女真及
燕、蓟，以其俘户置龙化县（属龙化州）①。圣宗末年，辽廷将岁饥来
归的女真五部置来州（属中京道）"居之"②。圣宗开泰三年（1014
年），"以女直户置招州"③。兴宗重熙九年（1040 年），伐女真"以所
得女直户置肃州"④ 等。这部分女真置入州县民户之后，一般不再以本
族名号出现。与此同时，辽朝对未迁徙也未经编籍的粟末江和宁江州以
北地区的生女真，主要采取属国属部的羁縻式管辖。如置生女真部节度
使管辖生女真完颜等部。其节度使一般由辽廷批准该部守边有功的首领
担任。如兴宗时期（1031—1055 年），女真完颜部首领乌古迺计擒叛离
辽廷的五国部节度使拔乙门，受到兴宗的嘉奖，当即命其为生女真节度
使⑤。此后，辽朝还允许完颜部世袭生女真节度使。

　　3. 对室韦的征讨和管辖

　　室韦，又称失韦。北魏时见于史籍。唐时分布于外兴安岭、大兴安
岭、望建河至黑水（今合称黑龙江）、那河（今松花江）流域等地区。
先附突厥，后归唐朝。先后隶属于唐营州都督和室韦都督府管辖。唐末
五代时期，室韦向西南迁徙，到达胪朐河（今克鲁伦河）流域、蒙古
高原及它漏河（他鲁河，即今洮儿河）流域等地区。北疆动乱，室韦
再度处于分散状态，部类更多。耶律阿保机统一东北之际，对室韦各部
实行征讨，"连破室韦"⑥。又以兵征讨后来迁达近寨"呼伦泊东南"一

---

① 《辽史》卷 37《地理志一》。
② 《辽史》卷 39《地理志三》。
③ 《辽史》卷 37《地理志一》。
④ 《辽史》卷 18《兴宗纪一》。
⑤ 《金史》卷 1《世纪》。
⑥ 《辽史》卷 1《太祖纪上》。

带的黑车子室韦①，"降其八部"②。室韦各部大都归顺辽朝。穆宗时期
（951—969年），大兴安岭至胪朐河一带的大、小黄室韦（又称黄头室
韦或黄皮室韦）复叛。大黄室韦首领寅尼吉率部与小黄室韦部结伙南
下，"掠牛羊叛去"③。应历十五年（965年）开始，辽廷命守官库古只
和都统雅里斯等率军进击。几经对杖，寅尼吉锐气被挫，"亡入敌
烈"④。大、小黄室韦平定之后，室韦各部未再出现大的离乱。辽廷先
后对室韦各部加强管辖，如撤销大、小黄室韦本部的闼林官，代之以中
央委派的仆射掌管各部政务⑤。又将室韦置为直接管辖的在编部族。如
大、小黄室韦户改编为突吕不室韦和涅剌拏古两部。置节度使掌之，分
"戍泰州东北"和"戍泰州东"，节度使届东北路统军司，总隶北宰相
府。将归顺的其他室韦户置为室韦部，亦置节度使掌之，节度使属西北
路招讨司，总隶北府⑥。此外，置室韦国王府和黑车子室韦国王府，
"命其酋长与契丹人区别而用"⑦。共同掌管有关室韦各部政务。

　　4. 要害及近边地带的戍防

　　辽灭渤海并兼有其故土后，辖区东部与高丽近邻。辽与高丽初时大
致以朝鲜半岛中部的浿水（今大同江）中段至泥河（今龙兴江）为界。
其时，高丽向北扩张，侵占辽的部分辖区。圣宗统和十一年（993年），
辽朝出兵征讨高丽，高丽战败求和、谢罪。圣宗诏以"鸭绿江东数百里
地"赐高丽⑧，乃是作为要求高丽谨守臣节和停止向北扩张的交换条
件。高丽以所得赐地置兴化、通州、龙川、铁州、郭州、龟州六镇。但
此后高丽仍然向北扩张，与辽关系紧张。统和二十八年（1010年），高
丽内部政变，国王王诵被弑，王诵兄王询自立为王。辽以宗主国的名义
进行干预。圣宗并亲率大军再次征讨高丽。高丽战败，都城开京（今开

　　① 王国维：《黑车子室韦考》《观堂集林》卷14，参见《王国维遗书》，上海古籍书店1983年版。
　　② 《辽史》卷1《太祖纪上》。
　　③ 《辽史》卷69《部族表》。
　　④ 《辽史》卷7《穆宗纪下》。
　　⑤ 《辽史》卷46《百官志二》。
　　⑥ 参见《辽史》卷33《营卫志下》。
　　⑦ 《辽史》卷46《百官志二》。
　　⑧ 《辽史》卷13《圣宗纪四》。

城）毁于战火。辽军因遭到高丽的抗击而退师。王询遣使谢罪请和，辽朝承认王询的国王地位。复后，辽朝几次向高丽索还六州之地，均遭高丽的拒绝而未果，辽与高丽的辖区交界实际上缩至从鸭绿江口向东伸延、经浿水（今大同江）上源至泥河（今龙兴江）一线。针对高丽在其北境修长城，在六镇等地驻兵布防，辽朝也在鸭绿江口至循高丽近界一带陈兵设防，以为守御之计。如统和二十八年（1010 年），辽朝先后在鸭绿江下游出海口两岸设置开州、来远城、保州、宣州、定州、吉州等城镇，并派兵防守，上隶东京统军司主管①。据《辽史》卷36《兵卫志下》引《大辽事迹》载："东京沿女直界至鸭绿江：军堡七十，各守军二十人，计正兵一千四百；来远城宣义军营八：太子营正兵三百，火营正兵六百，蒲州营正兵二百，新营正兵五百，加陀营正兵三百，王海城正兵三百，柳白营正兵四百，沃野营正兵一千；神虎军城正兵一万，大康十年置"。这一防务区大体相当于东京道南部地区，军事上总体戍防主要由辽阳路负责。《辽史》卷46《百官志二》载：以东京兵马都部署司，契丹、奚、汉、渤海四军都指挥使司，东京都统军司等置属"辽阳路诸司，控扼高丽"。圣宗开始，辽与高丽宗藩关系常出故障，故辽阳路诸司的备御也相对加强。

混同江（今松花江）上段及其所属各支流地区，黄龙府及其附近各州城，亦属辽朝军事上的另一个重点戍防区。史载黄龙府常驻军队为"正兵五千"②。圣宗太平六年（1026 年），黄龙府请准"建堡障三、烽台十"③。黄龙府都部署司辖及信州（在黄龙府南约 150 里）、祥州（在黄龙府东北）、宾州（在祥州东北）及五国部等地区军事④。道宗清宁（1055—1064 年）中，辽朝在剌离水（为混同江上段之支流，今称拉林河）上段以南建宁江州，置州观察使（初置防御使，后改）负责本州行政管辖和军事防务，兵事属东北统军司⑤。《契丹国志》卷 22《四至

---

①　参见《辽史》卷 38《地理志二》；《武经总要·前集》卷 16 下，北蕃地里。

②　《辽史》卷 36《兵卫志下》。

③　《辽史》卷 17《圣宗纪八》。

④　参见《辽史》卷 33《营卫志下》，卷 38《地理志二》；《武经总要·前集》卷 16 下，北蕃地里。

⑤　《辽史》卷 38《地理志二》。

邻国地里远近》载生女真"前后屡与契丹（辽朝）为患，契丹亦设防备。南北二千里。沿边创筑城堡，搬运粮草，差拨兵甲，屯守征讨"。宁江州设置之后，与其西部的达鲁古城、再西北越过混同江的出河店，形成了备御生女真南下的军事防线。从黄龙府往北大体上形成另一个防务区。辽朝对极东北地区的屋惹（主要分布在混同江下游流域地区）、阿里眉（主要分布在混同江下游至海滨、海峡以东的海岛地区。海岛，即今之萨哈林岛）、破骨鲁等族，辽朝枢密院差契丹或渤海人充逐国节度使管押①。这一防务区大体上相当于东京道北部和中部地区，军事上总体戍防主要由长春路边防军司负责。史称辽朝置黄龙府兵马都部署司、咸州兵马详稳司、东北路统军司属长春路，"镇抚女真、室韦"②，"控制东北诸国（族）"③。辽朝后期，长春路诸司的备御对象，主要针对反辽势力不断增强的生女真。

（二）北部与西北地区的边防

辽朝北部与西北地区的边防措施，主要是针对叛服无常的乌古、敌烈和阻卜等族。

1. 对乌古的戍防与设治

乌古族，又称乌骨里、于厥，始见于辽、金时期史籍所载，族源未详，当为隋唐以来北疆部族演化而来。辽代，乌古主要生活在海勒水（今海拉尔河）流域及其以北地区。太祖、太宗统一北疆时，出兵征讨乌古，乌古"举部来附"④，成为辽朝管辖下的部族。但此后乌古向背无常，甚至张势离乱，与辽朝作对。辽朝采取了相应对策，首先，对乌古的反对势力实行军事讨伐。如穆宗（951—969年）时期，乌古叛辽，举部迫上京，并"掠上京榆林峪居民"⑤，辽廷派夷离堇画里、夷离毕

---

① 《契丹国志》卷22，四至邻国地里远近。
② 同上。
③ 《辽史》卷46《百官志二》。
④ 《辽史》卷2《太祖纪下》。
⑤ 《辽史》卷7《穆宗纪下》。

常思、林牙萧干等率兵讨败之①。圣宗（983—1031 年）前期，乌古与敌烈呼应，一再发起反辽的军事行动。辽廷对反叛作乱的乌古实行规模空前的反击。圣宗开泰四年（1015 年），枢密使耶律世良等奉命"讨叛命乌古，尽杀之"②。又以大军追击于厥（乌古）叛酋勃括，"获其辎重及所诱于厥之众"③。此次战役，使乌古的反辽势力一蹶不振。其次，辽廷对乌古各部区别对待，对其中尽忠人员和部属实行褒奖、优恤。如应历十五年（965 年），穆宗表彰了抵制叛乱的乌古夷离堇之子勃勒，"诏褒之"④。大安九年（1093 年），道宗"诏以马三千给乌古部"⑤，对尽忠辽廷的乌古部众表示褒奖。圣宗时期，辽廷对生活上有困难的乌古部众还予以"振（赈）济"⑥，以稳定乌古地区。再次，辽廷对部分乌古部众实行迁徙，而把部分契丹人迁入乌古地区。如圣宗开泰四年（1015 年），耶律世良等平息乌古之叛，把"所诱于厥（乌古）"部众"城胪朐河（今克鲁伦河）以居之"⑦。道宗寿昌（寿隆）二年（1096 年），辽廷徙乌古部众"于乌纳水。以扼北边之冲"⑧。早在太宗时期，辽廷即开始把部分契丹人迁入乌古地区。如会同二年（939 年），太宗诏契丹南院（五院部）欧董突吕、乙斯本和北院（六院部）温纳何剌三个石烈（县）的契丹户迁入乌古比较集中的胪朐河地区。这些迁入的契丹户利用该地区水土条件"以事耕种"，变牧户为农户，而且与乌古等族杂居，在军政上对乌古等族起着监护作用⑨。最后，辽廷加强对乌古的管辖，将掠得或归顺的乌古户编入户籍，置官治之。如《辽史》卷 33《营卫志下》载，太祖时"取于骨里（乌古）户六千，神册六年析为乌古涅剌及图鲁两部，俱隶北府"。圣宗时，又将另一部

---

① 《辽史》卷 7《穆宗纪下》。
② 《辽史》卷 69《部族表》。
③ 《辽史》卷 15《圣宗纪六》。
④ 《辽史》卷 7《穆宗纪下》。
⑤ 《辽史》卷 25《道宗五》。
⑥ 《辽史》卷 13《圣宗纪四》。
⑦ 《辽史》卷 15《圣宗纪六》。
⑧ 《辽史》卷 26《道宗纪六》。
⑨ 《辽史》卷 4《太宗纪下》，按《辽史》其他记述中，欧董突吕又作欧昆，乙斯本又作乙习本，温纳何剌又作温纳河剌或斡纳阿剌。

分乌古部众置为"斡突盌乌古部","隶南府"。这些乌古户由所属的北或南府派置的乌古敌烈统军司统制,其下各部置节度使实行直接管辖。又把另一部分乌古部置为属国属部并实行羁縻式管辖。辽朝通过一系列军政措施,改变了乌古叛离作乱的历史,实现了对乌古的镇抚和有效管辖。

　　2. 对敌烈的戍防与设治

　　敌烈族又称迪烈、迭烈德、达里底,因有八部,故又称八部敌烈或八石烈敌烈。同乌古一样,始见于辽、金史籍所载,族源未详,亦当为隋唐以来北疆部族演化而来。辽代敌烈主要生活在胪朐河流域地区。敌烈同乌古居地邻接,抑或相错杂居,声气相通,亦顺而复叛,张势与辽朝作对。穆宗应历十五年(965年),潜蓄反辽势力的敌烈部里通叛辽的大黄室韦酋长寅尼吉。使被辽军击败的寅尼吉得以"亡入敌烈"①,引起辽朝的警觉。其后,敌烈叛辽活动益露。景宗(969—983年)初期,辽廷对敢于离叛作乱的敌烈部众采取了军事行动,击败并俘获了部分敌烈部人②。圣宗(983—1031年)初期,敌烈掀起声势更大的反辽行动,辽朝增兵反击。统和十五年(997年),"敌烈八部杀详稳以叛",辽将萧挞凛奉命率师"追击",获其"部众之半"③。开泰二年(1013年),右皮室详稳延寿奉命对叛乱的敌烈部"率兵讨之"④。开泰四年(1015年)枢密使耶律世良奉命攻伐敌烈叛众,"既破迪烈得(敌烈),辄歼其丁壮"⑤。开泰七年(1018年),乌古部节度使萧普达率军"讨叛命敌烈,灭之"⑥。道宗咸雍九年(1073年),"八石烈敌烈人杀其节度使以叛",辽廷令隗乌古部军"分道击之"⑦。辽廷对敌烈叛部除了军事进讨外,还注重推行安抚措施。如开泰二年(1013年),圣宗诏

────────────

①　《辽史》卷7《穆宗纪下》。
②　参见《辽史》卷8《景宗纪上》。
③　《辽史》卷13《圣宗纪四》。
④　《辽史》卷15《圣宗纪六》。
⑤　同上。
⑥　《辽史》卷16《圣宗纪七》。
⑦　《辽史》卷23《道宗纪三》。

凡叛离的敌烈部众，"皆复故疆"①。开泰三年（1014 年）九月，"八部敌烈杀其详稳稍瓦，皆叛"，圣宗"诏南府宰相耶律吾剌葛招抚之"②。同月，圣宗又令"释敌烈数人，令招谕其众"③。大安十年（1094 年），敌烈诸酋来降，道宗命"释其罪"④。此外，辽廷重视加强对敌烈各部的管辖，如据《辽史》卷 33《营卫志下》载，圣宗时期，辽廷将部分归顺的敌烈部编入户籍，置为北敌烈部和迭鲁敌烈部。以北敌烈部"戍隗乌古部"，迭鲁敌烈部"隶北府"，并由北府派置的乌古敌烈统军司统制，其下置节度使直接管辖。又把另一部分敌烈部置为属国属部，并实行羁縻式管辖。辽朝通过一系列军政措施，改变了敌烈叛离作乱的历史，实现了对敌烈的镇抚和有效管辖。

3. 对阻卜的戍防与设治

辽代阻卜分布于西北广大地区，其居地之广，及于辽上京道大部分地区⑤。阻卜各部的向背，直接关系到辽朝广大西北地区的治乱安危。因此，辽代诸帝大都重视和致力于阻卜地区的经略。如史载天赞三年（924 年），太祖耶律阿保机率师西征，大军"至流沙，阻卜望风悉降，西域诸国皆愿入贡"，"累世不敢为寇"⑥。辽朝也大体上实现了对阻卜各部的管辖。10 世纪后期，辽宋关系紧张，辽廷无力西顾，阻卜一些部族乘机背叛。圣宗时期，阻卜各部与西南地区党项等族彼此呼应，相继背离辽朝。统和十二年（994 年），圣宗命萧太妃（齐王罨撒葛妃，圣宗之母睿智皇太后的姐姐。），率师 3 万亲征，"以萧挞凛督其军事"，讨伐阻卜叛部⑦。萧太妃采用了剿抚兼施的策略，对那些屡叛"未服"的阻卜部众全力进击⑧。而对那些反对叛乱的阻卜部众予以抚绥，同时

---

① 《辽史》卷 15《圣宗纪六》。

② 《辽史》卷 15《圣宗纪六》。

③ 同上。

④ 《辽史》卷 25《道宗纪五》。

⑤ 阻卜是辽代对西北地区诸族的总称，金时称为阻䪁。王国维考其为鞑靼（或称为鞑旦、达旦、达怛等）演化而来。宋元时汉人俗称为蒙古。参见王国维《鞑靼考》，载《国学论丛》1928 年第 1 卷第 3 号。

⑥ 《辽史》卷 103《萧韩家奴传》。

⑦ 《辽史》卷 13《圣宗纪四》；《续资治通鉴长编》卷 55，真宗咸平六年六月。

⑧ 《辽史》卷 85《萧挞凛传》。

把他们作为军事上的联合对象，使其"一部或叛，邻部讨之"①，从而取得了"拓土既远，降附亦众"的战绩②。但是，由于当时辽与宋战争节节升级，萧太妃的西征军在人力物力上得不到增援，阻卜之叛出现卷土重来之势。统和二十二年（北宋景德元年，1004 年），辽与北宋缔盟，双方边境出现了和平安定的局面，于是，辽廷把军事上的注意力再次移向阻卜地区，从军政上全面致力于西北地区的经略。概括起来，主要有如下三个方面：

（1）调遣重兵，抓住时机讨击阻卜叛军。统和二十九年（1011年），辽廷在西北地区置"阻卜诸部节度使"。这一管辖措施遭到阻卜贯叛者的反抗，开泰元年（1012 年）贯叛者首领阻卜七部太师阿里底率其部"杀本部节度使霸暗并屠其家以叛"③。反对叛乱的阻卜部众逮捕阿里底献给辽廷，而胁从阿里底的阻卜"诸部皆叛"，甚至发展到第二年"达旦（阻卜）兵围镇州"④。圣宗不失时机地令北院枢密使耶律化哥等率大军"伐阻卜"⑤。耶律化哥军锋到处，阻卜叛部相继溃败，"弃辎重遁走，俘获甚众"⑥。耶律化哥等又对潜居金山（今阿尔泰山）以西翼只水（今额尔齐斯河上段）地区的阻卜叛部进行扫荡，"化哥与边将深入"，"徐兵以进"，阻卜叛部"望风奔溃，获羊马及辎重"⑦。这次军事行动给西北地区阻卜贯叛者以巨创。长期以来顺逆无常的阻卜酋长乌八，就是在辽军的强攻下，感到大势已去而重新归顺辽朝的⑧。最大的一次军事行动是道宗（1055—1101 年）晚年大破北阻卜之役。大安九年（1093 年），北阻卜酋长磨古斯顺而复叛，其所属乌古札、达里底、拔思母等部，在从北起镇州（西北招讨司治所），东南至西京道北部倒塌岭的宽广地带发起规模空前的反辽军事行动，在其强攻下，辽

① 《辽史》卷 103《萧韩家奴传》。
② 《辽史》卷 103《萧韩家奴传》。
③ 《辽史》卷 15《圣宗纪六》。
④ 同上。
⑤ 《辽史》卷 94《耶律化哥传》。
⑥ 同上。
⑦ 同上。
⑧ 《辽史》卷 15《圣宗纪六》。

朝守军死伤甚众。大安十年（1094 年），道宗派遣大军协同西北路招讨使耶律阿鲁扫古所部反击北阻卜叛部，除了以都统耶律斡特剌、副都统耶律秃朵、都监耶律胡吕率领的大军外，还先后增调了西南面招讨司所部、乌古敌烈统军使萧朽哥所部、东北路统军使耶律石柳所部以及从南京奉命赴援的郑家奴所部等师旅。展开对阻卜叛军的全面反击①。耶律斡特剌等军从正面进讨磨古斯叛部，剪除了达里底和拔思毋两部，而乌古札部临战即降；接着，阻卜叛部排雅、仆里、同葛、虎骨、仆果等"来降"②。耶律斡特剌集中优势兵力围击磨古斯所部，大败之，"斩首千余级"③。寿昌（寿隆）元年（1095 年），耶律斡特剌"奏讨磨古斯捷"④。经过此次进讨，阻卜反辽势力大伤元气，辽朝对整个阻卜地区的管辖进一步稳定下来。

（2）开展对阻卜的安抚工作。如统和（983—1012 年）后期，圣宗总结了对西北阻卜用兵的利弊得失，意识到朝廷及西征师旅对阻卜叛部滥用杀戮的失策⑤，特于统和二十九年（1011 年），诏命西北招讨使萧图玉对阻卜叛众勿复滥杀，采取措施，"安抚西鄙"⑥。对因战争离散的阻卜部众进行安置。辽朝还实行对阻卜酋长的封官、任职制度。如圣宗开泰三年（1014 年），"阻卜酋长乌八来朝，封为王"。兴宗熙重十九年（1050 年）正月，赐"阻卜等部酋长，各进爵有差"⑦。同年七月，兴宗以"阻卜长豁得剌弟斡得来朝，加太尉遣之"⑧。辽朝还通过与阻卜上层人士的通婚、结友加强双方的联系。如统和二十二年（1004 年），"阻卜酋长铁剌里来朝求婚。许之"⑨。大安二年（1086 年），阻

①　参见《辽史》卷 25《道宗纪五》。

②　同上。

③　《辽史》卷 97《耶律斡特剌传》。

④　《辽史》卷 26《道宗纪六》。

⑤　参见《辽史》卷 10《圣宗纪一》，卷 13《圣宗纪四》、卷 14《圣宗纪五》、卷 93《萧图玉传》。

⑥　《辽史》卷 15《圣宗纪六》、卷 93《萧图玉传》。

⑦　《辽史》卷 20《兴宗纪三》。

⑧　同上。

⑨　《辽史》卷 70《属国表》。

卜酋长余古赧及爱的来朝，道宗"诏燕国王延禧相结为友"①。这些措施有助于辽朝对阻卜的抑逆扶顺和强化管辖的作用。

（3）增置边防州城，加强军政设治。圣宗时期，辽朝先后在土兀剌河流域及其以西地区增置了镇、防、维三州（此三州统和二十二年置）及招州（开泰三年置）等一批边防州城。镇州配建安军额，置节度使，为镇防西北之首镇，"选诸部族二万余骑充屯军"，"凡有征讨，不得抽移"②。防、维、招三州置刺史，又在镇州向东伸延的胪朐河（今克鲁伦河）、海勒水（今海拉尔河）流域及其近地先后置巨母古城（圣宗开泰三年置）、静边城、河董城、皮被河城、塔懒主城（道宗大康九年置）和静州（天祚帝天庆六年升为观察州）等边防州城③。这批边防州城主要依据西北地区军事形势，布兵守防，"因屯戍而立"，"专捍御室韦、羽厥（乌古）等国"④，但更重要的是备御阻卜的变乱。这批边防城全部位于上京道的中轴线附近，自东而西首末三千余里，在战略位置上不仅起着切断阻卜、西阻卜、西北阻卜、北阻卜之间和各阻卜与乌古、敌烈、室韦之间反辽势力的联系及相互应援的作用。而且在实际军事行动中，各边防州城所起的镇戍作用主要在于平定阻卜叛部。辽廷还置阻卜国、西阻卜国、北阻卜国、西北阻卜国等大王府，王府以下置节度使，派契丹官员与阻卜酋长共同管理王府及部族政务⑤。在军事上，包括阻卜在内的整个西北地区置归西北招讨司统制，上隶北枢密院总管。

此外，辽廷对极北和极西北地区，主要是分布在贝加尔湖东西两侧至外兴安岭以西的斡朗改和分布在谦河（今叶尼塞河上流）流域地区的辖戛斯等族实行羁縻式管辖。这些民族始终归顺、"入贡"辽廷。辽廷置斡朗改国王府和辖戛斯国王府管辖该地区⑥。

---

① 《辽史》卷 24《道宗纪四》。

② 《辽史》卷 37《地理志一》。

③ 参见《辽史》卷 37《地理志一》、卷 94《耶律世良传》。

④ 《辽史》卷 37《地理志一》。

⑤ 参见《辽史》卷 46《百官志二》。

⑥ 参见《辽史》卷 3《太宗纪上》、卷 46《百官志》、卷 70《属国表》。

三 北宋与辽的海疆经营

北宋与辽并立时期，中国海疆承自前代的领区范围并由于与陆地辖区的领属关系分别划归北宋与辽所辖。其中，流入渤海的界河（白沟河）为北宋与辽的东段交界，因而在事实上形成了北宋与辽对渤海海区的共辖关系。从整个海区的分辖关系看。北宋自南至北领及南海、东海（包括今东海和黄海）、渤海南半部等沿海、海区及有关各岛屿；辽朝自北至南领及北海（包括今鄂霍次克海及鞑靼海峡）、东海（今日本海及其以北海域）、辽海（今辽东湾）、渤海北半部等沿海、海区及有关各岛屿。北宋与辽大体上遵照这一领属关系经营其海疆地区。

（一）北宋的海疆管辖与经营

北宋政府对海疆的经营，大体上可归纳为如下三个方面：

1. 对沿海、海区的行政管辖

北宋辖区至神宗元丰（1078—1085 年）末年定制为政区 23 路，其中河北东路、东京东路、淮南东路、两浙路、广南东路、广南西路等 7 路辖及沿海、海区及所属各岛、屿。路以下的沿海地区置州、县管辖一如内地①。北宋政府管辖沿海、海区还有两个重要的施政领域：其一是市舶政务。北宋发展唐代以来的市舶司制，在广南东路的广州，福建路的泉州，两浙路的明州（今宁波）、杭州、温州、秀州华亭、常州江阴军，京东东路的板桥等沿海市镇置市舶司，负责管理沿海港口商船的贸易征税及外商停泊、检查、通行以及收购舶来货物等事务。北宋中央政府对市舶司掌管事务，如征税、取息、外商入海出海的登记、给引（港口及海上通行凭证），"公据验认"以及对市舶司的监督等，均有明确的法规和措施。市舶司主管官员称市舶使，其下属官有市舶判官、主辖市舶司事、提举市舶、监市舶务等，以知府、知州、通判、转运使、提

---

① 参见（宋）王存《元丰九域志》；《宋史》卷85—卷90《地理志一》至《地理志六》。

点刑狱公事等兼任①。其二是海盐政务。据《宋史》卷181—卷182《食货志》等史籍所载,北宋时期,沿海盐业在前代的基础上向前发展,河北东路的滨州、沧州,京东东路的密州、登州、青州、莱州,淮南东路的楚州、通州、泰州、海州、涟水军,两浙路的杭州、秀州、温州、台州、明州,福建路的福州、泉州、漳州、兴化军,广南东路的广州、潮州、惠州、南恩州,广南西路的廉州、高州、钦州、化州、雷州、琼州(在今海南省)等沿海及海岛地区,均分布着从事海盐生产的盐场(或称盐亭)。政府设置管理盐政的官员称提举盐事。海盐盐政大体同于其他盐政,由转运使、提点刑狱公事等官员兼任。从事产盐作业者称盐丁,盐户编置的户籍称为亭户或灶户。政府对盐灶户计丁输税,"岁课入官,受钱或折租赋","皆无常数",于诸路盐场"视其利之厚薄"②。沿海县以下各乡、村,实行同于内地之保甲制,对各州县盐场盐户实行以甲灶为基层编制,加以管理,"自三灶(户)至十灶(户)为一甲,而鬻盐地什伍其民,以相几察"③。仁宗庆历八年(1048年),北宋政府实行盐钞法,盐商向政府缴款领取凭钞,作为贩盐运销的许可证。为保证盐税输官,禁止盐品走私,"严捕盗贩者"④。此后,盐钞法扩行于东南沿海各盐区。北宋海盐政务同市舶司政务一样,都是沿海、海区的重要行政管辖领域。由于地方主管官员的兼职。海盐政务同市舶政务一样,实际上纳入中央政府直接管辖下的地方行政体系中。

2. 沿海地区驻兵戍防,海军的海上巡逻

北宋禁军的驻防,除了内地和陆地边防地区外,沿海也被列入守防区域。如仁宗时期,河北路沧州马步兵10指挥(其中马兵3指挥,步兵7指挥),滨州步兵3指挥;京东路登州步兵7指挥(其中登州澄海水军弩手2指挥,平海水军2指挥,平海水军仁宗时升为禁军),莱州、潍州步兵各3指挥,密州步兵4指挥,青州步兵6指挥;淮南路海州、通州涟水军步兵各1指挥,楚州、泰州步兵各2指挥;两浙路杭州步兵

---

① 参见《宋会要辑稿》职官44市舶司;《宋史》卷186《食货志下八》。

② 《宋史》卷181《食货志下三》。

③ 《宋史》卷182《食货志下四》。

④ 同上。

5 指挥，苏州、越州步兵各 3 指挥，秀州、明州、温州步兵 1 指挥；福建路福州步兵 2 指挥，泉州、漳州、兴化军步兵各 1 指挥；广南路广州马步兵 3 指挥（其中马兵 1 指挥，步兵 2 指挥）。神宗改制，行更成法，沿海地区同内地一样改以将的编制驻防①。北宋政府在沿海置砦（寨）、堡等军事戍防设施，以兵扼守，主要目的是维护沿海治安。如史称富弼判扬州时，于沿海一带建堡、砦，"置巡司"，以"备海寇"②。河北东路沧州有泥姑砦（徽宗政和三年改为河平砦）③，京东东路登州有乳山砦和阎家口砦④，淮南东路泰州有北海砦⑤，广南东路潮州海阳有"海门等三砦"，南恩州有"海口、海陵、博腊、遂训等四砦"，广南西路雷州有冠头砦，廉州有鹿井、三村两砦等⑥。这些砦堡的守军协同所在府、州、县、镇执行所在沿海地区的军事守防任务。北宋政府还置有"东南道巡海水军"，负责沿海巡逻和水军教练。广州是东南巡海水军的一个重基地，此外，淮南东路的海州、泰州、楚州、涟水军，两浙路的秀州、杭州、越州、明州、台州、温州，福建路的福州、泉州、漳州，广南东路还有潮州、南恩州、惠州，广南西路的化州、雷州、钦州、高州、崖州、儋州（崖、儋两州均在今海南省）等，均设有水军驻守，或作为澄海水军的教习营地⑦。在沿海的一些重点地区，北宋政府加强设防。如地处山东半岛的登州，隔渤海与辽的辽东半岛相望，又越东海（今黄海）与朝鲜半岛的高丽对峙，形势险要，仁宗庆历二年（1042 年），北宋政府于此置澄海弩手两指挥，"隶海州都巡检司"⑧。此后，又增置刀鱼巡检于此，"常屯重兵，教习水战。且暮传烽，以通警急。每年四月，遣兵戍驰基岛（今山东蓬莱以北之砣矶岛），至八月

---

①　参见王曾瑜《宋朝兵制初探》第 32—54 页、第 169—170 页。

②　《读史方舆纪要》卷 23《扬州府·如皋县》。

③　《宋史》卷 86《地理志二》。

④　《宋史》卷 85《地理志一》。

⑤　《读史方舆纪要》卷 23《泰州·捍海堰》。

⑥　《宋史》卷 90《地理志六》；《元丰九域志》卷 9《广南路》。

⑦　参见《宋史》卷 189《兵志三》。

⑧　《宋史》卷 187《兵志一》。

方还，以备不虞"①。广南路所在的南海地区，是北宋政府又一个重要的海防要地。史载北宋平定南汉之后，承自前代，建立包括南海地区的军事辖区。如以广州为广南东路治所，"提举十六州，兵甲盗贼，控外海诸国"。朝廷"命王师出戍，置巡海水师营垒，在海东西二口，阔二百八十丈，至屯门山（在今九龙西南）二百里，治舠鱼入海战舰，其地……东南海四百里至屯门山……从屯门山，用东风西南行，七日至九乳螺洲"②。九乳螺洲即今西沙群岛，"就是宋代巡海水师所到的地点"③。仁宗庆历中，北宋政府"招收广南巡海水军，忠敢、澄海虽曰厢军，皆予旗鼓训练，备战守之役"④。庆历五年（1045 年），广州仍"置巡海水军两指挥"⑤。可见，北宋政府对海疆地区的军事戍防，同陆疆一样重视。

3. 捍海堰、塘的修治

我国历代政府和民众，在沿海地区修建了许多长围式的捍海堰和捍海塘等堤防设施。用以挡住海水涨潮，控制沿海旱涝，保护沿海城乡、农田、盐场等及官、民生命财产的安全。北宋政府及民众世代致力于治理沿海地区堰、塘堤防的工程。如史载通州至楚州沿海，"旧有捍海堰，东距大海，北接盐城，袤一百四十二里"。自唐修建以来，"遮护民田，屏蔽盐灶，其功甚大"。至宋"历时既久，颓圮不存"，海中"风潮泛滥，渰没田产、毁坏亭灶（盐场）"。仁宗天圣（1023—1032 年）初，泰州兴化县令兼西溪盐政范仲淹奉命主持重修这条跨越通、泰、楚三州沿海的捍海堰，"调四万余夫修筑，三旬毕工。遂使海濒沮洳潟卤之地，化为良田，民得奠居，至今赖之"⑥。世称范公堤。杭州东临大海，西湖及其周围常被海潮侵害。唐至五代历经多次治理，浚西湖水入漕河，"自河入田，所灌至千顷。民以殷富"。入宋后设施渐废，漕河失利，

①　（宋）苏轼：《东坡七集·东坡奏议》卷 2，登州召还议水军状。参见《四部备要·集部宋别集》。

②　（宋）曾公亮：《武经总要前集》卷 21《广南东路》。

③　韩振华主编：《我国南海诸岛史料汇编》，东方出版社 1988 年版，第 37—38 页。

④　《宋史》卷 189《兵志三》。

⑤　《宋会要辑稿》方域 9，广州府城。

⑥　《宋史》卷 97《河渠志七》。

西湖淤积，杭州城及西湖周围常受海潮及水、旱灾之害，"为民大患"。哲宗元祐四年（1089 年），知杭州苏轼奉命主持疏通茅（茆）山与盐桥两河以通漕河。以茅山一河"专受江潮"，控制海潮入侵；以盐桥一河"专受湖水"，控制西湖水系旱涝。"复造堰闸以为潮水蓄泄之限，江潮不复入市"，"民获其利"。又重修前代六井工程，疏浚湖底，取湖中积泥为堤，湖中种菱，堤上植芙蓉、杨柳，既防水、旱、潮汛之灾，又美化了环境。时人为表此次水利业绩，称其堤为苏公堤，并立苏轼祠于堤上①。仁宗庆历七年（1047 年），越州余姚筑造捍海石塘。神宗熙宁八年（1075 年），李宏奉诏修筑兴化军（今福建莆田）木兰陂堤，建成七条大渠和无数小渠的配套水系，经 50 余里注入海。沿岸设闸门四所，外防海潮，内控旱涝，使大片田地得以灌溉，"南洋斥卤化为上腴"②。北宋修治捍海堰、塘不仅在陆地沿海地带，在海岛地区也不例外。如太祖开宝八年（975 年），知琼州（今海南）李易上奏，于州南五里的度灵塘，开修渠堰、塘则更多。沿海捍海堰、塘及有关水系的普遍修治，有效地控制了旱涝之灾和海潮的入侵，促进了农、盐业和其他生产事业的发展。

4. 加强沿海对外商贸事业的管理

北宋沿海地区的对外商贸事业，在前代的基础上有了更大的发展。广州、杭州、明州（今浙江宁波）、泉州、密州（今山东诸城一带）、秀州（今浙江嘉兴）、江阴军（今江苏江阴）、温州等，都是当时有名的对外贸易商港。北宋政府先后在这些城市设立市舶司管辖各商港贸易事务。如：对外国商货入境的检查和保管；对商品的征税或收购；对征税所得货物的上交或出售；对外商泊船贩易的管理；招徕外商，接待贡使以及对他们的监督、管理和保护；管理本国商船对外贸易等事务，包括货物的检查、回航时关税的征收等等③。前来各港口贸易的有印度支那至南洋群岛、阿拉伯半岛上许多国家的船队，"凡大食、古逻、阇婆、

---

① 《宋史》卷 96《河渠志六》，卷 97《河渠志七》，卷 338《苏轼传》。

② （宋）刘克庄：《后村先生大全集》卷 92《协应李长者庙记》。参见《四部丛刊·集部》。

③ 参见《辽宋西夏金史》，载《大百科全书·中国历史》（平装本），中国大百科全书出版社 1988 年版。

占城、渤泥、麻逸、三弗齐诸蕃并通贸易"①。遇到外国商船少来时，北宋政府即遣使臣前往"招致"②。政府还在登州（今山东蓬莱）沙门岛备有大量船只，帮助辽朝境内的女真商人前来沿海贸易，以船只"济渡女贞（真）马来往"③。神宗元丰二年（1079年）后，北宋与高丽通过海道往来贸易，登州和明州等口岸是高丽商船经常入境贸易之地④。北宋政府致力于沿海贸易事业的管理，不仅从积极方面促进了各港口城市经济的繁荣，而且通过税利、入贡式的贸易交换等获得了可观的收入。史载当时都城开封由于开展海外贸易，各种贵重货物"充溢府库"，朝廷为此"置榷易署，稍增其价，听商人入金帛市之，恣其贩鬻，岁可获钱五十万缗，以济经费"⑤。

（二）辽朝的海疆经略

辽朝统一北疆地区，复与北宋对峙。全国海疆随同陆疆的一体关系分属于辽与北宋所辖。辽朝领有与北宋分界的界河（今天津海河）出海口以北的沿海、海区，大体上包括渤海北半部、东海（今日本海至鞑靼海峡）、北海（今鄂霍次克海）等沿海及有关海区。辽朝辖区以五京系五道，所领海疆地区分别置入南京、中京和东京三道管辖。辽朝对海疆地区的经略，囿于史料缺失难知其详，以下仅就二三个方面略述如下：

1. 加强沿海州、县的建置

如在渤海至东海沿海地区于南京道置营州（今河北昌黎）及其属下之广宁县；于中京道置锦州及其属下之永乐、安昌两县，岩州及其属下的兴城县（州及属县治均在今辽宁菊花岛），隰州（在今辽宁绥中以东）及其属下之海滨县，来州（在今绥中西南）及其属下之来宾县，

---

① 《宋史》卷186《食货志下八》。

② 同上。

③ 《宋会要辑稿》蕃夷3，女贞。

④ 参见《宋史》卷487《高丽传》；（宋）庞元英《文昌杂录》卷4；《丛书集成初编·文学类》。

⑤ 《宋史》卷268《张逊传》。

迁州（在今山海关）及其属下之迁民县，润州（在今河北秦皇岛西）及其属下的海阳县；于东京道置辽西州及其属下的长庆县，耀州（今辽宁营口）及其属下的岩渊县，辰州（今辽宁盖县）及其属下的建安县，宁州（在今辽宁复州城东北）及其属下之新安县，复州（今辽宁复州城）及其所属之永宁、德胜两县，苏州（今辽宁金州）及其属下之来苏、怀化两县，顺化城（今辽宁新金），镇海府（当在今辽宁庄河附近）及其属下之平南县，穆州（开州属州，在今辽宁岫嵓东南洋河附近）及其属下之会农县，保州（在今朝鲜平安北道新义州至义州之间）及其属下的来远县，来远城（在今丹东东南、鸭绿江下游江中黔定岛上），率宾府（今俄罗斯滨海区乌苏里斯克，我国称双城子），安边府（今俄罗斯滨海区奥尔加）等①。按辽朝置于沿海及海岛地区可考者计有州 18（含府 3、城 2）。据《辽史·地理志》载，其中锦、岩、隰 3 州属前代置县，辽时升县为州；耀州、穆州在渤海政权时分别置为椒州和会农郡，辽灭渤海后改置；营州为前代州，辽时沿置；率宾、安边 2 府为渤海旧府，亦辽时沿置；其他 10 州（含府 1、城 2）为辽时新置，各置长官主管本州（或府、城）军政。如锦、来、辰、苏、复、保等州各置节度使，迁、岩、隰、耀、穆等州及率宾府、顺化城等各置刺史，宁州置观察使，镇海府置防御使。在东北沿海及海岛等民族地区，辽朝派专职官员管辖。如对屋惹、阿里眉、破骨鲁等族（居住于今黑龙江下游至萨哈林岛等地区），辽"枢密院差契丹或渤海人充逐国节度使管押，然不出征赋兵马，每年惟贡进大马、蛤珠、青鼠皮、貂鼠皮、胶鱼皮、蜜蜡之物"②。从中反映了辽朝在海疆地区加强行政管辖的情况。

2. 海疆地区的军事戍防

辽朝对沿海地区的管辖一如其他州、县实行军政合一制，州长官节度使、刺史、观察使、防御使等，既主管本州（或府、城）的行政，也负责本辖区内的军事戍防。州一级以上军事分属高一级负责机构。如

---

① 参见《辽史》卷 38—40《地理志二》至《地理志四》；《中国历史地图集·释文汇编》东北卷中央民族学院出版社 1988 年版，第 131—159 页；辽宁省博物馆：《辽宁史迹资料》，1962 年铅印本。

② 《契丹国志》卷 22，四至邻国地里远近。

锦州、岩州隶太祖弘义宫，来州隶太宗永兴宫，这些州的军事上属宫卫斡鲁朵；辰州上属东京留守司；复州、苏州、镇海府等上属南女真汤河司①。掌及沿海各州、县军事机构同非沿海地区一样总归中央枢密院统辖。辽廷在海疆地区枢要处派兵驻防。如圣宗统和中，为备御高丽入侵，置来远城（在今辽宁丹东九连城东鸭绿江中黔定岛），"以燕军骁猛，置两指挥。建城防戍"②。其后在来远城派驻宣义军八个营。其中"太子营正兵三百，大营正兵六百，蒲州营正兵二百，新营正兵五百，加陀营正兵三百，王海城正兵三百，柳白营正兵四百，沃野营正兵一千"，合计驻防正兵三千六百人③。在鸭绿江口的保州来远县，辽廷"徙奚、汉兵七百防戍"④。又如苏州（今辽宁金县）位于辽东半岛，地临辽海。南部隔海相望距北宋登州约200里，东至高丽300多里海陆相通，为水陆交通要冲，又是备御高丽和北宋的沿海重地，辽廷在此州铁山镇东海口（今旅顺）"常屯甲士千人，以防海路"。其士兵日夜守防，并以"每夕平安火报"⑤。

3. 对沿海产业的经营、管理

如道宗时期，辽政府在包括地处沿海的苏、复、辰、海等州在内，即农业生产获得较好收成的东京五十余州城设置和籴仓，依法"出陈易新，许民自愿借贷"，民得方便，政府有效地调整了存粮和用粮关系，从中还增加了收入⑥。渤海、辽海沿岸的海盐为传统产业，入辽以后有了新的发展。辽政府对沿海盐业，初行"宽弛"之税法，后则以严厉之"燕地平山之法绳之"，以至酿成以大延琳为首的民众起义⑦。从中反映了辽廷对沿海盐政治理的一个侧面。辽政府还在地处鸭绿江口的保州置榷场⑧，它是促进辽与高丽边境货物交流的一个重要的贸易点。

①　参见《辽史》卷38—40《地理志二》至《地理志四》。

②　《辽史》卷38《地理志二》。

③　《辽史》卷36《兵卫志下》。

④　《辽史》卷38《地理志二》。

⑤　（金）王寂：《鸭江行部志》，罗继祖、张博泉注释本，黑龙江人民出版社1984年版。

⑥　《辽史》卷59《食货志上》。

⑦　《辽史》卷17《圣宗纪八》。

⑧　参见《辽史》卷60《食货志下》。

　　以上可证辽朝通过种种军政措施管辖其所领海疆的史实。

　　综上所述，针对北宋与辽的边疆经略提出一些认识。北宋与辽都是封建王朝，它们对边疆民族地区的施政或用兵，不可避免地存在着种种弊端。如：北宋与两夏的争战，对西北地区的守防和进军，对西南叛离势力的平定；辽朝对女真的统治，对乌吉、敌烈和阻卜叛乱的征伐等，都存在着程度不同的民族压迫和滥加杀掠的一类之不义行为。一方面，两朝边事活动过程中，由于失策、违法、腐败等造成的败绩和负面影响，也是不容忽视的事实。另一方面，还应该看到，北宋与辽的边疆经略，对我国统一多民族国家向前发展，尤其是对元以前大一统局势的酝酿所起的促进作用。为此，提出如下三点看法：

　　第一，北宋以传统中原王朝的地位和高度发达的政治、经济、文化在当时国内各朝邦中独具优势。北宋通过一系列边疆经略的积极效应，与包括西夏朝在内的西北、西部和西南各族（包括各族政权）重建传统的宗藩关系并确立了宗主国的主导地位，从而继续保持和发展同西北、西部和西南各族的相互联系和内向关系[①]。

　　第二，辽朝致力于北疆（东北、北部和西北）广大民族地区的经略，把唐末这一地区再次出现的动乱局面重新统一起来，并维持了长达二百年相对安定的发展环境。在当时主客观条件无法实现全国性统一的情况下，较长时间的区域性的局部统一，比处于无休止的分裂战乱状态是一种进步。辽朝在北疆加大管辖力度，坚持扩大直接管辖，比唐朝在这一地区推行的三百年一贯制的羁縻式管理也进了一步。辽朝致力于经营与开发北疆，发展本地区固有的畜牧业及其与农业、手工业、商业间的辅济关系。着眼于向中原内地学习，提高社会文化水平和包括契丹族在内的北疆各族的文化素质，促进社会经济和文化事业在较长时间内的通融、发展，不仅进一步密切了北疆境内各地区、各族之间的联系，而且扩大了北疆与中原内地政治、经济、文化等领域之间的通轨关系。北

---

　　① 参见《宋史》卷485—486《夏国传》，卷488《交趾、大理传》，卷490《高昌、回鹘等传》，卷492《吐蕃及其附属各传》。

疆地区各族对于中原的内向力也呈现新的发展趋势①。这种新的发展趋势主要表现在辽朝统治集团坚持与汉族同祖同根所树立的非同一般的内向观念②，当北疆地区由于长期有效管辖而成为辽朝辖区不可分割的一部分时，北疆各族对于中原的向心力即随着辽朝内向关系的加强而进入一个新的发展时期。

第三，与北宋、辽边疆经略密切联系着的，有两点值得一提：一是中原地区的传统中心地位没有因北宋与辽两大王朝的分立而削弱或断层，相反，在新的历史条件下得到全国各族的共同维护和加强。其主要表现是，通过北宋与边疆各族宗藩关系的再建和北宋与辽缔盟为重要纽带，进一步密切中原内地与边疆地区政治、经济、文化等领域的联系，以及包括辽朝在内的边疆各族对于中原内向关系的进一步加强。再后，这种内向关系随着南宋与金并立而进入一个新的发展时期；二是历史上战乱频繁、波及面往往很广的北疆地区，历经辽朝的统一和治理，一开长达二百年左右的相对稳定的发展局面。复后，金与蒙古继续治理、经营，使北疆地区的畜牧业和其他经济事业在辽的基础上出现了新的进展。元朝实现了全国性大一统，有其多方面的主客观原因，但具有传统内向关系和中心地位的中原地区及以新的发展面貌出现的北疆地区对这次统一局势形成所起的促进作用非同一般。元朝建立以前，蒙古统治者在灭金后，即将其王朝基业与中原这个根本重地联系起来。如至元二年（1265 年），世祖忽必烈称其祖宗肇基乃、"受天明命，奄有区夏（指华夏、中夏或中原），遐方异域畏威怀德者，不可悉数"③。蒙元统治者一如历史上的中原王朝，把拥有中原地区作为其大一统基业安身立命的基础。故此。元朝建立后，更承自历代传统。把本朝称为中原王朝。如元朝至元十二年（1275 年），安南王陈光昺上表于元世祖，称其今后每年"发遣纲贡，……一诣中原拜献"④。蒙元统治者尽量利用中原传统

①　参见林荣贵《辽朝经营与开发北疆》，中国社会科学出版社 1995 年版，第 121—131、206—218、321—334、335—339 页。

②　《辽史》卷 63 世表称"辽本炎帝之后"，又称"辽为轩辕后"，可证。参见林荣贵《辽朝经营与开发北疆》，第 125—126 页。

③　《元史》卷 208《日本传》。

④　《元史》卷 209《安南传》。

中心地位和四方各族对中原的内向关系，达到其发展大一统局势的目的。当 13 世纪从漠北崛起的蒙古人建立元朝致力于实现全国性大一统的过程中，更是尽量利用在辽、金时期实现历史性发展的北疆地区这个后方基地的物质和军事优势。蒙古军队进入中原和江南地区之后，毫无疑问进行了大规模的征调和掠夺，以补充其由于战争造成的兵员和装备等方面的消耗。但是，对于在这次战争中发挥主力作用的蒙古骑兵及其装备之供求及其补充来说，光靠汉族地区不仅满足不了需要，也达不到战斗的要求，尤其是南下蒙古军中大批训练有素的骑兵、战马以及有关装备和物资，离开了北疆这个广大而深厚的后方基地，势必困难重重①。元朝"以弓马取天下"②。正是由于这一优势的极大发挥，直接促进和加快了实现全国性大一统的进程。从这一意义上看，对元代大一统成因的研考，不仅要着眼于有元一代，而且应该溯及元以前的南宋与金并立时期乃至北宋与辽的并立时期。

---

① 《元史》卷 100《兵志三》载："西北马多天下"，"沙漠万里，牧养蕃息，太仆之马，殆不可以数计"。表明北疆地区马政在元朝骑兵战争中的供输地位。

② 《元史》卷 100《兵志三》。

从房山石经题记看辽朝方州官制的沿革[*]

我国历史上州（郡）一级的长官，迭经改置。宋初革五季之患，召诸镇节度会于京师，赐第以留之，分命朝臣出守列郡，号权知军州事。军谓兵政，州谓民政。其后文武官参为知军州事，遂为定制，简称知州，又设通判为知州之贰。辽朝地方州级长官，一般称为节度使或刺史，也有称观察使、防御使或团练使者，及中后期，又增置知州。如《辽史·圣宗纪一》："（统和三年五月）癸酉，以国舅萧道宁同平章事、知沈州军州事。"《道宗纪一》："（清宁元年十二月）癸卯，以知涿州杨绩参知政事兼同知枢密院事。"又"（清宁四年正月）丁亥，知易州事耶律颇得秩满，部民乞留；许之。"在北京房山云居寺石经的辽代刻经题记中，发现从辽兴宗重熙九年到道宗大安八年（1040—1092 年）间，涿州知州包括吴克荷、刘湘等凡二十二任，这是关于知州建置方面的一批可贵资料。至于辽代是否也从发展地方新体制出发设立作为州贰的通判官问题，由于《辽史》失载，成为一个长期不解之谜。直到房山石经碑刻全面清点，见到一批年代明确的通判官姓名及其结衔后，对此才有了肯定的回答。

* 北京房山的刻经事业，上启隋朝，下达明代，历经六个朝代一千余年。计刻佛经九百多种，三千余卷，碑石经文一万四千六百余版以上。其保存下来的古代佛籍，不仅对研究我国古代佛教具有十分重要的学术价值，经文以外的题记更为研究当时我国社会政治、经济和文化的发展提供了可贵的资料。本文即是根据经石中有关辽代题记资料撰写的。

在经石题记结衔中，见有通判官 11 任。其中因碑文漫漶一任姓名不明，另一任名字末字不清，其他 9 任均明确。（见附表一）这批通判官，8 任有明确年期，最早者为道宗清宁九年，即公元 1063 年，最晚者为道宗大安八年，即公元 1092 年。年月不明确者有郑韶、邓愿等三位。他们结衔中所带的朝职，都是散官加尚书省的郎中官，命官的时代风格，与有明确年期的 8 任通判官完全相同；郑韶的题记，是和涿州知州耶律永宁同碑刻写的，永宁兼领"崇禄大夫"，避"光"为"崇"，乃是辽文的特有风格，故知郑韶与永宁同为辽代时期涿州官员无疑。邓愿和□□二位题记末尾分别附有书手季香和园规，他们都是辽代后期燕京地区的名书手。又从其所在经石的千字文排次彼此接近来看，推断未书年月的 3 任通判官，其在任也应在道宗时期，具体时间当在清宁九年至大安八年或者于此年限稍微赶前错后一点。因知郑韶、邓愿、□□和有明确年月的其他 8 任都是道宗时期任命的一批通判官，在设置时间上要比北宋晚得多。

《宋史·职官志七》"通判"条载："宋初惩五代藩镇之弊，乾德初，下湖南，始置诸州通判"。宋太祖乾德元年为公元 963 年，即辽穆宗应历十三年。宋通判的设置时间，大致与知州同时进行。而据《辽史·圣宗一》载统和三年（985 年）始见"知沈州军州事"。如果这是辽代始置知州的近似时间的话，那么，辽知州始置时间要比宋晚 30 年左右。辽地方州级长官的置立，主要是节度使和刺史，知州出现得晚，也不常见，若设置了知州，是否同时委任通判？不敢明断。因为这些史事，均不见于《辽史》和我们所能涉猎的有关辽文。而从房山石经辽碑刻来看，凡有通判在任者，必与知州同时担任提点官。兴宗时期，有吴克荷、刘湘、龚湜、魏永、萧昌顺、萧惟忠、杨皙 7 任涿州知州、任提点官，而不见有通判者。道宗时期 9 任涿州知州，大多有同任的通判，例如清宁九年知州萧福延，通判是程冀；大康七年知州耶律泽，通判是杨恂如；大康十年知州耶律恭，通判是牛温仁；大安二年知州耶律佶，通判是张闻；未载年月知州耶律永宁，通判是郑韶，又未载年月知州萧知善，通判是邓愿等。还有三条题记，其中提点官不见知州而仅有通判，如大安四年、五年，只见通判张识；大安七年，只见通判王辅臣；大安八年只见通判刘珣。这些情况可能表明，兴宗时期及这以前，涿州即便置了知州，也不一定委任通判。而通判的正式设置，似应从道宗时期才开始。若以清宁九年第一任通判官出现计算，时当公元1063年，与宋置通判约始于乾德元年（相当963年）相比较，晚了一百年左右。因此，我以为，辽的通判官，当是仿宋来的。这里，还可以提出四点，以资论证：

第一，宋朝的通判官，其挂朝品第一般是由尚书六部中的郎中或相当郎中品级的朝官出任。如《宋史·职官志七》"通判"条载宋太祖乾德初置通判。"命刑部郎中贾玭等充"。题记中11任辽朝涿州通判官，也是全部由尚书省六部中的郎中官出任，如程冀是金部郎中，杨恂如是驾部郎中，牛温仁是都官郎中，张识、王辅臣、刘珣是职方郎中，郑韶是户部郎中，邓愿是吏部郎中等。从通判挂朝职说明，辽朝和宋朝有着某些相承关系。

第二，宋朝的通判，名曰知州之贰，品第职位均在知州之下，其出官目的是协助守臣知州做好管内军政民事的治理工作。但由于通判是朝廷直接派来的，官虽小，权限却很大。"职掌倅贰郡政，凡兵民、钱谷、户口、赋役、狱讼听断之事，与守臣通签书施行"。[1] 在签议公事方面，权同知州。如"建隆四年，诏知府公事并须长吏、通判签议连书，方许行下"。[2] 甚至对包括知州在内的一州官员，"有善否及职事修废，得刺举以闻"。[3] 通判作为朝廷的耳目，对一州官员起监督作用。房山题记中，和知州同提点的8任通判官的姓名及其结衔，在碑石的排次均在知州前面。例如清宁九年八月五日刻《大方等大集经》卷9题记的顺序是：

朝散大夫、尚书金部郎中、通判涿州军州事、上骑都尉、借紫程冀同提点。

泰宁军节度充、潍、密等州观察、处置等使，崇禄大夫、检校太师、左骁骑卫上将军、使持节兖州诸军事，行兖州刺史、知涿州军州事，兼管内巡检、安抚、屯田、劝农以肯定，辽的"通判"，从实际权

---

① 《宋史》卷167《职官志七》。
② 同上。
③ 同上。

限的使用以及朝廷与州之间上通下达的作用上看，其与唐朝的"别驾司马"仅仅保持了一般州（郡）副的传统联系，而与宋的通判则有着直接的承继关系。

诚然，通判官的设置，是辽朝后期州一级军事和行政沿革进一步汉化的一个标志。因为题记表明，有明确年月者，兴宗时期涿州知州凡7任，其中汉族官员5任，契丹官员2任。到道宗时期，涿州既设知州，又置通判，涿州知州共有10任，除了1任姓名不清外，其余9任均为契丹官员；通判凡11任，全部是汉族官员（附表二）。这一现象可能从两个方面反映了当时方州的任官情况：即一方面，地方政权的封建化，大批汉族官员以及越来越多的汉化较深的契丹官员相继出任涿州知州这一要职；另一方面朝廷对契丹官员是否胜任显然无甚把握，因此，到道宗时期，逐渐形成了契丹官员历任知州和汉族官员历任通判的局面。这种分任的异常现象，反映了辽廷加强控制涿州和发展对宋外交上的一个策略。涿州物产丰富，文化发达，人物渊薮，又是刻经胜地，不少皇亲国戚、达官贵人云集，礼佛修善，为燕京先进地区之一。在地理上，涿州与宋的沧州只一壤之隔，为燕京之南大门，地位最为要害。在战争年代，辽宋交兵，许多重大战役在这里展开。例如圣宗时，宋兵北进，"首入涿州"。萧太后和圣宗率领大军击败之，宋兵败退后，朝廷"复涿州，告天地"，三令五申，"无使敌兵潜至涿州"。①"澶渊之盟"以后，辽宋两朝修好，辽朝经常"委涿州牒雄州，闻达南朝，相度施行"。②辽宋许多重大外交活动，都各以涿州和雄州作为交接点。所以，涿州长官的任命，于辽外交上的成败，举足轻重。为了巩固"澶渊之盟"的战果，辽廷外交上需要更高的原则性和灵活性。以契丹官员连任知州，有利于坚持传统的原则性，以汉族官员连任通判，便于发挥广泛的灵活性。如此长贰相承，蕃汉相制，同时达到了朝廷对涿州地区加强控制的目的。

辽朝在本辖区内置上京、东京、中京、南京和西京五个京道，其下分统各州。州的主要官职，根据各州的建置情况，有设节度使、副节度

---

① 《辽史》卷11《圣宗纪二》。

② 陈述：《全辽文》卷9，《涿州移牒雄州》。

使者，有设刺史、同知州事者，有设防御使、防御副使者，也有设观察使、观察副使者，还有团练使、团练副使者，以为州的正、副长官。而以知州、通判为正、副州长者，则是后期出现的新体制。前面关于通判官问题的探讨，了解到这一新的方州体制产生和发展的某些历史情况。辽初，涿州遵制置刺史。《辽代·地理志四》载南京道"涿州，永泰军上，刺史"。若依《百官志四·南面方州官》关于"州刺史职名总目。某州刺史。某州同知州事。某州录事参军"的记载看，涿州初置刺史时，可能已置有同知州事以为州贰。题记关于兴宗重熙九年十月见"知涿州军州事"的碑文，是至今为止有关涿州知州的最早一条记载，它比正史最早的载例即《辽史·道宗纪一》见清宁元年十二月"知涿州杨绩"还早十五年，比载例早于《辽史》的《李氏墓志》见重熙十四年"知涿州军州事"王泽也早了五年。① 而通判之设置以有明确年月为依据者，则不见于《辽史》或其他有关史料。据此，可以推出涿州长贰设置始末的大致轮廓，即涿州在辽初设刺史和同知州事，后期更置知州和通判，名称改易，然职掌不变，均为不同时期的正副州长名分，统管本州军政民事。

不难看出，从刺史到知州，从同知州事到通判，这是涿州官制方面的一个沿革。探讨这一沿革的历史，对研究辽朝方州官制的发展有着一定意义。因为在辽朝后期，可能包括涿州在内的一批方州实现或部分地实现了这种沿革。从现有史料看，这一沿革可归纳为三种情况：（1）南京道有较多的州改刺史或节度使为知州。除了涿州外，还有如易州：《辽史·圣宗纪三》见统和七年三月"丁亥，诏知易州赵质收战亡士卒骸骨，筑京观"；《韩橁墓志》见太平五年橁"知易州军州事兼沿边安抚、屯田使充兵马钤辖"；②《圣宗纪八》见太平十年四月，以"李延弘知易州"；《道宗纪一》见清宁四年正月"丁亥，知易州事耶律颇得秩满，部民乞留，许之"。澶州：《韩橁墓志》见橁妻张夫人之父张崇一曾任"知澶州军州事"。蓟州：大康二年《王敦

_____

① 《全辽文》卷7。

② 《全辽文》卷9。

裕墓志》见敦裕烈祖王经"知（蓟州）尚武军州事"。① 平州：《天祚帝纪三》见保大三年三月"知平州"时立爰。顺州：天庆元年《奉为先内翰侍郎太夫人建尊胜陀罗尼幢》见"静江军节度使知顺州军事"直温。以此校对《地理志》，知其中易、澶、蓟、顺、涿五州为刺史改知州，平州则是由节度使改知州者。（2）中京、西京和东京三道有个别州改刺史或节度使为知州。如中京道的惠州：大安三年《清河府君墓志铭》见县君张某曾任"知惠州军州事"。② 兴中府安德州：《灵岩寺碑阴铭》见"知安德州军州事"耶律劭。③ 西京道的儒州：《清河府君墓志铭》见墓主烈考张保曾任"知儒州军州事"。④ 东京道的沈州：《圣宗纪一》见统和三年五月"癸酉，以国舅萧道"宁同平章事、知沈州军州事"。从《地理志》记载知惠州、安德州、儒州为刺史改置知州，沈州则由节度使改置知州。（3）上京道的方州建制，未见有改置者，这三种情况可能表明，辽朝方州官制沿革仅在一部分地区进行，南京道是重点地区，中、西、东三个京道仅在个别地区进行，上京道则可能始终保持原来的建置。分析其中不平衡的原因，除了与该州相联系的政治、经济、文化发展起一定作用外，后期与宋军事、外交上的需要应是主要因素之一。涿州是辽南京的南大门，和宋的雄州毗邻。军事上历来为宋军必争，辽军必守之要地。辽朝搜集宋朝的军事情报，时常通过涿州发挥作用。例如《圣宗纪一》载统和元年正月"壬午，涿州刺史安吉奏宋筑城河北，诏留守于越休哥挠之，无令就功。"这条材料反映的问题还有某些颇为令人寻味之处。为什么辽廷出面交涉不派涿州刺史而非南京留守出面不可？诚然，以高于刺史的留守作为代表，可能表明辽廷对此事之关注。然而，以级别远高于知州的留守去和宋的州级办交涉，无疑会失去外交上的威严。而以刺史出面又会怎么样呢？我们知道，宋州一级的建制，长官一般称知州，对于刺史这一官称，早已仅存其名而废其实。在宋人眼里，刺

史这一官称，已流为平庸的虚衔。如此两朝交往，若需州官出使，辽以刺史，宋派知州，外交礼节原则上对等相待。但对于一贯以胜利者姿态出现的辽廷来说，不能不考虑到本朝代表在宋人眼中的尊严。可以说，如果上述因"筑城河北"与宋交涉一事，不派南京留守，而遣涿州刺史，结果可能大不一样。所以，辽朝在与宋军事外交往来方面，若需派遣涿州刺史，必在临行时加封高级朝官。如保宁六年"三月，宋遣使请和，（景宗诏）以涿州刺史耶律昌术加侍中与宋议和"①。当然，长此下去，也可能很不方便，因有涿州乃至其他一些州废节度或刺史仿效宋制改置知州一节。方州改制所及主要在南京道，其他四京道未见大的变动，也正是在军事、外交上与宋不大发生直接联系之缘故。原来方州官制以各种形式出现，对加强地方对朝廷向心力有利，因而没有改易的必要。

看来，辽朝南面方州官制沿革的趋势，乃是配合中央两轨官制对整个辖区统治的需要"随宜置官"，而仿效宋制的知州和通判的出现，就是这种"随宜置官"在地方官制沿革上的一个反映。

附表一　　　　　　　房山石经题记所录通判官任一览表

在任时间	通判官姓名	通判官结衔	石经题记卷数
清宁九年	褆冀	朝散大夫、尚书金部郎中、通判涿州军州事、上骑都尉、借紫	清宁九年八月五日刻《大方等大集经》卷9
大康四年	石钦□	朝散大夫、尚书司勋郎中、通判涿州军州事、云骑都尉、赐紫金鱼袋	大康四年十月十二日刻《光赞摩诃般若波罗蜜经》第5卷第7条
大康七年	杨恂如	朝散大夫、尚书驾部郎中、通判涿州军州事	大康七年七月十日刻《胜天王般若波罗蜜经》卷7第21条

---

① 《辽史》卷8《景宗上》。

续表

在任时间	通判官姓名	通判官结衔	石经题记卷数
大康十年	牛温仁	朝散大夫、尚书都官郎中、通判涿州军州事、飞骑尉、赐紫金鱼袋	大康十年八月日刻《宝星陀罗尼经》第 7 卷第 9 条
大安二年	张闻	朝散大夫、尚书都官郎中、通判涿州军州事	大安二年刻《持世经》卷 1 第 1 条
大安四	张识	朝散大夫、尚书职方郎中、通判涿州军州事、飞骑尉、赐紫金鱼袋	大安四年刻《六度集经》卷 10 第 10 条；大安五年刻《不空羂索神变真言经》卷 23 第 36 条
大安七年	王辅臣	朝散大夫、尚书职方郎中、通判涿州军州事	大安七年刻《十住断结经》卷 2 第 3 条
大安八年	刘珣	朝散大夫、尚书职方郎中、通判涿州军州事、赐紫金鱼袋	大安八年刻《超月明三昧经》卷上 1 条
（未载年期）	郑韶	朝散大夫、尚书户部郎中、通判涿州军州事、飞骑尉、借紫	未载年月刻《摩诃般若波罗蜜经》卷 18 第 24 条、卷 31 第 44 条
（未载年期）	邓愿	朝请大夫、尚书吏部郎中、通判涿州军州事	未载年月刻《放光摩诃般若经》卷 10 第 15 条
（未载年期）		朝散大夫、尚书户部郎中、通判涿州军州事	未载年月刻《大品般若经》卷 25 第□□条

附表二　　　房山石经题记关于辽涿州知州和通判族属一览表

时间 / 族属比较		知州		通判		题记所在石经卷数
		姓名	民族	姓名	民族	
兴宗	重熙九年	吴克荷	汉			重熙九年十月《大般若经》第 558 卷等
	重熙十年	刘湘	汉			重熙十年八月《大般若经》第 591 卷等

续表

时间 \ 族属比较		知州		通判		题记所在石经卷数
		姓名	民族	姓名	民族	
兴宗	重熙十二年	龚湜	汉			重熙十二年三月《大宝积经》第24卷等
	重熙十六年	刘湘	汉			重熙十六年三月二十日《大宝积经》第42卷等
	重熙十八年	魏永	汉			重熙十八年八月二十五日《大宝积经》第62卷等
	重熙二十年	萧昌顺	契丹			重熙二十年四月十日《大宝积经》第77卷等
	重熙二十二年	萧惟忠	契丹			重熙二十二年四月二十六日《大宝积经》第89卷等
	重熙二十四年	杨晰（同晢）	汉			重熙二十四年三月十八日《大宝积经》第105卷等
道宗	清宁二年	萧惟平	契丹			清宁二年八月二十一日《大宝积经》第115卷等
	清宁九年	萧福延	契丹	程冀	汉	清宁九年八月五日《大方等大集经》卷9
	大康四年	萧安宁	契丹	石钦口	汉	大康四年十月十二日《光赞摩诃般若波罗蜜经》第5卷
	大康七年	耶律泽	契丹	杨恂如	汉	大康七年十月十日《胜天王般若波罗蜜经》卷7
	大康十年	耶律恭	契丹	牛温仁	汉	大康十年八月《宝星陀罗尼经》第7卷等
	大安二年	耶律佶		张闻	汉	大安二年《持世经》第1卷
	大安五年			张识	汉	大安五年《不空羂索神变真言经》第23卷等
	大安七年			王辅臣	汉	大安七年《十住断结经》第2卷等
	大安八年			刘珣	汉	大安八年《超月明三昧经》卷上

续表

时间	族属比较	知州		通判		题记所在石经卷数
		姓名	民族	姓名	民族	
道宗	（未载年月）	耶律永宁	契丹	郑韶	汉	未载年月《摩诃般若波罗蜜经》卷 18 等
	（未载年月）	萧知善	契丹	邓愿	汉	未载年月《放光梅诃般若经》卷 10
	（未载年月）	☐		☐		未载年月《大品般若经》第 25 卷

（本文原载《世界宗教研究》1982 年第 4 期）

辽朝的佛庆制问题及北疆与中原的佛教关系

　　辽代北疆地区的佛教，是在继承唐代佛教的遗风和辽朝建立前后内地佛教大量北传的基础上再度兴起和发展起来的，它是中国佛教文化系统的一个组成部分。这一点中外学术界早已形成共识。但是，也有一些问题在看法上存在着歧异，有些史事因为没有进一步考辨而至今若明若暗，本文着重研讨的佛庆制，即是其中引人注目的一个话题。

　　佛教创始人释迦牟尼的生日，是佛界定制纪念的一个重要节日，俗称佛诞节或浴佛节。在我国，历代纪念佛诞节普遍定在夏历（农历）4月初8日。元代僧德辉撰修、僧大欣校正的《敕修百丈清规》（据唐代僧怀海《禅门规式》改修）卷2载4月8日佛诞，僧师首领"率比丘众，严备香花灯烛茶果羞（馐），以伸供养"。宋孟元老撰《东京梦华录》卷8记述"4月8日佛生日，十大禅院各有佛斋会"。然而辽朝的佛庆节，却存在着4月8日与2月8日两天的定制。如《契丹国志》卷27记述曰：

> 佛诞日：4月8日，京府及诸州，各用木雕悉达太子一尊，城上舁行，放僧尼、道士、庶民行城一日为乐。

又《辽史》卷53载曰：

> 2月8日为悉达太子生辰，京府及诸州雕木为像，仪仗百戏导从，循城为乐。悉达太子者，西域净梵王子，姓瞿昙氏，名释迦牟尼。

　　近世史家对这两条记述持不同看法。最引人注目的一种意见认为，《辽史》记载之"2月8日"，其中"2月当为4月"之误，因而断定关于佛生日所记，"《国志》是，而《辽史》非也"。① 另一种意见则驳斥了有关否定《辽史》记载的说法，认为4月8日与2月8日同为辽朝的佛生日，是所谓契丹佛庆之"二重体制"。同时考定辽朝之2月8日佛诞乃是源于西域回鹘之影响。② 参察史籍记载和有关研究表明，前一种看法是错误的，后一种看法可取之处在于肯定了《契丹国志》与《辽史》所载两个佛生日，但所谓辽朝之2月8日佛庆来自回鹘之影响却与史实相违。

　　在汉文佛教典籍中，4月8日和2月8日均作为佛祖释迦牟尼的生日记入经论；《瑞应经》云释迦牟尼"4月8日夜，明星出现时生"；《佛说灌佛经》称"十方诸佛，皆用4月8日夜半时生"；《长阿含经》曰："2月8日佛生"；《萨婆多论》谓佛祖"2月8日生"；《过去现在因果经》也称佛"2月8日生"。经论中关于4月8日与2月8日同被作为佛生日的记述例子还可举出更多。可证2月8日之为佛生日，与4月8日同样以经论为依据。问题在于，同一个释迦牟尼反映在汉文的佛教经典中怎么就出现两个日子不同的生日呢？这个问题，必须结合古代印度佛生日与佛教传入中国后，中国佛生日的确定与历法立正选择的关系加以考察。

　　玄奘《大唐西域记》卷3曰："佛国（印度）云菩萨诞灵以吠舍佉月后半8日"，又解释道："春3月，谓制怛罗月、吠舍佉月、逝瑟吒月。当此从正月5日到4月15日"。按吠舍佉月即当时印度历之2月，③是知印度古代传统之佛生日为其历法之2月8日。《西域记》关于印度历春3月与唐历的换算所得月份，其唐历当为玄奘在世时（602—664

<hr/>

　　① 冯家升：《契丹祀天之俗与其宗教神话风俗之关系》，《史学年报》1932年第1卷第4期；又冯氏《辽史初校·礼志六》，见《辽史证误三种》中华书局1959年版。

　　② ［韩］李龙范：《辽金佛教之二重体制与汉文化》，台湾《思与言》1986年第6卷第2期。

　　③ 古印度以一年分为三，即热、雨、寒三个时期十二个月，从一月到十二月分别为制怛罗月、吠舍佉月、逝瑟吒月、頞沙荼月、室罗伐拏月、婆达罗体陀月，頞湿缚瘐阇月、迦剌底迦月、末迦始罗月、报沙月、磨伽月、頞勒婁拏月。吠舍佉月为一年之二月。

年）通行的戊寅元历。由于"佛国日月与中土不同,"①"8日"作为释迦牟尼的生日遵袭印度佛俗不变,这两条决定从印度的佛生日演为中国佛生日很难在换算中准确无误。事实上,只能从佛生日来完成这一演化程序。在这里,我们首先可以肯定,中国经论中以夏历2月8日,完全是从印度吠舍佉月(2月)8日的简单移用,据《大唐西域记》,印度的吠舍佉月(2月)相当于唐历之2月中旬。清代学者俞正燮研究认为,唐时这类推算法只能大体接近。他认为:"《分别应辨音义》言2月8日者,在西土1月之后半,当属西土之2月,而译者(按指佛教经论之译者)以中土2月当之。各差半月,实差1月。是说也,吾思之十年,读《开元占经》而始知之"②。魏源对此作了考辨,认为俞氏考佛祖生年不可信,而"考佛生日则是"③。这些考辨,比较明确地揭示了历史上包括唐代以前,中国佛界以2月8日为佛生日的由来史实。至于以4月8日为佛生日,则主要来自对中国古代历法立正的选择。

正月是岁的首月。它的确立,是历法推定时间的一个重要取向原则。先秦时期,中国的历法行用,是所谓三正历(也称三统历)。即夏朝历法立寅月为正月,殷商朝历法以12月(丑月)为正月,周朝历法以11月(子月)为正月④。汉武帝时期统一历法采用夏历(或称阴历)以建寅月为岁首,历代多经修正沿用迄于清代。民国以后,阴历、阳历参互使用,阴历即夏历,阳历为中西通用历法。

但是在古代即使在西汉普遍行用夏历之后,周历以建子11月为正月之立岁首法,在某些时期或某些地区仍然受到重视。如《隋书·律历志》称"凡建子为天正(周历),建丑为地正(殷商历),建寅为人正(夏历),即以人正为正月,统求所起,本于天正"。还有追奉周历立正为正月者。如《旧唐书·律历志》载武则天朝修正历法,虽仍统一行用夏历,但却"以建子(周历)为正(月),建丑(殷商历)为腊(月),建寅(夏历)为1月"。等于夏历立正为事实上的正月,周历以

① 俞正燮:《释迦文佛生日生年决定具足论》《癸巳类稿》卷15。
② 同上。
③ 魏源:《中西洋历法异同考·附天竺回回历法考》,《海国图志》卷72。
④ 参见《汉书》卷21《律历志》;《旧唐书》卷17《律历志》。

11月为正月在名分上被尊重。因此，也就存在着普遍以夏历除夕度岁末还新正、同时又将周历正月之冬至日作为另一个新旧岁交替度过。

唐徐坚撰《初学记》卷4引《玉烛宝典》（隋杜台卿撰）曰："11月建子，周之正月，冬至日南极景极长，阴阳万物之始，律之黄钟，其管最长，故有履长之贺"。《宋书·礼志一》谓"魏晋则冬至日，受万国及百僚称贺，因小会，其仪亚于岁旦"。清徐炟辑《宋人小说类编》卷1《冬除岁除》条曰："唐人冬至前一日，亦谓之除夜"。《太平广记》卷340卢项引（唐）《通幽录》称："是夕冬至除夜"，卢家度岁达旦。除夜即除夕之夜。将冬至日当另一个除夕度过，实与尊奉周历立正有直接关系。上引证例无非表明，西汉以后，历代统一采用夏历立正，但也有重视周历建子11月为正月并与夏正分别奉行者。

这种对于周历立正的习惯认同，乃是引出4月8日为另一个佛生日的重要原因。其中显而易见的一点是，在历法立正方面，古代中国人竟不乏把印度历与周历一视同仁者，著名的唐代僧师法宝撰《俱舍论疏》卷1，对2月8日与4月8日两个佛生日着重加以会通，认为"婆罗门国（印度）以建子立正，此方先时以建寅立正。建子4月，即建寅2月。故存梵本者而言4月，依此方者即云2月根本一也。"至此，古代中国两个佛生日的由来，大体上已有了比较清晰的眉目：即中国佛生日之定于2月8日者，乃是对于印度佛生日吠舍佉月（2月）8日的照搬采用；定于4月8日者，则是古代中国人认为印度历立正与周历立正同，以建子11月为正月，4月8日实则相当于夏历2月8日。当然，在这方面，习惯认识更被注重了，而在当时的条件下，也不可能做到从印度历到中国历的准确换算。

在佛生日的实际纪念上，中国古代佛界普遍采用的是4月8日，但2月8日也并非有名无实，更不独盛行于西域地区，在内地也有盛行者。如《金史·海陵纪》载正隆元年（1156年）2月庚辰（8日）海陵在中都（今北京），"御宣华门观迎佛，赐诸寺僧绢五百匹、五十段、银五百两"。这年11月，金廷一反前例下诏"禁2月8日迎佛。"① 这是由于金廷国策调整而对整个佛教态度之向背所致。但此后金朝统治者

---

① 《金史》卷5《海陵纪》。

却又重新礼佛了。如大定二年（1162 年）正月，金世宗下诏"除迎赛神佛之令"①。又金承安四年（1199 年）2 月庚午（8 日）章宗"御宣华门（在中都，今北京），观迎佛"②。显然，在金代，至少燕京等地曾以 2 月 8 日作为佛生日纪念。皇帝观迎佛，可证其佛会档次甚高，佛会也相当盛大。金世宗针对海陵禁止迎佛等事下开禁令，也包括恢复 2 月 8 日佛生日在内。《元史·释老·八思巴传》记述僧八思巴等帝师每次进京师（今北京），元朝皇帝必"用每岁 2 月 8 日迎佛，威仪往迎，且命礼部尚书、郎中专督迎接"。有的地区，2 月 8 日与 4 月 8 日同作为佛生日纪念。如宋僧赞宁撰《僧史略》认为浴佛在印度，于佛祖来说原"非生日之意。疑天竺（印度）多热，僧既频浴，佛亦勤灌耳"；而"东夏（按指中国）尚腊八或 2 月、4 月 8 日（浴佛），乃是为生日也"。《北史·焉耆传》述及"汉时旧国"的西域焉耆社会"崇信佛法"，"尤重 2 月 8 日、4 月 8 日。是日也，其国咸依释教，斋戒行道焉"。这两条记载表明，古代中国佛界，从内地到边疆地区关于佛生日的纪念，存在着 2 月 8 日与 4 月 8 日兼行的事实。

至此，完全可以肯定，辽朝的既定佛庆必是两个生日兼行。只是在记入史籍时，《辽史》取 2 月 8 日，《契丹国志》取 4 月 8 日。可见，视两个佛庆日为辽朝佛教之双重体制固属不当。因为两佛诞日早在中国佛界已付诸行用，何以割断这段历史而独言之？至于所谓辽朝之 2 月 8 日佛诞日来自回鹘的影响云云，自然也就与史实相违了。其错误主要在于对佛教传入中国，尤其演化为中国佛教之后，中国佛界依据传统的历法立正所确定的佛诞日及中国境内（包括内地至边疆地区）关于两个佛诞日的实际纪念这段历史缺乏深层的了解。

综上所述，关于辽朝及其北疆社会的佛庆制问题，可以得出如下三点认识：

（1）佛教传入中国之后，在印度师传的基础上，历经沿革演化为中国佛教。关于释迦牟尼的佛诞日，也从印度的吠舍佉月（2 月）8 日转为中国通行的夏历 2 月 8 日；由于古代中国人对先秦周历立正的尊崇

① 《金史》卷 6《世宗纪上》。
② 《金史》卷 11《章宗纪三》。

及其对中、西方历法的习惯认识，又派生出另一个佛诞日即 4 月 8 日这个佛诞日来。随着夏历的不断修正和普遍行用，时过境迁，原先以周历立正这段史事已经淡化，后一个佛诞日也在实际采用中深化为夏历 4 月 8 日。中国佛教自成一统的发展特色，以夏历为时间计法的两个佛诞日的纪念制度即是其中一个具体表现。

（2）中国佛庆制影响源远流长。早在东汉末年，牟子撰《理惑论》就称中国有言"佛 4 月 8 日生"者①。三国时期吴国支谦译《太子瑞应本起经》（《瑞应经》）等也主此说。2 月 8 日为佛生日也较早见于前后秦僧人竺佛念与罽宾僧人佛陀耶舍合译的《长阿含经》等经论中。此后，这两个佛诞日在中国内地至边疆地区的实际纪念也见于史籍记载。大体上说，佛诞日的纪念以 4 月 8 日为普遍，包括北疆的北方地区则两佛诞日兼庆为多。中国式佛诞日的纪念甚至影响到朝鲜、日本及东南亚的一些地区。因此，否定《辽史》关于 2 月 8 日佛庆存在的说法不可取，而所谓辽朝之 2 月 8 日佛庆来自回鹘的影响也已证实不能自圆其说。在夏历 2 月 8 日佛庆制上，回鹘与辽朝采用都是内地的中国佛教模式，而非其他。

（3）辽朝北疆与燕云地区佛界采用的是内地传统佛庆制。《契丹国志》与《辽史》记载的佛庆日分别是 4 月 8 日与 2 月 8 日，但纪念的地区都明确是辽朝辖区内的"京府及诸州"。两书所记各取其一，实则正好互补。这两条记载均可作为奄有辽朝半壁江山的北疆社会，其佛庆同于燕云地区的一个明证。

[本文原为《辽朝经营与开发北疆》（中国社会科学出版社 1995 年版）一书第五章第三节，今单选入《自选集》出版]

---

① 牟融：《牟子》（一卷、一名《理惑论》），《百子全书·杂家类》；转引自魏源《海国图志》卷 72《附天竺回回历法考》。

辽碑结衔释例

在辽代碑文中，屡见款以有关官员联结式的复合官衔，治史者称之"结衔"。其格式与唐、宋碑文所款者近似，凡于《辽史·百官志》失载之官称，均可见于《唐书》或《宋史》官志卷中。兹择几例试释之。

例一

杨晳（晰）：正议大夫、尚书吏部侍郎、知涿州军州事，兼管内巡检、安抚、屯田、劝农等使，上柱国、洪农郡开国公、食邑三千户实封三百户、赐紫金鱼袋①。

衔首"正议大夫"，《辽史·百官志》失载，也不见于《纪》《传》《表》或其他《志》文中。此官始于隋，唐因之，是为文散官。《新唐书·百官志》载："凡文散阶二十九"，"正议大夫"列其中之第六阶，谓"正四品上曰正议大夫"。次"尚书吏部侍郎"为挂朝官。《辽史·百官志三》"尚书省"条下有"六部职名总目：某部。某部尚书。圣宗开泰元年见吏部尚书刘绩。某部侍郎。王观，兴宗重熙中为兵部侍郎；李瀚，穆宗朝累迁兵部侍郎。"而未明载有"吏部侍郎"者。此衔中"尚书吏部侍郎"，可补证《百官志三》关于尚书六部中"某部侍郎"确包括"吏部侍郎"。若依《新唐书·百官一》载"吏部侍郎"为"正四品上"，第同"正议大夫"。次"知涿州军州事"，简称涿州知州。知州这一官称，《辽史·百官志》不载，仅有几例见于《纪》中，其出现期间当在圣宗朝至辽末。《新唐书·地理三》载涿州为上州，置刺

---

① 见北京房山云居寺辽兴宗重熙二十四年四月二十二日刻《大宝积经》第 111 卷 297 条等题记。

史，辽初沿置。据《辽史·圣宗四》见"（统和九年二月）丁未，以涿州刺史耶律王六为惕隐"。实则涿州置刺史这一体制至晚可延续到统和末年。《全辽文》卷五统和二十六年《王说墓志铭》见说弟希隆官至"涿州刺史"。又同卷统和二十八年《涿州移建孔庙碑阴记》见"是年（涿州）刺史高公"即可为证。又所见碑文中，最早记有"涿州知州"的是云居寺《大般若波罗蜜多经》第 556 卷 1381 条等吴克荷题记①。以此推测辽代涿州由刺史改置知州大约在统和二十八年以后至重熙九年以前，即公元 1010—1040 年这段时间。新置的涿州知州，职同已被更替之刺史，是为州之长官。照《旧唐书·职官一》载上州刺史秩"从三品"，乃是结衔中之正职官。其后"巡检、安抚、屯田、劝农"等几个兼职使官，也都是袭沿唐旧。次"上柱国"是勋官，《辽史·传》中常见，而《百官志》不入，也是本自唐制。《新唐书·百官一》列"上柱国"于十二等勋官中之第一等，官第"视正二品"。次"洪农郡"应为"弘农郡"。"弘"作"洪"，是用了避讳字。五代人避唐高宗时皇太子李弘讳，文献或碑刻有改"弘"为"洪"者。此结衔镌刻于辽宋"澶渊盟约"以后 51 年的重熙二十四年（公元 1055 年），当是宋人避讳之风引入辽境同避宋太祖赵匡胤之父赵弘殷讳之故②。洪（弘）农郡为杨姓郡望。古代封爵中所包含之地名，常常采取被封人姓氏之郡望，如崔知温"封博陵郡侯"，杨再思"封弘农郡公"等③，先例甚多。"洪（弘）农郡"后面"开国公"，当即唐书官志中的"开国郡公"，是爵号。《辽史·百官志》不载，但《纪》和《传》均可见到，只是"品第"、"食邑"不明书。《新唐书·百官一》列爵九等，其中第三等爵国公食邑三千户，第四等爵开国郡公食邑二千户。结衔中杨晰以"开国郡公""食邑三千户"，相当于唐之"国公"封邑数，而比唐之"开国郡公"多封了一千户。这意味着辽廷对官员施行了厚封制度。唐制"食邑"是虚数，"实封"才是真户。《新唐书·百官一》载"食实封者，

---

① 参见北京图书馆善本组藏拓本，题记曰："重熙九年十月日，工部侍郎、知涿州军州事吴克荷提点镌造"。

② 参见古清尧、林荣贵《道宗讳名和辽宋关系》，《民族研究》1983 年第 4 期。

③ 分别见《新唐书》本传。

得真户分食诸州。"照此，杨晰食邑三千户当是虚封，"实封三百户"才是实际得到的食户。末尾"赐紫金鱼袋"，是仿唐朝官员穿着之一种服装制度。唐时，官至三品着紫服，五品着绯服，官位不够者，则赐绯紫。睿宗景云中，诏衣绯者鱼袋以银饰之，叫绯银鱼袋；衣紫者鱼袋以金饰之，叫紫金鱼袋，以此作为官员出入的官第标志。杨晰正职官至三品，衣紫，够资格佩金鱼袋，故称紫金鱼袋，也与唐制同。这样，对杨晰在辽的情况便会有个较明晰的了解，即：杨晰在重熙二十四年实职官是秩当从三品之涿州知州兼本州巡检使、安抚使、屯田使和劝农使等。他受封于此任知州时，所带的朝官是相当四品的尚书省吏部侍郎和文散官正议大夫，因其出州治绩有声，朝廷赏以"视正二品"的一等勋官上柱国，赐爵为洪（弘）农郡开国公，封邑三千户，按实封制于本州食真户三百，并以正职官三品知州授戴紫金鱼袋。

例二

萧福延：泰宁军节度使、兖、潍、密等州观察、处置等使、崇禄大夫、检校太师、左骁卫上将军、使持节兖州诸军事、行兖州刺史、知涿州军州事、兼管内巡检、安抚、屯田、劝农等使、御史大夫、上柱国、兰陵郡开国公、食邑三千八百户、食实封三百八十户①。

按《宋史·地理一》记载，泰宁军为京东西路袭庆府鲁郡的置军。袭庆府本兖州。密州、潍州属于京东东路，均在宋朝境内，而非辽的辖区，故不入《辽史·地理志》。以此知衔首"泰宁军节度使、兖、潍、密等州观察、处置等使"以及中间的"使持节兖州诸军事、行兖州刺史"都是辽廷封予萧福延的"遥领官"。次文散官"崇禄大夫"，在唐为光禄大夫，因避太宗德光讳改。《新唐书·百官一》见"凡文散阶二十九"，光禄大夫排第三阶，秩从二品。检校太师是加官，唐为正一品。上述遥领、文散和检校各官均为虚授，不赋实职，唐为从二品。唐制节度无品第，不赋实职的崇禄大夫、检校太师和武职官左骁卫上将军在此均作挂朝衔，意在表明萧是具有一定资望受封泰宁军节度使的。钱大昕《廿二史考异》卷58论及非正职官或虚官作为挂朝衔的意义时曰：

①　选自北京房山云居寺辽道宗清宁九年八月五日刻《大方等大集经》卷9，萧福延题记。参见北京图书馆善本组藏拓本。

"案节度、采访、观察、防御、团练、经略、招讨诸使皆无品秩，故常有省、台、寺、监长官衔，以寄资望之尊卑。"萧福延衔中反映的情况表明辽朝大致也是如此。其中"兖州刺史"前所以称"行"者，乃是对于散官崇禄大夫而言。《旧唐书·职官一》载："贞观令，以职事高者为守，职事卑者为行，仍各带散位。"这里指带有某种品级的散官担任某种品级的职事官，如果职事官的品级高于散官，那就称"守"，若是职事的品级低于散官，那就称"行"。"守"或"行"的位置是固定于职事官前面借以表示职、散两者的高低关系的。这里崇禄大夫同唐的光禄大夫，秩约从二品。兖州刺史，唐上州刺史为从三品。这里，把实际上只有虚衔的遥领官兖州刺史当作意想中的职事官用，其品第低于散官崇禄大夫，故称"行"。接着"知涿州军州事、兼管内巡检、安抚、屯田、劝农等使"是萧的实职官，第当唐的上州刺史"从三品"①。次"御史大夫"是萧出任涿州知州时带的朝职，唐为正三品②。"上柱国"是勋官，这与例一杨晰的结衔略有区别。杨晰是带着品第较低的朝官（约四品）出任品第较高的州官（约三品），萧福延是带着品第较高的朝官（约一至三品）出任品第较低的州官（约三品）。这一差别在食邑中似乎有所反映，同是开国郡公，杨晰三千户，萧福延却达到三千八百户。可见辽朝官员受封食邑的优薄，不仅决定于爵位高低，而且与其资望官历均有关系。

　　例三

　　梁颖：推忠同德功臣、崇禄大夫、行刑部尚书，兼门下侍郎、同中书门下平章事、监修国史、知枢密院事、上护军、安定郡开国侯、食邑一千户、食实封一百户③。

　　按："推忠同德功臣"为功臣号。辽廷以功臣号赐予有功臣僚者甚多。如赵思温"赐协谋静乱翊圣功臣"，耶律贤适"赐推忠协力功臣"，郭袭"赐协赞功臣"，张俭"赐贞亮弘靖保义守节耆德功臣"等④。我

---

　　① 《旧唐书·职官一》。

　　② 《新唐书·百官三》。

　　③ 北京房山云居寺辽道宗大康十年八月日刻《宝星陀罗尼经》第7卷，第9条题记。见北京图书馆善本组藏拓本。

　　④ 分别见《辽史·赵思温传》《耶律贤适传》《郭袭传》《张俭传》。

国历史上功臣号之赐予始于唐朝。《文献通考·职官考·勋官》曰："加功臣号，始于唐德宗，宋朝因之，至元丰乃罢，中兴后加赐者，韩世忠、张俊、刘光世三人而已。"与此同时知道，宋朝元丰（1078—1085 年）以后，除了授予极个官员外，功臣号基本不用了。而辽朝在相当元丰时期的道宗在位年间则更加盛行。如《辽也·窦景庸传》见景庸大安初"赐同德功臣"；《耶律俨传》见俨于道宗晚年"赐经邦佐运功臣"；有的臣僚，在其一生官历中，竟然迭封几个功臣号，如《耶律斡特剌传》见斡特剌大安四年"加赐宣力守正功臣"，寿昌六年"赐奉国匡化功臣"，乾统间又"赐推诚赞治功臣"等。这段时间见于碑刻的功臣号也不乏其例。如本题记梁颖的"推忠同德功臣"刻于大康十年；萧义于乾统五年"锡号保义功臣"，天庆元年"增号崇仁全德功臣"，逝世时封赐全号曰"推诚保义守正崇仁全德功臣"①；王师儒大安八年"特赐佐理功臣"等②。因知此段时间对功臣号的运用异于宋朝的罢用而正继续盛行之中。次"崇禄大夫"，同唐光禄大夫，为从二品文散阶。次"刑部尚书"为此结衔中之职事官，唐为"正三品"③。此处职事官低于散阶，故刑部尚书以前称"行"。其后有门下侍郎、同中书门下平章事、监修国史和知枢密院事四个兼职官。门下侍郎依唐制为"正三品"④，《辽史·百官志》属门下省。唐时中书、门下"两省长官及他官执政未至侍中、中书令者皆称同中书门下平章事"⑤，秩三品，是为宰相之职。辽时，"同中书门下平章事"已入中书省属官⑥，权任渐轻，常被用作非宰相的高级官员的加官。如重熙十一年，翰林学士刘六符使宋有功，还，"加同中书门下平章事"；重熙初，工部尚书杨佶"加检校太师、同中书门下平章事"；清宁初，萧夺剌"历西南路北路招讨使，加同中书门下平章事"；大康二年，殿前都点检孩里"加同中

---

① 《全辽文》卷 9《萧义墓志铭》。
② 《全辽文》卷 10《王师儒墓志铭》。
③ 《新唐书·百官一》。
④ 《新唐书·百官二》。
⑤ 《旧唐书·职官二》，"中"字据中华书局本卷后校勘记补入。
⑥ 《辽史·百官志》。

书门下平章事；乾统间萧岩寿"赠同中书门下平章事"①。梁颖以涿州知州兼"同中书门下平章事"，也为此官在辽时封授之对象已大大超出相职以外之一个明证。次"监修国史"，唐时为中书省属下史馆之高级职官。《旧唐书·职官》载"贞观以后，多以宰相监修国史，遂成故事也"。辽为翰林院国史院属官，职掌与唐相似，《辽史·百官志三》载"监修国史。圣宗统和九年监修国史室昉"。室昉在圣宗以前的景宗时曾任北府宰相。《纪》《传》中也见载有宰相兼监修国史者，如刘慎行"累官至北府宰相，监修国史"②。也有官职与宰相接近的官员任监修国史者，如耶律阿思"为北院枢密使，监修国史"③。又窦景庸"大安初，迁南院枢密副使，监修国史"④。梁颖以刑部尚书兼监修国史，也为掌监修国史者，大多超出宰相范围的一个例证。次"知枢密院事"，见于《辽史·百官志三》曰："太宗入汴，因晋置枢密院，掌汉人兵马之政，初兼尚书省"，是为汉人枢密院主要属官之一。可知此结衔之"刑部尚书"是为正职官，其后"门下侍郎、同中书门下平章事、监修国史、知枢密院事"四个兼职官。兼职官后面"上护军"为勋。《新唐书·百官一》载上护军为十转勋，"视正三品"。安定郡为梁姓郡望。开国侯是爵，相当于唐的开国县侯，故其食邑基本上随唐制为一千户。

例四

魏永：彰信军节度使、守左监门卫上将军知涿州军州事⑤。

按：《辽史·地理志》无"彰信军"。《宋史·地理一》载京东西路"兴仁府，辅，济阴郡，彰信军节度使"。地在今山东菏泽等县，属宋的置军。故知"彰信军节度使"乃是辽廷授予魏永的遥领官。次"左监门卫上将军"，《辽史·百官志三》仅见"诸卫职名总目。各卫。大将军。上将军。将军。"其中"诸卫""上将军"当包括"左监门卫上将军"。盖此官也当沿唐而置。《新唐书·百官四上》见"左监门卫上将军"第同左右将军，从二品，为武职事官。衔中此为带朝职，其所以

① 分别见《辽史》本传。

② 《辽史·刘六符传》。

③ 《辽史·耶律阿思传》。

④ 《辽史·窦景庸传》。

⑤ 参见北京房山云居寺辽道宗大康十年八月日刻《宝星陀罗尼经》第7卷9条等题记。

称"守"者，乃是把前面虚衔式的遥领官视同散位，散位卑于带朝职，表明魏永官历较浅，资格不足，故暂"守"者也。

辽代官员的结衔，官称和结构形式是官制封授结果的具体反映。在《辽史·百官志》严重失载的情况下，解剖这些结衔并进行综合分析，更是探索辽朝南面官制度的一个不容忽视的途径。从上面几条释例，可对此获得某些新的认识。

第一，结衔一般都以职事官、散官、勋官、爵号四大类为主干的复合官称构成形式，按实职官、资历、勋爵规定食邑实封制，以及标志官第的鱼袋制完整而明确，表明作为官制的副轨南面官已发展成为与北面官相辅并行的系统制度。南面官作为系统制度始于何时？若以此文剖析的几条结衔为线索往前追寻，可以认为至迟不晚于穆宗时期。碑刻应历五年《北郑院邑人起建陀罗尼幢记》载陈诋贞结衔为"青白军使兼西山巡都指挥使、银青崇禄大夫、检校尚书右仆射、御史大夫、上柱国"[1]；应历八年《赵德钧妻赠秦国夫人种氏墓志铭》载刘京结衔为，"门吏翰林学士朝散大夫守尚书兵部员外郎知制诰柱国赐紫金鱼袋"[2]；应历九年《驸马赠卫国王娑姑墓志铭》载娑姑结衔为"推忠奉国功臣、安国军节度、邢、洺管内、观察、处置等使、同政事门下平章事、开国公、食邑二千户实封二百户"[3]，均可为证。足见《百官志》关于推行南面官制始于穆宗之父太宗"既得燕、代十有六州"之说道有其所本。

第二，在上述释例中，有以"行"、"守"、"兼"、"检校"等表示授官方法者。《新唐书·百官一》载述关于职官本制、特置同正员外，还特别指出"至于检校、兼、守、判、知之类，皆非本制"。这类本于唐制的授官方法，于结衔中不仅常出于晚期者，而且在前期者也是屡见不鲜。因此，知南面官在推行的过程中，必有本制和非本制之区别。在辽代官分两轨的特定制度下，本制和非本制本身在南面官中各起什么作用，它们和相对并行的北面官各自发生何种联系，是必须加以研究的一个课题。

---

① 《全辽文》卷4。
② 同上。
③ 同上。

　　第三，虚衔封授上的扩大化，是辽朝南面官制一个值得注意的问题。在本文例释之结衔以及未被引释的大批辽代结衔中，不赋实职而被作为尊衔的检校官、遥领官或散官普遍出现。检校官及位列一品的师、公一级者，自唐德宗开始，此乃检校官被作为尊官之先例，其后有之，唯授例之多远不及辽朝。在唐朝，遥领官之封授仅限于某些亲王或宰相。而辽朝，检校官或遥领官不仅授予高级朝官，而且旁落到州官一级。此与辽朝吸取大唐帝旧的败落期间，由于某些权威将相位极人臣挟令天子造成弊政之教训而着手调整职官权限不无关系。职官权限相对缩小，而尊衔、虚衔的封授则相对扩大，以便于朝廷驾驭内外官员，结衔以独特的形式和内容反映了这一史事。

　　　　　　　　　　　　（本文原载《民族研究》1984 年第 4 期）

辽"嵩德宫铜铫"及其有关的一些问题

"嵩德宫铜铫"1950年发现于辽宁义县清河门辽代萧氏墓葬中。该铫器身作短直筒状，带柄。在器身外侧近底边刻有"嵩德宫造重一斤□□□三日"的铭款①。铜铫及其铭文的发现，为了解辽代宫卫手工业生产的一些问题，提供了新线索。

辽代的"宫"，内涵比较复杂。就见诸《辽史》而言，有朝仪宫、宴寝宫、宴乐宫、行宫，还有一种被称为斡鲁朵的宫，它实际是帝、后私人辖地的直属官署，和其他宫在性质上有所不同。所以《辽史》编撰时单列入《营卫志上》"宫卫"一类。铜铫铭款中的"嵩德宫"，应是《辽史·营卫志上》"宫卫"条所载的斡鲁朵一类的官署。

今检《辽史·营卫志上》"宫卫"条所载帝、后十二宫的设置中②，有崇德宫而不见嵩德宫。李文信先生肯定"嵩德宫"就是"崇德宫"，认为"'崇'、'嵩'二字是当时契丹字意译汉文的不同"。此说有一定的道理，因当时契丹文与汉文转译的结果，时常出现同音异字或近音异字的情况，这在有关辽代文献中屡见不鲜。例如耶律继崇，《辽史·圣宗纪》称耶律继崇，《续资治通鉴长编》却书耶律继宗。又如萧常哥，《辽史》本传谓其"谥曰钦肃"。萧常哥汉名萧义，其墓志已在辽宁法库叶茂台出土，墓志则称他"谥恭穆"。这里钦与恭，肃与穆，义均相同；钦肃与恭穆，其义亦无大异，本传与墓志谥号之所以不同，实由翻译用字各异所致。可见李文信先生关于嵩德宫即系崇德宫之说，是有其

---

① 李文信：《义县清河门辽墓发掘报告》，《考古学报》1954年第8册。
② 《辽史》卷31《营卫志上·宫卫》。

所本的。

　　然而，这只能道出"契丹字意译汉文"的一面，而未涉及汉字转译为契丹文的另一面。这就需要我们对每一类似上述具有转译关系的字或辞，作些具体的分析。若其原本于契丹文，而后翻译为汉文，那末，用李先生之说来解释辽文献中出现同一词汇的歧字问题，均能成立；若其原本于汉文，而后通转为契丹语（在辽文献中时常用汉字作音符记录下来），这就必须再从汉字自身源流求其所本。就《辽史》记载的帝后十二宫——弘义宫、长宁宫、永兴宫、积庆宫、延昌宫、彰愍宫、崇德宫、兴圣宫、延庆宫、太和宫、永昌宫、敦睦宫而言，我以为最初是以汉文命名的。这十二宫的名称，均是古代汉族吉祥的美称，完全继承了汉唐以来皇家宫殿命名的传统，这与契丹贵族入主东北建立王朝以后，普遍接受汉文化的影响，大量吸收汉族知识分子佐政的史实，甚相吻合。再者，《辽史》"宫卫"条记载的十二宫——"斡鲁朵"，均有汉语和契丹语两种名称。属于汉语名称者，均有一定的含义；而属于契丹语名称者，则只能代以汉字为音符表达出来，每个宫的名称在字面上毫无意义可解。如崇德宫，"宫卫"条曰："'崇德宫'即'孤稳斡鲁朵'，……玉曰'孤稳'。"据此二端，可以认为《辽史》所载包括崇德宫在内的十二宫，当时是先以汉文命名而后转译为契丹语名称的。

　　因此，对嵩德宫何以即为崇德宫，还必须从古汉语自身的发展进行考索。首先，"嵩"和"崇"音近。"嵩"，《集韵》音崧，东平声；"崇"，《正韵》音淙，东平声。二字声母相同，韵母押近，故读音相仿。其次，"嵩"和"崇"义同，均为高大之意。如《释名·释山》："山高而大曰嵩。"《说文解字》："崇，山大而高也"。再次，"嵩"和"崇"通用。《集韵》："嵩，古作崇。"《说文通训定声》《释名》等古籍也有类似的记述。因此，我们完全有理由肯定，嵩德宫即是崇德宫，实本于古汉语，二字通用，而与契丹语的转译无涉。

　　崇德宫是辽朝景宗皇帝的睿智皇后即圣宗皇帝的母亲、承天太后的私属斡鲁朵（宫）。从机构上看，它首先是一个军政合一的官署。据《辽史·营卫志上·宫卫》和《兵卫志中·宫卫骑军》记载，崇德宫辖有东京道的乾州、贵德州、双州，中京道的川州和上京道的潞县等行政区。在崇德宫辖区内，设置有三个石烈、七个瓦里、十二个抹里和五个闸撒等各级行政单位。在崇德宫的辖境以外，派出驻南京、西京以及西京道奉圣州三个提辖司。隶属于崇德宫的斡鲁朵户（宫户）有"正户六千"、"蕃汉转户一万"。专职保卫崇德宫的军队，有"正丁一万二千，蕃汉转丁二万，骑军一万"。整个军政机构的设置，与另外十一个帝后斡鲁朵大同小异。"嵩（崇）德宫"铭文的发现，从文物的角度验证了辽代十二宫中，承天太后的崇德宫存在的史实。

崇德宫所属的地区，又是承天太后私有的大庄园。在这个大庄园中，有专门从事生产和各种杂役的著帐户（罪犯没入或并入别的宫户），"凡承应小底、司藏、鹰坊、汤药、尚饮、盥漱、尚膳、尚衣、裁造等役，及宫中、亲王祗从、伶宫之属，皆充之"①。说明在皇庄里，各种宫户按照皇家内部生活和生产的需要，被安排在各个部门。至于皇庄内部铜器手工业作坊的情况，《辽史》和有关史籍均无明载。义县清河门出土的铜铫，除了可以确认它是辽代本地产品外，还从"嵩（崇）德宫造"这四个清晰的铭文中证实，该铜铫确属承天太后崇德宫作坊的产品。因而有助于我们了解辽代皇庄制铜手工业生产发展的某些侧面。

其一，嵩（崇）德宫铜铫的基本形制，继承了古代铜铫的造型传统。《正字通》曰："铫，温器。今釜之小而有柄，有流者，亦曰铫。"器身附柄是该铜铫表现为传统造型的明显痕迹。另外，铜铫的某些形制，又颇具契丹民族特色，如无流，器身铸作短直筒状，温煮食物易于吸热，适应于寒冬帐篷生活；器柄末端钻孔眼，便于携带。铜铫在造型上兼具了汉族和契丹族的特点。据此推知，当时在崇德宫作坊中从事铜器手工业生产的，既有汉族工匠，也应该有契丹和其他少数民族工匠。

其二，从铭文的整个内容上看，反映了辽代铜器手工业作坊已有了一套比较完备的管理制度。该铜铫铭文一共十二个字组成的句式，基本上因循我国古代铜器款式的一般规则，如先署造器单位（或坊主姓氏），次明器物重量（或容量），后款造器时间。铭文后半句"斤"字至"三"字之间，因年久锈蚀不清而留下三个空位，这三个空位原来是有文字的。由于空位的限制，刻款时不可能年月日兼署之。我以为该铭文的末四字当作"□月三日"。在这以前还有一个空位，应是重量斤

---

① 《辽史》卷31《营卫志上·宫卫》。

以下的位数。据李文信先生的发掘报告得知，铜铫"今重一公斤"①，当即二市斤。"从考古学古器物学上都证明量器由小而大，权衡次之，度又次之"的发展规律②。设若铜铫因年久锈蚀，重量有所增加，鉴于全器保存还较好，其出范时实际重量也应在今衡一斤以上、二斤以下。故推测器本身实际重量到当时衡一斤为止，"斤"的后面还有"斤"以下的位数。如位数为"两"，则一个空位不够表达。又鉴于"半"字在古代铜器、金银器铭文中时常被用作表示度量衡的代值③，是谓"斤"后面为"半"字，可能性大。若此，全句铭文补缺后，应是"嵩德宫造重一斤半□月三日"。这些都表明，崇（嵩）德宫内部的铜器手工业作坊已有细致的分工，有专门监工以保证产品质量和出产时间，其管理制度是比较严密的。通过"嵩（崇）德宫铜铫"的发现及其铭文的考释，对辽代宫卫手工业生产的发展，增添了新的认识。

（本文原载《北方文物》1986 年第 3 期）

---

① 李文信：《义县清河门辽墓发掘报告》，《考古学报》1954 年第 8 册。

② 贺昌群：《升斗辨》，《历史研究》1958 年第 6 期。

③ 如天津文物管理处收藏的铜量器——西汉平都犁斛上刻有"容三升少半升重二斤十五两"。参见王希正《西汉平都犁斛》，《文物》1977 年第 3 期；陕西临潼出土的金代银铤上的錾文：临相 11 有"肆拾玖两玖钱半"；临相 13 有"肆拾玖两伍钱半"等。参见赵康民等《关于陕西临潼出土的金代税银的几个问题》，《文物》1975 年第 8 期。

重新认识契丹

契丹族是我国历史上重要的少数民族。长期以来，契丹族及其建立的辽国，被人们视为凶暴和不祥，以至唯契丹是"黑"的观点世代承传。但是，如果只看到契丹曾以武力征伐四邻，一再介入中原内乱，观点就不免陈旧，不能反映历史的本来面目。本文拟就契丹对我国西北、东北地区的统一及其在统一多民族国家的发展进程中的历史贡献，试作一番论述。

唐以前的契丹，长期受众强邻摧抑，且内部分裂，诸部相攻不止，不能形成国家。唐初，突厥被唐军击败势力西缩，高丽屡受唐军攻击自顾不暇，再加上唐朝前期中央政府对契丹的正常管辖，给契丹创造了生息发展的环境和机会。安史之乱后，唐朝中央政府日益衰弱，这给契丹进一步发展造成了可能。到唐末，契丹的畜牧业、农业、手工业和商业都获得极大的发展，并且实现了内部统一。公元907年，阿保机遂称帝，建立了契丹国。从此，契丹开始了具有历史意义的对西北和东北地区的统一大业。

一　契丹对西北、东北地区的统一加强
了这一地区对中原的向心力

阿保机的父亲撒拉做契丹夷离堇时，已有广土众民之志。阿保机一生全力去完成这一父辈未竟的事业。他对西北、东北地区的统一善于因地区、部族情况的不同而采取不同的方式。

第一，对西部、西北和北部地区的民族或部落，主要诉诸武力征服之。916 年（神册元年），阿保机率大军"亲征突厥、吐浑、党项、小蕃、沙陀诸部，皆平之"，并"俘其酋长及其户万五千六百，铠甲、兵仗、器服九十余万，宝货、驼、马、牛、羊不可胜纪"（《辽史·太祖纪上》）。契丹师还，西部、西北各族势力复炽，陆续叛离契丹。阿保机又于 924 年（天赞三年）向西部地区各族发动了第二次规模更大的军事进攻，这年六月，阿保机与次子尧骨（耶律德光）一起率师"大举征吐浑、党项、阻卜等部"。八月，深入乌孤山（今蒙古人民共和国肯特山）、古单于国（今乌兰巴托附近，汉代的匈奴王廷）；九月，攻下"古回鹘城"（今鄂尔浑河上游西岸，唐代之回鹘王廷），"破胡母思山（今阿尔泰山脉东南端的一个支脉）诸蕃部"；十月，"踰流沙（今准噶尔盆地沙漠），拔浮图城（今新疆奇台西北），尽取西鄙诸部"（《辽史·太祖纪下》）。西部、西北各族通过受封、入贡或听命等形式终于接受了契丹国的管辖。

北部地区主要散居着室韦和乌古等部族。阿保机建国以前，室韦分二十多部，居住在今黑龙江两岸和额尔古纳河流域地区。阿保机于 901 年（唐天复元年）、907 年（后梁开平元年）和 909 年（后梁开平三年）先后三次北征，"连破室韦"和黑车子室韦等部，室韦各部先后归顺于契丹。919 年（神册四年），阿保机对胪朐河（今克鲁伦河）以北等地区的乌古用兵，命令太子耶律倍率先锋军进击，大败乌古，"俘获生口万四千二百，牛、马、车乘、庐帐、器物十余万"。乌古"举部来附"，后来长期效忠于契丹。

第二，对中南部地区的奚族，主要采取劝降、利用和监管等方式进行融合同化。古北口以外至饶乐水（今西拉木伦河）以南地区，为奚族的主要居住地。阿保机在对奚族用兵失效之后，改用"抚德劝降"的做法。他派大臣耶律曷鲁使奚劝说道："契丹与奚，语言相通，实一国也。我夷离堇（指阿保机）于奚岂有辖轹（欺压）之心哉？"（《辽史·耶律曷鲁传》）言辞恳切，使奚首领术里"感其言"，遂降契丹。奚并入契丹后，契丹"抚其帐部，拟于国族"（《辽史·百官志一》），待遇同于国姓耶律。同时，准许奚王保有原先地位和原有机构，照旧管理奚众，只派契丹官员监管军事。这些措施，使奚逐渐同化于契丹。

第三，对东部的渤海国于武力征服后，复建由契丹监国，而渤海旧贵族能享有较大自主权的东丹国。925 年（天赞四年），阿保机向渤海发动大规模进攻。第二年，先后攻下渤海的扶余城（今吉林农安）和忽汗城（今黑龙江宁安县渤海古城址），国王大諲譔投降。继而平定了渤海境内的安边（今伯力南乌苏里江流域）、郑颉（今黑龙江五常）、定理（安边南）等府的叛乱。至此，渤海原辖五京十五府六十二州全归契丹。阿保机采取措施加强对原渤海地区和渤海族的管辖。如分化瓦解原渤海王国的政治势力，把王国的大部分旧贵臣僚留在原地，而将国王及其直系大族全部迁移"于皇都西，筑城以居之"（《辽史·太祖纪下》），建立了一个由契丹和渤海旧臣联合执政的东丹国。同时对渤海老臣进行抚恤，并徙渤海部分百姓民户到辽州县，以此铲除渤海国的社会基础。

西北、东北地区之广，不小于半个中国。历代中原王朝对这一地区的管辖，虽有过程度不同的行政设置，但时常由于民族复杂，牧民流动无定，加之地域辽阔和关山、大漠的阻隔而有鞭长莫及之叹。因此，在更多的情况下，只能采取政治上羁縻，经济上往来，军事上征讨的方式进行统治；征讨无效则听之任之，即使在汉、唐王朝鼎盛时期也不例外。而辽王朝管辖西北和东北地区却有着明显的地理优势、行之有效的统治方法和强大足恃的军事实力。辽国的政治中心设在上京，恰于西北和东北两大地区的交接处。故四境虽远，中枢控制却是灵活有效的。一旦某地有变，平叛骑兵往往在事态不及扩大时就已奄至。所谓"居四战之区，虎踞其间，莫敢与撄，制之有术故尔"（《辽史·百官志二》）。辽朝在这片地区还设置了网密的军政机构。全辽管辖区"总京五，府六，州、军、城百五十六，县二百有九，部族五十有二，属国六十"（《辽史·地理志一》）。这些军政机构除了南京道六州十一县，西京道二州七县外，大都置于上京、中京和东京三道，即置于西北、东北地区。这种网密的军政设置，为前代中原王朝所不及。再是辽朝在控制历来煽乱不已的西部阻卜（鞑靼）地区取得了历史性的成效，显示了其军力的强大和世代专务于此的顽强征服精神。辽朝因此能信威万里，享国长达二百余年之久。由于辽王朝这种军政管辖上的信威力量，辽宋澶渊之盟才能使西北和东北地区与中原的联系发展到一个新的历史阶段。

辽宋订盟之后，辽与北宋有过矛盾和交涉，但在盟约的约束和双方的共同努力下，形成了120年之久的和平局面，双方政治上友好相处，经济上频繁往来，文化上相互交流的事情史不绝书。这种关系本身，实为包括契丹在内的西北、东北地区各族在特定历史条件下进一步向心中原的一种反映。当然，这种向心力往往是通过契丹上层统治集团集中地表现出来的，今举几例为证。

其一，阿保机即帝位后，下令在山北的契丹境内"建孔子庙"，"诏皇太子春秋释奠"。其后，孔庙的修建扩大到西北、东北许多地区，儒学也成了辽国的国学。契丹上层集团通过尊孔和提倡儒学成功地使西北、东北地区各族在思想文化方面急剧地向中原靠拢。

其二，宋真宗逝世的消息传到辽国，辽圣宗不胜"号恸"，迅即"集番汉大臣举哀。后妃以下，皆为沾涕"。又为真宗设灵于范阳悯忠寺（今北京法源寺），"建道场百日"，下诏全辽境内，臣僚百姓，都要避宋讳。实际上，连契丹皇帝的名字也要避宋帝宋祖之讳。契丹及其统治下的西北和东北地区各民族这种与中原王朝息息相关的关系，在辽、宋以前是罕见的。

第三，北宋欧阳修编纂《五代史》，立契丹于四夷传中。契丹君臣认为欧氏"妄意作史，恬不经意"。尽管如此，辽朝文臣刘辉还是上书道宗皇帝，"请以赵氏（宋朝）初起事迹，详附国史"。这一建议为道宗所赞许（《辽史·刘辉传》），表现了契丹君臣在维护与中原王朝关系方面的远见卓识。而这在历史上也是不多见的。

元人脱脱等修辑《辽史》时作过考证，认为"辽本炎帝之后"。辽代学者耶律俨也称辽为轩辕（黄帝）后，这种说法其实本于《周书》和已经逸失的辽帝《实录》①。总之，契丹族认为他们这些西北、东北地区少数民族也是炎黄子孙，不应被视为化外之人。中原有根，其心必向。当中原与周边局面安定，环境宽松的时候，这种向心力就必然会加强。

---

① 《辽史》卷63《世表》。

二　契丹对西北、东北地区的统一对统一
多民族国家发展的历史贡献

我国是一个统一多民族国家，在几千年的文明史上，统一是历史的主流，而且作为统一时期的执政民族，除了汉族外，还有少数民族（蒙古族和满族）。少数民族在我国统一多民族国家的发展方面同样做出了不可磨灭的贡献。

元以前的宋、辽、金时期，我国民族关系发展的一个重要趋势，就是少数民族的政治地位发生了历史性的变化。认为只有汉族才是正统、嫡系，少数民族属于旁支、庶出的传统偏见在各族人民波澜壮阔的斗争中遭到了有力的冲击。辽国与北宋通过澶渊盟约的签订，在历史上首先跨过了历来被认为不可逾越的民族间轩轾尊卑的鸿沟，争得了政治上与北宋对等的地位。导致这种历史性改变的原因很多，若从契丹及其辽朝方面求之，主要是契丹上层集团通过在辽朝实行的番与汉两种制度，比较能够发挥契丹、汉族和其他民族文武官员的政治军事才能，在几个关键性战役中击退了北宋的进攻，在军事上形成了均势，同时辽统治者又善于抓住战争中的有利时机与北宋议和签约。此外，西北和东北地区的统一大大加强了契丹的实力地位，北宋政府再也不能无视这一现实了。契丹及其辽朝一开先例，接着就是女真及其金朝，利用宋朝的弱点，仿效澶渊盟约的形式，和宋朝签订了一系列的盟约，如1120年与北宋的"海上之盟"，1141年与南宋的"绍兴和议"，1163年与南宋的"隆兴和议"，等等。通过这些盟约，女真及其金朝不仅和契丹及其辽朝一样获得了巨大的物质实惠，而且在政治地位上的提高，比契丹及其辽朝有过之无不及。13世纪中后期，当腐朽的南宋朝进一步衰落的时候，已经统治了大半个中国的元朝统治者，就毅然承担起统一全国的历史大任。1261年（中统二年），元世祖忽必烈颁布了讨伐南宋的诏书，指责"宋人不务远图"，实则完全丧失了中华正统王朝的资格，却"尝以衣冠礼乐之国自居，理当如是乎？"（《元史·世祖一》）忽必烈的诏书宣称，正统不应固定于某一民族某一王朝。南宋政权不配，蒙古取而代

之，乃是顺乎情合乎理的事。这就使蒙古军事贵族把反对南宋的统一战争理直气壮地进行下去。

那么，蒙古凭借什么取得了这场统一战争的胜利呢？我认为主要是蒙古军有西北、东北和华北广大地区作为可靠足恃的基地。蒙古军进入中原和江南之后，毫无疑问地进行了大规模的掠夺，以补充由于战争造成的兵员和装备等方面的消耗。但是对于蒙古军骑兵及其装备的补充和供应来说，光靠在汉地的掠夺是远远满足不了需要的，尤其是训练有素的骑兵和战马等项，离开了西北、东北等游牧地区源源不断的供给，势必困难重重。由于辽、金两朝对西北和东北地区的统一，在这一广大地区实现了长达三百年的相对安定的发展局面，特别是辽、金两朝均在这一地区设置了群牧司等组织，大力发展了军事上和生活上需要的畜牧业，所以当蒙古统一了西北和东北地区之后，蒙古不仅具有了比辽、金还要高的政治地位，而且还具备了雄厚的足以支持统一南北战争的人力和物力基础。整个西北、东北地区的骑兵、战马以及有关装备物资，在统一经营的基础上实现了统一的调度。据《元史·兵志三》记载，元朝太仆寺所属 14 处系官养马场，分布于全国各地，其中西北（包括原西夏辖区）、东北地区设置的国家级大型养马场约占半数以上。如折连却呆儿牧场（今西辽河下游北）、乞里思牧场（今额尔古纳河附近）、和林牧场（今蒙古人民共和国境内）、阿剌忽马乞牧场（今内蒙古阿巴哈纳尔旗和西乌珠穆沁旗之间）、怯鲁连牧场（今克鲁伦河域）、斡难河牧场（今鄂嫩河流域）、河西（今甘肃石羊河流域）、甘肃牧场（今甘肃张掖）等。这些大型牧场再加上本区域其他小型养马场，每年输送马匹，能满足元军战马需求的大半。而每年所征发的这一地区善于骑射的健儿，则保持了元军的战斗力。所以蒙古军能够在连年征战中始终保持和发挥骑兵的优势，终于开创了我国历史上少数民族统一全国的先例，使我国统一多民族国家的发展进入了一个新的阶段。

清初，满族统治者不惜百年征战的巨大代价去收复、巩固我国北部和西部地区，并在宣统以前，始终十分注意采取和施行有利于巩固这一地区的各项政策和措施。反映了清统治者正确地认识到了满蒙联盟对统一多民族国家的实现和巩固的重要意义。清代上距辽代时间虽远，但清朝和元朝一样，在开创统一多民族国家的大业中，也承受了契丹的余荫。

　　[本文原载《百科知识》1987 年第 6 期。同年 6 月 15 日《人民日报》（海外版）转载本文摘录本]

辽朝开发北部边疆的经济战略

耶律阿保机对北部边疆地区的经济开发，有其独到的战略眼光。他从建政立国的长远目标出发，在具有雄厚畜牧业基础的北部边疆地区进一步发展农业和手工业等辅助式经济，从当时历史发展的情况看，有其一定的可行条件。

早在唐朝中期，被后代称为契丹始祖的涅里，就已注意到在契丹的根基地西辽河流域地区发展农业和手工业的必要性。《辽史·百官志二》载"辽始祖涅里究心农工之事"。《百官志四》又载"自涅里教耕织，而后盐铁诸利日以滋殖"。这方面，虽然后世的人由于有关记述竟若凤毛麟角而无法了解更多的情况，但作为当时与契丹存在着频繁战和关系的唐朝中央政府却不是一无所知。唐玄宗李隆基在给涅里及其契丹同僚屈列、可突于和过折的敕书中，规劝契丹不要再对唐中央政府采取敌对行动。如果继续顺从唐中央政府的管辖，那么，契丹世代生活的北边地区就有可能出现一个安定的发展局面，从而使"百姓之间，不失耕种；丰草美水，畜牧随之"①。反之，若继续与唐朝分庭抗礼。战争不断，必然带来灾难，造成契丹及邻近边地"牛马不保于孳生，田畴不安于耕种"。"背叛于我，终日自防，丁壮不得耕耘，牛马不得生养"②。这些载述表明，至晚在唐中叶时期，说具体一点，到契丹涅里时期，由契丹和其他各族居住和共同经营的西辽河流域地区的农业已经有了可观

---

① 《曲江先生文集》卷8《敕契丹王据埒及衙官可突干书》，按"据埒"即《辽史·世表》之屈列；"可突干"即《世表》之可突于。

② 《曲江先生文集》卷9《敕契丹知兵马中郎李过折书》和《敕契丹都督涅礼书》，按"李过折"即《辽史·世表》之过折，"涅礼"即涅里。

的发展，有些地区农业和手工业的发展，虽然与畜牧业比较起来尚不能相提并论，但也达到了十分引人注目的地步。又从另外一些记载看，涅里已开始有意识地发展农业。所谓"契丹之初，草居野次，靡有定所。至涅里始制部族，各有分地"①。如果联系《辽史·百官志四》关于"自涅里教耕织"的记载，那末把涅里这种分限各部族之牧地，解释为契丹一方面为了发展畜牧业之需要，保证畜牧业之占地范围，另一方面也便于明确畜牧业与农业的占地关系，是比较近乎情理的。这对一贯从事牧业的契丹族来说，应被认为是发展经济中包括开发农业生产事业的一个进展。此后，契丹对西辽河流域地区农业和手工业的进一步开发，是在与畜牧业相长的情况下度势进行。史载耶律阿保机的祖父"匀德实为大迭烈府夷离堇，喜稼穑，善畜牧，相地利以教民耕"②。阿保机的叔父述澜为于越时，"饬国人树桑麻，习组织"③。这种与畜牧业联系起来发展农业和手工业的情况，为阿保机进一步推行开发北部边疆的经济战略，在物质上和认识上提供了重要条件。

与此同时，另外一些情况的出现也是促成实现这一经济战略的一个原因。随着契丹族的逐渐强大，一方面展示了作为物质、军事支柱的游牧经济的优势，另一方面也由于传统游牧经济的单纯倾向暴露出其在图强立国的弱点。比如由此造成契丹在历史上动辄经不起天灾人祸的风险。所谓"牛马死损，词讼庞淹，复遭风雨雪霜之害，中遂衰微"④，即是关于契丹在畜牧业惨遭天灾之害后元气大伤，从而导致整个契丹国和契丹民族全面衰落的一个写照。又如咸通年间（860—874年），唐朝幽蓟守帅刘仁恭出兵进攻契丹。他采用了在经济上困死契丹的策略，"穷师逾摘星山（今古北口外地）讨之，岁燎塞下草，使不留牧，马多死"⑤。单纯的军事进击，未必就能收到迅速取胜的效果，而在游牧经济上采取的制裁措施，则很快收到给予契丹以致命打击的成效。契丹不

① 《辽史》卷32《营卫志中》。
② 《辽史》卷59《食货志上》。
③ 同上。
④ 《契丹国志》卷前《契丹国初兴本末》。
⑤ 《新唐书》卷219《契丹传》。

得不以良马贿赂刘仁恭，"求市牧地，请听盟约甚谨"①。这一次，契丹虽然避免了亡国的危险，但导致了契丹内部的人事大更动。历时九世统治契丹的遥辇氏大人也因此垮台。"八部之人以为遥辇氏不任事，选于其众，以阿保机代之"②。可见，对契丹掌政者来说，从长期安于游牧、狩猎经济到认识这种比较单纯经济形态长期下去的弊端，所付出的代价是很大的。

阿保机更遥辇氏为契丹八部长官而远未得心应手地驾驭各部部长以前，已开始在契丹所在的根基地——西辽河流域地区进一步发展农业和手工业，作为辅助畜牧业、充实物质基础、加强自己的力量、进而肇建帝业的一项战略措施。那时，其他各部部长（大人）对作为八部长官的阿保机时常采取胁迫态度。阿保机因势利导，他对其他各部部长说："吾立九年，所得汉人多矣，吾欲自为一部以治汉城，可乎"③？保守腐旧、鼠目寸光的其他各部部长看不到阿保机这一策略的长远意义，居然"许之"。其实，阿保机所看中的汉城，乃是从滦河上游流域到西辽河流域地区新兴起来的从事农业、手工业的汉人聚居点。这些聚居点式的"汉城"，既"有盐铁之利"，又有耕地开辟，"可植五谷"、"阿保机率汉人耕种，为治城郭邑屋廛市如幽州制度，汉人安之，不复思归"④，从中看出，阿保机为西辽河流域地区农业和手工业的进一步发展开创了一个新的局面。一批以农业生产为主要聚居点的新兴州县，即是在这一时期建立起来的。如上京临潢县，"地宜耕种"，阿保机"南攻燕、蓟"时"以所俘人户散居潢水（今西拉木伦河）之北"从事耕种而得名⑤；定霸县，系阿保机攻下扶余时，迁扶余府强师县民"于京西"，"与汉人杂处，分地耕种"而置立⑥。一批手工业城镇，也是在这一时期相继建立起来的。如上京道祖州，置有"绫锦院，班院祗候蕃、汉、渤海三

---

① 《新五代史》卷72《四夷附录一》。
② 同上。
③ 同上。
④ 同上。
⑤ 《辽史》卷37《地理志一》。
⑥ 同上。

百人，供给内府取索"①；仪坤州，是阿保机"俘掠有伎艺者多归帐下"，"以所生之地置州"②；饶州长乐县，"本辽城县名"，阿保机"伐渤海，迁其民，建县居之。户四千，内一千户纳铁"③；东京道银州，"本渤海富州"，阿保机"以银冶更名"④。五代时期，胡峤陷入契丹，目击上京地区"有绫锦诸工作、宦者、翰林、伎术、教坊、角抵、秀才、僧尼、道士，皆中国人（指原籍贯为中原者），而并、汾、幽、蓟之人尤多"⑤。从中看出，阿保机一手创建以发展农业和手工业为主的汉城那种欣欣向荣的局面，而这批汉城的建立与先进的中原地区有着不可分割的联系。事实上，从《辽史·地理志》记载看，阿保机统一北部边疆地区前后建立起来的上京道临潢府的临潢、长泰、定霸、保和、潞、宣化6个县，祖州及其属下的越王城，怀州及其属下的扶余、显理2县，永州及其属下的长宁县，仪坤州及其属下的广义县，龙化州及其属下的龙化县，降圣州及其属下的永安县，饶州及其属下的长乐县，东京道的前治东平郡，沈州乐郊县的前治三河县及灵源县的前治渔阳县，广州的前治铁利州，辽州及其属下棋州的前治檀州，通州的前治龙州，银州及其属下永平县，还有龙州、归州等，大都是为了安置俘来或通过其他渠道流入的汉、渤海、女真等族民户的劳力以及充分利用这些民户的生产技术特长，发展西辽河流域地区短缺的农业、手工业和其他生产事业。进一步兴起和发展起来的农业和手工业经济，成了北部边疆地区的契丹新兴州、县不断取得稳定发展的又一个重要因素。《辽史·地理志一》记述了阿保机创业的根基地上京，不仅在政治、军事形势上"负山抱海，天险足以为固"，而且在经济上具有"地沃宜耕种，水草便畜牧"的有利条件，概括了当时上京政治和经济的彼此依存以及经济方面畜牧业和农业相辅相成的优势。

有几条史料记载表明，唐末五代时期，契丹的畜牧业，正是在西辽河流域地区的农业和手工业得到了进一步开发后获得了显著的发展。后

①　《辽史》卷37《地理志一》。

②　同上。

③　同上。

④　《辽史》卷38《地理志二》。

⑤　胡峤：《陷北记》。

梁开平元年（907年），阿保机与晋王李克用会盟于云州东城，为了表明对李克用"赠以金缯数万"的报答，回赠李克用的礼物达到"马三千匹，杂畜万计"①。仅三千匹马，就相当于当时称雄河东的李克用所拥有的全部马匹数的一半②。充分显示了由于农业、手工业和其他产业的进一步开发，作为契丹主要经济支柱的畜牧业，同时也有效地克服了"遥辇氏单弱"的弱点，进入了"群牧蕃息"的新时期③。此其一。其二，后梁龙德元年（921年、辽神册六年），阿保机出动大兵与晋王李存勖争夺镇州。行前，述律后谏曰："吾有西楼（上京）羊马之富，其乐不可胜穷也，何必劳师远出以乘危徼利乎"④！述律后所言，反映了契丹在其开发西辽河流域地区多种经济的促进下畜牧业同时获得重大发展的情况。其三，《辽史·食货志下》记载，辽朝对北部边疆地区各部、国每岁征贡马匹，"东丹国岁贡千匹，女直万匹，直不古等国万匹，阻卜及吾独婉、惕德各二万匹，西夏、室韦各三百匹，越里笃、剖阿里、奥里米、蒲奴里、铁骊等诸部三百匹"。这些贡赋规定，是以阿保机时期各部、国畜牧业的发展为前提，所谓"辽自初年，农谷充羡，振饥恤难，用不少靳，旁及邻国，沛然有余，果何道而致其利欤"！这是说，当时西辽河流域地区农业生产的发展，对畜牧业的匡扶作用，不仅及于契丹的根基地，而且"旁及"北部边疆地区许多部、国。这些史实表明，阿保机推行的经济发展战略，一开始就显示了它的时代意义。阿保机获得的物质基础为其他各部所望尘莫及。有了雄厚的物质基础，阿保机在政治、军事上的实力如虎添翼，于9世纪末至10世纪初，不费吹灰之力，很快就实现了"尽杀诸部大人，遂立，不复代"的策谋已久的愿望。此后，阿保机建立了契丹国，正式定鼎辽朝的版图，完成

---

① 《资治通鉴》卷266《后梁纪一》，开平元年条。

② 据《资治通鉴》卷275《后唐纪四》，天成二年三月丙辰条下胡注引明宗曰："吾居兵间四十年；太祖（李克用）在太原时，马数不过七千……"，故知。

③ 《辽史》卷60《食货志下》载："始太祖（阿保机）为迭烈府夷离堇也，惩遥辇氏单弱，于是抚诸部，明赏罚，不妄征讨，因民之利而利之，群牧蕃息，上下给足。"所谓"惩遥辇氏单弱"事，乃是吸取遥辇氏时期造成畜牧业孤立发展导致长期处于落后贫弱的教训，从而采取了发展农业、手工业，扶植畜牧业的积极措施。引文"蕃"，原作"蓄"，从中华标点本该卷校记（六）改。

④ 《资治通鉴》卷271《后梁纪六》，龙德元年条。

了统一北部边疆地区及分散已久的各个民族。这一系列的非凡业绩，与推行这一经济战略所奠定的物质基础的关系，乃是有目共睹的事实。

至此，从阿保机业已开始的辽朝开发北部边疆地区的经济战略，大体上可以概括为，从建政立国的全局出发，依据各地区的特点和各民族的传统习惯，实行"因宜为治"、"因俗而治"，在保持和发挥畜牧业优势的前提下，积极致力于农业、手工业以及其他生产事业的开发和经营。在这里，最引人注目的一点是，世世代代生活在北部边疆地区、从事"畜牧畋渔"而以"车马为家"的契丹掌政者，竟以非凡的胆略无所忌畏地跨过古老中国遗传下来的牧与农这道传统防线，使北部边疆的农业生产，不仅在原有相当基础的东部地区进一步发展起来，而且在原先非常罕见和微弱的北部和西北部更多的地区名正言顺地推广开来。这样一来，作为北部边疆地区的另一种经济形态——手工业的发展，也从原先的契丹社会中主要依靠牧业的带动到进入辽朝后逐渐易位于主要依靠农业的带动这个新的位置上来。辽朝在实施开发北部边疆地区的经济战略中，畜牧业在整个社会经济中始终居主要地位。然而，可以这样说，农业不仅是畜牧业的重要支柱，而且也是整个北部边疆经济事业的重要支柱。农业的兴衰，对整个经济战略实施的成败举足轻重。所谓"食莫大于谷"①，至于农谷被列为辽朝主要食货七大门类之首，其实质是反映了作为第一门类的农谷，分别与其他各门类——租赋、盐铁、贸易、坑冶、泉币、群牧之间密切联系所处的重要地位②。或因如此，自阿保机及其下的辽朝历世中央政府，在推行关于开发北部边疆地区经济战略的时候，大多非常重视农业、直接受制于农业的手工业和其他生产事业的保护和发展。这方面，主要表现有二：

1. 通过诏令律法保证农业生产以及与农业生产有直接关系的手工业和其他事业的发展

关于农业方面：史载阿保机"平诸弟之乱，弭兵轻赋，专意

---

① 《辽史》卷60《食货志下》。
② 《辽史》卷59《食货志上》载辽朝食货七大门类分别为农谷、租赋、盐铁、贸易、坑冶、泉币、群牧。

于农"①。明确规定在阿保机建立的契丹国范围内，对新兴的农业区域，尽量减少抽丁征兵，少征税赋，目的是给农业生产的发展网开一面，保证农业生产的劳动力和减轻新兴农业生产点的经济压力，从而为农业生产创造一个比较安定的发展环境。据记载，阿保机在其即位后第七年即在公元913年平定了其弟刺葛、迭刺、寅底石和安端之叛②。此后，阿保机采取的大量向北部边疆地区迁移汉族和其他少数民族中善于从事农业生产，以及与农业生产有密切联系的其他生产事业表明③，所谓"专意于农"，在当时的历史条件下，主要目的还在于加强北部边疆地区农业生产的薄弱环节。太宗耶律德光三令五申，在包括广大北部边疆地区在内的辽国境内出猎人马，尽量"减辎重"、"无害农务"；"诏征诸道兵，仍戒敢有伤禾稼者以军法论处"④。这表明辽朝中央政府把农业生产和其他要害部门一样列入高级的保护档次，而对地处北部边疆地区的上京道和东京道的农业生产的保护，也和其他各道一样置于同等重要的地位。圣宗耶律隆绪一面"诏州县长吏劝农"⑤，又"诏诸道置义仓"，一待岁歉，"发以振（赈）民"⑥。在游牧部族和定居农户错居的北部边疆地区，农业和畜牧业彼此依存、促进，然而又可能互相矛盾。当后一种情况出现的时候，辽朝中央政府更多的是对那些一贯热衷于通行无阻、旁若无人的游牧活动采取了一定的约束措施。如圣宗下诏，"禁诸军官非时畋牧妨农"，"禁刍牧伤禾稼"。及辽后期，中央政府继续把重视农业生产作为推行北部边疆经济战略的一项重要内容。兴宗耶律宗真曾谆谆告诫臣下说："朕于早岁，习知稼穑。力办者广务耕耘，罕闻输纳；家食（贫）者全亏（于）种植，多至流亡"⑦。为了革除农业生产领域中的多年积弊，兴宗下达了"宜通检括，普遂均平"的诏令⑧，对

①　《辽史》卷59《食货志上》。
②　《辽史》卷1《太祖纪上》。
③　《辽史》卷37《地理志一》，卷38《地理志二》。
④　《辽史》卷59《食货志上》。
⑤　同上。
⑥　同上。
⑦　同上。
⑧　同上。

辽境内的整个农业生产如农户、田地、耕具、农民生活、收成丰歉以及
交纳租税等情况，进行了一次比较全面的清查。通过清查为进一步发展
农业开路，这对人户流动性较大，多种经济形态错杂的北边地区的农业
来说，尤有必要。辽政府还把关注农情作为一项重要的政务活动。如重
熙二年，（1033 年）八月，兴宗"遣使阅诸路禾稼"①。属于东北路、
北路和西北路的北部边疆地区的农业生产情况，都在辽廷使臣之视察范
围之列。道宗耶律洪基执政 46 年，"劝农兴学"两事多为后人称道②。
而致力于北部边疆地区的农业生产，更是道宗一生重视劝农的一个重要
方面。如清宁二年（1056 年）六月，道宗"遣使分道平赋税，缮戎器，
劝农桑，禁盗贼"③，表明道宗朝对农业生产的发展所做出的多方面努
力。据《辽史·食货志》所载，有辽一代"农谷"至道宗朝"为盛"，
与当时重视开发北部边疆地区的农业生产关系极大。

　　关于与农业有直接关系的手工业和其他生产事业方面，史料虽缺，
但也有迹可寻。例如，由于农业生产的进一步发展，更多的纺织原料的
提供成为可能，人们穿着上的改变和购买力的提高，刺激着纺织业的发
展和加速了纺织品的广泛商品化。辽政府及时注意了纺织工场和市场出
现的量制混乱现象，并通过政令加强管理，于咸雍七年（1071 年）四
月，道宗下诏"禁布帛短狭不中尺度者"④。对那些为了牟取财利而非
法使纺织品尺寸短缺的工场主或手工业者加以明确的限制。大康七年
（1081 年）十一月，道宗又下诏"除绢帛尺度狭短之令"⑤。反映了在
此项禁令实行 10 年收到一定效果之后，又可能产生了执行禁令中的某
些弊端。下诏解除，以纠正其中之偏差。这一禁一除，看出辽政府通过
有关法令加强管理手工业的一些情况。有关政令向整个辽朝境内颁行，
当然包括纺织业已取得进一步发展的地处北部边疆地区的上京和东京两
道。辽朝通过政令，把有关官营的高级丝织行业限于地处北部边疆地区
的上京道等地监造。这个道祖州城东的绫锦院出产的是"专供内府取

① 《辽史》卷 18《兴宗纪一》。
② 《辽史》卷 26《道宗纪六》。
③ 《辽史》卷 21《道宗纪一》。
④ 《辽史》卷 22《道宗纪二》。
⑤ 《辽史》卷 24《道宗纪四》。

索"的高级丝品，即是这类行业之一①。在辽政府的严格控制下，即便在富有丝织业传统，而且有相当水平的南京（今北京）道地区也不许制造。清宁十年（1064 年）十一月，道宗"诏南京不得私造御用彩缎"②，即是非常明显的一例。

当然，这些诏令律法是以维护辽朝统治集团利益为根本目的的，但因此而使北部边疆地区的农业、手工业和其他有关生产事业得到保护与发展，也是客观存在的一个方面。

2. 在北部边疆地区逐渐建立起一套与发展农业、手工业和其他生产事业相适应的南面官管理机构

辽朝官制，大致分为北面和南面两个基本的职官系统。这两个职官系统分设的基础，开始是以辽朝辖区内的燕云地区和燕云以北地区在地理上和民族上存在着某些区别的因素来划分的。北面官管理机构，主要是面向燕云以北的广大地区，即管理以游牧民族为主的主要从事畜牧、渔猎各个民族，其中绝大部分属于本文涉及的北部边疆地区。南面官管理机构，主要是面向燕云地区，即管理以汉族为主的主要从事农业、手工业和其他生产事业的定居民族。所谓"辽有北面官矣，既得燕、代十有六州，乃用唐制，复设南面三省、六部、台、院、寺、监、诸卫、东宫之官。诚有志帝王之盛制，亦以招徕中国（中原）之人也"③。反映了北、南面官管理机构分设的由来。随着辽朝政治、经济、文化的进一步发展，北、南面官的设置和管理对象，逐渐相互越过燕云北境所谓"长城以南"、"大漠以北"这条界限。北面官的设置和管辖对象，有的已从漠北跨入燕云境内，即辽朝的南京道和西京道界内，这主要是为了适应游牧部族南迁的需要。如圣宗时期（983—1031 年）设置的 34 个部族制政区中，至少有六七个属于这种情况。史载讹仆括部"尽望云县东"④；特里勉部"戍倒塌岭，居橐驼冈"⑤；梅古悉部和颉的部，均

① 《辽史》卷 37《地理志一》。
② 《辽史》卷 22《道宗纪二》。
③ 《辽史》卷 47《百官志三》。
④ 《辽史》卷 33《营卫志下》。
⑤ 同上。

"以唐古（部）户置，隶北府，节度使属西南面招讨司"①。望云县属于西京道奉圣州，倒塌岭在西京道北部，西南面（路）招讨司军事地望在西京道西部。行政上隶于北府，军事上属于西南面招讨司的唐古部、匿讫唐古部等也属于嵌置入西京道的部族制政区。还有伯德部，置于"松山、平州之间"②。平州属于南京道，松山在中京道境内。这是北面官嵌置入南部辖区的西京道和南京道的某些情况。另外，南面官大量嵌置入属于北部边疆的上京道和东京道。《辽史·地理志》所载上京道"辖军、府、州、城二十五，统县十"，东京道"辖州、府、军、城八十七，统县九"，即是。可以这样说，地处北部边疆地区的上京道和东京道至晚到了辽朝中期的圣宗年间（983—1031 年），属于南面官系统的州（军、府）县制政区的设置，在比重上至少已达到与北面官系统的部族制政区平分秋色的地步，而究其缘由，南面州（军、府）县制政区的设置和发展，乃是来源于最初为发展农业、手工业以及有关其他生产事业的汉城的兴起和发展。州（军、府）县治署掌理的政务范围，除了有关军政事务外，其辖区内的农业、手工业以及有关其他生产事业，乃至从事这些生产事业的汉族和其他民族的人户，也都是其掌管的重要政务之一。如道宗咸雍年间，大公鼎在东京道沈州观察判官任上时，有一次，"辽东雨水伤稼"，农田防汛迫在眉睫，而北枢密院却下令"大发濒河丁壮"修治边障堤防。大公鼎认为"边障甫宁，大兴役事，非利国便农之道"，于是，他上书道宗帝，"疏奏其事"，获得了"罢役"之准奏，保证了沈州管内及辽东农民的防汛救稼工作，使"濒河千里，人莫不悦"③。后来，大公鼎调任上京道兴国军节度副使，"时有隶鹰坊者，以罗毕为名，扰害田里。岁久，民不堪"。大公鼎为此确奏朝廷，道宗帝"即命禁戢"④。从而维护了东京道之兴国军等地农业生产的利益和正常秩序。

至晚在辽朝后期，地处北部边疆的东京道已置有专门掌管农业生产

---

① 《辽史》卷 33《营卫志下》。

② 同上。

③ 《辽史》卷 105《大公鼎传》。

④ 同上。

的司农少卿一类的职官。检《辽史·百官志三》于南面朝官中置有"司农寺"，而其职掌却未见载。考唐制司农寺置有正副长官为司农卿和司农少卿，主管粮食积储、京官禄米及园池果实等。宋沿置，唯神宗改制后职掌益重，主掌青苗、农田水利、免役、保甲等法之制定与推行。辽朝之司农寺，当为仿唐效宋而设，至于具体情况，均不得知，是属漏载。今从辽代碑文中检得两例：其一为大安六年（1090年）奉敕祭北宰相《萧裕鲁墓志铭》之"东京警巡使、司农少卿张可及"①，另一是同时奉敕葬《萧裕鲁墓志铭》之"司农少卿知辽西州军州事杨恂如"②。从辽朝一般系列官衔的结构看，杨恂如的实职官是东京道辽西州的知州，而知州以前的司农少卿当属带京职，其虚实一时难以论定，而张可及的司农少卿，却是地地道道的实职官，是有实际职掌和权力的。这是辽朝人留下来的一个重要证例，反映辽时于北部边疆地区至少在东京道地区，已置有司农少卿一类的专门掌管农业生产的职官。

辽朝掌管北部边疆地区农业、手工业以及与农业生产有关的其他生产事业的还有几种官职。其中有专掌以这类定居民户为主的户籍和财赋的户部使。宋制户部使与盐铁使、度支使同为三司使中排列于使、副使、判官后之属官。辽朝略加变通后置于南面官中。据《辽史·百官志四》载，从"随宜设官"的原则于东京置户部使司。《辽史·圣宗八》载太平九年（1029年）大延琳"杀（东京）户部使韩绍勋、副使王嘉"。《韩知古传·附绍勋》载勋"仕至东京户部使"。故知东京户部使司的正、副长官当为户部使和户部副使。事实上，户部使不仅东京置，上京也置。太平三年（1023年）刻的《冯从顺墓志铭》见从顺历官"上京户部使"即是例证③。另外，还有掌管盐铁业等赋入的上京盐铁使司④、掌管酿酒业等的东京曲院使⑤、掌管钱币和绢帛等收支的长春

---

① 辽大安六年《萧裕鲁墓志铭》，引陈述《全辽文》卷9。
② 同上。
③ 《冯从顺墓志铭》《全辽文》卷6。
④ 《辽史》卷48《百官志四》。
⑤ 辽寿昌三年《贾师训墓志铭》，参见《全辽文》卷9。

路（属东京道）钱帛司①和辽西路（属东京道）钱帛司②。从政府设专司或专官实行管理来看，表明了辽朝北部边疆地区农业、手工业以及有关生产事业已进入一个新的发展阶段，也是辽朝开发北部边疆经济战略取得成果的一个重要方面。

至此，我们对辽朝开发北部边疆经济战略的认识，大致可以从两个方面归纳如下：

（1）从辽代发展北部边疆地区经济的内部关系来看。一般地说，人们对于传统经济的存在和发展，往往易于看到畜牧业与农业之间那种难能相容的关系，而作为辽朝统治者的耶律阿保机及其后几代继承人，却能从当时特定的社会历史条件出发看到了北部边疆地区进一步推广农业生产（包括与农业生产有密切关系的手工业生产和其他生产事业）与传统的畜牧业生产之间所存在的相互营护彼此促进的另一种关系。由此而推行的一系列比较明智的措施，不仅使北部边疆地区的农业生产（包括与农业生产有密切关系的手工业生产和其他生产事业）进入了一个新的发展水平，而且使畜牧业生产获得了较长时间的增长。《辽史·食货志下》载："食莫大于谷，货莫大于钱，特志二者，以表辽初用事之臣，亦善裕其国者。"这是表彰辽朝在经济策略上善于筹划、力农富国的业绩。又载曰："自太祖（耶律阿保机）及兴宗垂二百年，群牧之盛如一日。"这是赞扬耶律阿保机实行开发北部边疆经济战略以后辽朝畜牧业进入了一个新的繁荣时期。这些话，虽然未免夸大，但这一经济战略的实行对辽朝整个北部边疆地区经济发展的协调和促进作用是不应该被忽视的。

（2）从发展北部边疆地区经济的历史意义来看。辽亡后，先后更迭的金朝和元朝重新推行的发展北部边疆经济战略，毫无疑问反映了改朝换代的变化。但是，金朝由于坚持了"亡辽不忘旧俗"，"分别蕃汉又不变家政"③的原则；元朝"以弓马之利取天下"④，又视农桑为

---

① 据《辽史》卷46《百官志二》载："长春路诸司，控制东北诸国"，包括黄龙府、咸州及东北路有关军司均属东京道。

② 《辽史》卷48《百官志四》。

③ 刘祁：《归潜志》。

④ 《元史》卷100《兵志三》。

"王政之本"①。因此，这两个朝代基本上是在兼顾以畜牧业和农业为主的相辅关系，进一步发展北部边疆地区经济的。这样一种既反映地方传统特色，又体现了与内地传统息息相通的经济模式，统一推行于北部边疆地区，在辽朝的管辖下保持了二百多年的基础上，进入金、元以后又保持了二百多年（金 1115—1234 年，元 1271—1368 年），一共长达四百多年的相对安定的发展，民族、地理等因素的更加广泛而又密切的通融关系。自辽、金、元而达明、清，我国北部边疆地区与内地凝聚力的加强，所以发生了历史性的变化，政治、文化因素比较易于看到，而经济因素却多少被忽视。研究辽朝发展北部边疆地区经济战略上的创举，也许于此不无裨益。

（本文原载《中国边疆史地研究导报》1989 年第 5 期）

---

① 《元史》卷 93《食货志一》。

辽代东北地区的经济开发

这里所表述的辽代东北地区，主要指东京道的辖区内。其地望大致西界上京道东边，即以鸭子河（今嫩江下段）及其两端向南向北延伸的大体线段为界；东至北海（今鄂霍次克海）、东海（今鄂霍次克海南部至日本海）；南临辽海（今渤海）以及鸭绿江以南的保州、宣州两城联结点向正东延伸至与高丽相邻的大体界线上；北至外兴安岭。大致包括今我国东北三省、俄罗斯外兴安岭至海滨地区及萨哈林岛（库页岛）和朝鲜东北一隅之地。

东北地区境内有平原、山区、草地、江河、海洋，主要河流有辽河（今东辽河）、鸭绿江、混同江（今松花江和黑龙江下段）、鸭子河（今嫩江下段）和纳水（今嫩江上段）。土地肥沃，资源丰富，是这一地区自然条件的一个重要特点。在历史上，这一地区已有较好的经济发展基础，尤其是唐代渤海王朝时期，虽然有关史籍记载濒于空白，但仍可寻到某些痕迹。

一 文献上反映的辽以前东北地区的经济发展痕迹

唐代前期，东北地区主要生活着黑水靺鞨、粟末靺鞨和高丽等族。黑水靺鞨在北，粟末靺鞨居南，或与高丽杂居。黑水靺鞨的畜牧业、农业和手工业生产已有明显的发展。如"畜多豕，无牛羊，有车马、田耦以耕，车则步推。有粟麦，土多貂鼠、白兔、白鹰，有盐泉，气蒸白盐凝树颠"①。但用于渔猎的"矢石镞",仍然保留了先人的"楛砮遗法"②。高丽族,主要生活在今辽宁中部、南部至朝鲜北部一带素称富庶地区,"种田养蚕,略同中国(中原)"③,各种产业已达到相当高的发展水平。虽然史书上没有直接记载,但从某些间接文字中有所启示,如贞观十九年(645年)四月,唐师东征高丽,"李世勣等拔盖牟城(今辽宁沈阳陈相屯塔山城),获二万余口,粮十余万石"④。五月,太宗李世民亲自率师攻下高丽的辽东城(今辽宁辽阳市),"获胜兵万,户四万,粮五十万石"⑤。此次战役,唐师未完全取胜而西撤,却从高丽方面"获马五万匹,牛五万头,铁甲万领,他器械称是"⑥。高丽没有被强大的唐师所灭,有多方面原因,但与其有比较充足的粮食和其作战物资如马匹、器械等源源不断的供应不无关系,这些物资供应主要依靠本地区的农业、畜牧业和手工业生产的发展。

7世纪末,粟末靺鞨建立了渤海王朝(698—926年),同时并入了辽东等地区的高丽族和北部的部分黑水靺鞨等族。渤海王朝作为唐朝辖区内(渤海王朝辖区原属唐朝的河北道)的属邦在东北地区经营了长达二百多年之久。渤海王朝重视生产事业,中央政府机构中即有掌管农业生产和其他生产事业的职官。如相当唐朝司农寺的大农寺,主要负责"掌管全国仓储、营田等事宜"⑦;相当于唐朝户部的仁部,主要负责"掌管土地、钱粮、贡赋";相当于唐朝工部的信部,主要负责"掌管全国的交通、水利、屯田、建筑工匠等事宜"⑧。由于生产事业与财政经济管理的需要,这些部门在中央职能机构中占有重要地位。难得保存下来的一些史料中,针对渤海国时期东北地区名优产品记述说:"俗所贵者,曰太白山之菟,南海之昆布,栅城之豉,扶余之鹿,鄚颉之豕,

---

① 《新唐书》卷219《黑水靺鞨传》。
② 同上。
③ 《旧唐书》卷199上《高丽传》。
④ 《资治通鉴》卷197,贞观十九年。
⑤ 《新唐书》卷220《高丽传》。
⑥ 《资治通鉴》卷198,贞观十九年。
⑦ 王承礼:《渤海简史》,黑龙江人民出版社1984年版,第106—108页。
⑧ 同上。

率宾之马，显州之布，沃州之绵，龙州之绸，位城之铁，卢城之稻，湄沱湖之鲫。果有丸都之李，乐游之梨。"① 反映了渤海境内经济发展在地区分布上比较广泛，东至海滨龙源府，西抵扶余府，南临南海府，北达湄沱湖（今兴凯湖），均有其名优产品；经济门类也比较齐全，农业、畜牧业、渔猎业和手工业，均有较大的发展。有些产品，如畜产品的马，金属品的熟铜以及其他土产、名产品，频频运入内地与唐交易，有的还远销到日本等地②。

上述表明，在辽统一东北地区以前，该地区的农牧业、手工业和商贸业等已有一定的基础。一般地说，在南半部东北平原土地肥沃地区，产业优势主要在于发展农业，也兼营畜牧业、渔猎业和手工业；在北半部水草充足地区，产业优势主要在于发展畜牧业和渔猎业，也兼营农业和手工业。辽朝正是在这一基础上利用这些优势实行对东北地区的经济开发。

二　辽代东北地区的经济开发

辽朝对东北地区的经济开发，是中央政府整个经济发展活动的一个重要组成部分。

首先，辽廷从其长远的经济战略出发，对东京道地区的生产事业采取了与军国要务一视同仁的态度。特别是军政活动与生产事业发生矛盾的时候，前者往往网开一面。如会同元年（938 年）三月，太宗耶律德光准备带领大队人马到东京（今辽阳市）境内行围打猎，掌管三剋军的大臣考虑到当时东京各地"农务方兴，请减辎重，促还朝"。太宗觉得言之有理，"诏从之"③。辽帝行围打猎，不只是游乐，更重要的是"练习武事"④，以国家重要军事活动为之让路，从中可以看出辽廷重视

---

① 《新唐书》卷 219《渤海传》。

② 参见金毓黻《东北通史》，《社会科学战线》杂志社（翻印本）1980 年，第 279 页。

③ 《辽史》卷 59《食货志上》，卷 4《太宗纪下》。

④ 《辽史》卷 4《太宗纪下》。

东京道地区生产事业的一个侧面。

其次，辽政府对东京道地区，尤其是对基础较好的原渤海南部的生产事业，采取了一些优惠措施。史载"东辽之地，自神册（916—921年）来附，未有榷酤盐曲之法，关市之征亦甚宽弛"①。通过减征或免征若干税收，对本区有关生产和经营事业松缚，达到促进生产发展的目的。这项优惠政策，从神册（916—921年）到太平（1021—1031年）年间推行仿以"燕地平山之法绳之"以前②，至少行用达百年以上。

再次，辽政府在东京道地区推行了扶植农业和其他生产事业的"赈济"措施。如统和元年（983年）九月，圣宗"以东京……旱、蝗"受灾，"诏振（赈）之"③。统和十六年（998年）四月，圣宗下诏"振（赈）崇德宫所隶州县（即东京道之乾州、双州、贵德州及其所属各县）民之被水（灾患）者"④。太平十一年（1031年）闰十月，辽廷诏"振（赈）黄龙府饥民"⑤。大康二年（1076年），"辽东饥，民多死"，东京户部使王棠"请赈恤"，道宗诏"从之"⑥。大康四年（1078年）正月，道宗下诏"振（赈）东京饥"⑦。大安二年（1086年）六月，辽政府"出粟振（赈）辽州贫民"⑧；十一月，又"出粟振（赈）乾、显、成、懿四州（成州属上京道，其他各州属东京道）贫民"⑨。大安四年（1088年）四月，以东京地区受灾故，道宗下诏"振（赈）苏、吉、复、渌、铁五州贫民，并免其租税"⑩。大安八年（1092年）十一月，辽廷"以通州潦（辽）水害稼，遣使振（赈）之"⑪。寿昌（寿

---

① 《辽史》卷17《圣宗纪八》。
② 《辽史》卷59《食货志上》，卷4《太宗纪下》。
③ 《辽史》卷10《圣宗纪一》。
④ 《辽史》卷14《圣宗纪五》。
⑤ 《辽史》卷18《兴宗纪一》。
⑥ 《辽史》卷105《王棠传》。
⑦ 《辽史》卷23《道宗纪三》。
⑧ 《辽史》卷24《道宗纪四》。
⑨ 同上。
⑩ 《辽史》卷25《道宗纪五》。
⑪ 《辽史》卷25《道宗纪五》。

隆）五年（1099年）十月，道宗下诏"振（赈）辽州饥，仍免租赋一年"①。辽廷除了对一般受灾或由于其他原因贫困的州县实行济困恤贫外，还采取措施匡扶那些无力发展生产的部族或边远地区民户。如统和三年（985年）十一月，圣宗"诏以东北路兵马监军妻婆底里存抚边民"②。重熙十年（1041年）二月，辽廷"诏蒲卢毛朵部归曷苏馆户（南徙女真）之没入者使复业"③。除此之外，辽政府还在东京道地区内广置和籴仓，以利于济困防灾。史载"东京如咸、信、苏、复、辰、海、同、银……五十余城内，沿边诸州，各有和籴仓，依祖宗法，出陈易新，许民自愿假贷，收息二分"④。通过和籴仓方式，既减轻政府赈济上的负担，又对农业生产和其他生产事业起一定的扶植和调节作用。

　　还有，辽廷设置或委派专业职官加强管理东京道地区的经济事业。如主管农业生产方面中央南面官中置有司农寺⑤。这是个仿唐拟宋的官署，其具体职掌是主管农田水利、园池果木、粮食积储等事，司农寺长官为司农卿，副长官为司农少卿。辽朝根据发展东京道地区农业生产的需要，司农寺不仅中央置，东京道也置。东京道置司农寺，《辽史》和《契丹国志》等书均失载。据道宗大安六年（1090年）《萧裕鲁墓志铭》中记述，辽廷派"遣东京警巡使、司农少卿张可及"为治表萧裕鲁之"敕祭使"即是一证⑥。按照当时职官衔列的顺序，此司农少卿非挂朝职，而是东京道司农寺之副长官。在这通墓志中，还记述朝廷同时派遣"司农少卿知辽西州军州事杨恂如"为治表萧裕鲁之"敕葬使"。辽西州属于东京道显州的属州，杨恂如之"司农少卿"实为挂朝职，而张可及之"司农少卿"却是实职官，是专门负责东京道地区农业生产及与农业生产有联系的事业的专官。杨恂如以中央司农寺副官之职出任东京道显州属下之辽西州知州，也应与重视这一地区农业生产有关

　　① 《辽史》卷26《道宗纪六》。

　　② 《辽史》卷10《圣宗纪一》。

　　③ 《辽史》卷19《兴宗纪二》。

　　④ 《辽史》卷59《食货志上》，引文省略有乌、春、泰三州，应属于上京道，但文中所载主要属东京道事。

　　⑤ 《辽史》卷47《百官志三》。

　　⑥ 陈述辑校：《全辽文》卷9。

系。通过两任职官例子，可以看出辽廷加强管理东京道地区农业生产的
某些侧面。辽廷对东京道地区的盐业、金属及金属产品的制造、金属冶
炼等事业实行的管理，也见于史载。东京道许多地区原为渤海旧地，又
临海滨，以产盐著称。辽廷于此道设置计司，掌管"产盐之地如渤海"
等盐务①。又"以诸坑冶多在国东（主要指东京地区）"，特于"东京道
置户部司"，掌管该地金、银、铁的冶炼和铸造业②。此外，辽朝中央
置"五冶太师"，同时统管"东京所铸之铸钱业"③。

这些措施在开发东京道地区经济事业所起的作用，虽然由于史籍缺
失难知其详，但仍然可以从有关记述中看到某些发展情况。

（一）关于农业

由于东京道所属各州县，大部分是渤海王朝的故地，尤其被称为
"梁水之地"的辽河下游地区，"地衍土沃"，有很好的农业经济基础④。
辽朝统一东北地区之后，利用这一有利条件进一步发展农业生产。

辽代东京道地区土地的经营，除了分布较广的自耕农民耕种的小块
土地外，主要有皇室庄田、政府庄田和头下庄田等。皇室庄田主要以宫
卫斡鲁朵形式经营。据载，东京道地区的沈州及其属下的严州、辽州属
下的祺州，以及银、开、康、显、辽西、同、乾、双、贵德、乌等州，
均置有皇室的宫卫斡鲁朵⑤。其中庄田及收入，直接为皇室所有和支
配。斡鲁朵拥有的宫份户，有的直接为皇室耕种，有的"领种一定的份
地"，向皇室"负担租税和力役"⑥。皇室庄田是辽代农业经济发展的一
种高级经营形式。政府庄田可分为民屯和军屯两种经营方式。民屯由政
府派官员管理，屯种者一般都是农民。如"渤海以来的农民，对政府承

---

①　《辽史》卷60《食货志下》。

②　同上。

③　同上。

④　《辽史》卷75《耶律觌烈传·附羽之》。

⑤　参见《辽史》卷31《营卫志上》。

⑥　参见张正明《契丹史略》第四章，五、"皇室经济和国有经济"。

担租赋关系"①，圣宗末年，辽东发生大延琳之乱，辽政府"连年诏复其租，民始安靖"②。可证东京地区政府庄田的普遍存在。军屯，指辽政府在要害处驻兵，同时组织军队和随军的劳动力从事农业生产。兴宗时期，萧韩家奴在答制问中，谈到鸭绿江以东军队屯田的利弊情况。远赴边防屯戍点的"戍卒"，家庭较好的要"自备粮糒"、耕牛和穀车，"无丁之家，倍直佣僦"，"富者从军，贫者侦候"③，并轮流与其余劳力从事农业生产。这类军屯的分布和内涵，史籍多不明载。但据《辽史·兵卫志下》边境戍兵条引高丽《大辽事迹》记述，"东京沿女直界至鸭渌（绿）江"一带，即置有一府（黄龙府）、一州（咸州）、二城（来远城、神虎军城）、七十堡、八营（太子营、大营、蒲州营、新营、加陀营、王海城营、柳白营、沃野营），计正兵二万二千"④。这些"边境戍兵"点，大多置有军队屯田。其中军队屯田，除了正兵兼事军与农事外，还从内地征集"汉兵"以及掌握农业生产技术的农户前来耕种，即所谓分批轮流"屯戍"。由于路途遥远，劳民伤财，"比至屯所，费已过半"，"至有鬻子割田不能尝者"⑤。尤其东部边境的军屯积弊较大。于是，重熙十年（1041年）四月，兴宗"诏罢修鸭渌（绿）江浮梁及汉兵屯戍之役"⑥。对东京道地区一部分军队屯田实行兴利革弊。头下庄田是辽朝皇帝赐给诸王外戚或其他大臣的土地，也是辽代农业经济发展的一种高级经营形式，庄田的规模和性质也不断发展。如《金史》李石传载"李石字子坚，辽阳人，贞懿后弟也，先世仕辽，为宰相。高祖仙寿，尝脱辽之舅于难，辽帝赐仙寿辽阳及汤池地千顷"⑦。这种头下庄田已是事实上的地主庄田。中央军政部门、东京道地方政府致力于对农业的管理和经营，皇室、诸王、外戚、臣僚也以庄田拥有者的身份直接管理和经营农业，加上各族人民（主要

---

① 陈述：《契丹社会经济史稿》，生活·读书·新知三联书店1963年版，第72页。
② 《辽史》卷59《食货志上》。
③ 《辽史》卷103《萧韩家奴传》。
④ 《辽史》卷36《兵卫志下》。
⑤ 《辽史》卷103《萧韩家奴传》。
⑥ 《辽史》卷19《兴宗纪二》。
⑦ 《金史》卷86《李石传》。

是汉族、渤海、女真和契丹等）的辛勤劳动付出的代价，使辽代东京道地区的农业生产出现了一个新的发展阶段。归纳起来，大致有三个方面：

第一，农作物产量的增长引人注目。由于农业生产的进一步发展，东京道地区农作物产量出现了两个黄金时期：一是中期的圣宗晚年。史载太平九年（1029 年），南京道（即燕京地区）地区"仍岁大饥"，"户部副使王嘉请造船，募习海漕者，移辽东粟饷燕"。由于水路艰险，运载粮食的船只"多至覆没"①。虽然由于具体原因未能起到应有的接济作用，但事情本身反映了东京道地区，尤其辽东各州县粮食的增长和储存，达到可以大量支援外区的程度。二是后期的道宗年间。据《辽史·食货志上》记载，道宗时期，当时东京地区"五十余城内，沿边诸州，各有和籴仓"。各仓储存的粮食，"所在无虑二三十万硕（每硕为一石），虽累兵兴，未尝用乏"。可见东京道地区已成为辽朝一个名副其实的粮食主产基地。

第二，农业经济区域的扩大与繁荣。辽政府在重要粮食产地置和籴仓。和籴仓一般都是就地存粮。东京道地区的和籴仓，不仅置于南部农业集中的"五十余城"，而且设于"沿边诸州"。辽时所谓"沿边"，主要指东部邻高丽之边境和北部混同江上段（今松花江）近生女真地区。也就是说，辽代粮食高产地区已达到北部的混同江流域。至 10 世纪中叶，时当辽中期景宗年间，宋人笔下的辽海地区，称其"编户数十万，耕垦千余里"，惊叹这一地区农业和其他生产事业的发展，"前代所建"，"未有开拓之盛也"②。重要粮食生产区往北发展到混同江流域，与辽海地区农业生产的繁荣发展有密切关系。从事农业生产的民族，除了渤海、汉族外，还有南迁的女真各部、居住北部的生女真部及其他部族，史载南迁后生活在东京辽阳府东南五百里的"五节度熟女真部族"，分布地望"南北七百余里，东西四百余里"，"共一万余户"，"耕凿与渤海人同"③。又载生活在辽阳府东"二百余里"的"熟女真"

① 《辽史》卷 17《圣宗纪八》，卷 59《食货志上》。
② 《宋史》卷 264《宋琪传》。
③ 《契丹国志》卷 22。

族，其地望"东西八百里，南北一千余里"，"居民杂处山林，耕养屋
宇，与熟女真五节度同"①。分布在混同江下段（今黑龙江下段）和长
白山等地的生女真族，"居民屋宇、耕养"与"熟女真国并同"②。史籍
记述至辽代中后期，生女真"耕垦树艺"③，"年谷屡稔"④。在一定程
度上反映东京道地区农业经济区域的进一步扩大和生产事业的繁荣
情况。

第三，农业生产力的提高。在辽代，东京道地区的政府庄田和头下
庄田，作为封建制度的农业经营形式，一方面具有加强剥削和人身依附
关系，从而最终会阻碍生产发展的本质，另一方面却又表现了在当时的
历史条件下，比一家一户那种势单力弱的个体小农生产有着便于发展比
较先进农业技术的力量和优势。如在被考定为辽代东京道韩州城遗址
（今辽宁昌图八面城古遗址）中，曾出土了一批农具及农具范。农具如
铁铧、铁铡刀等；农具范则有铜铧与铜头等。其一，从这批出土物考
察，至少有三点引人注目：铁铧和铁铡刀等在形制与使用上与近代同类
农具相近，说明辽代这一地区农具的进步程度；其二，铜铧范铸造规
整，套合精当，说明韩州城所在的东京道地区，已将较高的冶炼、铸造
技术应用于农具的制造；其三，铜铧范外壁铸有"王中"、"十日山"，
铜犁碗范内壁铸"□得山"等印记。这些印记如属于厂方，说明当时
农具铸造方面的严格分工和责任制；如属于用方，则反映用方已非个体
经营的弱小农户，而往往是具有一定实力的农业生产经营者，即包括军
队屯田在内的政府庄园单位和头下庄园单位。当然，也不排除为下层农
户所有。但这类档次较高的农具反映当时东京道地区农业生产力已达到
相当水平是可以肯定的。

（二）关于畜牧业

东北地区畜牧业的发展，大致可划分为两大部分：东京道北半部为

---

① 《契丹国志》卷 22。
② 同上。
③ 《金史》卷 1《世纪》。
④ 《金史》卷 60《交聘表》。

一部分，属原居住部族在传统经济的基础上继续从事畜牧业生产。如居住在外兴安岭东部至小兴安岭和白山黑水一带地区的生女真和被称为五国部的剖阿里、越里吉、盆奴里（又作蒲奴里）、奥里米、越里笃等族即为辽代在这一地区的基本牧民。各部族经营的畜产，种类繁多，比较普遍放牧或饲养的有牲口中的马、羊、牛、猪（豕）等，珍禽中的海东青以及兽类中的貂鼠等。《契丹国志·诸蕃记》载"世居混同江（今松花江至黑龙江下段）之东山"的生女真族地区，盛产"牛、马、麇、鹿、野狗、白彘（猪）、青鼠、貂鼠"，"禽有鹰、鹘、海东青之类"。又据记述，统和四年（986 年）正月，辽朝枢密使耶律斜畛等讨伐生女真，一次就掠获"马二十余万"①。太平六年（1026 年），辽将黄翩领兵越过混同江，进入生女真"徇地"，"俘获人、马、牛、豕，不可胜计"②。从这些反映掠夺的非直接记载中，看出至晚到辽朝中期，生女真经营以马、牛、猪为主的畜牧业，产量相当可观。《辽史·食货志下》载铁离（骊）、靺鞨等族以"牛、羊、驼、马"等牲口南下贩卖，是为畜牧业在北半部生女真以外各族有了较大发展的例证。

养貂取皮，属于实用名贵之品。史谓"北方苦寒，故多衣皮，虽得一鼠（按：指貂鼠），亦褙皮藏去。妇人以羔皮帽为饰，至直（值）十数千，敌三犬羊之价"③。因而名贵的貂皮成了辽朝索贡或强取之品。每当辽帝前往混同江（今松花江和黑龙江下段）一带凿冰钓鱼、放弋为乐时，"女真率来献方物，若貂鼠之属"④。辽廷及其官员"后多强取，女真始怨"⑤。五国部生产的貂皮，大宗入贡于辽廷。如开泰七年（1018 年）三月，辽廷"命东北越里笃、剖阿里、奥里米、蒲奴里、铁骊等五部岁贡貂皮六万五千……"⑥。《辽史·食货志下》还记述了铁离（骊）、靺鞨等部族以"青鼠、貂鼠"等南下贩易的情况。以生女真为主的北半部地区各部族，正是在畜牧业生产有了进一步发展的条件下经

---

① 《辽史》卷11《圣宗纪二》。

② 《辽史》卷17，《圣宗纪八》。

③ 洪皓：《松漠纪闻续》（长白丛书本），吉林文史出版社1986年版。

④ 洪皓：《松漠纪闻》（长白丛书本），吉林文史出版社1986年版。

⑤ 同上。

⑥ 《辽史》卷16《圣宗纪七》。

受着辽廷的重征和酷掠的。

东京道地区南半部，有一部分地区畜牧业经济比较发达。这部分地区具体地望可以混同江中段（今松花江）为界，往南至辽东半岛及鸭绿江流域一带地区。主要是从北半部或其他地方迁入的契丹、女真等族以及本地区有关部族从事畜牧业生产。据现存史料考察，辽代浑河①以南和浑河以北地区均分布有相当规模的牧场。放牧的畜群首先是作战和运输用的马，其次是羊、牛。浑河以南牧场大致分布于辽东半岛至鸭绿江流域一带。在这一带地区从事畜牧业的，大多是先后南迁的女真人，尤其是那些习惯于传统畜牧的女真牧民及其他民族牧民。《辽史·圣宗纪六》载统和二十八年（1010 年），圣宗亲率大军征伐高丽时路经这里，"女直（真）进良马万匹"。反映当时分布在这一带地区畜牧业的产量相当可观，甚至可能是储养战马的一个重要牧区。

浑河以北地区牧场，主要以契丹人为主。辽统一东北地区以后，把一部分本地的渤海人徙居外区，而把契丹人和其他民户迁入原先渤海人居住的地区或军政要地，其中很大的一部分继续从事着原来的畜牧业生产。据《辽史·百官志二》记载，辽政府设置的"浑河北马群司"，即是主管这一地区马政的一个机构，具体情况无载，但却反映东京道地区南半部官营畜牧业的事实。

（三）关于手工业

手工业是辽代一个重要的经济部门。经长期致力开发，辽代东京道地区的手工业生产有了显著的发展。

东京道地区濒海，其海岸线总计不下三千千米，在辽朝五个行政道中海岸线最长。近海，为发展渔、盐等经济效益显著的海利生产提供自然优势，如史载渤海地区，"其南海曲，有鱼盐之利"②。梁水（今辽河

---

① 浑河，《元一统志》引《地志集略》云：浑河源出女真国，西流经贵德州（今抚顺），由州西流入梁水（辽时或称东梁水，今称太子河），西南七十里，会辽河入于海。今也称浑河，但部分河道有所变迁。

② 胡峤：《陷北记》。

下游之支流——太子河）之地，为渤海人故乡，"地衍土沃，有木铁盐鱼之利"①。辽代东京道地区沿海经济事业如何开发，惜现存史籍多未备载。但辽灭渤海国之后，即利用沿海自然优势发展盐业生产，却是无可否认的事实。《辽史·食货志下》载"一时产盐之地如渤海等处，五京计司各以其地领之"。可知辽时东京道地区设置计司，主管本地区的盐业生产等政务。辽时盐政，与榷酤等政相对放宽。至圣宗晚年，盐法之严与榷酤同视如南京（燕京）等地因而引起了有辽一代民众起义②。这一事件表明，当时东京道地区从事盐业和其他手工业生产人数之多及其社会经济地位已非无足轻重。虽因现存史料缺载所限，其煎取之制，岁出之额，不可得而详，但《辽史·食货志下》所载辽代六大"产盐之地"，与海邻接的"渤海"地区列居首位，亦见东京道境内盐业生产在辽代之地位名副其实。在辽与北宋的关系中，盐价低贱的辽盐大量贩运入宋境，"盗贩不已"③，引起北宋政府的不安。北盐南贩的一条重要渠道是"白海口（今天津海河出口处）载盐入界河（今天津海河），涉雄、霸、入涿、易"各州④。其中包括了很大的一部分是东京道地区沿海运出的海盐。也为东京道地区盐产有着较高发展的佐证。

　　东京道地区的金属冶炼、铸造和产品制造业是手工业中的一个重点行业。本地区开采冶炼的金属，主要是铁、铜、银、金等。作战使用的兵器和其他生产用具以及生活用品的需要，使辽朝的开创者很早就注意开发东京道地区的金属矿冶。至晚在辽初，辽东一带的冶铁业已有所发展。《辽史·营卫志下》载："初，取诸宫及横帐大族奴隶曷术石烈（按：相当于县），'曷术'，铁也，以冶于海滨柳湿河、三黜古斯、手山。"《食货志下》载此曷术部"置三冶：曰柳湿河，曰三黜古斯，曰手山。"三冶，即是三个有组织的铁金属冶炼点。据考，手山即首山，在今辽宁鞍山境内，属于千山余脉的一支⑤，史称手山"山颠平石之上

---

① 《辽史》卷75《耶律觌烈传·附羽之》。
② 《辽史》卷17《圣宗纪八》，又卷59《食货志上》。
③ 《宋史》卷181《食货志下三》。
④ 陈述：《契丹社会经济史稿》，生活·读书·新知三联书店1962年版，第41页。
⑤ 参见李慎儒《辽史地理志考》；《辽宁史迹资料》首山条，辽宁省博物馆编1962年（铅印本）。

有掌指之状，泉出其中，取之不竭"①。这是有关辽代手山储藏着丰富
铁矿石的形象记载。到辽代中期，"三冶"铁业已有相当的发展。"圣
宗以户口蕃息置部"，并进一步明确军政的管辖体制，"属东京都部署
司"②，表明"三冶"铁业是由政府直接管理经营的。由于辽朝掌政者
的重视和随着经济事业的向前发展，东京道地区办起了更多的金属冶炼
点。如同州东平县，"产铁，拨户三百采炼，随征赋输"③。广州，耶律
阿保机攻占这个地方后，因其地"多铁"，铁矿冶炼在原渤海国的基础
上又有新的发展，故曾因渤海"改曰铁利州"④。银州，阿保机"以银
冶更名"⑤。铁州，其州治遗址在今鞍山市鞍山驿堡，辽时"曾在这里
采矿冶铁"⑥，是一处重要的铁矿冶炼点。东京道地区的金属矿冶业越
到后来越被重视。辽政府"以诸坑冶多在国东，故东京置户部司，长春
州置钱帛司"⑦。户部本为中央南面官尚书省六部之一，专掌户口、财
赋等事。辽代随宜置官，东京户部司之设置，主要是因为本地区内以坑
冶为主的手工业的发展提供了可观的财税收入。长春州属于上京道，而
"兵事隶东北（路）统军司"⑧，该统军司统领上京道的泰州、长春州、
东京道的宁江州及东北诸部兵事。金属冶炼业与铸钱业之特定母子关
系，在东京道地区表现得非常突出。辽政府大量铸钱，至强盛时期的辽
代中期，府库"钱不胜多，故东京所铸至清宁（1055—1064 年）中始
用"⑨。地处上京道的长春州钱帛司乃是辽廷的直属机构，其所掌包括
东京道地区的铸钱业。不难看出，这与铸钱业的特定地位有关系，也与
凭借比较深厚的金属冶炼基础发展起来的东京道地区铸钱业分不开。

　　有关辽代东京道地区金属制造业的一般工艺情况，在保存下来的文

---

① 《辽史》卷 38 《地理志二》。

② 《辽史》卷 33 《营卫志下》。

③ 《辽史》卷 38 《地理志二》。

④ 《辽史》卷 60 《食货志下》。

⑤ 《辽史》卷 38 《地理志二》。

⑥ 辽宁省博物馆编：《辽宁史迹资料》鞍山市鞍山驿堡古城遗址条，辽宁省博物馆 1962
年（铅印本）。

⑦ 《辽史》卷 60 《食货志下》。

⑧ 《辽史》卷 37 《地理志一》。

⑨ 《辽史》卷 60 《食货志下》。

字记载方面几乎濒于空白，而一些文物考古资料有助于我们了解有关情况。20 世纪 50 年代初期，辽宁义县清河门（东京道显州境内）辽萧慎微祖墓群一号墓出土的"嵩（崇）德宫铜铫"，基本上可以肯定为辽代东京道地区的金属制品。古代用字，"嵩"与"崇"通，嵩德宫即辽圣宗之母亲承天皇太后所置的崇德宫[①]。《辽史·营卫志上》载，崇德宫"以乾、显、双三州户置"。这三州均属于东京道。崇德宫拥有若干州县之政治、军事和经济等特权[②]，而对乾、显、双三州则是包括民户、土地等的全权占有，可以说这三州是崇德宫的重要生产基地，当然也就包括金属制造等宫卫手工业作坊的所在地。这是我们考定御用器物（当然也可用来赏赐）"嵩（崇）德宫铜铫"出产地当在东京道境内的主要理由。该铜铫由"黄铜制造，内加镟磨，铜质冶炼较粗，中有沙眼。一侧外面近底边刻有'嵩德宫造重一斤□□□三日'之铭款。高 7.8 厘米，今重 1 公斤"。表明辽代东京道地区的皇室手工业的生产与制造工艺达到一定的水平[③]。今辽宁昌图八面城，即辽代东京道韩州城遗址出土的铜铁制品，如铜器有铜铧、铜洗、铜镜、铜佛像和铜铧范、铜镫头范等，铁器有铁铡刀、铁矛、铁马蹬等。由于铸范的发现，说明这批器物，或者其中大部分或部分器物属本地出产。铜器和铁器中的铧范、铧，铸造规整，套合精当。有的还铸上日期、作坊主、铸造者或购主的姓名[④]，表明辽代东京道地区铜铁制造业已达到相当规模，作坊内部有明确责任制和比较细致的分工，对外讲信誉以及产与销之间的密切联系，制造工艺精湛等所达到的新的发展水平。

　　辽代东京道地区的纺织业，是在前人的基础上继承和发展起来的重要行业。辽初，东丹国向辽廷履行上贡义务，"岁贡布十五万端"[⑤]。辽

---

① 李文信：《义县清河门辽墓发掘报告》，《考古学报》1954 年第 8 册。另参见林荣贵《辽"嵩德宫铜铫"及有关的一些问题》，《北方文物》1986 年第 3 期。

② 《辽史》卷 31《营卫志上》载崇德宫："州四：乾、川、双、贵德。县一：潞上京。提辖司三：南京、西京、奉圣州"。崇德宫对这些道和州、县拥有军政上的持辖权和其他经济特权。

③ 参见林荣贵《辽"嵩德宫铜铫"及有关的一些问题》，《北方文物》1986 年第 3 期。

④ 参见冯永谦《建国以来辽宁地区辽代考古收获》，中国辽金史研究会 1982 年（打印本）。

⑤ 《辽史》卷 72《义宗倍传》。

随唐制，纺织品以端为计量单位，一端相当于六丈，十五万端即九十万丈。这是东丹国朝贡的土特产品之一，这个数字从一个方面反映当时东京道地区织布业的生产发展情况。东京道许多州县，是辽朝发展绫锦等贵重纺织品的重点地区之一。如天成五年（930年），人皇王耶律倍向太宗耶律德光"献白纻"①。白纻即缟纻，是一种由白色生绢及细麻制成的高级纺织品，专供后宫后妃享用。古代所谓"后宫十妃，皆衣缟纻"②。这种高级纺织品，也是作为东丹国的特产贡品而享有名气。1008年（辽统和二十六年，宋大中祥符元年），北宋路振出使辽朝，目击东京道显州等地，"地生桑麻贝锦，州民无田租，但供蚕织，名曰太后（按指圣宗之母萧睿智皇太后）丝蚕户"③。显州生产的绫锦，为辽廷库藏的重要丝织品之一，如统和元年（983年）十二月，圣宗"以显州岁贡绫锦分赐左右"④。地处东京道南部的辽东一带，辽代墓葬中丝织品的大宗发现，而且无论品种之多，档次之高，均为辽朝原辖区内出土物之佼佼者。例如20世纪70年代，在辽代东京道银州境内的今法库叶茂台七号墓出土的丝织品，至少"包括绢、纱、罗、绫、锦和刻丝等七类九十多个品种规格"⑤。虽因年代久远和其他证例所限，一时未能确定这批丝织物的产地，但它们与辽时东京道显州等地已成为高档丝织品名产地不应毫无关系。至于北部地区的生女真等族，纺织品则以布、帛著称。《契丹国志·天祚帝上》记述辽时生女真人以"麻布"等土特产到宁江州贩易。《辽史·食货志下》载生女真出产的"帛、布"不时南下进行交易。产量大，品种多，档次高，产地分布较广，是辽代东京道地区纺织业发展的一个新趋势。

辽代东京道地区的陶瓷业，在整个手工业中占重要地位。史籍虽无明载，但考古资料提供了物证。如早被发现的辽代江官屯窑，在辽阳城东50里、太子河（辽河下游一支流）南岸的江官屯一带，窑场范围广，

① 《辽史》卷3《太宗纪上》。
② 《战国策·齐策四》。
③ 路振：《乘轺录》。
④ 《辽史》卷10《圣宗纪一》。
⑤ 参见《文物考古工作三十年》，文物出版社1979年版，第7页；冯永谦：《建国以来辽宁地区考古收获》，中国辽金史研究会1982年（打印本）。

为辽时烧制陶瓷器的一大窑址。"所烧制陶瓷器的器形有杯、碗、盘、碟、罐等日用器和犬、马、人与猪形器等小器具。烧造器物以白釉为主，也有黑釉，挂釉一般不到底。素器较多。花纹主要是雕刻"[1]。"烧窑时不用匣钵，而是用各式耐火砖障火"[2]。表现了江官屯窑场的窑艺技法特色。此外，辽宁辽阳鹅房、叶茂台西山、北土城子城址南墙外，也发现了多处陶瓷窑和砖瓦窑遗址。如鹅房已发掘的两座辽代瓦窑址，作"马蹄式圆窑，由火膛、窑床、烟道和烟囱组成"；西山已发掘清理的一座辽代窑址，"亦为圆形窑"[3]。这为研究辽代东京道地区陶瓷业的发展提供了重要的实物资料和可靠线索。

（四）关于商业

随着生产事业的进一步发展，东京道地区的商业贸易也出现了新的发展局面。

首先，表现在城市商业贸易的活跃和管理的加强。例如《辽史·地理志二》载东京辽阳府的外城（又称汉城），主要是汉族和其他民族的集市贸易场所，城中"分南北市，中为看楼；晨集南市，夕集北市"。《辽史·食货志下》也载："东平郡城（辽阳府城的前称），中置看楼，分南、北市，禺中交易市北，午漏下交易市南。"这两条记载，似还不无矛盾，主要是分市贸易时间有出入。但从中可以看出，该外城（汉城）中的"看楼"，应为直接管理南、北两市的市场主管部门。无论如何，这种分不同时间、不同地点的集市贸易，反映了辽政府对繁华的辽阳府城商市贸易所推行的有关管理制度。而这些管理制度的制定和推行是在集市贸易发展到一定程度才可能出现的。

其次，是権场互市的设置。辽代东京道地区権场互市的一个特点是设置面广，市易也比较活跃。首府东京辽阳城是本地区的贸易中心，南自渤海沿岸，北至混同江畔，东边的鸭绿江流域等地，均有権场互市的

---

① 冯永谦：《建国以来辽宁地区考古收获》，中国辽金史研究会 1982 年（打印本）。
② 同上。
③ 同上。

开设。《辽史·食货志下》载"女直以金、帛、布、蜜蜡诸药材及铁离、靺鞨、于厥等部以蛤珠、青鼠、貂鼠、胶鱼之皮、牛羊驼马、毳罽等物，来易于辽者，道路纆属"。其中大部分货物和畜牧产品是东京辽阳府城互市交易。又曰："雄州、高昌、渤海亦立互市，以通南宋、西北诸部、高丽之货"。"渤海"，主要指辽东半岛一带州县，接纳宋人由海路运入的货物和其他产品前来交易，同时，辽东半岛有关州县的货物和其他产品通过海路运到宋境的河北东部沿海和山东半岛等地进行贸易。统和二十三年（1005年），置保州（今丹东市）"榷场"。保州地处鸭绿江口，除了附近各族互市贸易外，主要是与高丽进行各种货物的交流往来。辽政府还在混同江上游流域开设宁江州等榷场，作为生女真以及其他各族物资交易的固定场所。《契丹国志》卷10载"先是，州有榷场"，指的即是宁江州榷场。"（生）女真以北珠、人参、生金、松实、白附子、蜜蜡、麻布之类为市"。卷22载居住在混同江中游流域的屋惹、阿里眉、破骨鲁等族，"每年惟贡进大马、蛤珠、青鼠皮、貂鼠皮、胶鱼皮、蜜蜡之物，及与北番人任便往来买卖"。居住在阿里眉以北的铁离（骊）族，"以大马、蛤珠、鹰鹘、青鼠等皮、胶鱼皮等物与契丹交易"。居住在铁离（骊）西南的靺鞨族，"以细鹰鹘、鹿、细白布、青鼠皮、大马、胶鱼皮等与契丹交易"。居住在靺鞨以北的喜失牵族，"以、羊、马、牛、驼、皮、毛之物与契丹交易"。这些贸易活动，一般都在宁江州榷场进行，也有远道南下到东京辽阳府城或其他州县的集市场所进行。至于南迁后的熟女真等族，则时常是南北两头均发生贸易关系。如《契丹国志》卷22载，居住在东京城以东约200里的熟女真族，"居民等自意相率赍以金、帛、布、黄蜡、天南星、人参、白附子、松子、蜜等诸物，入贡北番；或只于边上买卖，讫，即归本国"。这是指的交易式"入贡"。"边上买卖"，主要指到宁江州等与生女真交界的内边榷场进行市易。

再次，商税的征收，反映了商业贸易已达到一定的发展水平。《辽史·圣宗纪六》载于开泰元年（1012年）十二月，辽廷"始诏征商"税利的七个州中，即有东京道的贵德、双、辽、同四州。可见，至晚到辽朝中期，东京道地区的商业贸易已出现新的发展势头。《圣宗纪八》载东京道渤海地区，辽初，"未有榷酤盐曲之法，关市之征亦甚宽弛"。

后来，辽官员仿用商税繁重的燕地税法"绳之"。其苛税之重，不言而喻。但从另外一个方面得到启示，渤海地区商业的发展，已达到使辽廷为实行商税有利可图的程度。

以上不难看出，辽代东京道地区的经济开发，不论农业、畜牧业、手工业或商业，大都已达到新的发展水平。但是，随着辽廷各项经济政策的推行，东京道地区经济领域的弊端也更加暴露。利弊所涉，实与辽朝盛衰兴亡不无关系。这方面，容于下面研讨。

三　辽代东北地区经济开发政策利弊观

我在《辽朝政区双轨制及其对北部边疆的管辖》[1] 一文中，曾表述了这样一种认识，即辽朝的契丹掌政者，素以"炎黄之裔"自居[2]，又与其杂处或邻近的北部边疆地区各族有着非同一般的关系；它的广大辖区，既以近在口（古北口）外的西辽河流域地区为根基地，又奄有广袤万里的北部边疆（包括东北、北方和西北）地区和与中原地区山水相连的燕云诸州。民族内涵和辖区布局两大因素，成为制定辽朝军国大政的一个重要出发点，它不仅表现在政治军事方面，而且反映在经济和文化等方面。在经济方面，全辽境内上京、东京、中京、南京和西京五个行政道中，若按自然经济区域划分大体上只有三种类型，即以畜牧业为主而兼营农业的上京道、半农半牧的东京道和中京道以及以农业为主而兼营畜牧业的南京道和西京道。可以这样说，辽朝致力于境内的经济开发，在于满足不断增长的整个王朝对物质方面的需求，同时着眼于改变各个自然经济区原先那种牧与农泾渭分明、声气难通的闭塞状况。为此，辽廷把契丹及其他游牧民族中的一部分乃至大部分逐渐南移。如西京道地区，游牧民族南迁相当盛行。畜牧业的发展，为大量马羊私贩入北宋和西夏提供可能。为此，辽政府一再下令，"禁朔州路羊马入宋，

---

① 此文编入马大正主编《中国古代边疆政策研究》，中国社会科学出版社1990年版。

② 《辽史》卷63《世表》。

吐浑、党项马鬻于夏"①。南下军马，大群大群地进入燕云地区，甚至经常越过宋界放牧。史载辽政府"常选南征马数万匹，牧于雄（州）、霸（州）、清（州）、沧（州）间，以备燕云缓急"②。雄、霸、清、沧四州均属宋的辖区，由于南下牧群之多，造成燕云地区牧场拥挤而不得不越界放牧。同时，辽政府比较明智地发展草原农业。耶律阿保机利用中原等地区的流动人户和耕作技术，在西辽河流域地区经营农业。耶律德光把农业向北推进，到达胪朐河（今克鲁伦河）、海勒水（今海拉尔河）和谐里河（今石勒喀河）流域地区③。以后各帝，大都在无碍畜牧业大计的前提下，继续推行发展草原地区农业的措施。如圣宗耶律隆绪不仅发展了胪朐河等地的军队屯田，而且新开辟了西部镇州等军队屯田区④；兴宗耶律宗真和道宗耶律洪基均继续发展胪朐河流域地区和镇州等地的军队屯田⑤。镇州在今蒙古共和国首都乌兰巴托的西部，谐里河即今石勒喀河，在今苏联境内东南边境。辽政府采取了这种使农业向北发展、畜牧业向南移动的措施，所以能够取得比较成功的一面，在于它把历史上畜牧业与农业在地区之间各种习惯上的相权相克关系尽可能转化为相宜相济关系。当部分畜牧业生产移入南方农业区域的某些空间地带，而部分农业生产却顺着相反的方向移到北方畜牧业区域的空间地带，并各自获得较长时间的发展而又基本上无碍于本地区固有的主要产业——畜牧业或农业的发展时，地力的进一步被利用不言而喻，从而使在经济上和与经济上相互联系的各个方面所取得的效益是不难理解的。而值得刮目相看的另外一点是，在长达二百年（辽朝自兴建至灭亡时间为907—1125年）时间内，牧与农两种主要经济成分的相宜相济发展的结果，在很大程度上冲淡了历史上遗留下来的某些泾渭分明、声气难通的界限，诸如牧区与农区界限、牧户（主要是东北、北方和西北地区的

---

①　《辽史》卷60《食货志下》。

②　同上。

③　《辽史》卷59《食货志上》、卷33《营卫志下》。

④　《辽史》卷91《耶律唐古传》、卷37《地理志一》、卷104《耶律昭传》。

⑤　《辽史》卷103《萧韩家奴传》、卷59《食货志一》载道宗初年，"西北雨谷三十里，春州斗粟六钱"。"雨谷"原因为地上谷粟随风上卷后又随着雨水降落地面造成的。这条记载反映兴道时期以军队屯田为主的北部和西北部农业发展的某些情况。

少数民族）与农户（主要是汉族）的界限、北部边疆地区与中原地区界限等等。辽朝基业的兴亡，主要决定于其自身政治、军事、经济和文化等方面发展的盛衰。从强盛方面考察，主要决定于辽朝本身政治、军事、经济和文化等方面的兴旺发达，而这些有碍于朝政统一的各种界限的冲淡，也是其在极大程度上提高整个王朝的凝聚力而借以与北宋对峙、在较长时期内立于不败之地的一个重要因素。这一因素的孕育，与辽朝整个军国大政的实施有着密切联系，而与其中北部边疆地区经济战略的推行，更有着息息相通的关系。地处东北边疆的东京道地区的经济开发，即是其推行整个北部边疆地区经济战略的一个重要组成部分。在我看来，主要表现为两个方面：

（一）建立辽朝东北部农业基地

耶律阿保机灭渤海后，着手推行对原渤海境内自上而下的大规模移民措施。这一措施有效地铲除了旧渤海王朝的残余政治势力和社会基础，从而有利于在渤海王朝时期比较发达的经济基础上建立新的辽朝经济。重点是发展东京道南半部的农业生产。阿保机及其后继者一方面利用迁入的渤海农户或手工业户发展上京地区及其他地区的经济事业，另一方面又向原渤海地区的东京道南半部迁入大批汉人和其他民户，以便按照辽廷的模式发展农业和其他经济事业。例如沈州的乐郊县，"太祖（耶律阿保机）俘蓟州三河民建三河县，后更名"；灵源县，"太祖俘蓟州吏民，建渔阳县，后更名"；银州永平县，"太祖以俘户置"①；保州来远县，"初徙辽西诸县民实之，又徙奚、汉兵七百戍焉"；海北州，"世宗以所俘汉户置"；定州，"圣宗统和十三年升军，迁辽西民实之"；宜州，"开泰三年徙汉户置"；海州，太平年间"移泽州民来实之"。这些通过移民建置的州县，同时又是按照辽廷所拟的模式建立起来的聚耕点或其他产业所在地。据《辽史·地理志二》载，东京道地区属于这类州县不少于25个之多。此外，辽朝在东京道南半部地区发展高层次的产业经济，即斡鲁朵和头下州经济。例如太宗时"察割以所俘汉民

---

① 《辽史》卷38《地理志二》。

置"的贵德州；"采访使耶律颇德以部民置"的遂州；"沤里僧王从太宗南征，以俘镇、定二州之民"置的双州；大丞相"耶律隆运以所俘汉民置"的宗州；圣宗女"越国公主以媵臣户置"的懿州①等。这些拥有大片土地和数以百千部曲的斡鲁朵和头下州城，虽然历经兴废沿革，但到了中后期，有的已发展成为政治经济实力雄厚并拥有大片领地的封建地主经济城堡。辽代东北地区的农业经济基地正是在渤海王朝的基础上，通过大规模的移民调整和斡鲁朵、头下州模式的地主经济交错发展的情况下经营起来的。东京道地区农业经济基地与南京（燕京）道地区农业经济基地是辽朝农业经济两大支柱。其在经济上，尤其粮食方面，对整个辽朝的兴衰存亡，所系甚重。辽末，女真崛起，其军粮民食，也是注视着辽东谷仓。"迨天庆间，金兵大入，尽为所有"②，此事距辽朝灭亡至多七八年时间。可见，东京道地区农业经济基地对辽朝兴亡所系之重。

（二）发展东京道地区的军牧式经济

辽廷为了加强境内的军政管辖，特置"守卫四边"的部族军③。这类部族军在中央分隶于北南两府，组织管理包括军政两个方面，军事上属于地方军司，司以下置节度使直接统率；行政上置司徒管理。除军队本身，还有部族民户相随左右，是部族军整个组织体系的一个特点。其中军队主要任务是"镇抚"，戍防，也兼生产；部族主要任务是生产，也兼防守，同时为军队提供人员和物质后备力量。他们除了一些被指定从事屯田式的农业生产，大部分按其传统经济模式从事畜牧业生产。史载"胜兵甲者即著军籍，分隶诸路详稳、统军、招讨司。番居内地者，岁时田牧平莽间。边防乣（糺）户，生生之资，仰给畜牧，织毛饮湩（音 Zhòng，意为乳汁），以为衣食。各安旧风，狃习劳事，不见纷华异物而迁。故家给人足，戎备整完。卒之虎视四方，强朝弱附，东逾蟠

①　《辽史》卷38《地理志二》。
②　《辽史》卷59《食货志上》。
③　《辽史》卷35《兵卫志中》。

木，西越流沙，莫不率服。部族实为之爪牙云"①。反映了辽部族军的军队与其民户的组织关系，以及军事戍防与从事畜牧业生产的兼务关系。又据《辽史·兵卫志》众部族军条和《营卫志》部族条所载，辽朝先后分置于东京道地区从事又军又牧的部族军，仅在太祖和圣宗两朝就不少于22个部。这些部族军所处的具体地点，虽因史料限制，大多数很不明确，但从某些记述中却可推知其大体地望。如太祖时改置的突吕不室韦部、涅剌拏古部分别奉命"戍泰州东北"和"戍泰州东"②。太祖时改置的图鲁部与圣宗时改置的术哲达鲁虢部、河西部、伯斯鼻骨德部先后"属（于）东北路统军司"③，该司上隶之长春路，"控制东北诸国"④。故它们大体上应戍防和营牧于鸭子河（今嫩江）流域东部地区，这些地区大部分属于东京道辖区内。太祖时改置的楮特奥隗部和圣宗时改置的"居辽水东"之稍瓦部，居"海滨柳湿河、三黠古斯、手山"的曷术部和耨盌（碗）爪部，先后"属（于）东京都部署司"⑤。上隶之辽阳路，"控扼高丽"⑥，它们大体上应戍防和营牧于辽阳以东地区。圣宗时改置的隗衍突厥部和奥衍突厥部，奉命"镇东北女真之境"⑦。五国部（剖阿里、盆奴里、奥里米、越里笃、越里吉）奉命"镇东北境"⑧，还有北唐古部和南唐古部，同"属（于）黄龙府都部署司"⑨，此司上隶之"长春路"，"控制东北诸国"⑩。故它们大体上应戍防和营牧于混同江中段（今松花江）流域地区。此外，太祖时改置的乌隗部，"属（于）东北路招讨司"⑪，其戍防和营牧地点，也应在东京道地区内。以上考辨可知，这些历经改置的各个部族，大都戍防和营牧

---

① 《辽史》卷32《营卫志中》。
② 《辽史》卷33《营卫志下》。
③ 同上。
④ 《辽史》卷46《百官志二》。
⑤ 《辽史》卷33《营卫志下》。
⑥ 《辽史》卷46《百官志二》。
⑦ 《辽史》卷33《营卫志下》。
⑧ 同上。
⑨ 同上。
⑩ 《辽史》卷46《百官志二》。
⑪ 《辽史》卷33《营卫志下》。

于农业生产比较发达的东京道南半部地区。实际上，包括改置、南迁接受安置或从外区徙入东京道南半部地区从事畜牧，或者戍防兼营牧的部族，远远不只上述 22 个部。辽政府征调军马或其他牲口，动辄万头计，不仅来自北半部的生女真，也来自南半部的熟女真和其他各族，甚至在应征的军马或其他牲口数中，以畜牧业占优势的北半部和以农业占优势的南半部相比较，孰多孰少，有时难分彼此，即是畜牧业经济在农业生产水平较高并且一直占着优势的南半部地区获得进一步发展的明证。辽廷如此费尽心思地将一批批部族置入东京道南半部地区，军事上戍防是一个重要方面，而对本地区产业结构实行有意识的渗透、调剂，则是不应忽视的另一个重要方面。事实表明，这种在产业上渗透、调剂的结果，深刻地改变着历史上遗留下来的牧与农之间的鸿沟，使东京道地区之间，乃至东京道地区与其他道地区之间，不论经济类型、产业布局、民族分布以及与此有关的其他因素，自南至北，从东到西，所表现的更为缓坡式的过渡关系，明显地有别于前代。比如说，历经辽朝的改置、调制之后，从东京道南半部到北半部地区，完全表现为从比较发达的农业为主兼营畜牧业地区向比较发达的畜牧业为主兼营农业地区过渡。从东京道到上京道，基本上表现为从以农业为主兼营畜牧业或者半农半牧区向以畜牧业为主兼营农业的地区过渡。由于辽朝一系列经济开发引起的上述深刻变化，不仅表现在地处北部边疆的东京道和上京道地区，而且表现在其他各道地区，乃至五个道地区之间，也表现在关（山海关）口（古北口）内外乃至辽朝辖区与整个中原地区的关系。它的意义实际上已不止于辽代。试想，我国历史上的北部边疆地区，为什么规模较大、次数较频繁的战乱和割据，大多发生在五代及其以前几个朝代；五代以后，也有战争和动乱，有的战乱规模也很可观，但总的说，波及面很广、延续时间很长的分裂割据局面逐渐受到限制，持续性的统一局面正在形成和发展。认识这一新的趋势，不仅需要考察五代以前的历史发展，而且更需要研究五代以后各个朝代推行维护统一、反对分裂，包括政治、军事、经济和文化等方面的重要措施。这里特别要提到直接承继唐朝而与五代相始、实际上比五代延长 150 年以上的辽朝。历史上遗留下来的、严重地影响着北部边疆的地区之间、北部边疆地区与内地之间相互通融的牧与农这条界限，在辽代受到非常强烈而又深刻的冲击。辽朝实行对其境内区域经济的旧产业结构的渗透和调剂，不只经济本身的作用，还通过政治、军事和文化等措施的协调作用，从而能够起到非同一般的效果。从这一意义上理解，辽代东北边疆地区的经济开发政策，为整个北部边疆地区的统一和发展，提供了有益的经验和借鉴。

与此同时，也不能不看到，辽代东北地区经济开发政策存在着难以克服的弊端。辽朝统治者为了自己的利益，把大量人力物力集中在原先农业基础比较好、经济比较发展的东京道南半部地区从事各种产业的经营，仅东京道南半部的粮食生产就一度发展到有辽一代的高峰，"虽累兵兴，未尝用乏"①。而在北半部的生产事业方面，辽政府不仅未能推行相应的发展措施，而且在经济上采取了竭泽而渔，实际上远远比南半部更加严重的掠夺剥削手段。辽政府为了保护宫廷权贵和地主阶级在南半部的特权和各种经济利益，进一步加强对南归和被遣戍防各部族的控制，防止生女真等族的反抗，在混同江（今松花江）流域的出河店、宁江州等地置重兵驻守，称为"守边"。这道边严重地影响了东京道即整个东北地区南半部和北半部地区的经济和其他方面的往来交流，极大地压抑着北半部经济的发展，造成和加重了南北两个半部在产业结构上新的不平衡倾向。北半部在生女真和其他民族的勤劳经营下，畜牧业及其兼营的农业有了进一步的发展，但在 11 世纪的辽朝中期，南半部已发展成为辽境内有名的农业区，畜牧业、手工业和商业已达到更高发展水平的情况下，北半部却刚刚进入使用铁器和交易上还停留在以物换物的阶段，在当时的历史条件下，南半部和北半部的生产水平至少相差百年以上，即是一个明显的新的不平衡的例证。辽朝统治者对整个东京道地区进行了掠夺和剥削，而北半部尤其被作为掠夺和剥削的重点地区之一。如圣宗统和四年（986 年）正月，辽枢密使耶律斜畛等征讨生女真，一次就掠获女真"生口十余万、马二十余万（匹）及诸物"②。太平六年（1026 年）二月，辽将"黄翩领兵入女真界徇地，俘获人、马、牛、豕不可胜计"③。辽后期，契丹统治者对北半部生女真等族的压榨

---

① 《辽史》卷 59《食货志上》。
② 《辽史》卷 11《圣宗纪二》。
③ 《辽史》卷 17《圣宗纪八》。

勒索变本加厉。生女真等部族的产品，如人参、貂皮、生金、名马、北珠、俊鹰、蜜蜡、麻布等，除了定期定量进贡外，经常还通过榷场"低值"强购。女真等族不能违抗，否则就遭到凌辱、毒打，称为"打女真"①。辽廷的银牌天使还时常到生女真地区抢掠"美姬艳女""荐之枕席"②。这使北半部生女真等族社会秩序混乱，人身安全没有保障，生产事业遭到严重的破坏。12 世纪前期，生女真各部在其首领阿骨打的率领下，被迫起兵反辽，最后推翻了辽朝。辽朝对东京道地区经济开发所创造的物质财富通过改朝换代被新建立的金朝继承。从这一意义上看，辽代东京道地区经济开发的弊端，也是导致和加速辽朝灭亡的一个原因。

（本文原载《中国边疆史地研究》1992 年第 2 期）

---

① 《契丹国志》卷 10。
② 《契丹国志》卷 9。

辽后期迁都中京说研议

辽朝的京城，自从太祖阿保机立国开始，先后创建了上京（临潢府）、东京（辽阳府）、南京（析津府）、西京（大同府）和中京（大定府），合称"五京"①。五京的地位及它们之间的关系，史学界一般认为，上京为首都，其余四京是陪都。然而，对于据之立论的来龙去脉，则鲜见专文求厥所然者。到了清代，著名的史地学家顾祖禹在其《读史方舆纪要》一书中，认为自宋真宗景德四年（辽统和二十五年，公元1007年）辽朝营建中京之后，其首都已"自上京迁都"中京。今谭其骧教授在其《辽后期迁都中京考实》一文中，提出了多条证据，从事实上论证了顾氏的观点②。展示谭文，拜读再三，深感先生细心求证的精神，令人赞佩，然而，先生的立论，我仍未敢尽信。在古今中外的历史上，一个地方，一个城镇，所以成为某一王朝的首都，需要具备的因素，可能各有差别，而其中一个近于共同的先决条件，就是首都之建立，要有该王朝法律上之明确肯定。因为，只有法律，才有可能使作为王朝的首都获得据以安身立命之基础；同样的，一个王朝的迁都，则是举国上下的大事，也要经过法律的许可，才有可能付诸迁都的行动，以及使故都废除新都生效。在封建社会里，王朝的法律，往往体现了皇帝及其代表的统治阶级的意志，而这种意志，除了封建法典以外，还通过皇帝的诏令谕旨，批转内外，发布四方，以促遵行。这对于那些大的王朝来讲，尤其如此。如果说，像辽国这样一个辖地纵横几千里，雄峙北

---

① 据《辽史》载，太宗大同元年（公元947年），升镇州为中京。此乃圣宗统和二十五年（公元1007年）正式营建大定府以前之中京，不在"五京"之列。

② 谭其骧：《辽后期迁都中京考实》，《中华文史论丛》1980年第2辑。

中国大地长达二百余年（不包括西辽）之久的强大王朝，不经过法律手续，竟使原来历代苦心经营，业经王法保证的首都上京撤销，而法令两空的中京却取而代之为新的首都，多么难以想象？我以为，这就是顾、谭二氏结论上产生漏洞的要害所在。说上京是有辽二百余年的首都，理从何来？下面阐述我的见解。

一　上京是有辽一代的法定首都

由于中古后期的兵燹战火，被金兵覆灭的辽朝，史料散失过多，给我们研究辽史带来了困难，但是，上京作为辽朝法定的首都，仍可通过元人脱脱主编的《辽史》等史籍比较明确地反映出来。

《辽史·太祖纪上》：（神册三年二月）癸亥，城皇都，以礼部尚书充版筑使。

《地理志一》：太祖以迭剌部之众代遥辇氏，起临潢，建皇都。

《地理志一》：上京临潢府，本汉辽东郡西安平之地。新莽曰北安平。太祖取天梯、蒙国、别鲁等三山之势于苇甸，射金龊箭以识之，谓之龙眉宫。神册三年城之，名曰皇都。天显十三年，更名上京，府曰临潢。

《国语解·太祖纪》：龙眉宫：太祖取天梯、蒙国、别鲁三山之势于苇淀，射金龊箭以识之，名龙眉宫。神册三年，筑都城于其地，临潢府是也。

《耶律曷鲁传》：（神册）三年七月，皇都既成，燕（宴）群臣以落之。

以上五条，记述了上京遵制建都的由来，太祖亲自选择都城地点和主持整个营建工作。都城完工时，还大宴群臣，召开隆重的落成典礼，以庆祝皇都建成。这是上京建设第一阶段的情况。第二阶段，随着辽朝的正式建立，疆域扩大，太宗时期，上京加以扩建，同时，增置了中京（镇州）、南京（咸平府，后改称东京辽阳府）和西京三个陪都。

《兵卫志下》：太祖建皇都于临潢府。太宗定晋，晋主石敬瑭来献十六城，乃定四京，改皇都为上京。

《地理志一》：天显元年，平渤海归，乃展郭郭，建宫室，名以天赞。起三大殿：曰开皇、安德、五銮。中有历代帝王御容，每月朔望、节辰、忌日，在京文武百官并赴致祭。又于城东南隅建天雄寺，奉安烈考宣简皇帝遗像。是岁太祖崩，应天皇后于义节寺断腕，置太祖陵。……太宗援立晋，遣宰相冯道、刘昫等持节，具卤薄、法服至此，册上太宗及应天皇后尊号。太宗诏蕃部并依汉制，御开皇殿，辟承天门受礼，因改皇都为上京。

《地理志一》：太宗以皇都为上京，升幽州为南京，改南京为东京，圣宗城中京，兴宗升云州为西京，于是，五京备焉。

从这些记载知道，太宗继太祖营建临潢都城之后，按照中原都城的规制扩建上京，并增置中、南、西三京，奠定了上京的首都地位。及圣宗、兴宗之世，五京齐备，上京作为首都，仍然遵制不易。这首先从上京与其他四京在职官设置上的区别看出来。

《百官志四》南面京官条："辽有五京。上京为皇都，凡朝官、京官皆有之；余四京，随宜设官，为制不一。大抵西京多边防官，南京、中京多财赋官。"如果参照《营卫志》分析这条记载，可以得出两点认识：

（1）皇帝四时捺钵，朝官中的大部分随驾出行，一部分留在常设的中央机关，这个中央机关设于首都上京。其他四京（东京、南京、西京、中京）则根据其作为陪都的地位和需要，除了京官署司外，还应该有一定数量的朝级官署。这一点《百官志》所载不甚明确，若以《纪》与其他史料一对，便可看出某些痕迹。例如《景宗纪上》："（保宁八年十二月）戊午，诏南京复礼部贡院。"《道宗纪一》："（清宁六年六月）丙寅，中京置国子监。"《百官志四》："上京别有国子监，见朝官。……中京别有国子监，与朝官同。"又如厉鹗《辽史拾遗》卷15西京道条引《山西通志》曰："张起岩《崇文堂记》云，云中在辽金为陪京，学即辽国子监，宏敞静深冠他所。"礼部贡院和国子监都属朝级官署，不仅置于首都上京，还置于包括中京的其他四个陪都。这是辽朝置官设署的一个特色，了解此点并非无足轻重，因为它表明，首都上京设有中央办事机关，但设有中央某些办事机关的京城，不一定就是首都。

（2）五京齐备于圣宗统和二十五年（1007年）正式营建中京之后，官志中明确了在置官方面，上京与包括中京在内的其他四京的主要区别，就是首都与四陪都之间的区别。可见，从置官情况看中央机关所在地，即便在中京正式营建以后，上京仍然居于首都地位。

所以，《地理志一》说："上京，太祖创业之地。负山抱海，天险足以为固。地沃宜耕植，水草便畜牧。金龊一箭，二百年之基，壮矣。"其谓上京作为帝都，与辽世基业共存亡二百年时间，基本上符合史实。从而可以认为，上京不曾被撤销过首都资格，中京也从未升格为首都。这一点，如果联系中京营建的整个过程和帝王于中京的实际活动情况，就会看得更清楚些。

二　中京在法律上和事实上均非首都

圣宗掌政时期，由于实行改革，进一步确立了封建关系，使国内政治、经济和文化发生了深刻的变化。统和二十二年（1004年），取得了对宋战争的重大胜利，辽宋双方签订了对辽有利的"澶渊之盟"。从此，辽宋之间不再发生重大战争，开创了较长时期的安定局面，密切了双方的友好往来，辽朝进入了全盛时期。为了适应这一新的形势，年仅32岁的圣宗皇帝，振兴朝纲，雄图大略，确实有过大兴土木营建中京的壮举和把中京作为首都的计议。这方面，史籍记载不详，但也不含糊。

《圣宗纪五》："（统和）二十五年春正月，建中京。"（统和二十六年五月）己巳，"遣使贺中京成。""（统和二十七年）夏四月丙戌朔，驻跸中京，营建宫室。"

从这些记载看，中京的营建是圣宗亲自主持的，他还为中京皇城祖庙、宗庙的兴建发了谕旨。例如《圣宗纪七》载："（开泰八年正月）建景宗庙于中京。""（开泰九年十二月）戊子，诏中京建太祖庙，制度、祭器皆从古制。"

中京的总体规制，是模拟上京，参考唐长安和宋开封设计的。《地理志三》载中京大定府曰："圣宗尝过七金山、土河之滨，南望云气，有郛郭楼阙之状，因议建都。择良工于燕、蓟，董役二岁，郛郭、宫掖、楼阁、府库、市肆、廊庑，拟神都（即上京）之制。"又曰："皇城中有祖庙，景宗、承天皇后御容殿。城池湫湿，多凿井泄之，人以为便。大同驿以待宋使，朝天馆以待新罗使，来宾馆以待夏使。"

考察这些记载，可以认为，当时的中京城，是作为计议中的新首都来建设的。套"回"式的外城和内城（皇城），在建筑上还要比上京先进。大中祥符元年（统和二十六年，1008 年），宋朝路振奉使入辽，他在《乘轺录》记述了中京建筑的情景时写道：

> 外城高丈余，东西有步廊，幅员三十里，门曰朱夏门，凡三门，有楼阁，自朱夏门入，街道阔百余步，东西有廊舍，约三百间……三里至第二重城门，城门曰阳德门，凡三门，有楼阁，城高三丈，有睥睨城，幅员约七里。自阳德门入一里而至内城，门曰阊阖门，凡三门……阊阖门楼有五凤，状如京师，……是夕宿大同驿，驿在阳德门外，驿东西各三厅，盖仿京师上元驿也……内城中止有文化、武功二殿，后有宫室，但穹庐氊幕。

据内蒙古文物工作队经过勘查发掘，于 1961 年第 9 期《文物》上发表的实测数字，外城南北各 4200 米，东西各 3500 米，周回约 15400 米；内城四边各约 1000 米算，它们的周回各约略等于唐制三十里和七里。这是辽沿唐制，证实路振《乘轺录》的记述基本可信，同时也印证了《辽史》有关圣宗把中京作为计议中的首都来营建的记载近于事实。

但是，我以为计议中的首都，不等于事实上的首都，唯一原因，就是未经法定。未经法定为首都的中京，仍然只能是陪都而非首都。这不仅从圣宗没有下过迁都的诏旨得知，而且，从中京整个建筑规制上的缺陷看出来。

那么，中京整个建筑规制上有哪些缺陷呢？我以为至少有三个：

第一，在我国，封建王朝营建新都，左宗庙、右社稷和皇城大内宫殿一样，乃是制定配套、优先建设的重点项目。唐长安、宋开封的建筑是这样，作为模仿长安和开封的计议中的首都中京，也应该不例外。然而，中京大内宫殿建筑开工了，祖庙、宗庙则迟迟未能纳入规划。直到从中京开建的统和二十五年算起 12 年以后的开泰八年正月，才见"建景宗庙于中京"①。第二年，开泰九年十二月，"诏中京建太祖庙，制度、祭器皆从古制"②。如果照谭其骧教授关于统和二十五年开始迁都之说，那么，从统和二十五年到开泰八年（1007—1019 年），中京作为盛世帝都，没有祖庙、宗庙至少达 12 年之久。就是开泰八年、九年兴建的祖庙，也只有太祖和景宗的，而不见列祖、太宗、世宗和穆宗的。且不说列祖和太宗，光说世宗是圣宗的曾祖父，穆宗是圣宗的祖父，怎么能够设想，当圣宗年间在新都例行祭祖时，可以不祭自己的祖父和曾祖。因此，从我国传统帝都"天子七庙，三昭三穆"的制度考察，上京除了太祖庙外，还有列祖庙和列宗庙，其他四京，例如东京，只见开国皇帝及世宗庙③，南京只见太祖、太宗庙④，包括上述中京，均只有部分祖庙或宗庙。此乃上京是首都，中京和其他京城是陪都的缘故。

　　第二，祖陵的规划和建置，也应是新都的重点项目之一。从文献记载来看，圣宗营建中京时就缺乏这一规划。所以，圣宗本人及以后兴宗、道宗逝世的时候，均遵制葬于上京的庆州（陵曰庆陵），而不是葬在中京。综观辽世九帝，葬于上京者有太祖（祖州祖陵）、太宗、穆宗（怀州怀陵）以及上述圣宗、兴宗、道宗六帝。世宗、景宗和天祚帝葬于东京（世宗在显州，陵曰显陵；景宗、天祚在乾州，陵曰乾陵），而没有一帝葬于中京。天子灵柩归帝都，也说明上京是首都，中京只能是陪都。

　　第三，京都首府和完整的州县建置，是首都行政建置上不可分割的一部分，而行政建置的完整，通过属下明确的州县和丁籍反映出来。例如《兵卫志下》载，上京临潢府，共有丁籍一十六万七千二百，其中包括八个直辖县四万，十一个直辖州六万五千七百，十六个头下州六万一千五百。又据同志记载中京大定府的情况："圣宗统和二十三年，城七金山，建大定府，号中京。统县九，辖军、府、州、城二十三。草创未定，丁籍莫考，可见者一县：高州三韩县丁一万。"前后两证，至

---

①　《辽史·圣宗纪七》，第 185 页。

②　《辽史·圣宗纪七》，第 188 页。

③　《辽史·景宗纪上》，第 90 页。

④　《辽史·圣宗纪三》，第 134 页；《辽史》《天祚帝纪一》，第 327 页。

少说明中京总体建置上始终未能达到首都的要求。

上述宗庙、陵墓和州县设置三项，均属首都营建的制度问题。这些问题不难理解，中京原拟建都，又因某些缘由，拟而不善，始而无终，未经法定，结果只能以陪都作罢。

那么，中京有没有成为事实上的首都呢？也没有。为阐述这一论点，下面我们对统和二十五年中京正式营建到辽亡的保大五年（1007—1125 年）这 118 年中辽帝在中京的时间和活动做进一步的考察。

圣宗后期，从统和二十五年到太平十一年圣宗逝世，共 25 年，大体可分两个阶段：

第一阶段，即统和二十五年到二十九年。这时期圣宗到过中京的次数、时期，及主要活动，据《辽史·圣宗纪》记载辑录如下：

到达中京时间	驻跸天数	主要活动
统和二十五年，"冬十月丙申，驻跸中京。"	约 2 个月	
统和二十六年，"冬十月戊子朔，幸中京。"	约 2 个月	
统和二十七年"夏四月丙戌朔，驻跸中京"。	约 3 个月	营建官室。
统和二十七年十二月"戊申，如中京。"	不到 1 个月	是月承天皇太后崩于中京附近的行官。
统和二十八年"五月己卯，如中京。"	约 2 个月	葬承天皇太后于乾州乾陵毕。
统和二十八年"秋八月辛亥，幸中京。"	约半个月	准备御驾亲征高丽。

四年期间，圣宗六次到过中京，住居时间总共将近一年。从整个记载来看，圣宗这时期的主要活动是营建中京，治丧承天太后，御驾亲征高丽，此外，大部分时间履行四时畋鱼游猎的捺钵生活，其中仅见统和

二十六年五月"还上京"①。如果与统和二十九年的开泰元年"还上京"联系起来，就可以看出问题。前一次是去"祠木叶山"太祖庙，到祖州和怀州"致祭祖、怀二陵"。后一次从开泰元年五月"还上京"，到是年九月，约四个月时间一直"驻跸上京"。这次圣宗在上京进行了几件事情，如"诏裴玄感、邢祥知礼部贡举，放进士等十九人及第"；任命一批使官（节度使、宣徽使、贺宋生辰使、正旦使）和上京守副；赐护送兀惹部民的铁骊那沙；会高丽来使②。可见，此次"还上京"与履行首都中央机关的朝政有关。这里有两个意味深长的问题：（1）圣宗亲征高丽，于统和二十九年正月"诏罢诸军"，回途中于同月"己亥，次东京"，完全遵照先帝的惯例，皇帝出征，例行班师回朝的形式于第二年五月"还上京"，而不是去中京③。（2）统和二十六年五月，中京宫殿主体工程落成典礼，作为新都计议人首脑的圣宗皇帝当时在上京，竟然自己没有亲临参加这次典礼，而只是"遣使贺中京成"④。说明此次留在上京关系到首都朝政问题，非在不可；中京为一般陪都，落成典礼去不去两可。可见，这时期圣宗并没有把中京当成事实上的首都。

再看第二阶段，从开泰元年至太平十一年（1012—1031 年），共 20 年，这时期圣宗到中京的情况，见于《辽史·圣宗纪六、七、八》记载摘录如下：

到达中京时间	驻跸天数	主要活动
开泰元年"冬十月辛亥，如中京。"	约 2 个月	上尊号、大赦，改元开泰。赐夏国使，加封裴玄感、邢详、石用中、吕德推、张俭、邢抱质、王继忠、刘泾、萧绍忠、耶律控温、耶律化哥等臣僚的官职。

① 《辽史·圣宗纪五》，第 163 页。
② 《辽史·圣宗纪六》，第 171 页。
③ 《辽史·圣宗纪六》，第 169—171 页。
④ 《辽史·圣宗纪五》，第 163 页。

开泰三年"冬十月甲寅朔，幸中京。"	约2个月	
开泰七年十一月"戊子，幸中京。"	约4个月	庆祝千龄节，接待贺节宋使，铁骊来贡，建景宗庙于中京，任命官员等。
开泰八年十二月"辛卯，驻跸中京。"	约1个月	任命中京留守、大定尹等。高丽使贡方物，宋使来贺。
开泰九年十月，"辛丑，如中京。"	约2个月	大食国来进方物。任命南京留守、析津尹、兵马司总管等。诏中京建太祖庙。
太平元年九月，"幸中京。"	约2个月	敌烈、党项酋长来贡。录囚。宋使贺千龄节，岁元旦。奠七庙御容，宴宗室。
太平八年九月，"壬子，幸中京。"	约4个月	阻卜别部长官胡懒、春古来降。宋使贺顺天节、千龄节、正旦节。任命官员。

从上述有明确记载者，圣宗在20年内去过中京凡7见，每次驻跸时间，以一至二个月为多，有时候也达到三至四个月，论临幸次数，驻跸时间，比上京和别的京城多，圣宗在中京的活动，除了主持修建宫殿，祭奠宗庙外，还有册尊号，接见来使，任命官员，赐宴宗室，庆贺节日等。尽管如此，仍然不能证实中京就是当时的首都。因为这些活动，一般是在捺钵途中举行，也有在上京和其他京城举行，其他京城，除了中京，南京、东京也见过。例如统和二十四年九月，圣宗和承天太后册尊号、放进士就是在南京举行的[①]。又如太平五年"九月，驻跸南京"。"冬十月辛未，宋太后遣冯元宗、史方来贺顺天节。十一月庚子，幸（南京）内果园宴，京民聚观。求进士得七十二人……十二月丁巳，

---

① 《辽史·圣宗纪五》，第164页。

以汉人行宫都部署萧孝先为上京留守，皇侄长沙郡王谢家奴匡义军节度使，耶律仁举兴国军节度使。甲子，萧守宁为点检侍卫亲军马步军。……戊辰，以北府宰相萧普古为北院枢密使。……乙亥，宋使李维、张纶来贺千龄节。是岁，燕民以年谷丰熟，车驾临幸，争以土物来献。上体高年，惠鳏寡，赐酺饮……。"圣宗此次在南京驻跸达 4 个月时间，论政治活动的项目和规模，均不次于在中京的任何一次①。看来，在圣宗掌政的最后 20 年中，从整个政治活动考察，仍然不能证明中京是事实上的首都。我们还注意到，自从圣宗逝世以后，各帝莅临中京的次数和驻跸时间，都是屈指可数的。据《辽史》兴宗、道宗、天祚帝三纪记载：兴宗在位 26 年（景福元年至重熙二十四年，即 1031—1055 年），到达中京凡 5 见，驻跸时间共计约八个月；道宗在位 46 年（清宁元年至寿昌七年，即 1055—1101 年），抵达中京凡 2 见，驻跸时间共计约 3 个月；天祚帝在位 24 年（乾统元年至保大五年，即 1101—1125 年），到过中京凡 2 见，驻跸时间共计约 4 个月。诚然，《辽史》载入者不一定完全，但仍可看出中京不是首都这一趋势。看来，道宗在位期间的后半段，可能就很少去过中京了，自清宁十年十月最后一次"驻跸中京"以后，他在五京活动的重心主要放在上京和南京，其次是东京和西京。到大康三年二月，道宗干脆正式下达谕旨："中京饥，罢巡幸。"② 可见，中京的黄金时代，是在圣宗的后期和兴宗时期。据《辽史》营卫志和宫卫志记载，辽朝皇帝和皇亲国戚、勋旧臣僚除了大部分时间四时游猎畋渔以外，他们私人的住居不一定在都城，而更多的是在各个私城。这样，在不违制的情况下，他们的住居，较之一般中原王朝有着更大的灵活性。所以，从圣宗后期开始，新建的中京，地处辽国中心，建筑上的先进，环境的优越，文化的进步，物质资源也比较丰富，这对后期走向奢侈腐化的辽主及其亲戚官宦自然有着很大的吸引力。许多皇亲国戚、官宦臣僚利用其与皇帝皇后的关系或宠信，纷纷迁居中京。由于大批要人云集中京，朝廷又执行了学唐比宋的政策，不少外事活动也在中京举行。这样，原来"随宜设置"中京的中央办事机

---

① 《辽史·圣宗纪八》，第 198 页。
② 《辽史·道宗纪三》，第 279 页。

关，在圣宗后期肯定有所加强。即便如此，也不能认为中京已被升格为首都了。历史上帝王长期离开首都而居住陪都者虽不多见，但也不乏其例。如唐朝法定的首都是长安，洛阳只是陪都之一。据《新唐书·高宗纪》记载，高宗在位三十三年（永徽元年至弘道元年，即 650—683年），七幸洛阳，每次驻跸时间要比辽帝在中京时间长得多：第一次在显庆二年（657 年）闰正月，约留一年；第二次在显庆四年（659 年）闰十月，约留二年又四个月；第三次在麟德二年（665 年）二月，约留九个月；第四次在咸亨二年（671 年）正月，约留一年又九个月；第五次在上元元年（674 年）十一月，约留一年又五个月；第六次在仪凤四年（679 年）正月，约留一年又八个月；第七次在永淳元年（682 年）四月，约留一年又四个月，于第二年崩于洛阳，共计有九年零三个月时间驻跸在洛阳，比辽朝圣宗、兴宗、道宗和天祚四帝居住中京时间的总和还多①。武则天在位二十年，除了大足元年（701 年）十月到长安，大足三年（703 年）九月一度有两年时间回到长安京师外，其他整整十八年均留居洛阳，就是她的丈夫高宗西葬，也未西临。我们不能因此认为在高宗特别是武则天时期唐朝已经迁都洛阳。在高宗特别是武则天时期，车驾东幸，朝中诸宫百司扈随洛阳，长安仅派少数官员留守，实际只是个空架子。我们更不能据此认为在高宗特别是武则天时期，唐朝中央机关在洛阳而认为洛阳已成为大唐的首都，原来的首都长安已被废弃了。在皇帝长期离开长安，中央主要办事机关长期不在长安的情况下，长安并未失去首都的地位。这不仅因为长安是唐朝经营已久的全国政治、经济和文化的中心，更重要的是长安为唐朝法定的首都，没有新的法律予以废除是不会轻易被否定的。同样，洛阳又称东都，但它只是法定的陪都，没有新的法律认可，就是皇帝和中央机关迁住这里，也成不了首都。所以，尽管顾祖禹在其《读史方舆纪要·历代州域形势》讲到辽朝中京时说："辽西曰中京。注：宋景德四年，隆绪（即圣宗）城辽西为中京，府曰大定，自上京迁都焉。"但因为毫无根据，没有得到同世或后世史学家的承认。在乾隆前期厉鹗辑录的《辽史拾遗》一书

---

① 笔者据《辽史·本纪》记载统计，辽朝圣宗、兴宗、道宗和天祚四帝居住中京时间总计约三年又十个月。

中，有关历史地理部分，顾祖禹的《读史方舆纪要》是厉鹗书采录的对象之一，可是厉鹗书关于辽中京的辑文中，就没有顾祖禹关于"自上京迁都"这一条。所以，我以为，顾说之维护者谭其骧教授，在离开以法定都的前提下谈什么事实上的首都，最终是站不住脚的。

三　关于谭文在史料考释方面的几点商榷

第一，关于"京师"是指"中京"还是"上京"的问题。谭文说："《辽史·圣宗本纪》统和二十八年八月：'自将伐高丽，以皇弟楚国王隆祐留守京师。'（《皇子表》隆祐条同）《萧继先传》：统和'亲征高丽，以继先年老，留守上京。'将上面两条一对勘，很明显，统和二十八年亲征高丽之役，圣宗叫隆祐留守京师，叫萧继先留守上京，可见京师和上京是两回事。京师即都城，指的应是中京，不会是上京。"中京大定府建于统和二十五年，这以前，史籍言"京师"者，即上京无疑。有争论的乃是中京营建以后。我以为，谭教授之推论，是对还是不对，是不难看出来的。先看《皇子表》隆祐条官职栏全文："统和中伐宋，留守京师，拜西南面招讨使。及征高丽，复留守京师，权知北院枢密使。出守东京。赠守太帅。"圣宗南下伐宋事在统和十七年。《圣宗纪五》又载："（统和二十一年冬十月）戊辰，以楚国王隆祐为西南面招讨使。"知《表》载隆祐前一次"留守京师"应在统和十七年至二十一年之间，而这期间中京大定府还未开建，故肯定前面的"京师"，乃是"上京"无疑。而《表》中前一个"留守京师"后面又来个"复留守京师"，即再次留守京师。很明显，前后提到的"京师"，应是同一个"京师"。故后一个即统和二十八年留守的京师也应是上京而非中京。其次，在我国历史上，言"京畿"者，与"京师"意义同，均谓天子所都之地。通读《辽史》，唯上京以"京畿"称之，就是中京建立以后，也是如此。例如太平二年，冬十月，"辛亥，（圣宗）至上京，曲赦畿内囚"[1]。其他四京，包括中京，不曾以"京畿"称之。如重熙

---

[1]　《辽史·圣宗纪七》，第190—191页。

二十三年，"冬十月丁酉，（兴宗）驻跸中京………癸丑，以开泰寺铸银佛像，曲赦在京囚"①。再是，谭文似乎认为，在同一时期内，一京一府或一州不应有两守，因而认为同在征伐高丽时期，隆祐之守京师，继先之守上京，就必然一个中京，一个上京。事实非也。在封官泛滥的中古后期，一州二守，一府二至三守的例子屡见不鲜。如《兴宗纪一》载，重熙六年五月，"癸亥，以上京留守耶律胡睹衮为南大王，平章事萧查刺宁上京留守……甲子，以上京留守耶律洪古为北院大王。"查干支系表，重熙六年五月，癸亥和甲子均各只有一天，没有重复。故知从癸亥至甲子只相隔一天。根据《纪》载表明，在萧查刺宁任命为上京留守以前，耶律胡睹衮和耶律洪古同时担任上京留守。因此，我以为《圣宗六》和《萧继先传》记载圣宗征高丽时，以隆祐留守京师，以年老的继先留守上京，都是留守上京，而绝非像谭文所解释为前者"中京"，后者"上京"。

第二，关于《辽史》中书"还上京"是否即"回首都"的问题。这一点，谭文深表异议，他说："《辽史》本纪里统和二十五年后确有'还上京'这种书法，不仅圣宗时屡见，还见于兴宗、道宗时。但也有书作'至上京''驻跸上京'的，《游幸表》里又有书作'幸上京'的。既然也可以用'至'、'驻跸'、'幸'，可见用'还'字不等于说上京就是都城。上京是辽的旧都，辽人自迁都中京后仍习称去上京为'还上京'，这就像一家人家已不住在原籍，但这家人到原籍去时一般也说是'回'到那个地方去是一样的。"

笔者以为，谭教授这段文字完全站不住脚。虽然《辽史》编撰不善，为所共知，但《本纪》部分，因有当代一些实录作基础，可靠性较大。有关帝王的活动，载入实录时，在用字上是相当讲究的，天子出门，举足轻重，其以"幸""如""还"或"驻跸"之类的字样，均受到一定的法律制约。这种情况，对元代编的《辽史》，当然要产生直接的影响，岂能与同法制毫不相干的一家人回到原籍相提并论。此其一。其二，谭文涉及辽帝莅达五京时与"幸""如""还""驻跸"一类书法有关的材料时，既未辨主次轻重，又不加具体分析，糊为一锅，把上

---

① 《辽史·兴宗纪三》，第247页。

京和其他四京始终存在的地位上的区别抹杀了。据《辽史·本纪》记载统计，辽帝到达五京者共106见。到过上京者20见，其中称"还"者17见，称"入""至"或"驻跸"者各1见。到过东京者10见，均称"至""如""幸"或"驻跸"。到过南京者43见，称"至""幸""驻跸""次"者35见，称"还"者1见，称"还次"者7见。到过西京者6见，均称"至""如""幸"。到过中京者24见，均称"至""如""幸"或"驻跸"。此外，简称"还京"或"还都"者4见。可见，皇帝到达上京时，大多称"还上京"，外有3例特殊不称"还"者：例如《景宗纪上》："（应历十九年）三月丙戌，（帝）入上京。"书"入"而不书"还"，因为是年二月，景宗在他父亲穆宗皇帝遇弒之行在"即皇帝位于灵柩前"，三月，赶往上京掌理新朝政。景宗登基后头一次进上京，故称"入"而不书"还"。又《圣宗纪七》："（太平二年十月）辛亥，至上京。"圣宗在其末期二十年，临幸中京次数之多，每次驻跸时间之长，前所罕见。说明当时已把中京作为常幸养老的主要地点。故太平二年十月最后一次到达上京，《本纪》书"至"而未作"还"，虽是违例，然合帝心，不犯大错。再有《圣宗纪六》载："（开泰元年）五月戊辰朔，还上京。……六月驻跸上京。"参察前载，圣宗在各地出巡于五月到达上京，故称"还上京"。其后称"驻跸上京"者，应是在上京各处巡幸完了驻跸于上京皇城的意思。另外，《本纪》中见辽帝驾临南京时书"还次南京"或"还南京"共8见。这是不是把首都上京和陪都南京的地位混为一谈了呢？也非。我们从《辽史》太宗、景宗和圣宗三纪得知，书"还次"者共7见，前两见在太宗会同七、八两年，又1见在景宗乾亨二年，后4见在圣宗统和四、七、十八、二十三年。书"还"者1见，在统和五年。可见这8个"还"见年期，全是皇帝南下征伐时期。我以为，在战争的特殊时期，辽中央机关，至少是原来权知京师的大部分官员，为了适应战时的需要，曾经临时迁往南京（幽州）办公。《兵卫志》载："皇帝亲征，留亲王一人在幽州，权知军国大事。"皇帝亲征，必要时回到南京休整或于临时中央机关部署军政全局，故此8例称"还次南京"或"还南京"，完全是由于南京战时的特殊地位所决定的。最后，在《兴宗纪一》载重熙八年七月，"（帝）谒庆陵，致奠于望仙殿，迎皇太后至显州，谒园陵，还京"。又据《契丹国志》载述考订,此处"还京",应是"还中京"。因为钦哀皇太后被幽前居住中京,如今迎回中京,故曰"还京",意即太后又回到中京了。这与皇帝出巡回到首都作"还上京"完全两回事。这样,在《辽史·本纪》中,所有用来表达皇帝之于五京如"还""还次""至""幸""如""入""驻跸"等书法,均有其立意,并非信手书写。《游幸表》对此不加区别,一律用"如"或"幸",其与《本纪》可能非出一人之手,应归于撰史者不严肃,权以参考,不足为据。《本纪》于皇帝回到上京时独书"还",到达其他四京包括中京一般书"幸""如""至"或"驻跸"等,乃是由于制度上首都和陪都之区别所约束。可知即便在辽后期,上京仍是首都,中京只是陪都而已。

　　第三,关于中京是否"四方之极"的问题。谭文说:"《辽史·刘六符传》:'道宗即位,将行大册礼',北院枢密使萧革曰:'行大礼,备仪物,必择广地,莫若黄(潢)川。'六符曰:'不然。礼仪国之大体,帝王之乐,不奏于野。今中京四方之极,朝觐各得其所,宜中京行之。上从其议。'这一条很清楚地说明了中京是'四方之极',是都城。"首先,我们考察一下刘六符这一席话的分量如何?刘六符说"礼仪国之大体,帝王之乐,不奏于野",乃是引述孔子言论,历代中原王朝行皇帝登基大典多以此为训,而于辽朝则完全不切实际。自太祖至道宗以前的兴宗共7帝,没有1任皇帝即位时"行大册礼"是在首都皇城举行的。太祖在神册元年正月即位于如迁王集会埚;太宗在天显二年十一月即位于祖州;世宗在大同元年四月即位于镇阳;穆宗在天禄五年九月即位于显州;景宗在应历十九年(保宁元年)二月即位于怀州;圣宗在乾亨四年九月即位于焦山;就是圣宗营建中京以后的兴宗皇帝,也是在太平十一年(景福元年)即位于大福河之行在[1]。可见,辽制新帝即位不需要或者说不一定要在都城大内举行,后来道宗听了刘六符的话,即位时一反前例在中京皇城举行了,当然不能因此说明中京就是首都。汉人官员刘六符以中原的正统观念,认为"今中京四方之极"。"极"即践极,天子践帝位也。即是说,在刘六符看来,当时的中京,

---

　　① 分别见《辽史·本纪》,《太祖纪上》《大宗纪上》《世宗纪》《穆宗纪上》《景宗纪上》《圣宗纪一》和《兴宗纪一》。

是道宗践皇帝位最理想的地方。这是刘六符的看法，道宗采纳他的意见，也只能说明道宗即帝位的大册礼是在中京举行，不能因此证明中京就是首都。事实上，道宗逝世之后，他的孙子天祚帝因循前制，即位于混同江行宫。可见辽帝践极的地点，与首都没有直接的关系。

第四，关于中京是否是中央政府常驻地的问题。谭文说："既然中央政府必然会有一个常驻地，这个常驻地也就是辽朝的都城所在。《营卫志》在叙述了四时捺钵制之后，接着就清楚地说明了中央政府的常驻地是中京：'每岁正月上旬，车驾启行。宰相以下，还于中京居守，行遣汉人一切公事。除拜官僚，止行堂帖权差，俟会议行在所，取旨，出给诰敕。文官县令、录事以下更不奏闻，听中书铨选；武官须奏闻。五月，纳凉行在所，南、北臣僚会议。十月，坐冬行在所，亦如之'。1970年，我就以这一条材料为主要依据，确认中京是辽圣宗营建中京以后的辽朝都城。"我以为这条史料不能证明当时辽的中央政府常驻中京。这里很重要的一条，就是所谓"宰相以下"的朝官主要应该包括哪些官员，这些官员能否代表整个中央政府。盖辽朝整个中央政府，分为南面朝官和北面朝官。北面朝官是中央掌握实权的主体机构，据《百官志》载，属于北面朝官的"北枢密视兵部，南枢密视吏部，北、南二王视户部，夷离毕视刑部，宣徽院视工部，敌烈麻都视礼部，北、南宰相总之"。而南面朝官基本上是仿习唐制的花瓶式机构，三省、六部、台、院、寺、监、诸卫、东宫之官，其职掌主要是管理汉人事务。《营卫志》所谓"宰相以下"者，应指南面中书省首长以下诸官，在皇帝出巡时"留居中京"，行遣"汉人一切公事"，而不是权知军国大事。因知《营卫志》之言常驻中京者，乃是不掌实权的南面官中的部分次要官员，不能代表"中央政府"。上面粗有涉及，根据《百官志》南面官条，辽有五京，上京为皇都，凡朝官、京官皆有之；余四京随宜设官，为制不一"之原则，在其余四京其中包括中京，均允许常驻一部分中央机关的官员。如在战争时期，中央政府的某些机关就曾搬到南京（幽州）办公，《兵卫志上》载"皇帝亲征，留亲王一人在幽州（南京），权知军国大事"，就属于这类情况。所以皇帝四时捺钵时，为了照顾汉族官员，留中央政府次要的一部分即南面官中宰相以下的官员留居中京，管理汉人事务，和南京一样，没有越出陪都的资格，相反地这条记载恰恰证明必要的、比较完整的中央机关仍常驻上京，而不是在中京。

第五，关于祖庙、大庙问题。谭文说："中京皇城内建有祖庙、太祖庙（《地理志》《圣宗》开泰九年、《兴宗》重熙十六年、二十三年），此外诸京包括上京在内都没有，若中京不是都城，就很难解释得通。"盖辽之祖庙、太庙、宗庙，乃是根据皇帝四时行营这样一个特点而建置者，即上京祖州的列祖庙、太庙等，统和七年"夏四月，甲寅，还京……（丁卯）皇太后谒奇首可汗庙"，"（天显十一年四月）戊辰，还都，谒太祖庙"；东京置有让国皇帝、世宗庙，保宁 3 年"夏四，（景宗）幸东京，致奠于让国皇帝及世宗庙"；南京有太祖、太宗庙，天庆二年"十一月乙卯，（天祚帝）幸南京。丁卯，谒太祖庙"。统和十五年四月"己酉，（圣宗）幸南京，丁巳，致奠于太宗皇帝庙"；中京建太祖、景宗庙，开泰八年正月"建景宗庙于中京"。开泰九年十二月"戊子，（圣宗）诏中京建太祖庙"。此外，有的州、县也有祖庙、宗庙。如涞水有景宗庙，统和七年一月"戊申，（圣宗）次涞水，谒景宗皇帝庙"；饶州有太祖庙，统和十五年九月"庚午，（圣宗）幸饶州，致奠太祖庙"；怀州有太宗、穆宗庙，清宁十年九月"壬寅，（道宗）幸怀州，谒太宗、穆宗庙"①。天子四海为家，祖庙、宗庙遍布各地。所以，对于辽朝来说，祖庙、太祖庙建于皇城大内，并不能作为判断首都的一个根据，上京建都之时，祖庙、太祖庙建在京郊的祖州，而不在皇城大内，就是一个明显的例证；而且，据上述所引史料，南京和东京也都有太祖庙和宗庙，其庙址置于何处，至今尚未考明，怎么能得出只有"中京皇城内建有祖庙、太祖庙，此外诸京包括上京在内都没有"这一结论？

综上所述，我以为，像辽朝这样一个富有特色的中国北方王朝，在确定它的首都的时候，唯一可靠的根据就是王法。法定的首都，需要废之，必须以法来废。重迁新都，也必须由法认可，才能生效。仅这一条，就可以把所谓辽后期迁都中京说全部推翻。

（本文原载《中华文史论丛》1983 年第 1 期）

---

① 分别见《辽史》《圣宗纪三》《太宗纪上》《景宗纪上》《天祚帝纪二》《圣宗纪三》《圣宗纪七》《圣宗纪三》《圣宗纪四》《道宗纪二》。

金中都建制与传统的"天人合一"观

内容提要　本文着重研讨金中都制度所反映的传统"天人合一"观问题，探述金代燕京成都与促进我国统一多族国家发展的关系。

在我国历史上，金朝是第一个在北京建立首都的王朝。12 世纪前期，我国女真族完颜部从按出虎水（今黑龙江哈尔滨南阿什河）崛起，并以此为根基地，建立了金朝。此后二三十年间，金朝南下先后灭了辽朝，攻陷北宋，进逼南宋。至熙宗皇统元年（南宋高宗绍兴十一年，1141 年），通过第二次"绍兴和议"，金朝的辖区向南伸展到达淮河以北。这时，金朝已扩有从东北至中原及其以南的大片地区。在当时的中国境内，政治局势急剧变化。在以金、辽、宋三方为主角的政治军事较量中，辽与北宋先后退出了历史舞台，由北宋皇族组成的又一股政治势力建立的南宋退守江南，而金朝却由原先局促东北一隅的在野小王朝发展成为入主中原，进逼江淮的强势王朝。金朝面对政治、军事形势的重大转变，采取了相应的治国对策。迁都燕京，即是这一时期所采取的各项重要对策的一大举措。

天德三年（南宋绍兴二十一年，1151 年），海陵王完颜亮下诏议都燕京。诏曰：

> 昔因绥抚南服，分置行台。时则边防未宁，法令未具，本非永计，只是从权。既而人拘道路之遥，事有岁时之滞。凡申款而待报，乃欲速而愈迟。今既遮政为和，四方无侮，用并尚书之亚省，

会归机政于朝廷。又以京师粤在一隅，而方疆广于万里。以北则民
清而事简，以南则地远而事繁。深虑州府申陈，或至半年而往复，
间阁疾苦，何由期月而周知。供馈困于转输，使命苦于驿顿。未可
时巡于四表，莫如经营于两都。眷惟全燕，实为要会。将因官庙而
创官府之署，广阡陌以展西南之城，勿惮暂时之艰，以就得中之
制。所贵两京一体，保宗社于万年。四海一家，安黎元于九
府……①。

　　这道诏令，把完颜亮准备迁都燕京的动机、目的和在改造辽南京
（燕）的基础上营建新都的大体意向表述得很清楚。入主中原是金朝建
政立国以来进入一个新的转型期，围绕经邦治国所推行的政治、军事、
经济、文化、民族等制度均必须与整个辖区的传统进程相适应，迁都燕
京这样事关军国大计的举措更是不能例外。既然，地处东北遥远的上京
已无法肩负起新形势下首都的重任，而燕京又在地理形胜以及政治、军
事、经济、文化、民族等方面具备了能够发挥首都的功能优势，那么，
营建和迁都燕京势属必然。但是，究竟按照什么模式营建新都，对于以
完颜亮为首的金朝最高当局来说，显然还有一个观念转变的问题。

　　在营建和迁都燕京以前，金朝为了对南扩辖区的统治需要，在治国
的各种政策和措施上，均实行了不同程度的调整和改革，总的取向是，
尽可能与中原传统接轨。但是，在燕京营建的制度设计上，完颜亮与工
地主持者之间却出现龃龉。《金史》卷 5《海陵纪》载天德三年（1151
年）四月，为落实营建、迁都燕京的诏令，"有司图上燕城宫室制度，
营建阴阳五姓所宜"。而完颜亮检阅图样后却说："国家吉凶，在德不
在地。使桀（夏朝末帝）、纣（商朝末帝）居之，虽卜善地何益？使
尧、舜居之，何用卜为？"所谓"阴阳"，系指先秦时期发展起来的，
以阴阳二气解释自然现象，着重研究宇宙间阴与阳两种对立的基本因素
或属性的相互关系、相互转化的学说，也称为阴阳学说。《管子·四
时》称"阴阳者，天地之大理也"。"五姓"是阴阳学说的分支，指宫、
商、角、徵、羽，用于划分星空区域和表示二十八宿某星等，是阴阳学

---

① 李心传：《建炎以来系年要录》卷 162 海陵诏引录，中华书局 1984 年版。

说中定宅居凶吉的依据。显然，完颜亮初时不同意按照阴阳学说形成的燕京营建设计图及其都城制度。但是，时隔三年，燕京营建工程基本完成。贞元元年（1153 年）正式迁都。完颜亮"以迁都诏中外"，"改燕京为中都，府曰大兴"①。与此同时，海陵下令"削上京之号，止称会宁府，称为国中者以违制论"②。史称金"袭辽制，建五京"③。降入南宋的金人张棣撰《金虏图经》（《三朝北盟会编》卷 244 引录）称海陵"遂以渤海辽阳府为东京，山西大同府为西京，中京大定府为北京，东京开封府为南京，燕为中都，府曰大兴。"五京制度的形成，表明中都的首都地位正式确立。完颜亮死后，世宗继位。大定十三年（1173 年），世宗诏会宁府"复为上京"。从而改以上京、东京、西京、北京、南京为五京，中都仍为首都，直至金亡。史称完颜亮"乃命左右丞相张浩、张通，左丞相蔡松年，调诸路民夫筑燕京，制度如汴（北宋都城开封）"。④ 北宋的汴京，乃是秦、汉、隋、唐以来中原传统帝都制度集成之作，是先秦至秦、汉、隋、唐以来传统的阴阳学发展至"天人合一"观的产物。这种情况表明，初时否定以阴阳学说营造中都制度的完颜亮，已经一改初衷，实现了观念的转变。在这里，这种观念的转变，主要表现在中都制度建设上同中原传统保持一致。这种一致关系有着一定的包容面，而"天人合一"观即其一。

我国历史上的"天人合一"观源远流长。历代君主为了维护其统治地位，宣扬"君权神授"，以"神"托于"天"，称人间的君主是天之子，君主是受命于天来统治下民的，也是为庇佑下民而树立的。因此，选择了可供利用的阴阳学说来为其服务。我国古代阴阳学说起源于先秦时期，始于以阴阳二气解释自然现象的变化，认为阴阳为"万物之根本"⑤，主张阴与阳互相转化，乃"天地之大理"⑥，可以说明事物的规律。因其以金、木、水、火、土来解释万物相生相克的定律，又称阴阳

① 《金史》卷 5 《海陵纪》。
② 《金史》卷 24 《地理志上》。
③ 《金史》卷 24 《地理志上序》。
④ 《日下旧闻考》卷 37 引《元一统志》。
⑤ 《内经·四气调神大论》。
⑥ 《管子·四时》

五行学说。至秦汉以后，阴阳五行学说进一步发展。西汉董仲舒将阴阳学说与儒家学说结合，建立了新的系统的"天人合一"学说，成为封建王朝的正统神学。所谓天生人，并生万物以养人，派君主以治人，君主要按天的意志行事，而君主的作为也能影响天。"以类合之，天人一也"①。主张"事各顺于名，名各顺于天，天人之际合而为一"②。"天人合一"观，在汉以后的历代封建王朝中，有着极其深远的影响。

阴阳学说和"天人合一"观认为，太空中的星座，是天与人的双重形象物。如所谓"天地设位，星辰之象备矣"③。又称北斗之北有紫宫星座，后汉张衡撰《灵宪》，称"紫宫为帝皇之居"。《隋书》卷19《天文志上》曰："太帝之坐也，天子之常居也"④。按照这一阐述，紫宫星座，既是上天太帝（大帝）座位，也是人间天子的居室。《史记》卷27 天官书曰："中宫，天极星，其一明者，太一常居也。"（正义）云"太一，天帝之别名也"。见于文献记述，以紫宫为首的北极星系，如皇帝的辅臣、诸宫、六军等，皆有象征星座。此外，皇帝治下的境内各区、诸侯、藩属等，也有象征星座。还有天汉星座、牵牛星座等，均有象征对象。《隋书》卷19《天文志上》引后汉张衡撰《灵宪》一书，其大略曰：

> 星也，体生于地，精发于天。紫宫为帝皇之居，太微为五帝之坐，在野象物，在朝象官。居其中央，谓之北斗，动系于占，实司王命。四布于方，为二十八星，日月运行，历示休咎。五纬经次，用昭祸福，则上天之心，于是见矣。中外之官，常明者百有二十，可名者三百二十，为星二千五百，微之数万一千五百二十，庶物蠢动，咸得系命。

实际上，历朝情况有别，既与前代有着一定的承继关系，又有着本

---

① （汉）董仲舒：《春秋繁露·阴阳义》。
② （汉）董仲舒：《春秋繁露·深察名号》。
③ 《后汉书》志10《天文志上》。
④ 《隋书》卷19《天文志上引》。

朝的一套说法。

在我国历史上,以帝王为首的统治集团,大都利用阴阳学说、"天人合一"观作为其经邦治国的指导思想,所涉军国大事,如朝政兴衰、社会治乱、征战成败、年情吉凶、生死喜丧以及营都迁都等,大都要通过阴阳学说和"天人合一"观,以求预知未来,制定相应对策,达到维护统治的目的。至于营建首都,事关一个王朝的天子宅居和政治中心,其职能运作,直接关系到国家的盛衰和社稷安危,其借助于阴阳学说和"天人合一"观,乃是中国古代历朝的传统认识,金朝也不例外。

金中都"制度如汴"。按照营建的方案,在辽南京基础上扩建。改造后的中都城,包括外郭城、皇城和宫城。由辽南京的方形母子式城格局(即皇城套于外郭城的西南隅)改成三套方城格局,皇城套于外郭城中央略偏西南。东、南、北三面成套式,西面皇城与外郭城共一城墙。宫城占皇城约三分之二之地,总体布局大致同于汴京。城门建制:汴京外城共16座城门,南面3门,东、北两面各4门,西面5门。里城,南、北两面各3门,东西两面各2门。宫城建(即皇城)东、西、南、北各1门。"门都金钉朱漆,壁上砖石都雕刻龙凤飞云之状,门顶雕甍画栋,覆盖琉瓦,门前有相对殿亭"①。中都外郭城,东、西、南三面各3门,北面4门。皇城南北面各1门。宫城东、西、南、北各1门。但皇城与宫城共通1门,皇城的北门即宫城的南门。张棣《金虏图经》称宫城"门分三,中绘一龙,西绘一凤,用金镀钉实之"。各城有多门设置,宋汴京法自汉、唐,金中都则仿自汉、唐和汴京。但宫门作画施彩等装饰上,中都直接仿自汴京。金中都继承和发展古代传统及汴京制度,在都城内外营建了中央官署(如内阁六部、尚书馆、会同馆等)、内省(皇帝近侍官署)、宗庙、祖陵、学府、寺院、苑囿、园林、道路、河湖、桥梁、街坊、民宅、商市等系列式配套设施。无论整个都城的主体建筑,还是系列式的配套设施,从总体布局到各个分体建筑的营造,从图样设计、奠基到施工过程,均离不开阴阳学说的推算、测定,整个建筑必须符合"天人合一"观的要求。在这一点上,北宋汴京乃先秦、秦、汉、隋、唐都城制度之集成,而金中都实际上则是先

---

①　杨宽:《中国古代都城制度史研究》,上海古籍出版社1993年版,第238页。

秦、秦、汉、隋、唐、北宋都城制度之集成。我国历代都城所反映的阴阳学说和"天人合一"观，有关专家对此有过研究和论述，指出"中国封建观念中，占统治地位的'天人合一'学说认为，皇帝贵为天子，因此其所居宫室、帝都的规制也无不符合上天的方位。例如北斗之北有紫宫星座，传说中的'大帝之座也，天子之常居也'。故而封建帝王的宫城又称紫禁城，且帝王的居室都在宫城中的北部"。历代都城均有江河流贯其中，不仅有利于美化环境和水利之需，而且与皇城宫殿配套，具有更深刻的象征意义。有关专家研究指出，"引水贯穿都城以象征天汉之说。秦始皇'筑咸阳宫，端门（正门）四达，以象紫宫；引渭水贯都，以象天汉；横桥南渡，以法牵牛'"（《三辅黄图》卷1咸阳故城）①。金中都城法北宋汴京制度，完全是古代传统都城制度的继承和发展。对此，有关专家进一步研究认为，"紫宫、天汉、牵牛皆为星座名称。金海陵将旧蓟城西、南面向外扩展后，正好将此洗马沟（今莲花河）作为护城河的一段圈入城内，以成天汉之象，从而更加突出其天子的神权地位"②。中都建成后洗马沟改称金水河。金水河自西北入城，傍皇城西部折向东出城，复分为两支：一支循皇城西门外再入皇城，与各固有河、湖汇通，形成皇城与外城水系；另一支向南流，出外城东南，至清泉水（今凉水河）汇合，形成中都城外水系。以水渡舟，越水架桥，四通八达。在皇城正南门即宣阳门与外城正南门即丰宜门之间，有一座南北跨越金水河的白玉石桥，名龙津桥。"这座龙津桥位于金中都皇城南门外，正形成横桥南渡之势，象征牵牛之象"③。金中都制度及其象征性建筑和景观，留下了我国传统阴阳学说、"天人合一"观发展的深刻轨迹。为此，本文提出如下两点认识：

（1）古代中国传统的"天人合一"观，同阴阳学说、儒家学说一样，是形而上学的宇宙观和世界观，它对历史和宇宙的解释总体上属于唯心主义，但其中包含着古代朴素的辩证法。"天人合一"是董仲舒

---

① 于德源：《北京古代城址变迁》，载苏天钧主编《京华旧事存真》（二），北京古籍出版社1992年版，第45页。
② 同上。
③ 同上。

"天人感应"学说的主体。他"借用阴阳家的思想重新解释儒家经典",① 从此，阴阳学说、儒家学说以及植根于这两种学说的"天人合一"观进入了一个新的发展阶段，成为历代皇帝及其统治集团的世界观、治国观和理论支柱。它们使中国传统文化成为以"礼治"为核心的温和宽厚文化，有的学者称为和平文化。正如山东大学教授蔡德贵认为，"中国传统文化有丰富的和平文化资源"，以儒家思想理论为主，"成为中国思想文化的主流，一直延续着中国的和平文化"。② 中国传统文化的这种温和宽厚的或者说是"和平"的特质，使它既被统治"天下"的帝王所充分利用，但又不被独家垄断。在中国历史上，儒家学说、阴阳学说和"天人合一"观中的不少内容，在广大百姓中广为传播，深入人心。不仅被汉族社会普遍认同和接受，而且在少数民族社会中也不乏认同和接受，从而形成了一种吸引力。历代生活在边疆地区的少数民族，大都不自外于中国，不少少数民族同汉族一样认同了中华民族的人文初祖炎黄二帝这条"根"。例如：《史记·匈奴传》载匈奴，"其先夏后氏（夏朝）之苗裔"。《周书·文帝纪》载鲜卑，"其先出自炎帝神农氏"。《后汉书·西羌传》载"西羌之本，出自三苗，羌之别（支）也"。《诗·大雅·生民》疏曰："羌姓者，炎帝之后"。《史记·西南夷传》《后汉书·西南夷传》载西南滇族，为春秋时楚庄王的后裔"庄蹻之后"。而《史记·楚世家》将楚的祖先，追溯至传为黄帝之孙颛顼之后人。《辽史·世表》解释这些现象更直接地说，"庖牺氏（伏牺氏）降，炎帝氏、黄帝氏子孙众多，王畿之封建有限，王政之布濩元穷，故君四方者，多二帝子孙，而服中土者本同出也"。这种解释当然是牵强的，只能是一种主观愿望。但这种主观愿望背后和上述内向现象是一个道理，实际上是文化的认同和接受在起作用。如十六国时期，氐族建立的前秦，统一北方入主中原以后，致力于建立一个中原模式的王朝，"修废职，继绝世，礼神祇，课农桑，立学校"，褒扬"德业"和

---

① 田余庆：《秦汉史》平装本，中国大百科全书出版社 1986 年版，第 88 页。
② 蔡德贵：《中国文化是和平文化》，《学术月刊》2003 年第 2 期；转引自《报刊文摘》2003 年 3 月 24 日。

"孝友忠义"。"广修学宫"，立太学，"弘儒教之风"①。北魏入主中原以后，更在政治、经济、文化、风俗、衣冠、生活习俗等领域全面实行中原传统化。这类例子在我国历史上不胜枚举。我国历史表明，在政治、经济、社会生活各个领域的沿革问题上，文化起实质作用。入主中原的少数民族王朝，通过对中原传统文化的认同和接受，从一个方面促进了我国统一多民族国家向前发展。金朝入主中原以后，采取了一系列中原传统化的措施，中都建制即是其一。

（2）金朝迁徙中都以前，其治国制度已经实行了多项中原传统化的改革。迁都以后，以中都为中心，对礼乐、仪卫、职官、文化教育等制度进行了一系列加强改革的措施。在礼乐、仪卫方面，如世宗时，设立"详定所"为专门负责机构，"参校唐、宋故典沿革"以"议礼"。全面采用中原传统礼乐、仪卫制度，"日修月葺，粲然大备"②。在职官设置方面，如大量参用唐、宋制度但有所调整，中央政府置三师、三公，三省独置尚书而罢中书、门下。省以下院、台、府、司、寺、监、局、署、所等，大多参照唐、宋设置，"各统其属，以修其职。职有定位，员有常数，纪纲明，庶务举，是以终金之世守而不敢变焉"。地方各级置官，新扩中原地区，多因唐、宋制度③。在文化教育方面，如设进士、律、经童、制举、武举、试学士院官、司天医学等科，"皆因辽、宋制"④。此外，在其他政治、经济、生活习俗、衣冠等，均进行了大量同中原传统制度保持一致的改革。中都建立，是金朝全面改革旧制度而大量采用中原传统制度的转变时期，其反映的"天人合一"观，更是体现了这种改革向更深的层次进行。不容否认，金朝南下进取时期，穷兵黩武，大肆杀掠，给广大中原和南方各族人民的生命财产造成巨大的损失，因而为历史所不容，也为受到伤害的广大汉族和其他民族所反对。但金朝的建立，尤其迁都燕京以后，进一步认同和采取了中原传统制度的政策，这就使中原传统制度在历代和辽朝经营的基础上再次直接

①　《晋书》卷113《苻坚载记上》。
②　《金史》卷28《礼志一》，卷39《乐志上》；卷41《仪卫志上》。
③　《金史》卷55《百官志一》。
④　《金史》卷51《选举志一》。

推行到东北广大地区。金朝的直接辖区当时到达距今黑龙江省克东县三千里的火鲁火疃谋克（在今黑龙江北俄罗斯境内结雅河上游的外兴安岭南麓），从而促进和加强了中原与东北广大地区的政治、经济、文化、民族、地理各个领域的交流和通轨关系，强化了东北地区及其各族的内聚力。中都建筑制度所反映的中原传统制度"天人合一"观等因素及其作为政治中心的功能作用，对元朝大都、明与清的北京的奠定，均有着深远的影响。从这一点上看，金朝的建立及其中都制度的建设，为我国统一多民族的发展做出了重要的贡献。

（金中都 850 周年纪念论文）

南宋与金的边疆经略

内容提要 本文着重阐述南宋与金的边疆经略。南宋与金分立，各自按照中国传统制度治理本朝。同时，也均在中国传统边疆观念的支配下推行边政，针对边疆地区各族的治乱、向背问题采取了相应的军政对策和措施，南宋致力于西部至西南地区，金朝致力于东北、北部、西北地区。本文还揭示了南宋与金的边疆经略与我国统一多民族国家向前发展的关系问题。

南宋与金分立南北，其边疆经略主要面向辖区外围或近边，即分别对西部、西南和东北、北部至西北各族的治乱、向背问题采取军政对策与措施。南宋与金均对所辖沿海、海区实行军政管理。至于历来为世人瞩目的南宋与金的争战一节，实际上应属于两朝间的关系领域，故不以一般边事论之。

一 南宋的西部至西南边防

南宋建立至第二次"绍兴和议"（高宗绍兴十一年，1141 年）以后，辖区大体稳定下来。西部以利州西路（有时利州东、西路合为一路）的西和州、阶州、文州、龙州西境，成都府路的石泉军、茂州、威州、永康军、崇庆府（蜀州）、邛州、雅州西山野川诸部族地区、黎州及州以南邛部、保塞等部族地区的西境与吐蕃接壤。西南以黎州以南的邛部、两林等部族地区的南境，潼川府路叙州（戎州）以南的马湖、易娘、乌蒙、阂畔、乌撒、罗氏等部族地区的西南境，夔州路黔州所辖诸羁縻州以西的罗殿西境，广南西路邕州以西的自杞、特磨道的西境与大理相邻。以邕州西南境与越李朝（交趾）交界。南宋为了备御金兵南下，把主要军事力量部署于与金近邻的淮南东、西路，京西南路，利州东、西路及其毗连地区，同时对与吐蕃、大理、越李朝相邻的西部至西南的传统边境地带的防务也很重视。

主要表现在如下三个方面：

（一）设置帅臣和驻兵守防

南宋朝廷通常置四川宣抚使（前称川陕宣抚使）、制置使、安抚使等帅臣，掌管成都府，利州东、西路，潼川府，夔州等路兵民之政，包括掌管有关各路所辖的西部至西南沿边诸州的边防。四川帅臣一如其他地区，制置、安抚两使听宣抚使节制，安抚使听制置使节制。若宣抚使置为宣抚处置使，安抚使置为安抚制置使，则职权更重。安抚使置为某路者，则负责某路或某一二路的兵民之政，也掌及所属沿边诸州的边防。又置广南经略使（或称广南经略安抚使）或广南制置使，掌管广南东路和广南西路兵民之政，包括掌及与越李朝（交趾）近邻的西南地区的边防。沿边各州、县机构与内地一样，设置两级长官知州（知府）、知县及其属官。沿边州（府）、县长官，主管本州、县行政、军事，并兼掌边防驻军及防务。如高宗绍兴十三年（1143 年）八月以前，田晟"知阶州兼节制阶、文、龙州屯驻军马"①，直接负责这三州的边防。理宗宝祐四年（1256 年）六月，以朱禩孙为"知泸州兼潼川路安抚，任责泸（州）、叙（州）、长宁（军）边防"②。

南宋朝廷分调一定数量的屯驻大军在西部至西南沿边地区守防。如史载孝宗乾道末，四川地区守防驻屯大军"有名籍者凡九万七千三百三

---

① 《建炎以来系年要录》卷 149，绍兴十三年八月。
② 《宋史》卷 44《理宗纪四》。

十八人，马一万三千一百四十二匹"①。这是高宗以来历经调整渐增之数，以后有所减少，约在七八万之间②。

四川地区还有其他非正规军和乡兵屯驻和守防。如史称孝宗乾道时，"四川厢二万九百七十二人，禁军二万七千九百九十二人，土兵一千八百三十六人"。乡兵中有"义士二万六百五十二人，保胜、忠胜、忠勇军、弓箭手、良家子共六千三百九十九人。保甲五万五千一百七十人"③。四川屯驻大军主要是备御北部，以防金兵南下，也分出部分兵力守防其他地区，包括西部至西南沿边地区。一般通过轮戍执行守边任务。如孝宗淳熙二年（1175 年）五月，潼州府及绵州所屯将兵，奉朝命"内各轮差三百人"，"作两番分上下半年更替，于黎州屯戍"④。

在广南西路沿边地区，北宋后期驻守在邕州的东南 13 将之第 13 将禁军，在南宋初期以后成为非正规军，归广南西路经略使（或称经略安抚使）统辖，继续对邕州地区，包括邕州西部至西南部同大理与越李朝（交趾）近邻地带的守防。复后，对同大理近邻、政治军事更为敏感的邕州西境沿边地段，则采取精兵补员等强化守防的措施。史载孝宗淳熙二年（1175 年）十一月，知静府、经略安抚广南西路张栻"简州兵，汰冗补阙，籍诸州黥卒伉健者为效用"⑤。在州西境沿边地区，"申严保伍之禁，又以邕管戍兵不能千人，左、右江峒丁十余万，每恃以为藩蔽，其邕州提举，巡检官宜精其选，以抚峒丁"。提出"欲制大理，当自邕管始"的兵防对策⑥。在西部至西南沿边地区的守防中，乡兵是一支重要的力量。如龙州境内的弓箭手，"分戍渔溪、浊水、乾坡三寨共一千六百十三人"。"文州亦有乡兵义士分守关隘"，"即有缓急，土豪得以拘集"⑦。茂、威至雅、黎等州境内有土丁，组织机构完善。孝宗时就置有寨将、押队、旗头等，"略为军制"。黎州土丁"以五十二人

---

① 《建炎以来朝野杂记》甲集卷 18，关外军马钱粮数。
② 参见王曾瑜《宋朝兵制初探》，中华书局 1983 年版，第 148—149 页。
③ 《建炎以来朝野杂记》甲集卷 18，四川厢禁民兵数。
④ 《宋会要辑稿》兵 6 屯戍下。
⑤ 《宋史》卷 429《张栻传》。
⑥ 《宋史》卷 488《大理国传》。
⑦ 《建炎以来朝野杂记》甲集卷 18，龙州寨子弓箭手。

为一队"，分三边，各边有一定防扼面："东南边，防托（扼）邛川，一千七百八十七（人）"；"西南边，防托（扼）吐蕃、青羌等族，一千三百九十一（人）"；"正西边，防托（扼）五部落，一千九百四十（人）"。各州土丁，"粗有军律统纪，且熟知夷人情伪、地形险阻"，有其特定的守边优势①。泸州南部有夷族义军，沿边有胜兵。这类乡兵的守防，"泸、叙（州）、长宁（军）（在泸州、叙州之间）沿边诸堡寨皆有之"，每州、军"多至四、五千人"②。施州、黔州有敢勇、义士，"皆骁健可用"③。邕州有土丁，其"团结保伍，防守乡井"，与广南其他乡兵一样，被誉为"二广封疆阔远，奸盗孔多，非保伍、土丁无能遏之于其始也"④。乡兵一般就地组建和守防，正规军则通过定期更戍，执行守防任务。

（二）招抚和讨伐结合的御边措施

南宋朝廷通过行政手段抚绥边乱。如乾道四年（1168 年）四月，邛州安仁县荒旱，州、县守、令坐视不救，造成饥民"扰乱"，波及邛、蜀（后升崇庆府）等州地区。孝宗"遣使抚邛、蜀二州饥民为乱者"。同时，下令"蠲邛、蜀二州夏税"，对该州主管官员追究责任，"守贰、县令罢追停有差"⑤。又黎州以南弥羌部族（史称黎州"诸蛮"之一部）首领蓄卜"连年入寇"，宁宗嘉定二年（1209 年），"守臣袁桷遣安静砦总辖杜轸招降之"。于是，除了蓄卜所部归降外，"他如浮浪蛮、白蛮、乌蒙蛮、阿宗蛮，则其地各有所服属"⑥。嘉定十三年（1220 年）七月，四川宣抚司招抚"叛乱"之土丁，"降之"⑦。与此同时，对某些近边的叛乱或屡屡犯边的部族，则实行军事讨伐。如淳熙七

① 《建炎以来朝野杂记》甲集卷 18，黎雅土丁。
② 《建炎以来朝野杂记》甲集卷 18，泸南夷义军。
③ 《建炎以来朝野杂记》甲集卷 18，夔路义军。
④ 《建炎以来朝野杂记》甲集卷 18，广西土丁。
⑤ 《宋史》卷 34《孝宗纪二》。
⑥ 《宋史》卷 496《蛮夷四》。
⑦ 《宋史》卷 40《宁宗纪四》。

年（1180 年）十一月，"黎州戍军伍进等作乱"，权知黎州事"折知常遁去"、兴州左军统领王去恶诱伍进等"诛之"①。嘉定六年（1213 年）八月，知思州（在黔州以南）田宗范"谋作乱，夔州路安抚司遣兵讨平之"②。而动用武力讨伐沿边地区各族的"叛乱"或"侵掠"，更是史不绝书。如孝宗乾道九年（1173 年）七月，吐蕃弥羌畜列"陷安静砦，引兵深入，黎州守臣诱邛部川蛮击却之"③。同年十月，"黎州吐蕃寇边攻虎掌砦"，孝宗诏黎州戍军"以御之"。其青羌奴儿部"结为边害者十余年"，复后"制置使留正以计擒之，歼其党"④。

　　从南宋西部至西南边境平息叛乱的实际情况看，武力征讨起主要作用，而政治招抚也是一种必不可少的辅助手段。

（三）慎待大理和藩属越李朝（交趾）的安边对策

　　南宋朝廷对西南地区大理和越李朝（交趾）两个政治上非常敏感的民族政权，采取了不同的羁縻对策，总的原则是要有利于西南边疆的安定发展。南宋建立之后，高宗对大理采取谨慎善待以保持交流。早在绍兴三年（1133 年）十月，广南西路奏"大理欲进奉及卖马事"。高宗谕可买马，认为进奉利虚名而劳民，"勿许"。复又称"进奉实利于贾贩，但令帅臣边将偿其马直，当价则马当继至"，有利于朝廷购买战马，"庶可增诸将骑兵，不为无益"⑤。绍兴六年（1136 年）七月，广南西路经略安抚使司奏："大理等人使进奉表章、国信及象、马，已备酒食、粮来迎，待管设。约五月五日到横山寨。"高宗"诏大理国所进方物，除更不收受外，余令本路经略司差人押赴行在。其回赐，令转运、提刑司于应管钱内取拨，依体例计价优与回赐。章表等人递投进，候到，令学士院降敕书回答"⑥。高宗又诏从翰林学士朱震之请，凡与大理市马，

---

① 《宋史》卷 35《孝宗三》。
② 《宋史》卷 39《宁宗三》。
③ 《宋史》卷 34《孝宗二》。
④ 《续通志》卷 639《四夷传五》。
⑤ 《宋会要辑稿》蕃夷 4 大理国。
⑥ 同上。

"当择谨厚者任之，毋遣好功喜事之人，以启边衅"①。孝宗以后，大理不仅入市马匹，还成批求购内地传统典籍。如乾道九年（1173年），"大理李观音得等二十二人至横山砦（寨）求市马……所求《文选》《五经》《国语》《三史》《初学记》及医、释等书"，负责接待的知邕州姚恪"厚遗遣之"②。

　　南宋朝廷积极发展同越李朝（交趾）的交聘往来。在经济上与越李朝实行对等交换。如建炎四年（1130年），针对越李朝常年入贡，高宗诏自后每次入贡，"所进方物，除华靡不受，余就界所交。从本路提刑司依例计价回赐"③。在政治上继承和发展同越李朝的宗藩关系。史载绍兴二年（1132年），越李朝王李乾德卒，高宗诏"赠侍中，追封南越王"。李乾德子李阳焕嗣位，高宗"授静海军节度使、特进、检校太尉，封交趾郡王，赐推诚顺化功臣"④。绍兴八年（1138年），李阳焕卒，高宗"以转运副使朱芾充吊祭使，赠阳焕开府仪同三司，追封南平王"，嗣子李天祚"授官如其父初封之制"。绍兴二十一年（1151年），"累加天祚崇义怀忠保信乡德安远承和功臣"。绍兴二十五年（1155年），"进封天祚南平王，赐袭衣、金带、鞍马"。乾道六年（1170年），孝宗"累加天祚归仁协恭继美遵度履正彰善功臣"⑤。淳熙元年（1174年），孝宗"进封天祚安南国王，加号守谦功臣"⑥。淳熙二年（1175年），"赐安南国印"⑦。这种册封制度为代越李朝而立的越陈朝所继承。不论越李朝还是后来建立的越陈朝，都能够对宗主国南宋朝廷表示忠顺，常年坚持主动入使和朝贡，双方宗藩关系比较稳固。

①　《宋史》卷488《大理国传》。
②　《宋史》卷198《兵志十二》。
③　《文献通考》卷330《四裔七》。
④　《宋史》卷488《交趾传》。
⑤　同上。
⑥　同上。
⑦　同上。

二 金朝的北部边防

金朝的北部主要指上京、东京、咸平、临潢、北京、西京六路。其中：上京、临潢两路西部，西京路北部与蒙古接壤；东京路南部与高丽交界。西京路和河东北路西部，鄜延、庆原、凤翔、临洮四路北部与西夏相邻。临洮路西部同吐蕃毗连。上述六路及河东北路、陕右诸路同西夏、吐蕃的近邻地区，均属于金朝北部边防的范围。金朝对这些地区的军政管理，除了如上所述各路建置外，还置有路以下的州（府）、县两级政区。路置总管府，州分置节镇、防御或刺史（户府置），县置令。路、州（府）、县各级长贰和僚属的建置大体同于北疆以外的其他地区。此外，还特置东北招讨司（治所在临潢府路泰州）、西北招讨司（治所在西京路恒州）和西南招讨司（治所在西京路丰州），作为主管北部边防军民之政的高级机构。在边要和某些少数民族相对集中的地区，还置有相当州一级的路或统军司。如上京路有：蒲与路，据考证，该路故城在今黑龙江省克东县东15里。初置万户，复改节度使，章宗承安三年（1198年）改设节度副使。其辖区"南至上京（今黑龙江省阿城之白城）六百七十里，东南至胡里改（今黑龙江省依兰之喇嘛庙）一千四百里，北至北边界火鲁火疃谋克（今俄罗斯外兴安岭南侧巴金诺城）三千里"。合懒路（曷懒路），路治在今朝鲜咸镜南道咸兴城。金初置总管，海陵贞元元年（1153年）改总管为尹，仍兼本路兵马都总管。章宗承安三年（1198年），设兵马副总管。恤品路（速频路），故城在今俄罗斯滨海地区乌苏里斯克城（双城子）。初置节度使，章宗承安三年（1198年）改设节度副使。耶懒路，在今俄罗斯滨海地区塔乌黑河流域。胡里改路，故城在今黑龙江省依兰之喇嘛庙。金初置万户，海陵时改节度使。所辖"西至上京六百三十里，北至边界合里宾忒（在今俄罗斯阿穆尔省阿纽河口）千户一千五百里"。乌古迪烈统军司，辖区在今黑龙江省雅鲁河与绰尔河流域。统军司即此路的军政长官，后升为东北招讨司。东京路有婆速府路，故城在今辽宁丹东九连城。初置统军司，海陵天德二年（1150年）置总管府，贞元元年（1153年）改总管为尹，兼本路兵马都总管①。曷苏馆路，在今辽宁辽阳以南至辽东半岛地区。

在与南宋对峙的政治军事形势下，金朝把重兵主要部署于淮北、河南一带，但对北部边防地区，也驻屯一定兵力负责戍防。《金史·兵志》称金廷禁军派驻地方，"边境置兵之州三十八"，其中即有上京路之曷懒（合懒）、蒲与、恤品、胡里改诸路，东京路之来远州，婆速路，临潢府路之庆州，西京路之宁边、东胜、净、桓、昌诸州，河东北路之保德、葭、隰诸州，鄜延路之保安州和绥德州，庆原路之环州，凤翔路之镇戎州，临洮路之洮、兰、会（亦作新会）、积石诸州等，均属于朝廷在北部近边守防的驻兵点。又称禁军"置于要州者十一"，其中东京路之东京辽阳府、盖州，临潢府路之临潢府、泰州，西京路之丰州、抚州，河东北路之太原府，临洮路之临洮府等，均属于这一边防地区高一级的重要驻兵点。朝廷根据需要部署军队驻防边疆地区，如大定五年（1165年），世宗"诏泰州、临潢接境设边堡七十，驻兵万三千（人）"②。承安元年（1196年），章宗"诏亲军八百人戍抚州"③。承安三年（1198年），朝廷"以护卫石和尚为押军万户，率亲军八百人、武卫军千六百人戍西北路"④。近边各招讨司、各路以及其下各州、县的长官，均统领一定数量的军队，对本辖区实行军事守防。如此，形成了以招讨司为大军区，同路、州、县各级政区相结合的多层次军事戍防格局。

金朝还在东北、西北地区修建沿边工事。为了备御各族的反抗和蒙古的南侵，从熙宗天眷元年（1138年）以前至章宗承安三年（1198年）间，金朝先后修成了称为界壕的长城。主要有两道：

"一道在今内蒙古东北部的呼伦贝尔盟，东起根河南岸，向西至额尔古纳河左岸而南，经满洲里之北穿苏联（今俄罗斯）境内一段之后，又西进入蒙古人民共和国，行经乌勒吉河与克鲁伦河之间直至肯特山东

---

① 《金史》卷24《地理志上》；参见《中国历史地图集·释文汇编》东北卷，中央民族学院出版社1988年版，第166—169页。

② 《金史》卷6《世宗纪上》。

③ 《金史》卷10《章宗纪二》。

④ 《金史》卷11《章宗纪三》。

南麓。""长约七百公里","长城外侧有壕堑","墙外附筑马面或烽燧，沿内侧置戍堡"① 等配套设施。

另一道"在大兴安岭（金称金山）南麓"。其东自嫩江（金称纳水）西岸的莫力达瓦旗尼尔基为起点，顺西南行，经科尔沁右翼中旗西南、巴林左旗和林西县西南、达来诺尔（金称渔儿泊）西南，至武川西部以南的上庙沟为终点。其"起止点之间的直线长度为二千五百公里"，全线有单线和双线之分，"中间还分内、外、中和一些因局部需要而设的支线"。城墙以外如壕堑、烽燧、马面、戍堡等配套设施在某些长城段上更为完备。这两道长城主要是驻兵和守防之用。"一遇北部某一民族起而'作乱'之时，金王朝则从这里出兵镇压，败则退而为守"，形成了长达几千里的备御蒙古的军事防线②。

金朝对边境各族人民的"叛乱"和反抗活动坚决镇压。如海陵正隆五年至世宗大定四年（1160—1164 年），契丹人撒八与移剌窝斡先后率领本族部众发动大规模的反金斗争。移剌窝斡率众攻临潢、泰州，复攻济（本辽黄龙府，后改隆州）、懿、宜、川等州。世宗遣"元帅完颜谋衍与右监军完颜福寿、左都监吾扎忽合兵，甲士万三千人，曷懒路总管徒单克宁、广宁尹仆散浑坦、同知广宁尹完颜岩雅、肇州防御使唐括乌也为左翼，临海节度使纥石烈志宁、遏速馆节度使神士懑、同知北京留守完颜骨只、淄州刺史尼庞古钞兀为右翼"，大举讨伐。复增遣平章政事兼右副元帅仆散忠义、兵部尚书宗叙、西南路招讨使完颜思敬为都统，西北路招讨使唐括孛古底为副都统等联师合剿，大败移剌窝斡军于陷泉（在今内蒙古巴林左旗境内）。最后，移剌窝斡被擒杀，余众投归南宋③。章宗承安元年（1196 年），西北"特满群牧契丹陀锁、德寿反，泰州军击败之"④。至于沿边地区小规模的"反叛"被镇压下去或"谋反""伏诛"者更是屡见不鲜。

金朝的北部边防，对西夏和蒙古起到一定的备御作用。金朝循辽、

---

① 贾洲杰：《金代长城》，载《中国长城遗迹调查报告集》，文物出版社 1981 年版。

② 同上。

③ 《金史》卷 133《移剌窝斡传》。

④ 《金史》卷 10《章宗纪二》。

宋旧例，以西夏为属国，双方建立宗藩关系，坚持使节往来，开展边境贸易。但当双方矛盾紧张时则兵戎相见，金朝的边境守军多次给入侵的西夏兵以有力的还击。如宣宗贞祐元年（1213 年）十一月，西夏兵攻会州（亦称新会州，属临洮路），都统徒单丑儿率军"击走之"。贞祐三年（1215 年）正月，西夏兵攻积石州（属临洮路），都统姜伯通率军"败之"①。

金朝以宗主国的名分与蒙古各部（如成吉思汗的蒙古各部以及乃蛮、汪古、克烈等部）建立臣属关系。双方互通使节往来，实行进奉、回赐和开展边境贸易等活动。但是，由于蒙古各部与辽朝的渊源关系，入金以后，同契丹等族的反金活动从未停止过。及后，随着蒙古各部的日益强大，其反金活动有加无已。史称章宗时期，北方广吉剌部"尤桀骜，屡胁诸部入塞"。又有合底忻、山只昆两部，"恃强中立，无所羁属，往来阻轈、广吉剌间，连岁扰边"。北京留守宗浩奉命率上京等路军万人驻泰州"以戍"。宗浩军集中讨击广吉剌部，"广吉剌果降"。接着，宗浩率军"北进"，连败山只昆、合底忻等部，"皆乞降"②。又史称章宗以来，蒙古部众相继入侵。"明昌初，北边屡有警"③。明昌六年至承安三年（1195—1198 年），金师先后三次讨伐犯边的蒙古各部。左丞相夹谷清臣总率大军进讨，先锋都统完颜安国等率军连续攻入栲栳泺（今呼伦湖）、斡里札河（今乌勒吉河）、移米河（今伊敏河）和龙驹河（今克鲁伦河）等地区，"杀获甚众"④，有力地打击和阻止了蒙古各部对金境的入侵。章宗泰和（1201—1206 年）间，东北路招讨司治所泰州，距金与蒙古边界 300 里，每当蒙古兵越界入侵，泰州守军"出兵追袭，敌已遁去"，遂增设副招讨司分驻金山（属临潢府，在近边堡处），军队临边守防，"以据要害"，"由是敌不敢犯"⑤。此后至卫绍王大安三年（1211 年）蒙古对金发动全面进攻以前，约近 10 年间金的北部边境继续保持相对稳定的局势，这与历经修建和改筑的边堡，以及军队的积

---

① 《金史》卷 134《西夏传》。
② 《金史》卷 93《宗浩传》。
③ 《金史》卷 73《守贞传》。
④ 《金史》卷 94《完颜安国传》。
⑤ 《金史》卷 93《宗浩传》，卷 44《兵志》。

极守防和有效备御有着密切的关系。

　　金朝为发展北部边区经济也采取了相应的措施。朝廷通过广泛的移民，把大批女真族猛安谋克等民户迁到中原和河北、山东等地区，而把大批汉族等农业民户迁到北部边区，既有让猛安谋克户定居从事农业生产，也有让汉人传授耕作技术，以促进北部边区农业发展的目的。在北部边区，对一些少数民族的迁徙，也明显地以发展农业生产为重要目的之一。如史载大定二十一年（1181 年），世宗谓宰臣曰："奚人六猛安，已徙居咸平、临潢、泰州，其地肥沃，且精耕农务，各安其居。"世宗还关心女真人徙居奚地后农业生产的收成情况。金朝历代皇帝大都重视北部边区农业和畜牧业生产的经营情况。如史称天会十四年（1136 年），熙宗令"罢来流（河）、混同（江）间护逻地，以予民耕牧"①。

　　大定二十一年（1181 年），世宗闻豪强在山西阴山地区一带霸占民田，农民生活困难，即令该地区凡"占官地十顷以上者括籍入官，将均赐贫民"②。明昌五年（1194 年），章宗谕旨尚书省："辽东等路女直、汉儿百姓，可并令量力为蚕桑。"③

　　不少边官致力于兴建农田水利，治理患河，安抚百姓，成效显著。如熙宗时，临洮府尹兼熙秦路兵马都总管庞迪，上任时适逢"陕右大饥，流亡四集"，庞迪致力于"开渠灌田，流民利其食，居民藉其力，各得其所，郡人立碑纪其政绩"④。世宗大定三年（1163 年），高德基任同知北京路都转运使事，"是年秋，土河泛滥，水入京城，德基遽命开长乐门"，引河水"疏分使入御沟，以杀其势，水不能为害"⑤。

　　金积极有效的经营管理开创了新的业绩，北部边区的经济由辽末金初遭受严重破坏，至熙宗以后，尤其世宗、章宗之世，获得了明显的恢复和发展。其中，农业的发展主要表现为耕地面积的扩大。"当时东京路的婆速府路、西京路的丰州"，"北京路的兴州"等地农民，都开垦了大量山田。"由大量开垦平原荒地到开垦山田，是生产增长的结果也

---

①　《金史》卷 47《食货志二》。

②　同上。

③　同上。

④　《金史》卷 91《庞迪传》。

⑤　《金史》卷 90《高德基传》。

是耕地面积扩大的具体说明"①。

　　农业的发展，带来了牧业、手工业和贸易业的兴盛，人口也比以前明显增加。据史家考证，"金时上京、咸平、东京、北京四路比辽时上京、东京、中京三道户数增长二倍"。辽之西京道各府州的户口"至金时也有显著的增长"②。其他地区如河东北、鄜延、庆原、凤翔、临洮各路（皆宋时旧地）"金代的户口数与北宋时相比，也是剧增"③。这些治绩有利于稳定北部边区的政局和加强边防的备御。

　　12世纪末至13世纪初，蒙古兴起。哀宗天兴三年（1234年）金朝被蒙古所灭。在蒙古灭金的过程中，蒙古军首先越过达里泊附近的金界壕，界壕失守，金北部边防的防线被冲垮。一年后，蒙古军进逼中都，宣宗被迫迁都南京（汴京）。贞祐三年（1215年），中都陷。哀宗正大六年（1229年）蒙古向金发动全面进攻，仅短短五年金朝灭亡。金朝的灭亡，有其政治、军事、经济等方面的主客观原因，但金朝后期，随着朝廷统治更加腐败、衰落和内外矛盾的进一步激化，旨在备御蒙古入侵的北部边防的严重削弱，对金朝整个抗蒙军事形势造成的负面影响不可低估。

三　南宋与金的海疆经略

　　南宋与金并立时期，中国海疆继承前代的领区范围，并由于与陆地辖区的领属关系分别归南宋与金所辖。自南宋高宗绍兴十一年（1141年）第二次"绍兴和议"之后，南宋与金的辖区大体稳定下来。其中，流入东海北部（即今黄海）的淮河为南宋与金的东段交界，从而形成了南宋与金对东海北部的分辖。从整个海疆的辖属情况看，南宋自南至北领及南海至东海大部的沿海、海区及有关岛屿；金朝自北至南领及北海（包括今鄂霍次克海及鞑靼海峡）、东海（指今日本海）、辽海（今

① 张博泉：《金代经济史略》，辽宁人民出版社1981年版，第30—41页。
② 同上书，第38页。
③ 同上书，第41—42页。

辽东湾）、渤海及东海北部（即今黄海）等沿海、海区及有关岛屿。

（一）南宋的海疆管辖与经营

南宋对海疆的管辖、经营，大体上可归纳为三个方面：

1. 对沿海、海区的行政管辖

南宋至第二次"绍兴和议"以后，基本上形成了 16 路政区建制。绍兴十四年（1144 年）分利州路为两路。此后利州路或有分合，南宋政区大体上稳定为 16 路或 17 路建制。其中淮南东路、两浙东路、两浙西路、福建路、广南东路、广南西路等 6 路辖及相关沿海、海区及所属岛屿。路以下沿海地区置州、县管辖一如内地，但对治安敏感的沿海、海区，则在民户中实行保五连坐法。如史载绍兴三十二年（1162 年），福建至广南东、西路沿海、海区一带，"海贼啸聚"，"党众渐炽，遂为海道之害"。为此，朝廷下诏，"严行禁止，以五家互相为保，不得停隐贼人及与战船交易，一家有犯，五家均受其罪"①。南宋承自北宋，在沿海地区还置有提举市舶司和提举茶盐司。提举市舶司主要置于广州、泉州、明州、杭州、温州、秀州通惠镇（高宗建炎四年由华亭移此）②、江阴军等。长官仍称市舶使或提举市舶使，主管海外贸易征税，管理外商及收购舶来货物，以资专卖等事，大体同于北宋时期。提举茶盐司置于淮南东路，两浙东、西路，福建路和广南东、西路等 6 路地区，长官称提举茶盐公事，由转运使或提点刑狱公事兼，主管茶、盐之政。盐政则负责对海盐征税、贩卖及对盐民的行政管理等事，亦与北宋时期大体相同。

2. 沿海、海区的军事戍防

南宋沿海地区的军事戍防一般承自北宋，除了路、州（府）、县各级行政机构共同负责本辖区军事防务和维持治安外，还特置沿海制置使专掌沿海、海区的军事戍防。同时，由朝廷统调军队对沿海地区实行更戍。如驻防两浙西路：杭州（临安府）有威果、全捷、雄节、威捷等

---

① 《宋会要辑稿》兵 13 捕贼。

② 《宋会要辑稿》职官 44 市舶司。

军，江阴军有雄节军；两浙东路：绍兴府有威果、全捷、雄节、武卫、威捷、雄捷等军，庆元府有威果、全捷、雄节、威胜等军，温州有威果、雄节、武卫、威捷等军，台州有威果、雄节等军；福建路：福州有威果、全捷、雄略、广节等军，漳州有威果、广节等军，泉州有全捷、广二、广三等军；广南东路：广州有雄略、亲效两军及澄海水军，恩州、惠州、潮州有澄海水军；广南西路：高州、钦州和雷州有澄海水军①。驻守沿海地区的军队，除了高宗时淮东、两浙地区展开对金兵入侵的反击外，平时职能主要在于"平叛息乱"和围捕"海贼"。自高宗建炎四年（1130年）开始，南宋即在海道冲要的高山地带，增置斥堠铺，以加强对沿海、海区的报警和控制②。

沿海、海区一旦发现"叛乱"或"海寇"活动，驻防各州的军队当即奉命进讨。如史载绍兴五年（1135年），福建朱聪等"海贼"，"聚集船三十余只，约二百余人，入广东诸县杀人放火。后朝廷委福建、广西帅司措置招捕。至是聪率众来降"③。

孝宗乾道二年（1166年），知泉州韩仲通奉诏"于本州驻劄左翼军官兵内拣选强壮二千人，将带衣甲、器械。差统领官李彦椿部押，日下起发，前来江阴军、许浦（属两浙西路平江府）一带摆泊，弹压海贼"④。

孝宗淳熙十五年（1188年），广州"海寇陈青军结集徒党，在海掳掠商旅，上岸剽劫居民，正猖獗间"，知州朱安国差李宝"部辖兵效，擒获到陈青军等一十六名，付狱禁勘"⑤。

南宋一代，朝廷动用军队进剿、平定沿海、海区一带的"叛乱"或"海寇"、"海贼"的事例史不绝书。

3. 近海堤堰的修治

南宋与金修好之后，即着手修治由于战争和自然灾害破坏、经久失修的近海堤堰。如通州、楚河沿海，"东距大海，北接盐城，袤一百四

① 参见《宋史》卷189《兵志三》。
② 《宋会要辑稿》方域10急递铺。
③ 《宋会要辑稿》兵13捕贼。
④ 《宋会要辑稿》兵5屯戍。
⑤ 《宋会要辑稿》兵13捕贼下。

十二里”的“旧有捍海堰”，自北宋末至南宋初，“寝失修治，才遇风潮盛怒，即有冲决之患”，沿海盐场、农田，“屡被其害，阡陌洗荡，庐舍漂流，人畜丧亡，不可胜数”。淳熙八年（1181 年），孝宗令淮南东路常平茶盐司，查勘各捍海堤堰，“如有塌损，随时修葺”①。

光宗绍熙五年（1194 年），淮南东路提举常平茶盐官陈损之主持修筑自高邮、兴化至盐城县 240 里堤堰，着重加固旧堤，“以捍风浪”②。

南宋对沿海地区堤堰塘问的修治，在《宋史》《宋会要辑稿》《建炎以来系年要录》，阮元等修纂的《广东通志》等史籍中有多处记载。

（二）金朝的海疆管辖与经营

金与南宋和议之后，境内政区历经改置，至海陵贞元元年（1153年），计有 20 路之设。其中上京路的蒲与路、胡里改路、恤品路（速频路）、合懒路（曷懒路），东京路的婆速路、曷苏馆路、复州、广宁府，北京路的锦州、宗州，中都路的平州、滦州、蓟州、大兴府，河北东路的清州、沧州，山东东路的滨州、益都府、潍州、莱州、登州、宁海州、密州、莒州、海州等，分别辖及面积不等的沿海、海区及所属岛屿。路及路一级以下的沿海地区，分别置总管府、州、县或次级总管、尹以及千户、猛安、谋克等行政机构，大体同于内地。产盐的沿海地区还置盐使司掌管盐政。

沿海各级行政对其辖区内的治理，亦大体上同于内地。如史载世宗时，滨州刺史杨伯仁上任后，其州有任意捉弄奴婢之弊俗，家主“遣奴出亡，捕之以观赏”。伯仁采用行政手段，“责其主而杖杀其奴，如是者数辈，其弊遂止”③。沧州横海军节度使张大节上任后，“郡境有巨盗久不获，大节以方略擒之”。复后，黄河“决于卫，沧境有九河故道，大节即相宜缮堤，水不为害”④。

---

① 《宋史》卷 97《河渠志七》。
② 同上。
③ 《金史》卷 125《杨伯仁传》。
④ 《金史》卷 97《张大节传》。

沿海地区遭受自然灾害，当地主管官员也采取行政措施实行救恤。如章宗泰和六年（1206年），山东地区连年遭受旱、蝗灾害，临近或地处沿海一带的"沂、密、莱、莒、潍五州尤甚"。济南府、山东路安抚使张万公"虑民饥盗起，当预备赈济。时兵兴，国用不给"，朝廷从张万公请，"将僧道度牒、师德号、观院名额并盐引，付山东行部，于五州给卖，纳粟易换"，以为救灾之需，并"督责有司禁戢盗贼"①。辽亡后，沿海地区和内地一样，仍然保存着辽时"二税户"的残余制度。如史称"锦州龙宫寺（在该州东部沿海兴城县的觉华岛），辽主拨赐户民俾输税于寺，岁久，皆以为奴"。至金时，若有敢上诉者，即招来杀身之祸，"害于岛中"。翰林直学士李晏将其事具奏朝廷。世宗从其请，令该寺"二税户"奴隶"尽释为良"，"获免者六百余人"②。

金朝还重视沿海盐政。《金史·食货志》称"辽金故地滨海多产盐"，"速频路（恤品路）食海盐"，政府"征其税"。及金朝辖区南扩，"得中土，盐场信之，故设官立法加详"，强化盐事政务。尤其世宗、章宗之世，朝廷对沿海等地区盐司一再整顿，逐步实行集中规范管理。如世宗时规定盐产销对口，其中山东、沧州沿海盐场9处，指定盐品销"行山东、河北、大名、河南、南京、归德诸路，及亳、陈、蔡、颍、宿、泗、曹、睢、钧、单、寿诸州"。莒州沿海盐场12处，其盐除了一部分留销本州外，大部分指定销向海州司候司、赣榆、朐山、东海、涟水、沭阳等县，密、沂、邳、徐、宿、泗、滕等州以及莱州录事司、招远、即墨、莱阳等县。

沿海和内地一样，政府对盐实行产销"盐引"（凭证）制度，禁止私盐生产和销售，"杜绝私煮盗贩之弊"，对盐政官员的贪赃违法严加查办，以保证政府对盐业的厚利税赋。章宗时，朝廷对沿海地区盐政实行严管。如承安年间，章宗"命山东、宝坻、沧州三盐司，每春秋遣使督按察司及州县巡察私盐"后又命山东等处与沧州盐司"皆驰驿巡察境内"。对辽东等地区官员的盐事管理，则将政绩优劣作为考核其升降的重要条件，并于泰和年间推行灶户盗卖课盐法，对盐民私贩盐以法

① 《金史》卷95《张万公传》。
② 《金史》卷96《李晏传》。

治之。

金朝用重兵驻防南境，以备御南宋，又把一定兵力屯驻东北、西北和西南地区，以备御蒙古、西夏及镇防近边各族，但也分驻部分军队辖及其他州府至沿海、海区的守防。其中，辖及沿海、海区守防的军事机构有：上京路的兵马都总管，该路所属的合懒路（曷懒路）兵马都总管，蒲与路、恤品路（速频路）、胡里改路的节度使（此三路在海陵改置前为万户）。东京路的兵马都总管①；该路所属的曷苏馆路都统司（章宗时罢，兵事归本路节度使）、婆速府路兵马都总管（海陵改置前为统军司）、广宁府、盖州节度使和复州刺史。北京路置大定府留守，该路所属的锦州节度使、宗州（海陵改置前为来州，章宗时改为瑞州）节度使。中都路的兵马都总管②，该路所属的平州、滦州节度使和蓟州刺史。河北东路的兵马都总管，该路所属的沧州节度使和清州防御使。山东东路兵马都总管（海陵正隆末后，曾置为山东路统军）③，该路所属的莱州、密州节度使和滨州、潍州、登州、宁海州、莒州、海州刺史④。

上述各路及其属下各州（或路）主管，或兼管军事的帅臣，或各州（或路）长官，其军事防务均以其辖区的领属关系成及有关沿海、海区。有的沿海或辖及沿海、海区的政区，由朝廷直接派兵驻防。如海州、来远州、合懒路（曷懒路）、婆速路、蒲与路、恤品路（速频路）、胡里改路等，属于朝廷"边境置兵之州三十八（处）"之中。东京、益都府、盖州等，属于朝廷军队"置于要州者十一（处）"之中⑤。又有史称，太宗天会间，青州（后为益都府）兵变，该州"戍将觌吉补以莱州兵众，请济于帅府"。莱州守将乌延吾里补"将十二谋克兵往救之"⑥。

---

① 参见王曾瑜《金朝军制》，河北大学出版社 1996 年版，第 30—31 页。《金史》卷 25《地理志中》。

② 同上书，第 30 页。《金史》卷 25《地理志中》。

③ 同上书，第 31 页；《金史》卷 25《地理志中·山东东路》校勘记（四六）。

④ 以上除了个别注明外，其他参见《金史》卷 24—25《地理志上、中》。

⑤ 《金史》卷 44《兵志》。

⑥ 《金史》卷 82《乌延吾里补传》。

天会七年（1129年），金军攻南宋，"乃提兵自登州入海道，破南宋三十余州"①。可见当时莱州和登州是军队驻防的要地。

金朝对沿海、海区的"叛反"和"盗贼"等活动，调用军队加以讨伐和镇压。如太宗时，辽东沿海诸州契丹、奚族发起反金斗争，规模浩大，"众至十万"。猛安将领斜卯阿里等奉命率军进讨。败其众于辟离密察水、蒲离古胡吉水和马韩岛等地，"破数十万众"。"契丹、奚人聚舟千艘，将入海"，斜卯阿里率舟师追击，又破其众于王家岛（今辽宁省岫岩县南海中王家岛）"尽获其舟"。"于是，苏、复州、婆速路皆平"②。

海陵正隆五年（1160年）三月，海州"东海县民张旺、徐元等反"，都水监徐文、步军指挥使张弘信、同知大兴府尹事李惟忠、宿直将军萧阿宓等奉命"率舟师九百，浮海讨之"。六月，徐文等破张旺、徐元部众，"东海平"③。

卫绍王大安三年（1211年），益都府（青州）人杨安儿与张汝楫率众反金，陷宁海、密两州，进攻潍、海等州，势力波及山东地区。山东安抚使仆散安贞率军讨伐，又"以沂州防御使仆散留家为左翼，安化军节度使完颜讹论为右翼"，分路进击，大败杨安儿兵众于莱州。杨安儿命其众"浮海赴辽东"，"已具舟"出发，仆散安贞军出海截击。"皆捕斩之"。杨安儿"乘舟入海，欲走岠嵎山"，途中"坠水死"。余部坚持斗争，但最终失败④。金朝军队讨伐和镇压沿海、海区的"叛反"或"盗贼"活动，大小不计其数，史不绝书。

四　对南宋与金边疆经略的认识

综上所述，针对南宋与金的边疆经略提出一些认识。南宋与金都是

---

① 《大金国志》卷27《兀术传》。
② 《金史》卷80《斜卯阿里传》。
③ 《金史》卷5《海陵纪》。
④ 《金史》卷102《仆散安贞传》。

封建王朝，它们对边疆地区的施政或用兵，毫无例外地存在着种种弊端。如金朝对北疆和海疆地区的经略，往往以讨伐"叛反"或"盗贼"的名义，对各族人民反抗统治阶级残酷压迫的正义行动采取血腥镇压，滥加杀掠，破坏了边疆地区的生产事业，给社会经济的发展造成负面影响。南宋虽然对内采取了相对温和的政策，但对西南地区的用兵也存在着类似的问题，这是不应忽视的一个方面。另一方面还必须看到，南宋与金的边疆经略，对我国统一多民族国家的向前发展，尤其是对元统一中国以前在社会经济、文化的向前发展和大一统局势的酝酿所起的促进作用。为此，提出如下三点看法：

第一，南宋直接继承、发展北宋的治国制度和高度发达的政治、经济、文化，在当时国内各朝邦中仍然具有优势。南宋通过边疆经略的积极成效，与西部、西南地区各族及各族政权重建传统的宗藩关系并维护其宗主国的主导地位，从而继续保持和发展相互联系与内向关系。

第二，辽朝亡后，北疆地区再起动乱。金朝致力于东北、西北地区的经略，促使这一地区在一定时期内重建新的统治秩序并出现相对稳定的发展环境，在当时主客观条件未能形成统一的情况下，比处于无休止的战乱状态是一种进步。金朝在辽朝的基础上继续推行中原传统，对东北、西北地区所领各族加大管辖力度，扩大直接管辖范围，促进了这一地区社会经济和文化事业的发展，提高了边境各族的文化素质，不仅进一步密切了北疆境内各地区、各族的联系，而且拓展了北疆各地区、各族与中原内地的密切关系。北疆地区对于中原的内向关系实际上进入了一个新的发展时期。

第三，在当时主客观条件无法形成统一的情况下，南宋与金分别管辖、经营其所领的外沿边疆，表明中国南北分立的两个政权共同致力于行使传统边疆（包括陆疆和海疆）主权的事实，它同历史上其他分立时期的外沿边疆经略大体相同，作为整体的传统边疆地区的主权行使，不至于因朝邦的分立而造成实质上的割裂与断层。由中国传统制度维系着的边疆地区政治、经济、文化的向前发展，边疆各地区、各族关系的向前发展以及内向力的进一步加强，促进着新的统一因素的酝酿和不断增长。"分久必合"的历史趋势表明，至13世纪初期，走向衰落的南宋与金等朝邦的分立面临危机。蒙古的兴起并以北疆为根基地，统一了包括金、南宋在内的全国各分立政权，继而建立了元朝，实现了全国性的大一统。从这一意义上看，南宋与金的边疆经略，与元朝大一统局面的形成，彼此间并非孤立存在，而是有着某些方面的必然联系。

（本文原载《中国边疆史地研究》2001 年第 2 期）

金代蒸馏器考略

我国古代蒸馏技术的历史，源远流长。早在距今一千七百五十多年前，汉代魏伯阳写了《周易参同契》一书，为世界上现存而被公认的第一部讲到炼丹术的文献，当时的炼丹术和蒸馏法实际上就存在着密切的联系。以后蒸馏技术的广泛应用，多见于唐宋炼丹文籍和诸家有关著述中。然而，蒸馏技术到底始于何时，在以后的漫长岁月中，它又是怎样发展的，古代蒸馏器的具体构造和使用原理如何，蒸馏丹药的发展与蒸馏酒的出现有着哪些联系？这些问题，历来为国内外研究者所关心，并多经讨论，为进一步探求上述问题提供了许多重要线索。但是，涉及的史料，都只限于文献范围内进行分析研究，缺乏有助于相互印证的实物资料，这就给问题的深入探讨带来困难。1975 年河北省青龙县出土的古代铜蒸馏器及有关遗物[1]，很自然地把其中一些问题重新提出来了。本文就青龙蒸馏器的年代、构造原理和使用方法，以及蒸馏丹药的发展和蒸馏酒产生的关系问题，试析如下。

一

蒸馏器出土于青龙县西山咀村西南一处金代遗址中。

遗址地层分布情况比较简单，只有一层文化层，厚约 20—100 厘米之间。其具体分布情况，探沟 T1 东壁基本上可以代表：第一层，耕土

---

① 承德市避暑山庄管理处：《河北青龙出土金代烧酒锅》，《文物》1976 年第 9 期。

层，厚35厘米。第二层，冲积砂石，厚85厘米。第三层，灰土层，厚40厘米，中有辽金遗物如瓷片、砖瓦、草纹滴水等。第四层，生土层（见图一）。青龙金代遗址地层简况示意图。

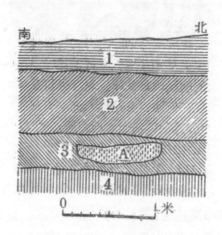

图一　探沟 T1 东壁地层图

1. 耕土层　2. 冲积砂石　3. 辽金层
（A 砖瓦堆积层）　4. 黄土

该蒸馏器出土于遗址东北部，距 T1 四米处的一个直径约 100 厘米，深约 120 厘米的竖式圆窖里。根据出土后现场勘查情况，存放蒸馏器的圆窖及其周围地层，未经后代扰乱，也未见混乱倒压的再生层。挖土时在见到第三层灰土后露出窖口，窖口以下半米处见到蒸馏器。说明圆窖开口于文化层，这一灰土层往西北伸延正好和 T1 各层顺次相连，圆窖所处的灰土层也即 T1 东壁的第三层（文化层）。所以，圆窖及窖里的蒸馏器，应属于该文化层时代的遗迹和遗物。现在我们对该文化层的年代加以分析。

T1 是我们开掘的一条长 3 米、宽 2 米、深 2.5 米的探沟。清理出的主要遗物 8 件，其中陶片 5，均为正灰色泥质陶大型盆片，白釉瓷碗片 2；另有草纹滴水一件已残（见图二）。青龙金代遗址出土的建筑构件——层顶滴水拓片图照。

图二　草纹沟滴水

遗址破土处散布陶瓷片甚多，为了说明问题，我们特从露出的文化层中采得残瓷碗和瓷片共 14 件。此外，挖土时从同一文化层灰土中出土的六錾耳铜锅、曲把铁锄和小铜佛像各一件，以及铜钱一百多斤。

图三　青龙金代遗址出土的铜蒸馏器和其他铁器图照
1. 蒸馏器　2. 六耳铜锅　3. 曲柄锄

图四　西山咀金代遗址出土的唐、宋、金铜币图照

1. 开元通宝　2. 太平通宝　3. 至道元宝　4. 咸平元宝　5. 景德元宝　6. 祥符通宝
7. 天禧通宝　8. 天圣元宝　9. 景祐元宝　10. 皇宋通宝　11. 熙宁元宝　12. 熙宁重宝
13. 元丰通宝　14. 元祐通宝　15. 绍圣元宝　16. 元符通宝　17. 圣宋元宝　18. 治平元宝
19. 崇宁重宝　20. 崇宁通宝　21. 大观通宝　22. 政和通宝　23. 宣和通宝　24. 正隆元宝
25. 大定通宝（1 唐代钱币，2—23 宋代钱币，24—25 金代钱币）

　　上述 T1 和有明确文化层的出土物，从陶瓷系统来看，多为北方金代遗址所常见。如宽唇或卷沿、肩腹上带弦纹、水波纹、篦齿纹的正灰色大型盆片，瓷器器底上扁圆球状支足痕，露芒口的仿定瓷片，两种颜

色的釉（主要是黑釉和白釉）施于一器，器的下部普遍露胎等，都表现了辽、金时期北方陶瓷窑产品的特色。曲把铁锄、六鋬耳铜锅等，则是金代遗址出土物中常见的农具和炊煮器。但是，瓷器（片）上的釉，施法上已没有辽代中期以前接近北宋瓷那种稠而匀称的感觉。支足的形状，除了辽代普遍应用的圆形、扁圆球形的以外，还出现了不规则的桶圆形和长方体立柱形等支足，瓷器器底除了见到辽窑址常见的那种平贴地面的圈足以外，还出现了一些向上倾斜的不平器底，这反映了遗址的年代已交上辽代末期或金代。曲把铁锄和1958年北京顺义大固现村出土的完全一致①，六鋬耳铜锅和同年北京通州东门外出土的基本相同②，也都是金代遗址的出土物（图三，2、3）。小铜佛像高7.5厘米，屈膝正坐，敞胸，右手略抬作点指势，左手平放于左膝上，经鉴定，是为金代遗址常见的比丘佛。又从文化层出土的铜钱中，查得不同年号者共25种，其中唐开元通宝一种，为年代最早者，北宋钱最多，有太平通宝等共20种，最晚的是金世宗年间铸造的大定通宝，未见辽钱、南宋钱和元钱（图四）。另外，滴水的形式及其上面的草纹饰，与1965—1972年北京后英房元代居住遗址出土的颇为相似③，但是，青龙西山咀的滴水，形体较大而厚重，花纹繁缛，制作上明显粗糙，没有后英房滴水那样宽平的边缘和简化清秀的花纹。分析这件滴水应是金代或元初遗物。这几个方面综合考定，可以确认，这里主要是一处金代遗址，上限应到辽代后期，下限可达元代初期，属于该遗址的蒸馏器当是金代或金末元初遗物。

下面我们对蒸馏器本身作进一步分析。

二

青龙蒸馏器是双合范由青铜铸成④，整体由上下两个分体迭合组成

① 北京市文物工作队：《北京出土的辽、金时代铁器》，《考古》1963年第3期。

② 同上。

③ 元大都考古队：《北京后英房元代居住遗址》，《考古》1972年第8期。

④ 《河北青龙出土金代烧酒锅》一文错报为"黄铜"，实为"青铜"，今予更正。

（见图三，1）。

表一　　　　　　　　　　　　青龙蒸馏器实测表　　　　　　　　　单位：厘米

全器高	甑 锅								冷 却 器				
	高	颈高	径		聚液槽		环鎏宽	输液流长	高	穹隆顶高	径		排水流长
			口	最大腹	宽	深					口	底	
41.5	26	2.6	28	36	1.2	1	2	20	16	7	31	26	残2

根据蒸馏器的构造原理，进一步推测它的使用方法有两种可能：

其一，加算蒸烧。这是依据蒸锅内壁遗留的三层使用痕迹来确定的（后有专述）。蒸用前，在蒸锅里灌入适量的水，在相当甑锅高三分之一的位置上，加安一个卷帘式的算（将秫秸或其他材料用细绳穿结而成则可，使用时卷缩斜放入锅内）。蒸馏时，按照蒸气上升的情况从算上到锅口逐渐把备好的蒸料装满，然后，将冷却器套合在甑锅上面，同时，把冷却器上的排水流用活塞堵住，再在冷却器里注满冷水并随时控制活塞排除旧水更换新的冷水。输液流末端下面置一贮器，以贮存输出器处的蒸馏液（见图五，1、2）。

其二，直接蒸煮。蒸料和水直接放入锅里烧煮，除了与加算蒸烧有关工序省去外，其他操作过程与前一种方法基本相同。

实践表明，此蒸馏器的性能良好，如果克服残流漏气的现象和提高坯料的质量，那么，酒度和出酒量均可进一步提高。其构造原理和生产效能，基本上符合现代简单蒸馏设备的技术要求。

（1）论证中国中世纪已拥有自己的蒸馏器技术。从形制上看，上分体桶状冷却器，很像商周铜甗的上部，下分体甑锅和汉代带环鎏金釜相似。从铜质化验结果看：铜67.34％、铅14.32％、锡7.91％、其他11.43％，没有锌[①]。这种合金剂量近似《周礼·考工记》中的"下

---

① 根据1976年4月2日河北省地质四大队实验室对青龙蒸馏器铜质定性定量分析752号标本报告书。

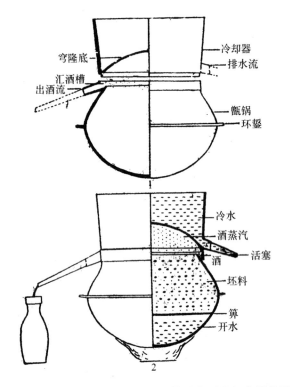

图五　青龙金代蒸馏器结构及蒸酒流程实测简图
1. 蒸馏器构造实测图　2. 蒸馏器复原蒸酒流程示意图

齐"（剂）只是铅的比量多于锡。这反映了金元时期，我国北方各族人民共同辛勤劳动中，对我国传统青铜器铸造工艺方面的一个继承和发展。

（2）青龙蒸馏器和同时代文献所载录的其他用途的蒸馏器比较起来，其共性也很突出。宋代张世南《游宦记闻》中记述了当时民间用蒸馏器蒸取花露的情况："锡为小甑，实花一重，香骨一重，常使花多于香。巧甑之旁，以泄汗液，以器贮之，毕则彻甑去花，以液渍香"。可以看出，这两个蒸馏器，都是金属制成，都是用一只甑锅蒸料，蒸气都是经过冷却成液体汇集后从甑锅一旁的流或特设的孔道输到外边的贮器。若把青龙蒸馏器和宋代吴悮《丹房须知》附录的炼丹蒸馏器图对照一下，就会发觉，从器物构造的外表到整个蒸馏过程，两者十分相似

（见图六，1）。

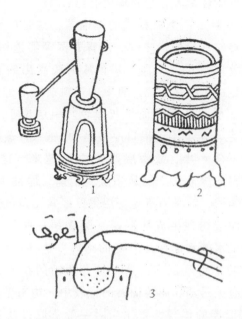

图六　宋代我国和外国文献中载录的炼丹蒸馏器

1.《丹房须知》附录的炼丹蒸馏器；2.《金丹大要》载录炼丹的蒸馏器——"悬胎鼎"；3. 叙利亚文古稿本里载录的玻璃蒸馏器——曲颈甑（均转录自袁翰青《中国化学史论文集》，生活·读书·新知三联书店 1957 年版）

（3）拿青龙蒸馏器与唐宋时期有关文献或图录记载的丹药蒸馏器一并考察，它们总的特点是：多由金属主要是金、银、铜、铁、锡等制成，器内蒸馏的流程路线居多表现为上下垂直走向，和同时期蒸馏流程路线表现为左右斜行走向的阿拉伯叙利亚式的玻璃蒸馏器，有着很大的不同（见图六，3）。这些根本性的差别，说明金元时期，我国已拥有臻于完善的自制蒸馏器，蒸馏技术始终沿着传统的道路发展着。

三

诚然在实际使用中，不应排除青龙蒸馏器照第二种使用方法不加算作为蒸丹药花露之用器的可能性，但从各方面分析，其按照第一种使用方法加算蒸酒的可能性最大。主要理由有三：

（1）青龙蒸馏器是一个加算式的蒸馏器，这是区别于蒸酒用器还是蒸丹药花露用器的重要依据之一。从青龙蒸馏器遗留的使用痕迹看，甑锅内壁明显地分成三层。下面一层，从锅底高出约 6 厘米，呈灰黑色。分析这一层是由于经常蒸烧，算上的坯料杂液下透掺入沸水中，锅内壁多次接触这一层水杂质物而呈灰黑色。中层位于下层上面，厚约 10 厘米，呈浅灰色。从下层到锅口厚应是 20 厘米，蒸酒时，装满的坯料，蒸熟后落实下降一半，故中层厚仅约 l0 厘米。这一层呈浅灰色，应是经常接触坯料的缘故。上层从中层到锅口，厚约 10 厘米，表壁附上一层薄薄的青铜锈，这是由于这一层锅壁经常受蒸气的蒸发，直接接触空气的机会多而被锈蚀生成的铜绿（碳酸铜）所致。算的位置应在下层上面，和锅里水的水面保持一定的距离。这三层痕迹的层位关系，在加算蒸酒的试验中得到证实。这种加算蒸酒的技术，仍为今天所采用。而古代贡献有关丹药花露蒸馏器的记载中，均未见这种情况。

（2）青龙蒸馏器的体积，要比当时一般蒸取丹药花露的蒸馏器大得多。《游宦记闻》载述宋代民间的花露蒸馏器是一个锡制"小甑"，到底多小，由于缺乏具体记载，已难考明。但《金丹大要》载录的宋代炼丹的悬胎鼎，则提供了比较重要的线索。它说悬胎鼎"周围一尺五寸，中虚五寸，长一尺二寸"。如图所示（见图六，2）该鼎基本上为圆柱体形，"中虚"应是鼎的口径，也相当其腹径和底径，长相当鼎身的高度。按宋尺一尺相当今 0.245—0.247 米之间[①]，大略计算一下，悬胎鼎体积约为 0.0034 米^3，而青龙蒸馏器的体积约达 0.025 米^3。它们体积的比，青龙蒸馏器约为悬胎鼎的 7 倍。照《金丹大要》所载图录看，还得有一只蒸料盛药的蒸馏器置于悬胎鼎里面，所以青龙蒸馏器的体积，实际比悬胎鼎的 7 倍要大得多。从器体规模上推测其作为蒸酒用器的可能性更大。

（3）试验表明，青龙蒸馏器出酒顺利，蒸馏速度快，一般 45 分钟左右完成一次蒸酒的全过程。虽然酒度不高，出酒量仅在 1 斤左右，但

---

① 矩斋：《古尺考》，《文物参考资料》1957 年第 3 期。

它是一套用之有效的小型蒸酒器。

从传统的加温水酒法过渡到蒸馏法造酒，无疑是古代酿酒发展史上的一大飞跃。下面联系有关文献进一步探索实现这一飞跃的由来。

青龙蒸馏器由上下两部分迭合组成整器，大体上相似于《周易参同契》"鼎器歌"记载炼丹的"乾坤鼎器"和"上下釜"等用器，更像《丹房须知》收录的炼丹蒸馏器图（图六，1）。可见，古代丹药蒸馏器和青龙蒸馏器在构造上存在着相承的关系。再从生产实践的联系上看，金代或金、元时期蒸馏酒的技术，可能是从丹药蒸馏技术引进来的。宋代杨万里在他的《诚斋集》中，写了一首"新酒歌"，说他酿了二缸新酒，颜色清澈，酒性浓烈，"一杯径到天地外，忽然玉山倒瓮边，只觉剑锘割肠里"。如果把这种酒对照李时珍在《本草纲目》中关于"烧酒"——蒸馏酒的性能，"味极浓烈"，"与火同性"，"热能燥金耗血，大肠受刑"的论述，那么，杨万里的"新酒"，实际就是蒸馏酒了。值得注意的是，杨万里又说这种"新酒"的制法是"来自太虚中"的"酒经"，喝了就像服丹一样获得"换君仙骨"的效果。"太虚"、"仙骨"之类，均是道教炼丹家术语，这当然是杨万里一家之言，但是，扬弃这些杂芜的文字，正好说明，杨万里的"新酒"酿法，是从所谓"太虚中"道家蒸馏丹药那里传过来的。蒸馏酒技术的出现，来自丹药蒸馏法。"新酒歌"中的"新"字，就是蒸馏酒问世在年代上的反映，这就明确地指出蒸馏酒产生于杨万里所处的宋代。当丹药蒸馏技术发展到一定阶段，在特定的历史条件下，有可能进一步被引到蒸馏酒的生产实践中去。

到了金代，蒸馏酒虽未能达到取代传统水酒的地步，但在民间正在发展着，为元代广泛的生产创造条件。元代开始，蒸馏酒的方法，才公开广行于社会，称为"烧酒"。所以，李时珍说："烧酒非古法也，自元时始创其法"。此说基本符合我国"烧酒"——蒸馏酒起源和发展的实际情况。

唐宋文献中的确有许多地方提到关于"烧酒"或者类似"烧酒"

的名称。身居四川忠州的白居易，在他的诗中提到"烧酒"①。来到四川成都的雍陶，在吟诗时说他尝到了当地的"烧酒"②。李肇在《国史补》中提到"烧春"，也即"烧酒"。至于李白在南陵和长安写的诗中提到的"白酒"③，杜甫在他的传记里记到的"白酒"，也是当时人俗称的"烧酒"一类等等，都是当时社会上广为饮喝的酒品，它们的品种尽可不同，酿造技术也有高低，但总的制法大同小异。当我们联系当时文献的有关记载时，这一问题可以得到合理的解释。

唐代房千里《投荒杂录》谈到南方"既烧"（即"烧酒"）的酿造："即实酒满瓮，泥其上，以火烧之方熟，不然，不中饮。"刘恂《岭表录异》讲述南方造酒时，用制好的曲饼子，对上适量的水，"贮以瓦瓮，用粪扫火烧之"。这种"烧酒"的制法明确，为传统加温催熟的水酒，非蒸馏酒。

宋代通称的"烧酒"，也不是蒸馏酒，因为其酿造方法也是明确的。朱肱《北山酒经》记载的"火迫酒"，应是当时在酿制方法上大有改进的"烧酒"。这种"火迫酒"烧成的最后工序，不是直接在盛酒的陶瓮下生火，而是把一瓮瓮的酒，放入一个封闭的密室加温，直至成熟。就是这种声誉风传的"火迫酒"，其成酒过程也见不到有一点蒸馏的痕迹。

这样似乎可以认定，凡是唐宋文献中习称的"烧酒"或相当"烧酒"的"烧春""既烧""白酒"一类的酒，都还是传统的重酿酒，或称水酒，不是蒸馏酒。

由此观之，大体上可以金、元为分水岭，金代及其以前各代文献所谓的"烧酒"，均系重酿酒或水酒，元及其以后各代至今天，习称为"烧酒"者，则就是蒸馏酒了。

同是"烧酒"，性质迥然不同。这个问题，必须进一步联系古代人

① 白居易《荔枝楼对酒》诗："荔枝新熟鸡冠色，烧酒初开琥碧香。"（见《长庆集》十八）。

② 雍陶《到蜀后记途中经历》诗："自到成都烧酒熟，不思身更入长安。"（见《全唐诗》五一八）。

③ 李白《南陵别儿童入京》诗："白酒新熟山中归，黄鸡啄黍秋正肥"。（见注音本《唐诗三百首》，延边大学出版社 2000 年版）

们对"酒""药""露"三者在概念上的运用及相互关系加以分析。

原来，古代人们对"酒""药""露"这三种饮料在概念的运用上，在相当长的历史时期内并不是截然分开的。早在汉代，就有以"酒"为"药"或"酒"统"百药"之说。《前汉书·食货》："酒，百药之长。"用"酒"和"药"结合成药酒治病的例子就多了。南朝刘义庆《世说新语》："钟毓与弟会小时值父鼾书寝，因共偷药酒。"唐代段成式《酉阳杂俎》："王潜在荆州，百姓张七政善止伤折，有年人损胫求张治之，张饮以药酒。"可见允许"酒"以"药"称之，或结合称为"药酒"。"酒"和"露"的关系也是如此。同一种饮料，既称"酒"，也称"露"。梁朝《瑞应图》："甘露，美露也。神灵之精，仁瑞之泽……一名膏露，一名天酒。"宋代陆游《老学庵笔记》："寿皇时，禁中供御酒，名蔷薇露。"苏轼《地黄诗》："融为寒食饧，咽作瑞露珍。"《纂异记》："田璆邓诏逢二书生曰：我有瑞之酒，酿于百花之中，与饮，其味甘香。"说明古代人们常把特殊的"酒"称作"药"或"露"，或者混称为"药酒""酒露"。在古代人们看来，对于某些珍贵的酒，避开"烧酒"的称呼，冠以瑰丽的名字，意在抬高酒的声望，以达到炫耀自己的目的；而对于那些仿效丹药法蒸成的酒，也不同"烧酒"混为一谈，更以"太虚"自秘，不予公开，以此傲视官场，自命清高。这种现象，随着喝酒之风带进社会，以至形成一种社会习惯势力。这大约就是元代以前文献上没有留下关于蒸馏酒产生的明确记载的缘故，不管时人以何称呼，都应被认为是蒸馏酒的问世。

综上所述，可以得出两个结论：第一，早在金、元时期，我国已拥有自己制造的蒸馏酒用器，蒸馏酒技术也已经应用到造酒的生产实践中去。过去一些国外学者认为我国元代蒸馏酒技术是从阿拉伯传入的，现在证明，此说无据。第二，我国古代蒸馏酒的技术来源于炼丹术。蒸馏酒产生于宋代，元代开始得到广泛的发展，传统的"水酒"不再被称为"烧酒"而退居次位，蒸馏酒却获得"烧酒"的称号取而代之。这就是我国古代蒸馏丹药的发展与蒸馏酒产生相互关系的基本线索。

（本文原载《考古》1980 年第 5 期）

历代中国政府对南沙群岛的管辖

一

　　南沙群岛位于中国政区的最南部，是海南省辖区的一个组成部分。随着海南省经济事业的全面发展，对资源丰富的南沙群岛及其周围海域的开发、建设势在必行。然而，半个世纪以来，某些国家或集团，肆意践踏国际公法，不顾中国政府完全拥有南沙群岛主权这一事实与法理，在南沙群岛及其周围海域进行非法活动，甚至采取军事行动，占据岛屿，掠夺资源，明目张胆地侵犯中国主权。中国人民密切注视着南沙群岛及其周围海域事态的发展，也绝不会忘记中国绝对拥有南沙群岛主权这一由来已久的事实。

　　历史上中国政府对南沙群岛的管辖及行使主权，经历了一个较长时期的发展过程，这个过程大体包括三个阶段：

　　第一阶段，由于中国人民最早发现并世世代代开发、经营南沙群岛所确立的对于南沙群岛唯一的主人地位，使南沙群岛在正式列入版图实行军政管辖以前即经历了一个在事实上属于中国的时期，这个时期大致自宋至明，约六七百年。

　　第二阶段，南沙群岛长期以来在事实上归属中国的基础上，经过清朝中央政府的正式承认，列入版图并实行军政管辖之后，这时法理依据完全成立，中国完全拥有对南沙群岛的主权，南沙群岛正式成为中国领土不可分割的一部分。

　　第三阶段，民国以后，中国政府采取了一系列军政、外交上的措施和行动，维护南沙群岛主权并加强对南沙群岛的管辖。

这一循序渐进的过程，在世界上许多国家领土主权的形成和发展史上，并非中国仅有，而是一种非常普遍的现象。中国政府拥有对南沙群岛的主权，完全是历史发展的必然。

二

入宋以后，由于中国航海技术的进一步发展，中国人对南沙群岛及其周围海域的航行和经营进入了一个新的历史时期。比较能够具体地表达包括南沙群岛在内的南海诸岛及有关海域的新地名概念如"长沙""石塘"等也在宋代开始出现。中国传世的史地著作中，对包括南沙群岛在内的南海诸岛及有关海域的实质性描述比以前明显增多。如宋代文籍中周去非《岭外代答》、祝穆《方舆胜览》、赵汝适《诸蕃志》以及《宋会要》[①] 等，均可见到中国人关于包括南沙群岛在内的"长沙""石塘"的海洋特点、海底地形特征、潮汐规律以及航行和风向关系等方面的记述。至于元代有关记载，则为后人留下了更加贵重的史料价值。如汪大渊《岛夷志略》记万里石塘曰：

> 石塘之骨由潮州而生，迤逦如长蛇，横亘海中，越海诸国俗云：万里石塘。以余推之，岂止万里而已哉？舶由玳屿门，挂四帆，乘风破浪，海上若飞，至西洋，或百日之外，以一日一夜行（百）里计之[②]，万里曾不足。故原其地脉，历历可考。一脉至爪哇；一脉至渤泥及古里地闷；一脉至西洋遐昆仑之地。盖紫阳朱子，谓海外之地，与中原地脉相连者，其以是钦。观夫海洋，泛无涯涘，中匿石塘，孰得而明之，避之则吉，遇之则凶。故子午针人之命脉所系，苟非舟子之精明，鲜不覆且溺矣。吁，得意之地勿再

---

① 参见徐松《宋会要辑稿》。原宋秘书省会要所专司纂辑之《宋会要》已逸，但该书大部分原史料保存于《永乐大典》，徐松《宋会要辑稿》即辑自《永乐大典》。

② 此句"里"以前当缺一"百"字。

往，岂可以风涛为径路也哉。

　　按"潮州"在广东东部，"玳屿门"在福建泉州东南海面，"爪畦"指今爪哇岛，"渤泥"即今加里曼丹岛，"古里地闷"指今帝汶岛，"西洋遐昆仑之地"，系指从婆罗洲（今加里曼丹）开始的海洋至绝远的昆仑之地，即靠近加里曼丹的南沙群岛之地①。这是中国航行者多次航行实践的总结，其中对包括南沙群岛在内的石塘海底的地脉构成、中国大陆陆地与石塘海海底地脉的连通关系以及有关航行知识所作的精辟论述。到了明代，不仅在原有的基础上出现了更多的有关记述，而且开始绘制、行用标有南沙群岛所在海域的地图。如《郑和航海图》、施永图辑《武备秘书地利附图》中分别标有"万生石塘"和"万生石塘屿"，所指即为南沙群岛，为郑和航海必经之地，标志着中国人对南沙群岛及其周围海域的航行和经营进入一个新的阶段。

　　与此形成的一个明显对照是，包括越南、菲律宾、马来西亚等许多国家和地区，由于受到当时本国或本地区航海技术的限制，根本无法到达像南沙群岛及其周围海域这样的"九幽"险地。据史所书，北宋天禧二年（1018年），地处今越南中部的占城国遣使入贡宋朝，途中航行失误，船上使者有的只能到达广州，有的随"风漂船至石堂（塘）（按此石堂指今中沙群岛）"②。诸如此类记载，又可从另一个方面得到补证，当时出入南沙群岛的主人，实非中国人莫属。因而也就可以这样说，在这种捷足先登又无涉外争端的历史条件下，"中国人百千年来的居住、使用这些岛屿"，从"对南沙群岛有了某种'原始性权利'"③，

───────────

　　① 参考韩振华主编《我国南海诸岛史料汇编》，东方出版社1988年版（内部发行），第48—49页。

　　② 《宋会要》蕃夷四之六九载："天禧二年九月，其王尸嘿排摩慄遣使罗皮帝加……来贡，罗皮帝加言：国人请（诣）广州，或风漂船至石堂，则累年不达矣"。引自徐松《宋会要辑稿》，第197册蕃夷四，1957年中华书局据民国25年北平图书馆本影印本，占城条，第7748页；又《宋史》卷489《外国五》占城条载："天禧二年，其王尸嘿排摩慄遣使罗皮帝加……来贡。罗皮帝加言：国人诣广州，或风漂船至石塘，即累岁不达矣"。引自《二十五史》，上海古籍出版社、上海书店出版1987年版。

　　③ 傅崐成：《南海的主权与矿藏——历史与法律》，幼狮文化事业公司1981年版，第81页。

到南沙群岛在事实上属于作为主人的中国，都是比较顺情合理的。

南沙群岛在事实上属于中国，在中国人中早已形成既定的概念。如南宋赵汝适在其《诸蕃志·序》中说："暇日阅《诸蕃图》，有所谓石床（即石塘）、长沙之险，交洋、竺屿之限。"表明至晚在宋代，人们已把中国与东南亚各国的地理界限定在交洋（即交趾洋，今北部湾）与竺屿（PuloAor，今马来西亚半岛东岸以外的海岛）。赵汝适为宋太宗赵炅八世孙，南宋晚年官福建路市舶提举，多活动于南海地区，其所著《诸蕃志》"叙述详核，多为史家所据"①，所述南海之中外界限事，在当时具有代表意义，也是可信的。据专家考证，这条界限，恰好把南沙群岛及其周围海域定在中国界限之内。这种分限中国与外国的概念，与宋时"长沙""石塘"海属于中国所既成的事实吻合。因为符合事实，宋文献关于包括南沙群岛在内的"长沙""石塘"海属于中国辖区内的记载多被后人引述和肯定，就是高级官书也不例外。如清初金光祖《广东通志》山川条引述说："古志（按即南宋嘉泰三年至嘉定元年义太初序之《琼管古志》）云：万洲（属于琼州府）有千里长沙、万里石塘"。此后官方编撰的几种《广东通志》、胡端书《万州志》以及《古今图书集成》等均有同样的引述。可以这样说，入清以后，中国政府正是以这一由来已久的历史事实为依据正式将南沙群岛及其周围海域列入政区版图的。

三

清中央政府将南沙群岛正式列入中国政区版图之内，并明确置于广东省琼州府万州辖下，现存有关清代官方文籍均有所据。康熙十四年（1675 年）由两广总督金光祖主持纂修的《广东通志》山川·万州条，雍正三年（1725 年）由经筵讲官、户部尚书蒋廷锡等校修、雍正四年（1726 年）由雍正皇帝御序钦定的《钦定古今图书集成》职方典·琼州府山川考二·万州条，雍正九年（1731 年）由广东总督郝玉麟等修纂

---

① 参见《四库全书总目提要》，关于赵汝适《诸蕃志》之考述。

的《广东通志》山川·万州条，道光二年（1822 年）由两广总督阮元总裁、广东巡抚李鸿宾等监修的《广东通志》山川略十三·琼州府万州条，康熙十八年（1679 年）万州知州李炎等原著、嘉庆二十四年（1819 年）万州知州汪长龄主修、道光八年（1828 年）万州知事胡端续修的《万州志》川条，道光二十一年（1841 年）由明谊修、张岳崧纂的《琼州府志》万州海防条等官修文籍，均把包括南沙群岛在内的"万里石塘"海作为明确的山川单位列入广东省琼州府辖下的万州版图内。如郝玉麟《广东通志》所载入的万州辖内山川有东山岭、赤陇岭、水金仙河、周村港等计有 31 个山川单位名称，南沙群岛所在的石塘海列于该州辖内山川的第 31 位，并特别记述曰："长沙海、石塘海：俱在城东海外洋。古志云：万州有千里长沙、万里石塘"。《钦定古今图书集成》载入万州辖内山川有东山岭、马鞍山、金仙水、南陵水等计有 50 个山川单位名称，南沙群岛所在的石塘海，列于该州辖内山川第 50 位，并特别记述曰："石塘海：在州东，《琼莞（管）志》云万里石塘"。其他有关各籍载入基本相同或相似。在这些官方编纂的文籍中，对万州辖下的山川分布情况的划分，各个时期不同的志书多少有所变动，但南沙群岛所在的石塘海列入万州辖内山川之一，有清一代未曾变动过。

与此同时，南沙群岛属于中国版图的法律地位相应地反映在清代刻印梓行的权威性政区地图上。如难得保存至今的雍正二年（1724 年）刻制行用的《清直省分图》之《天下总舆图》、乾隆二十年（1755 年）以前印行的《皇清各直省分图》之《天下总舆图》、乾隆三十二年（1767 年）印行的黄证孙《大清万年一统天下全图》、乾隆三十二年（1767 年）以后印行的朱锡龄《大清万年一统全图》、嘉庆五年（1800 年）印行的晓峰《清绘府州县厅总图》、嘉庆十五年（1810 年）印行的《大清万年一统地理全图》、嘉庆二十二年（1817 年）印行的陶晋《大清一统天下全图》、光绪二十一年（1895 年）印行的《古今地舆全图》等清版图内标绘的石塘海，即包括今南沙群岛及其周围海域在内。随着舆图学的发展，至晚到清末，南沙群岛这一既定的法律地位在中国官方印行的政区地图上反映得更加明确、具体。如光绪三十年（1904 年）由吴长发重订印行的《大清天下中华各省州县厅地理全图》中，所绘包括南沙群岛在内的"万里石塘"海，用双线方格形图例表示为广东省属内的府级政区单位。光绪三十一年（1905 年）由王兴顺重订印行的《大清天下中华各省府州县厅地理全图》（以吴长发图为底本）中，标绘南沙群岛所在的"万里石塘"海，则以双线长方形图例表示为广东省属内的府级行政单位①。清朝政府依据南沙群岛既已归属的法律地位实行对南沙群岛的进一步管辖并行使主权，也是有史可查的。许多官方史志将包括南沙群岛在内的"石塘"海或"长沙"海列入广东沿海琼洋或万州的海防范围。如康熙十一年（1672 年）感恩县知县崔国祥创修、康熙四十四年（1705 年）感恩县知县姜焯续修、民国十八年（1929 年）感恩县县长周文海重修的《感恩县志》卷 12，海防志·环海水道条记载，自感恩县南海面至大洲湾，"洲东接大洲洋，有千里石塘、万里长沙，为琼洋最险处"。道光二十一年（1841 年）明谊修、张岳崧纂的《琼州府志》卷 18，万州海防条记述大洲湾"东接大洋，名大洲洋"，"昔传万州有千里石塘、万里长沙，为琼洋最险之处"。光绪三十四年（1908 年）钟元棣修的《崖州志》卷 12，海防志一·海防·环海水道条记述崖州海防之大洲湾，"东接大洲洋，有千里石塘、万里长沙，为琼洋最险处"。又如道光十八年（1838 年）严如煜撰《洋防辑要》，书中卷 1《直省海洋图》把南沙群岛及其周围海域标绘为"长沙"列入清朝海防领域范围内。清政府行使其对于南沙群岛等主权，基本上以这一海防范围为准。如 1883 年（光绪九年），德国未经许可，"进行了对南中国海各岛屿包括西沙、南沙群岛的调查测量工作，这次测量引起了当时中国政府的注意，经广东当局向德国方面抗议后，德国停止调查"②。表明政府拥有对南沙群岛及其他南海的主权及其维护这一主权所采取的必要行动得到世界的公认。

四

　　民国时期，中国政府承继了清代版图，实行了对南沙群岛及其海域

---

　　①　以上参见韩振华主编《我国南海诸岛史料汇编》第 309—316 页，版本同前注。
　　②　陈天锡：《西沙岛东沙岛成案汇编》，广东实业厅编 1928 年，转引自韩振华主编《我国南海诸岛史料汇编》，第 71 页。

的管辖，同时为维护这一主权采取了军政和外交上的必要行动和措施，主要可以概括为下列三项：

第一项，20 世纪 30 年代，中国政府对南沙群岛的管辖措施及其交涉、抗议法国非法占领南沙群岛的经过：

（1）有关南沙群岛管辖方面的措施。如国民政府内部水陆地图审查委员会于 1934 年 12 月 21 日第 25 次会议审定了包括南沙群岛在内的"中国南海各岛峭华英岛名"①。1935 年 1 月，公布关于中国南海诸岛各岛屿名称之中英文对照表，其中包括团沙群岛即今南沙群岛岛、礁、滩之中英文对照名称 96 个，从主权国的立场出发纠正外国人擅自为南沙群岛等南海岛屿定名所造成的混乱。

（2）关于中国政府交涉、抗议法国非法占领南沙群岛部分岛屿的经过。1933 年上半年，法国非法占领南沙群岛的南威岛、太平岛、安波沙洲、北子岛、南子岛、南钥岛、中业岛、鸿休岛、红草峙等九个岛、州，立即引起了中国政府及各界民众一致的交涉和抗议。7 月 26 日，中国政府外交部发言人就法国宣布占领南沙群岛九小岛发表谈话申明："菲律宾与安南间珊瑚岛（即南沙群岛——作者），仅有我渔人居留岛上，在国际间确认为中国领土。顷得法方官报，竟正式宣布占领，何所依据而出此，法政府也未宣布其理由。外部除电驻法使馆探询真情外，现由外交、海军两部积极筹谋应付办法，对法政府此种举动将提严重抗议。"② 7 月 28 日，西南政治会议就法国占领南沙群岛问题开会并做出两项决议："一、将九岛在粤版图之位置形势及经纬度证据等，详电国府，请据理向法国严重抗议，务保领土完整。二、此案文件之搜集与安置我国渔民，令粤政府与甘介候筹议并向驻粤法领提抗议。"③ 7 月末，中国"外交部人士云，中央对法占九小岛案，除饬令外部电驻法使

① 参见《水陆地图审查委员会会刊》，1935 年第 1 期。转引自韩振华主编《我国南海诸岛史料汇编》，第 173 页。

② 参见《法占粤海九小岛，外部抗议》，《申报》1933 年 7 月 27 日。转引自韩振华主编《我国南海诸岛史料汇编》，第 261 页。

③ 参见《西南政府讨论法占九小岛》，《申报》1933 年 7 月 29 日。转引自韩振华主编《我国南海诸岛史料汇编》，第 262 页。

馆调查真相外，并令饬参谋、海军两部，会商撤查办法"①。8月，广东省政府"奉命向法当局提出抗议"，同时，粤省上属之西南政治会议"将此事昭告世界，请申公道"②；中国"令驻法大使顾维钧向法政府提出抗议，并谓该岛屿等属于我国"③。与此同时，全国各机关团体、各地民众纷纷以集会、游行示威、通电或上书等形式，敦促和声援最高当局为维护南沙群岛主权所采取必要的军政外交措施和正义行动。

第二项，20世纪40年代，中国政府采取必要的军政、外交措施，维护南沙群岛主权，加强对南沙群岛的管辖，主要表现在如下三个方面：

（1）中国政府部署接收南沙群岛。抗日战争时期，南沙群岛被日本侵略者强占。因此，维护祖国领土主权的完整、随时准备收复南沙群岛是中华民族的神圣职责。利用抗日战争取得决定性胜利的有利时机，1946年9月2日，中国政府发出了节京陆字第10858号关于收复南沙群岛的训令。国民政府内政、外交和国防三部奉命于9月13日会商接收南沙群岛事宜并做出决议："由国防部协助广东省政府从速接收团沙群岛（即南沙群岛——作者），至接收之地理范围由内政部拟定。""关于该群岛之地理位置及所属各岛之名称，由内政部绘制详图重行拟订呈院核定"④。

（2）中国海军奉命收复南沙群岛。接收工作与西沙群岛同时进行，由徐口、姚汝钰分别担任正副指挥官。南沙群岛方面由太平、永兴两舰完成，由原国防委员会委员林遵任舰队指挥官，麦蕴瑜担任接收南沙群岛专员。1946年12月基本完成接收工作，于各岛屿分别"派人驻守，然后举行接收典礼，高悬国旗，并鸣炮致敬。一面在各岛命以新名，或

① 参见《中央重视法占九个小岛案》，《申报》1933年7月31日。转引自韩振华主编《我国南海诸岛史料汇编》，第258—259页。

② 参见《1933年8月广东省政府向法国提出抗议占我南沙群岛》《申报》1933年8月2日。转引自韩振华主编《我国南海诸岛史料汇编》，第262页。

③ 转引自《台湾省政府复内政部代电》，原件为渝汉地字三十八年十一月二十四日收，第100号，原件存南京第二历史档案馆。

④ 引自由内政部长张厉生、外交部部长王世杰、国防部长白崇禧联合签署的中华民国三十五年九月呈行政院函件，日方字第0003号，收文礼京字第35723号，原件存南京中国第二历史档案馆。

建立碑记"①。分别竖立了"太平岛""南沙群岛太平岛""南威岛"
"西月岛"等主权碑，石碑旁明刻"中华民国三十五年十二月立"②，严
正重申中国对南沙群岛的神圣主权。

（3）关于接收后南沙群岛的进一步管辖工作。根据中国政府有关
部门议决并批准，接收后的"南沙群岛之行政区划，暂属广东省，将来
拟改隶海南省（即俟海南省成立——作者）管辖，至该处之行政管理，
暂托海军代管"③。对南沙群岛的军政管辖进行了新的组织调整。

1947 年 1 月，广东省地政局奉命派专职人员梁宝森、古士宗和钟
晋祥等前往重新测量南沙群岛，完成该群岛之"太平岛一万分之一地形
图一幅"和南沙群岛总图之核对工作。此两份地图由广东省主席罗卓英
上报内政部。1947 年 2 月，内政部长张厉生致广东省政府密函，就该
二地图的保存和统一名号等问题作了重要批复④。1947 年 10 月，内政
部统计处呈国民政府主计处编辑《中华民国统计年鉴》的有关资料函
件，其中呈核中国疆界四至地点及经纬度，极南处为北纬 4 度南沙群岛
之曾母（姆）暗沙⑤。从律法方面进一步明确南沙群岛的政区范围。

这一年，中国政府核定并公布南海诸岛名称，其中包括南沙群岛及
其具体岛、礁、沙、洲、滩等共 87 个，计有"危险地带以西各岛礁"
27 个，"危险地带以东各岛礁"4 个，"危险地带以南各岛礁"16 个，
"危险地带以内各岛礁"40 个⑥。内政部还公布了南海诸岛中外新旧名
称对照表，其中包括南沙群岛及其岛、礁、沙、洲等名称 102 个。这次

---

① 杨秀清：《我海军进驻西南沙群岛经过》，《中国海军》第 11 期（1948 年 4 月 22 日）；
参见麦蕴瑜《南沙群岛是中国最南的领土》，香港《大公报》1957 年 5 月 25 日。

② 参见《中国收复南沙群岛的经过情况》，南京中国第二历史档案馆保存的有关中国军
队接收南沙群岛的档案资料。注文内容转引自韩振华主编《我国南海诸岛史料汇编》第 264—
267 页。

③ 参见《关于国防部会议议决报告》，该报告附于中华民国三十六年一月二十四日财政
部令六八八七之后；又广东省政府关于奉国民政府主席广州行辕三十六年卯筱辕三战署字
0128 号代电。原件俱存南京中国第二历史档案馆。

④ 《中国政府议决并批准的南沙群岛区划》文件现存广东省政府档案馆。

⑤ 函件为中华民国三十六年十月二十九日，内统字第 411 号，原件存南京中国第二历史
档案馆。

⑥ 参见《南海诸岛名称内部核定》，《大公报》1947 年 12 月 2 日；转引自《南海诸岛》
1946—1950 年剪报资料。

公布，还进一步明确了一批带有纪念意义的名称：如郑和群礁，是纪念"明成祖时郑和出使南洋的"；尹庆群礁，是纪念"尹庆与郑和同时出使南洋"的；费信岛、马欢岛和景宏岛是分别纪念明成祖时费信、马欢和王景宏"出使南洋"的；南威岛是"纪念接收时广东省主席罗卓英"；太平岛和中业群礁分别是"纪念胜利后接收军舰太平号"和"中业号"；敦谦沙洲和鸿庥岛分别是纪念"中业号舰长李敦谦"和"副舰长杨鸿庥"等①，这类名称进一步证实了南沙群岛是属于中国的重要事实。中国作为主权国家公布其辖区内或某一辖区的统一名称，显然具有极大的法律效力，因而，此后凡有关南沙群岛的用名者，不仅国内一律采用这次公布的名称，即在国外也是大都照此行用。

与此同时，中国海军奉命履行暂辖南沙群岛的职责，建立了军事上的轮流防守制度。据 1948 年 3 月 27 日《全民日报》的有关报道，中国"海军部载重四千吨之'中海'号登陆运输舰，二十四日自沪驶抵高雄附近之左营军港。该舰此行任务系载海军部官兵赴东、西、南沙群岛换防。上述岛屿现由海军管辖，分别设有管理处。由于岛上生活困苦，驻防之官兵，皆每年调换一次，粮食则每年运送两次，此次随舰前往者，有新任西沙岛管理处主任张君然少校，新任南沙岛管理处主任彭运生少校，海军部法制委员潘子腾上校及士兵一百余人"②。可知，有关南沙群岛的军事换防制度，是与防卫东沙和西沙等群岛一起执行的。中国政府的其他部门，也比较有效地配合海军维护南沙群岛主权。如 1949 年4 月，菲律宾政府内阁会议决定派其海军副少将安纳达 JoseV. Andrada 前往中国南沙群岛之太平岛视察，并伺机提出关于南沙群岛部分岛屿归并于菲律宾的要求。消息传出后，当即引起中国方面的"严重注意"。中国公使陈质平奉命致函菲律宾外交部执事提出质问，同时再次申明"太平岛为中华民国之领土"，不允许外人的任何非法要求。菲外交次长倪里 FelinoNeri 在复函中表示对中国方面"申明埃土亚巴岛 ItuAba

---

① 《关于中国政府核定和公布南沙群岛具有纪念意义的岛名名单文件》，原件现存南京中国第二历史档案馆。

② 参见《中海舰载海军官兵，驶东沙群岛换防》，载《全民日报》1948 年 3 月 27 日，转引自《南海诸岛》1946—1950 年剪报资料。

（即太平岛）为中国领土之一部一节"，菲外交部"自应加以尊重"，同时说明菲并无侵占南沙群岛的要求①。

第三项，中国出版的官方或其他权威性地图强调中国政府对南沙群岛的主权。从 20 世纪 30 年代开始，中国政府整顿政区和疆域，加强了对国内地图的统一绘制工作。其中出版、印行的各类政区或专业地图远出百种，据初步掌握的情况，至少有近 70 种明显地标绘出中国最南端的辖区南沙群岛（1947 年 12 月以前称团沙群岛）。这些地图大都强调南沙群岛或包括南沙群岛在内的南海诸岛在领土主权方面的重要地位，与过去国内地图比较，有几点非常突出：

第一，专门绘制包括南沙群岛在内的南海诸岛图或与南沙群岛关系密切的海岛图。如 1935 年 4 月版、由国民政府内政部水陆地图审查委员会编制的《水陆地图审查委员会会刊》第 2 期中附有《中国南海各岛屿图》，图中绘有团沙群岛（即南沙群岛）和南海其他三大群岛。这是民国时期以来中国政府第一份公开出版的地图，也是第一份比较详细地标绘包括南沙群岛在内的南海诸岛及其大部分岛屿、沙洲和礁石名称的地图。又如 1939 年版，依据《水陆地图审查委员会会刊》第 2 期附图改制、由中华舆地学社印行的《中华民国南海各岛屿图》（单幅、色印）中，详细绘明南海诸岛计有 132 个岛、礁、沙、滩及各小岛礁的详细名称，还附有南海诸岛的岛屿名称中英文对照表，其中包括南沙群岛。属于这类地图的还有 1946 年 1 月版，中国地理研究所编印，王吉波、房国翔编的《南洋群岛全图》（单幅、色印），1947 年 1 月版，广东省政府秘书处编的《南中国岛图》等。中国辖有包括南沙群岛在内的南海诸岛的主权意识，也在这类地图中得到强烈的反映。

第二，强调南沙群岛九小岛的有关地图。如 1934 年 5 月版，东方舆地学社印行，李长傅、洪懋熙编的《东方中华新地图》（1 册、色印）第 30 图《广东省广西省图》中附《南海诸小岛图》，该图标有南海九小岛和其他南海岛屿。又如 1935 年 5 月版，上海商务印书馆印行的

---

① 参见《外交部为菲政府奖励渔民向中国领土南沙群岛之太平岛移植俾将来并入版图》（1949 年 6 月—11 月）；转引自韩振华主编《我国南海诸岛史料汇编》，东方出版社 1988 年版。

《中国地势图》（单幅、色印）中附有《南海之群岛图》，此图标绘有琼南九岛等南海诸岛之名称。所谓南海九小岛、南海九岛、琼南九岛等，均指 1933 年被法国侵占过的南沙群岛九小岛。有的地图还称南海九岛为提闸板群岛或提沙浅洲群岛等，也均指南沙群岛的部分岛屿。属于这类地图还有 1933 年 12 月版，商务印书馆印刷兼发行，童世亨、陈镐基校的《中国形势一览图》（1 册）和《世界形势一览图》（1 册）；1934 年 8 月版，上海商务印书馆印行，陈铎编的《新制中国地图》（1 册、色印）；1935 年 1 月版，东方舆地学社印行，洪懋熙编《中华现代新地图》（1 册、色印）；同年 1 月版，中华书局印行，杨文询等编的《中国地理新志》（1 册）附图；同年 2 月版（内政部水陆地图审查委员会审查后第一版），武昌亚新地学社发行的（甲种）《中华形势讲授地图》（单幅、色印）；同年 5 月版，上海商务印书馆印行的《中国地势图》（单幅、色印）等。其中亚新《中华形势讲授地图》于珊瑚岛（提闸板，即南沙九岛）图旁边还注明"1933 年为法人所占领"，以此提示国人，毋忘南沙群岛九小岛主权曾经丧失之历史教训。

第三，明确标绘着南沙群岛为中国南海四大群岛之一的有关地图。如 1935 年 5 月修订版，商务印书馆印行，由童世亨编、陈镐基校的《袖珍世界新舆图》（1 册），第 4 图《中华民国及日本》图中附图标有团沙群岛、东沙群岛、西沙群岛和南沙群岛（即今中沙群岛）四大群岛，团沙群岛即今南沙群岛。这类地图最多，自 1933 年《水陆地图审查委员会会刊》第 2 期附图《中国南海各岛屿图》为民国时期第一份公开出版的地图开始，至 1948 年止，每年都有国内版的中国或世界政区地图或专业地图出版，共计不下 60 种之多。这些地图凡色印者，都用同一颜色表示归属和放大比例的附图形式展示，表明南沙群岛及其他南海诸岛属于中国政区及中国领有其主权的重要地位。

第四，标绘有南沙群岛归属中国的范围线，并将南沙群岛曾母暗沙北纬 4 度处作为中国最南端国界线的有关地图。如 1936 年版，北平建设图书馆发行，白眉初著的《中华建设新图》册，第 2 图《海疆南展后之中国全图》中，于南海位置上标绘有团沙群岛（即今南沙群岛）和东沙群岛、西沙群岛和南沙群岛（即今中沙群岛）。

同时于团沙群岛南部海域标绘有最南端到北纬 4 度的曾母暗沙的范

围线，以示范围线以北的团沙群岛属于中国。图中还注明："（民国）二十二年七月，法占南海九岛，继由海军部海道测量局实测得南沙团沙两部群岛，概系我渔民生息之地。其主权当然归我。二十四年四月，中央水陆地图审查委员会会刊发表中国南海诸岛图，海疆南展至团沙群岛最南之曾姆暗滩，适覆北纬四度，是为海疆南拓之经过"。属于这类画法的中国政区地图或专业地图计近 20 种。

民国时期关于南沙群岛在中国地图的表达法，基本上被沿用至今，在维护南沙群岛主权方面，留下了值得肯定的政绩。

今天，中华人民共和国政府积极奉行管辖南沙群岛的神圣职责，为维护南沙群岛主权进行了一系列政治、军事和外交上的斗争①。台湾当局坚持一个中国的观点，在南沙群岛主权问题上采取了符合中华民族根本利益的立场。这表明，中华人民共和国政府和全国各界在对待南沙群岛领土主权问题的一致性不可动摇。任何以种种借口侵占我国南沙群岛、掠夺南沙群岛资源的外国势力，只能进一步暴露它们的侵略扩张野心和非法行径，终将遭到中国政府和全国人民的坚决反对。

半个多世纪以来，中国南海局势的发展表明，南沙群岛所涉主权、内政、外交、国防、科技、资源诸问题中，要害是主权问题。今天，举世瞩目的海南省，正在以改革开放的新姿迈开了全面建设的步伐。那么，致力于素称雄奇秀丽、资源丰富的海南省南沙群岛的开发必将提上日程。因此，关于如何加强维护南沙群岛主权问题的必要性与紧迫感，一跃而冠于任何历史时期。借史鉴今，或非无益。

（本文原载《中国边疆史地研究导报》1990 年第 2 期）

---

① 有关中华人民共和国政府对南沙群岛的管辖，作者另有专文。

中华龙文化——传统文化的认同与
多民族国家的统一
——读《中华龙》一书抒感

　　陈富城教授近著《中华龙》（华文出版社 2000 年版）一书，全面地解开了龙文化的奥秘，系统精辟地探索了龙文化的产生、发展及其与中华传统文化的渊源关系，深刻提示了龙文化与中华民族传承关系及其精神内涵的社会功能和历史意义。全书倾注了作者多年调查研究的心血，其学术成果和学术价值超过了已有的同类著述，是一部很有影响的力作。

　　在中国历史上，炎帝、黄帝是龙文化的主要代表人物，龙文化是中华传统文化的根基，作为炎、黄后裔的中华民族是龙的传人。在中华民族形成和发展过程中，对传统文化的认同是整个民族凝聚力的重要支点。以龙文化为根基的中华传统文化，经过长期的发展，内容更加丰富、深厚、广博。把中华龙文化——传统文化的认同与整个统一多民族国家发展的关系作为问题提出来，涉及较广泛的领域范围，这里仅从两个方面提出一些认识。

　　其一，基于对龙文化——传统文化的认同，古代中国人往往把本族的渊源溯及炎、黄二帝。这种认同首先面向作为主体民族的汉族及其先人，渐而扩及汉族以外的其他民族及其先人，包括边疆地区各族及其先人。如《史记·匈奴传》载西北匈奴族，其"先祖（为）夏后氏之苗裔"。夏后氏即夏朝，夏朝的开国君为禹。据《史记·夏本纪》称，"禹者，黄帝之玄孙而帝颛顼之孙也"。《周书·文帝纪》载北部鲜卑

图一 龙 陈富城作

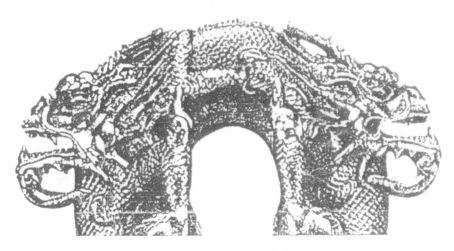

图二 龙之五子——蒲牢

族，"其先出自炎帝神农氏"。《后汉书·西羌传》载西部西羌族之本，
"出自三苗，姜姓之别（支）也"。《诗·大雅·生民》《疏》曰："姜
姓，炎帝之后"。《史记·西南夷传》《后汉书·西南夷传》载西南滇
族，为春秋时楚庄王后裔"庄蹻之后"。《史记·楚世家》载楚之祖先，
出自黄帝之孙"帝颛顼高阳"等等。这些记述表明，西北、北部的匈
奴、鲜卑，西部的西羌，西南的滇等族，均同汉族一样，认同炎、黄为

它们的人文祖先。也就是说，汉族和其他民族及其先人，经受了多少历史年代的洗礼，通过炎、黄这一纽带，逐渐融合到中华民族这个共同体中。这个问题，反映了中华龙文化固有的社会历史功能。中华民族，包括汉族和其他民族，作为炎黄子孙，龙的传人，世代相承，声威远播，始终保持数典崇祖、不忘根本的高尚节操。以炎、黄为代表的中华祖先那种开天辟地、艰苦创业的精神，是鼓励各族人民团结凝聚、奋发向上、积极开拓、自强不息的力量源泉。

其二，从中华龙文化的认同到传统文化的认同，是直接伸延和一脉相承的关系。中华传统文化的认同对整个统一多民族国家形成和发展的维系与促进作用史不绝书。早期文献如《礼记·礼运》阐述的实行"大道""天下为公"的"大同"社会，《诗·小雅·北山》称"溥天之下，莫非王土；率土之滨，莫非王臣"以及《礼记·大学》主张的"修身、齐家、治国、平天下"等，均包含着国家统一的治国思想。春秋时期，理论学术界明确提出了实现国家大一统的概念，秦朝统一六国，从某种意义上讲是先秦学术界关于国家统一理论的一次成功的实践，它揭开了中国统一多民族国家正式形成和发展的历史序幕。自秦、汉至清代二千余年，中华传统文化的系统发展与整个统一多民族国家的历史进程始终保持着相辅相成的关系。如以"王道""仁政""礼治"为核心确立起来的秦、汉王朝政治体制，实际已成为以传统文化为基础的传统国家模式被认同。此后，其影响随着时代的前进而扩大，认同面也越来越广。在中国境内，不论汉族或其他民族，在其建政立国前后，只有认同和坚持植根于中国传统文化的传统国家模式这一立场，才能理直气壮地登上政治舞台。一般地说，统一王朝，以其继承前代的传统优势，顺理成章地君临全国。无法实现统一的分立时期，各朝邦通过认同和坚持传统政治立场谋求合法地位，以争取国人的支持，尽可能创造合法的发展条件。

在中国历史上，统一与分立交错出现，但统一始终是历史发展的导向和主流。统一的形成和发展，有其一定的渐进规律，即：从时间上看，统一长于分立；从空间上看，统一的范围逐渐扩大；从程度上看，统一的稳定性越来越强化。在这个历史进程中，必须具备大体相应的因素和条件。在无法统一的分立时期，因素和条件引导着分立局面向统一局面演化；在统一时期，不断积累的因素和条件引导着现有局面向更大的统一局面或大一统演化。在这个历史进程中，传统文化的认同所积累的因素和条件对统一多民族国家形成和发展所起的维系与促进作用不可估量。在中国历史上，凡是关于国家民族根本利益的去向问题，各民族人民的凝聚力形成的意志和力量，有可能起着重要甚至决定性的作用。比如，在面临统一与分裂关系问题的选择上，统一符合整个国家民族的发展要求，大势所趋，人心所向。搞分裂与历史背道而驰，不得人心，违背国家民族的根本利益。在中国历史上，搞分裂不搞统一者不乏其人，但都无法阻挡统一多民族国家前进的历史巨轮。

中华民族文化博大精深，中华龙文化贯穿着传统文化发展的整个过程，有着极其重要的历史地位。它是中国古代统一多民族国家形成和发展的精神支柱，具有长盛不衰的生命力，它对今天团结各族人民，维护祖国统一，建设有中国特色的社会主义，仍然有其积极的现实意义。陈富城教授具有远见卓识的研究，可以毫不夸张地说，其功力见于文章，功业奉献社会，功德无量，功不可没。

［本文原载《人民日报》（海外版）2000 年 7 月 3 日］